그림으로 쉽게 배우는

인체 구조 상식사전

KETTEIBAN KARADA NO SHIKUMI COLOR JITEN
Supervised by YOSHIYUKI KAKIUCHI

First published in Japan in 2007 by SHUFUNOTOMO CO.,LTD.
Korean translation rights arranged with SHUFUNOTOMO CO.,LTD.
through Shinwon Agency Co,

그림으로 쉽게 배우는

인체 구조 상식사전

가키우치 요시유키 · 박선무 감수 | 고선윤 옮김

중앙에듀북스

머리말

최근 생활습관병과 알레르기 질환이 증가하고, 새로운 감염증이 계속 발생하고 있습니다. 그래서 쾌적하고 건강하게 사는 일이 이전보다 어려워졌습니다.

의료 현장에서는 의사가 환자와 더불어 병의 정보를 공유하고, 환자의 생각을 치료에 반영하며 환자의 동의를 받는 일이 많아지고 있습니다. 또한, 여러 의사의 의견을 듣고 환자가 치료법을 선택하는 '세컨드 오피니언'이라는 새로운 진료 방식도 있습니다. 뇌사나 장기이식 문제를 비롯한 의학 의료에 관련된 문제도 사회의 관심을 받고 있습니다.

이런 시대를 살아가기 위해서 한 사람 한 사람 모두 몸에 대한 바른 지식을 가져야 합니다. 우리의 몸은 어떤 정밀한 기계보다도 복잡한 구조로 되어 있어 많은 사람이 우리 몸의 구조를 잘 모릅니다.

이 책에서는 인체의 복잡한 구조를 컬러 일러스트로 쉽게 이해할 수 있도록 했습니다. 최신 연구를 통해 알게 된 면역구조와 유전자 기능, 각 기관의 주요 병에 대해서도 자세히 다루었습니다. 우리의 몸은 어떤 구조이고 기관은 어떤 기능을 하는지 누구나 쉽게 이해할 수 있을 것입니다.

이 책을 통해서 독자 여러분은 몸의 구조를 이해할 수 있고, 건강과 생활의 질 향상에 도움이 되는 지식을 얻을 것입니다. 그렇게 되기를 진심으로 바랍니다.

가키우치 요시유키

차 례

1장 뇌와 신경

2장 골격과 근육

3장 순환기와 혈액

4장 호흡기

5장 감각기

6장 소화기

7장 비뇨기

8장 생식기

9장 세포와 유전자

1장

뇌와 신경

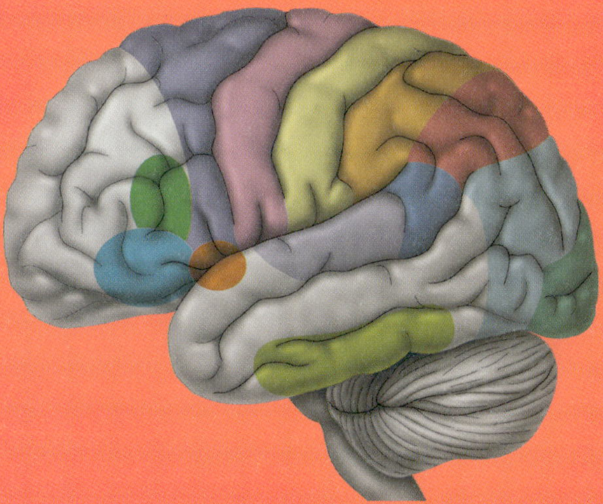

몸의 활동과 정신을 통치하는 뇌는 수많은 신경세포와 신경섬유로 구성되어 있다. 뇌와 척수의 신경세포는 중추신경계를 만들고, 말초신경으로 전신과 연결되어 있다. 말초신경은 감각기의 정보를 받아들이고 운동 명령을 전달하는 체성신경과 자신의 의지와는 상관없이 내장이나 혈관의 기능을 조절하는 자율신경으로 나눌 수 있다.

01

뇌 구조

감정, 사고, 생명 유지의 중추

뇌는 몸의 활동과 정신을 통제하는 사령탑으로 대뇌, 소뇌, 뇌간으로 구성되어 있다. 세 겹의 막과 두개골이 보호한다.

● 뇌를 보호하는 조직

몸이 느끼는 모든 정보를 받아들여서 처리하고 온몸을 제어하는 뇌는 몸속에서 가장 중요한 기관이다.

뇌는 딱딱한 두개골과 뇌척수막이라는 세 겹의 막이 보호한다. 세 겹의 막 중 가장 밖에서 두개골의 내벽을 싸고 있는 막은 경막이다. 중간층에 있는 것은 거미막, 안쪽에서 뇌를 싸고 있는 부드러운 막은 연막이다.

거미막과 연막 사이(거미막하공간)에는 뇌척수액이라는 액체가 가득 차 있어서 뇌의 충격을 흡수하거나 뇌로 보내는 영양을 공급하는 역할을 한다.

● 뇌 구조

머리는 대뇌, 소뇌, 뇌간으로 이루어져 있다. 가장 큰 대뇌는 뇌 전체 무게의 약 80%를 차지한다. 대뇌 표면에는 두께 2~6mm의 대뇌피질이라는 회백질 층이 있다. 안에는 대뇌수질이라는 백질이 있다.

대뇌피질에는 많은 신경세포(뉴런)가 모여 있으며 인지와 사고 활동의 중추 역할을 한다.

대뇌 밑에 있는 소뇌는 타원형 기관으로 신체 동작을 부드럽고 정확히 하며, 몸의 균형을 조절하는 기능을 한다.

대뇌와 소뇌를 제외한 부분은 뇌간으로 간뇌, 중뇌, 뇌교, 연수의 네 가지 기관으로 이루어져 있다. 뇌간은 운동신경과 감각신경의 신경섬유가 지나는 관으로 심장의 맥동이나 호흡, 체온조절 등 생명 유지에 필요한 많은 기능을 담당한다.

대뇌의 구조와 융기

대뇌 표면에는 많은 주름이 있는데 주름으로 파인 곳을 '구', 융기 부분을 '회'라고 한다. 특히 주목할 것은 중심구와 외측구다. 대뇌는 이것을 기준으로 전두엽, 후두엽, 측두엽, 두정엽으로 나눠진다.

대뇌의 구와 회를 펴서 펼치면 신문지 한 장 정도 크기다.

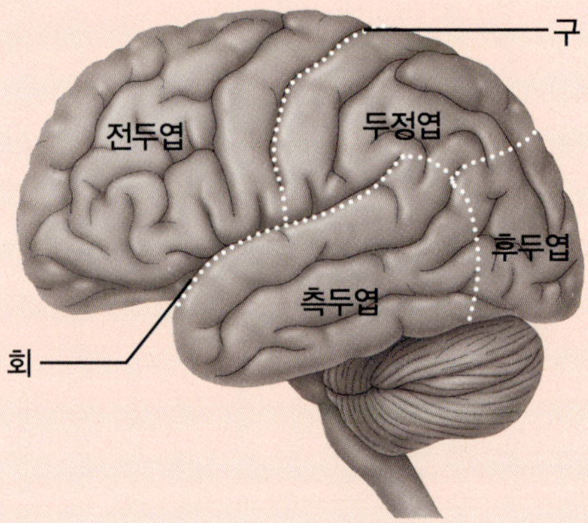

뇌 구조

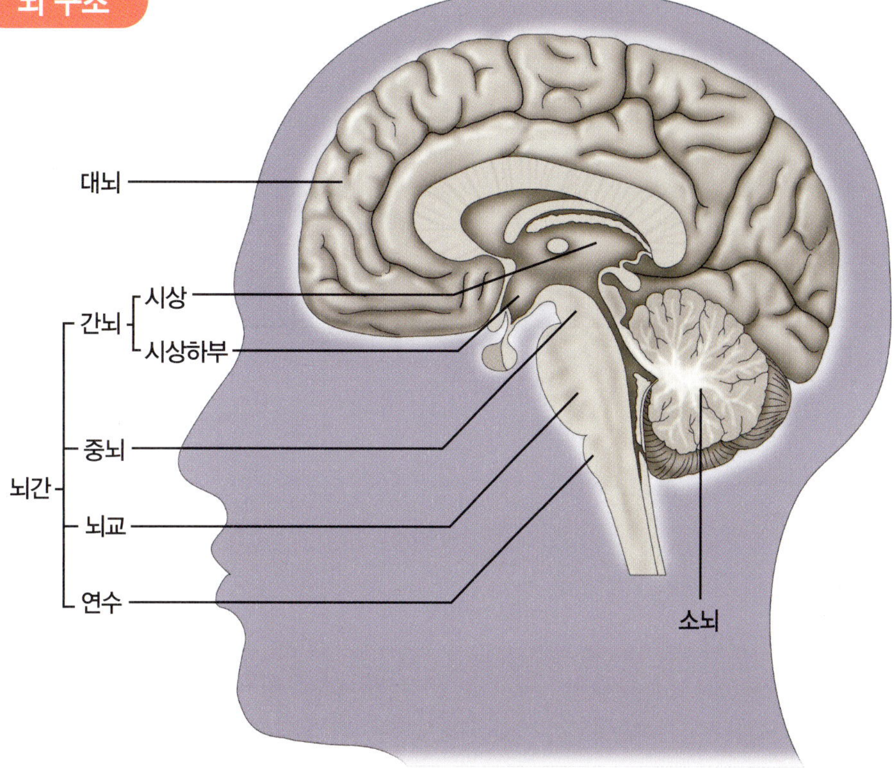

뇌를 보호하는 구조

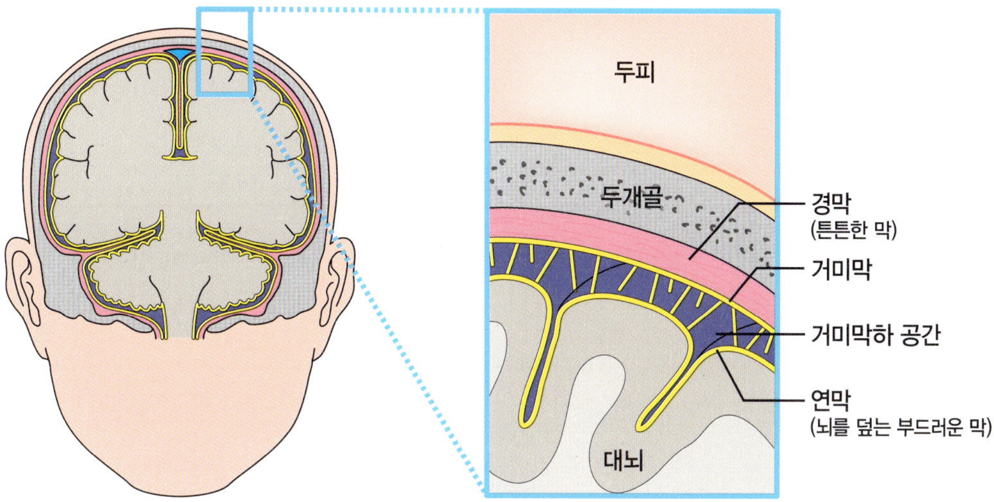

지식 뇌는 몸의 활동과 정신을 통제하는 사령탑으로 대뇌, 소뇌, 뇌간으로 구성되어 있다. 세 겹의 막과 두개골이 보호한다.

02

대뇌 기능

새로운 뇌와 오래된 뇌의 기능이 다른

대뇌에는 지적 활동을 담당하고 복잡한 감정을 만드는 신피질과 본능적 활동과 원시적 감정을 지배하는 구피질과 고피질이 공존한다.

● 대뇌 구조

대뇌의 표면을 둘러싸고 있는 회백색 층을 대뇌피질(회백질)이라고 한다. 내부에는 백색의 대뇌수질이 있다. 대뇌피질은 신경세포(뉴런)의 집합이고 백질은 신경세포를 서로 연결하는 신경섬유다.

대뇌피질은 발생학적으로 크게 두 개로 나눌 수 있다. 바깥쪽은 진화를 동반하면서 발달한 새로운 부분으로 신피질이다. 신피질로 쌓인 안쪽은 발생학적으로 오래된 부분으로 구피질 또는 고피질이라고 한다.

신피질은 대뇌의 전 표면을 둘러싸고, 구피질과 고피질은 대뇌 안에 있으며 뇌량과 간뇌(시상)를 둘러싼다.

● 신피질, 구피질, 고피질

신피질, 구피질, 고피질은 각각 기능이 다르다. 신피질은 논리적 사고, 판단, 말 등의 지적 활동을 담당하는 부위다. 즐거움이나 슬픔이라는 복잡한 감정을 만드는 것도 신피질의 역할이다. 사람과 원숭이 등 영장류만 신피질이 있다. 영장류가 다른 동물과 비교해서 지적으로 우수한 것은 신피질이 발달했기 때문이다.

구피질, 고피질은 해마나 대상회와 함께 대뇌변연계라는 기능 단위를 구성한다. 대뇌변연계는 식욕이나 성욕 등 본능적인 욕구, 공포와 분노 등 원시적인 감정을 지배하며 기억의 형성에도 관여한다.

대뇌 발달

대뇌는 태아의 성장 과정에서 고피질, 구피질, 신피질 순서로 발달한다. 가장 초기 단계에는 파충류의 뇌인 고피질이 형성되고, 다음은 그것을 둘러싸는 구포유류의 뇌인 구피질이 형성된다. 마지막으로 이 두 개를 둘러싼 신포유류의 뇌인 신피질이 발달한다.

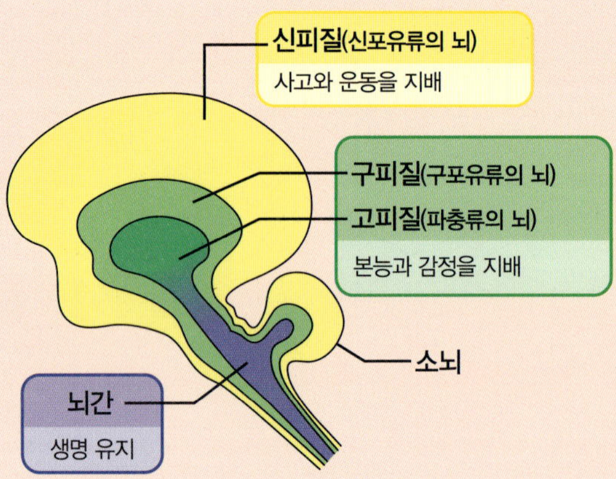

정면에서 본 대뇌 단면도

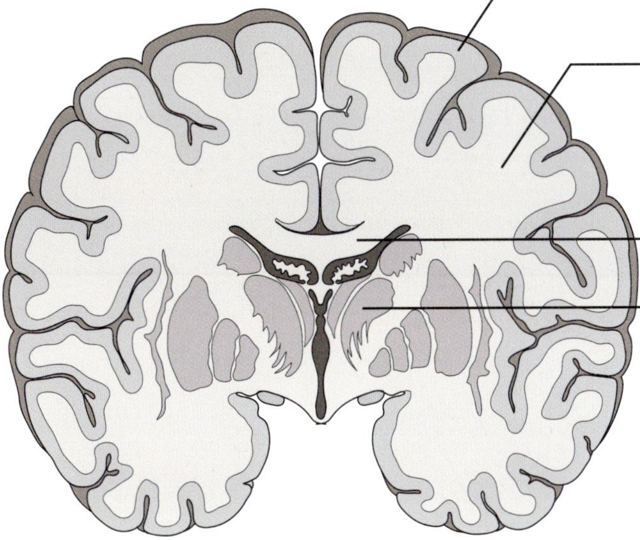

옆에서 본 대뇌

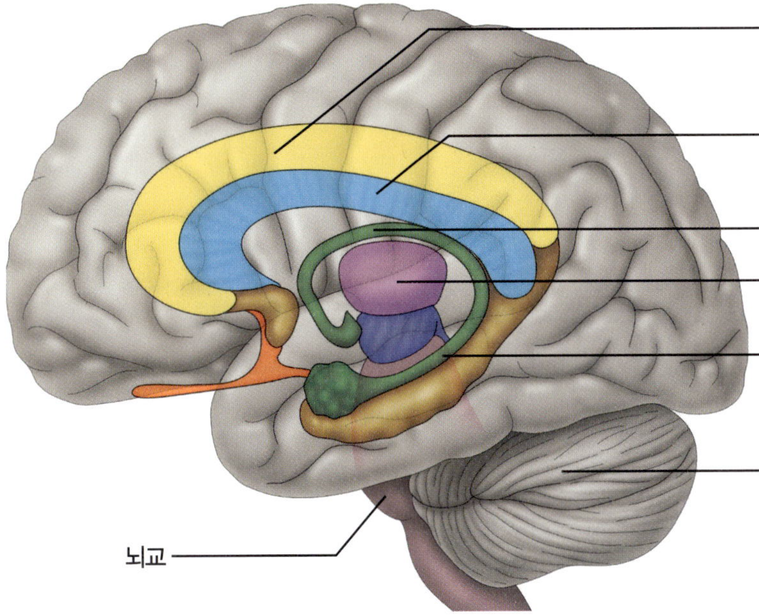

지식 대뇌변연계의 해마는 기억을 담당한다. 해마는 바닷물고기 해마와 모양이 비슷해서 이런 이름을 붙였다.

03

좌뇌와 우뇌 기능

언어활동은 좌뇌, 직감력이나 창조력은 우뇌

좌뇌는 주로 언어 처리 같은 논리적 사고를 담당하고, 우뇌는 공간 인식 같은 사물의 직감적 이해와 창조적 발상을 담당한다.

● 뇌량으로 이어져 있는 좌뇌와 우뇌

대뇌에는 가운데에 홈(대뇌횡렬)이 있어 이 홈을 중심으로 좌우 반구로 나뉜다. 각각 좌대뇌반구(좌뇌), 우대뇌반구(우뇌)라고 한다. 좌뇌와 우뇌는 신경섬유의 다발인 뇌량으로 이어져 있어 항상 정보를 주고받는다.

몸으로 보내는 운동 지령은 좌뇌와 우뇌 양쪽에서 나온다. 우반신으로 보내는 지령은 좌뇌, 좌반신으로 보내는 지령은 우뇌가 담당한다. 대뇌와 몸의 각 부분을 잇는 신경이 척수 부분에서 좌우로 교차하기 때문이다.

동물 중에서 좌우 두 개의 뇌를 가지고 있는 것은 포유류뿐이며 좌우의 기능이 나뉘어 있는 것은 인간이 유일하다.

● 좌뇌와 우뇌의 기능 분담

좌뇌와 우뇌는 뇌량으로 이어져 있어서 서로 기능을 보완하며 각각 기능을 분담하여 맡고 있다.

일반적으로 좌뇌에는 논리적인 사고에 관한 기능이 집중되어 있다. 예를 들면 '말하다, 듣다, 읽다, 쓴다' 등의 언어처리와 시간 관념, 계산 등은 주로 좌뇌가 담당한다.

한편, 우뇌에는 사물의 직감적 이해와 창조적 발상에 관한 기능이 집중되어 있다. 예를 들면 사물의 모양을 식별하고, 그림을 그리고, 음악을 듣고(또는 연주), 방향이나 공간을 인식하는 것은 주로 우뇌가 담당한다.

뇌량의 발달과 뇌의 분화

신생아 때 대뇌변연계가 거의 완성되며 좌뇌와 우뇌를 연결하는 뇌량은 아직 발달하지 않는다. 그래서 생후 12개월 정도까지는 좌뇌와 우뇌의 기능이 같다.
뇌량을 지나는 신경섬유의 연결이 만들어지기 시작하는 것은 첫돌이 지날 무렵으로 이때부터 기능을 분담하면서 각각 발달한다. 만 6세가 될 무렵, 굵은 뇌량이 완성된다.

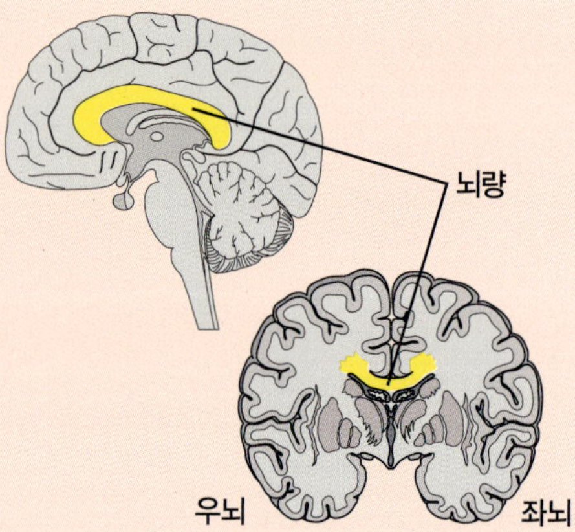

우뇌와 좌뇌

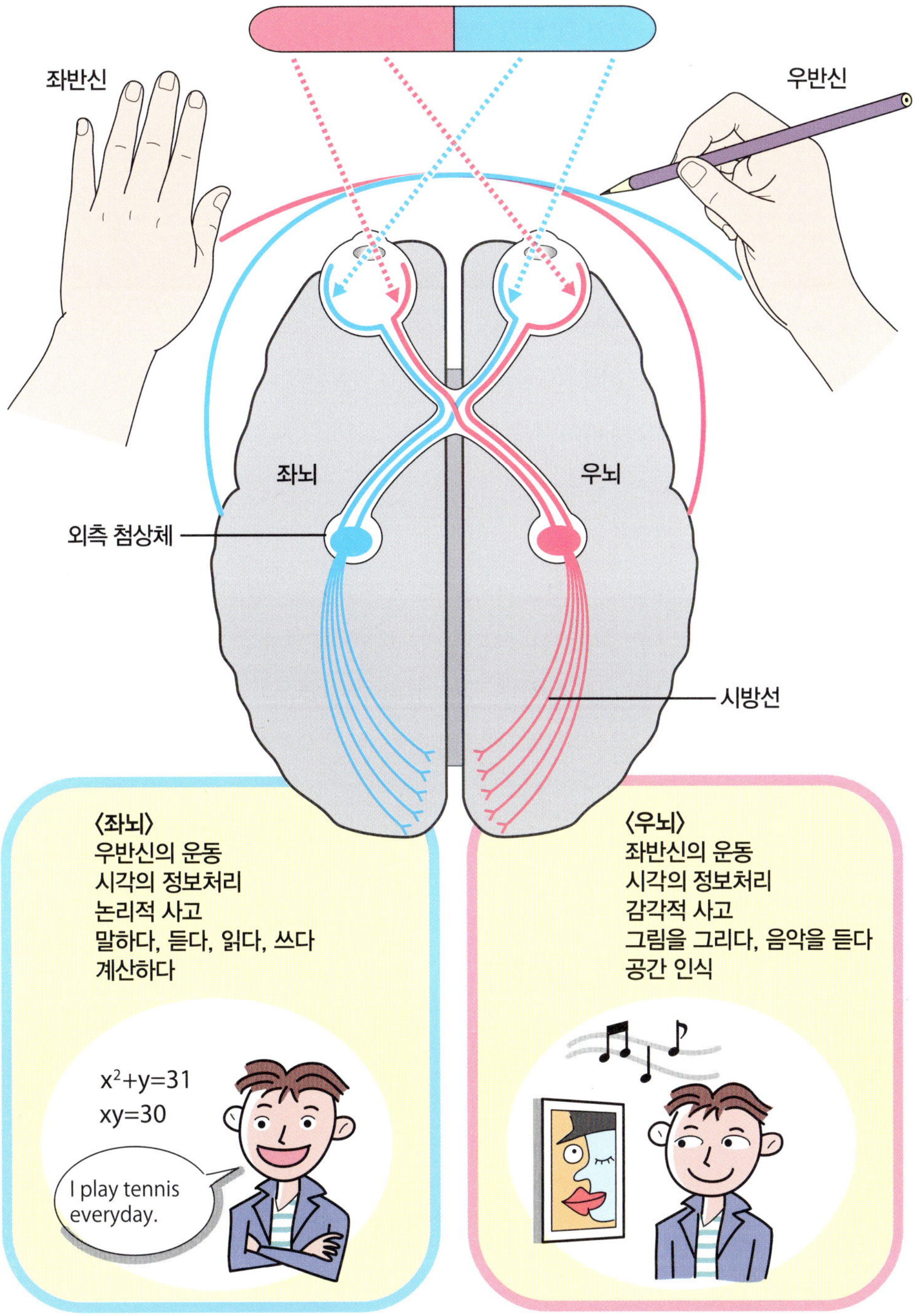

지식 오른손잡이와 왼손잡이는 우뇌와 좌뇌의 기능 분담과 밀접한 관계가 있다. 그러나 왜 오른손잡이와 왼손잡이가 되는지, 왜 오른손잡이가 압도적으로 많은지 이유는 확실하지 않다.

04

소뇌와 뇌간 기능

운동 지령을 조정하고 생명 활동을 유지하는

소뇌는 대뇌에서 보내는 운동 지령을 섬세하게 조정해서 온몸으로 전한다. 뇌간에는 중요한 신경섬유가 많이 지나간다.

● 소뇌의 구조와 기능

소뇌는 대뇌 후부의 아래쪽에 있고 뇌 전체 무게의 약 10%를 차지한다. 소뇌충부(중앙의 잘록한 부분)와 좌우 한 쌍의 소뇌반구로 이루어져 있으며, 중뇌, 뇌교, 연수와 연결되어 있다.

소뇌의 가장 중요한 역할은 대뇌에서 보내는 운동 명령을 섬세하게 조정한 다음 온몸에 전달해서 몸을 유연하게 하는 것이다. 또한, 몸의 평형감각을 유지하는 것도 소뇌의 기능이다.

소뇌도 대뇌와 마찬가지로 발생학적으로 신소뇌, 고소뇌, 원소뇌 세 개로 나뉜다. 이 중 원소뇌와 고소뇌는 평형감각이나 자세 유지를 담당하고 신소뇌는 운동 명령과 깊은 관계가 있다. 사람이나 원숭이가 손가락을 잘 쓸 수 있는 것은 운동 명령을 전하는 신소뇌가 발달했기 때문이다.

● 뇌간의 구조와 기능

간뇌, 중뇌, 뇌교, 연수로 이루어진 뇌간은 호흡과 심박, 체온조절 등 인간의 생명유지에 꼭 필요한 기능을 담당하는 기관으로 '생명의 자리'라고 부른다.

이 중 간뇌는 시상과 시상하부 두 개로 크게 나눌 수 있다. 시상은 후각 이외의 감각기에서 보내는 정보를 중계해서 대뇌로 전달하는 기관이다.

또한, 중뇌는 시각이나 청각의 반사와 관계 있다. 뇌교는 호흡이나 삼킴 등 반사운동의 중추이다. 연수는 혈액순환이나 대사와 관계 있다.

소뇌의 정보처리 구조

소뇌의 표층을 소뇌피질이라 한다. 소뇌피질에는 밀집한 신경세포가 정밀한 회로망을 만들고 있다. 온몸의 근육에 있는 감각세포에서 소뇌로 전달한 정보는 여기서 즉시 정리하고 통합한다. 소뇌는 시상을 거쳐서 대뇌피질로 정보를 보내고 예상한 대로 운동을 하게 만든다. 또한, 소뇌는 척추를 거쳐서 직접 근육으로 정보를 보내고 운동을 꼼꼼하게 조정한다.

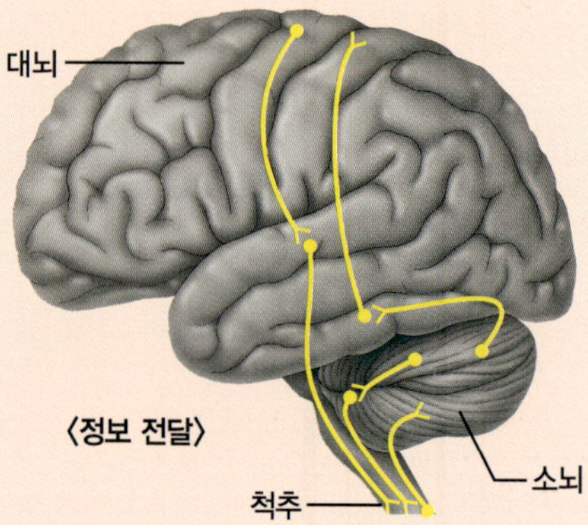

소뇌 구조

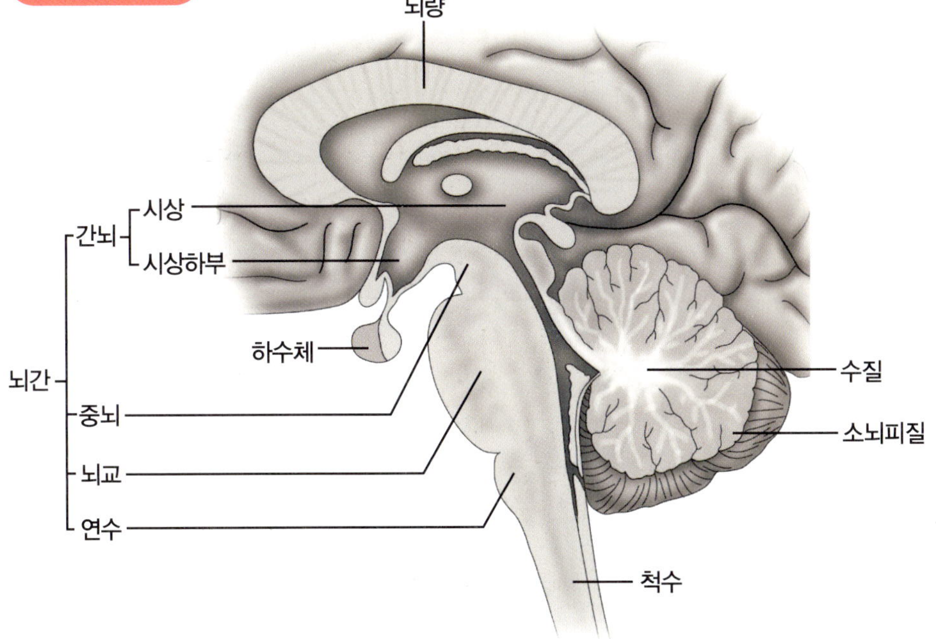

〈위에서 본 소뇌〉

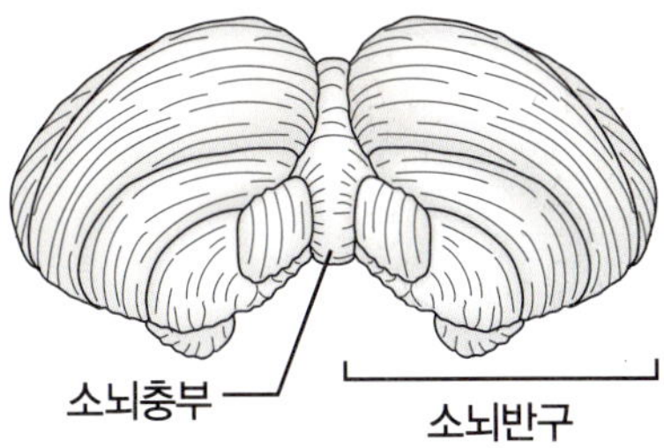

〈아래에서 본 소뇌〉

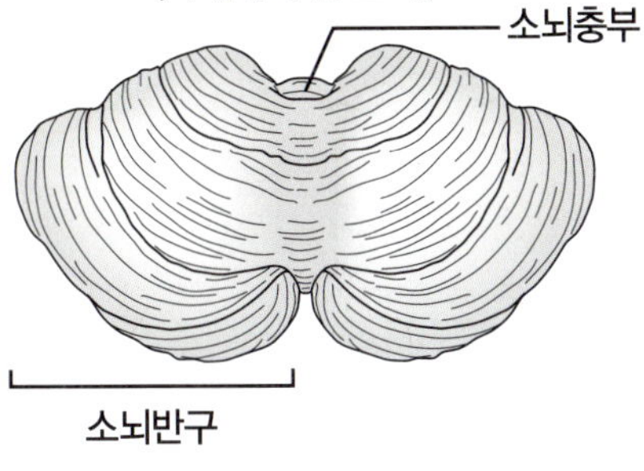

뇌간 구조 (등면)

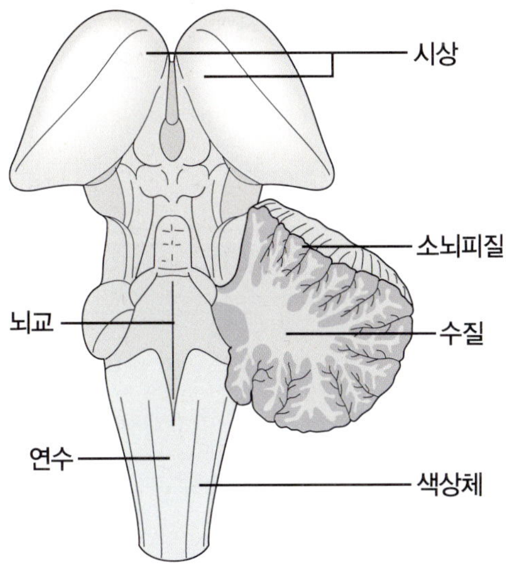

지식 간뇌의 시상하부에는 하루 24시간 주기를 감지하는 체내시계가 있다. 그래서 사람은 밤에 잠을 자고 낮에 활동하는 하루의 리듬을 조절할 수 있다.

05

대뇌피질 기능

막대한 정보를 처리하고 저장하는

대뇌피질은 부위에 따라 특정한 기능을 담당하며 몸의 각 기관에서 정보를 모아 다시 기관으로 지시를 보내는 중요한 역할을 한다.

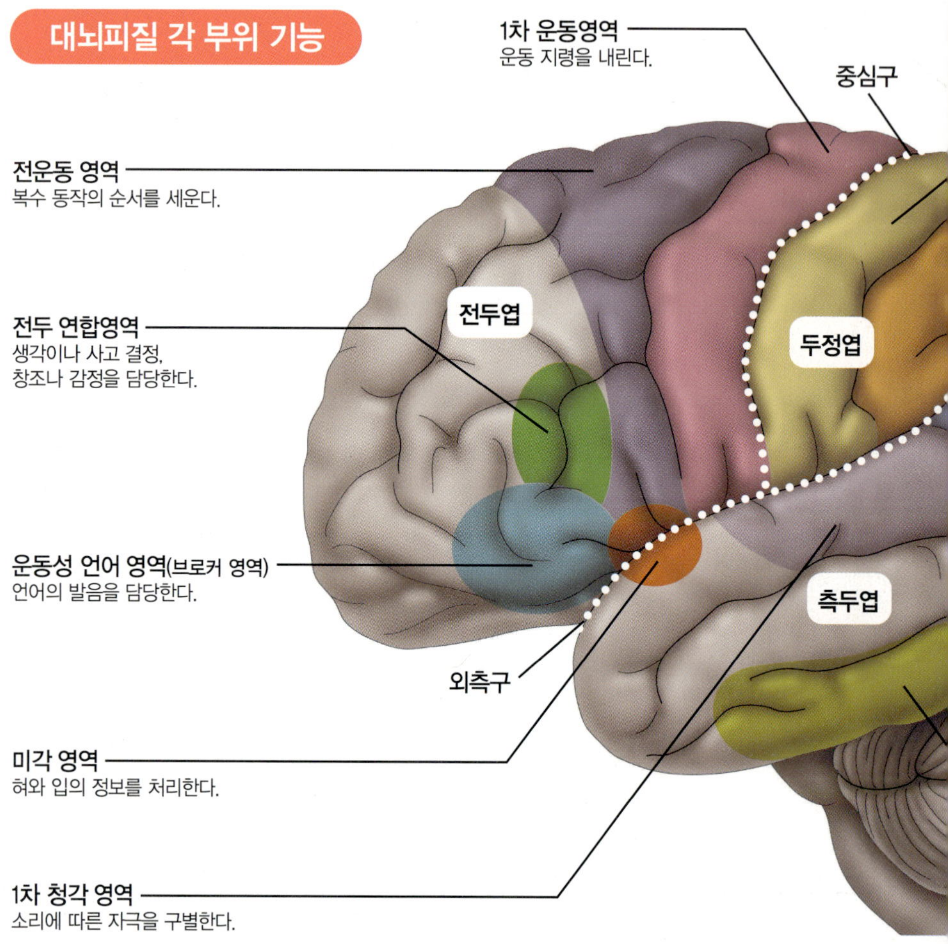

● 전두엽과 두정엽의 기능

대뇌는 중심구와 외측구 등 크게 파인 주름인 '구'를 중심으로 전두엽, 두정엽, 후두엽, 측두엽 네 개의 부분으로 나뉜다. 또한, 대뇌의 표면을 둘러싸고 있는 대뇌피질은 부위에 따라 각각 특정한 기능을 담당한다. 각 부위를 영역이라고 하며, 전두 연합영역, 측두 연합영역 등의 연합영역과 운동 영역, 체성감각 영역, 시각 영역 등이 있다.

전두엽은 주로 생각과 판단 등을 관리한다. 전방에 있는 전두 연합영역은 생각이

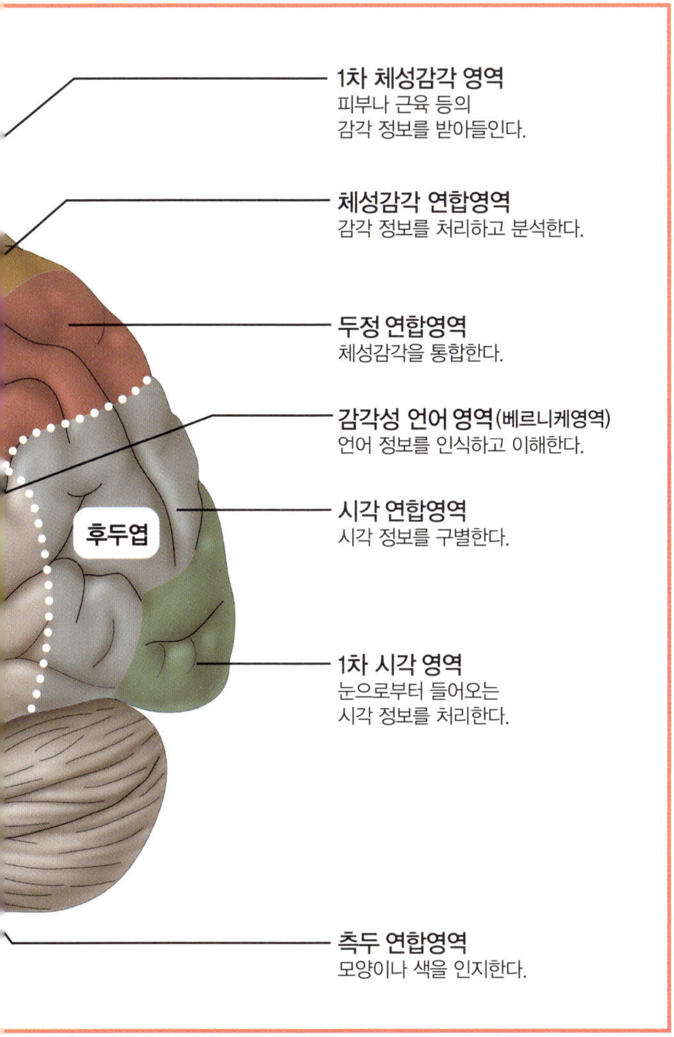

나 의사 결정, 창조, 감정을 담당한다. 후방에 있는 운동 영역은 온몸에 운동 명령을 지시한다. 언어의 발음을 담당하는 운동성 언어 영역(브로커 영역)도 있다.

두정엽은 통증, 온도, 압력 등의 피부감각(체성감각)을 담당한다. 체성감각은 피부나 근육에서 보내온 감각 정보를 받아들인다. 체성감각 연합영역에서는 체성감각을 통합한다.

● 후두엽과 측두엽의 기능

후두엽에는 시각을 담당하는 시각중추가 분포한다. 1차 시각 영역 및 시각 연합영역에서 시각 정보를 분석하고 통합한다.

측두엽의 위쪽에는 소리를 판별하는 청각중추가 있고, 아래쪽은 모양이나 색을 인지한다. 측두엽 후방에서 두정엽 쪽으로 감각성 언어 영역(베르니케 영역)이라는 언어중추가 있다. 이곳은 언어 정보를 인식하고 이해한다. 예를 들면 사람의 이야기를 들을 때, 1차 청각 영역이 소리의 높이나 음량에 관한 정보를 파악하고, 감각성 언어 영역은 이야기의 내용을 분석하고 이해한다.

이렇게 대뇌피질은 각 부위에 따라 특정한 기능이 있다. 그러나 각 영역의 기능은 아직 충분히 해명되지 않았다.

지식 베르니케 영역과 브로커 영역은 각각 19세기 말 언어중추를 발견한 독일인과 프랑스인 이름에서 유래했다.

06

기억 구조

기억의 종류에 따라 보관하는 장소가 다른

기억에는 감각 기억, 단기 기억, 장기 기억 세 가지가 있다. 기억의 내용에 따라 대뇌피질의 각 부위에 저장된다.

● 기억의 종류

뇌에 저장된 지식이나 경험 정보가 기억이다. 기억에는 감각 기억, 단기 기억, 장기 기억 세 가지가 있다.

감각 기억은 보고 들은 정보를 그대로의 모양으로 짧은 시간 간직하는 것이다. 감각 기억을 해석한 다음 수십 초 정도 유지되는 것을 단기 기억, 단기 기억을 반복하거나 연상해서 반영구적으로 기억하는 것을 장기 기억이라고 한다.

단기 기억은 대뇌변연계와 해마에 의해 온전하게 간직된다. 단기 기억을 장기 기억으로 고정하는 것은 시상하부 배내측 핵이나 해마다.

● 내용에 따라 기억하는 부위가 다르다

장기 기억은 에피소드 기억, 의미 기억, 절차 기억, 프라이밍 기억 네 가지다.

에피소드 기억은 개인적 체험에 관한 기억이고, 의미 기억은 일반적인 지식으로서의 기억이다. 에피소드 기억과 의미 기억은 그 내용을 언어로 표현할 수 있으므로 진술 기억(선언적 기억)이라고도 한다.

절차 기억은 기능이나 비결을 몸으로 기억한다. 프라이밍 기억은 무의미하게 반복되는 패턴이 된 기억이다. 이것은 비진술 기억(비선언적 기억)이라고 한다.

장기 기억은 어떤 종류의 기억인가에 따라 보관하는 장소가 다르다. 예를 들면 사물의 모양에 관한 기억은 측두 연합영역, 공포나 불안에 관한 기억은 편도체에서 간직한다.

알츠하이머형 인지증

뇌의 장애로 기억력이나 판단력 등이 떨어지는 병을 인지증(치매)이라고 한다. 뇌혈관 경색이 원인인 뇌혈관성 인지증과 알츠하이머형 인지증이 대부분을 차지한다. 알츠하이머형 인지증은 뇌세포가 변성, 탈락해서 뇌 전체가 위축되는 병이다. 환자의 대뇌피질에 단백질 β(베타)아밀로이드의 침착으로 노인 반점이 생기는 것이 특징이다.

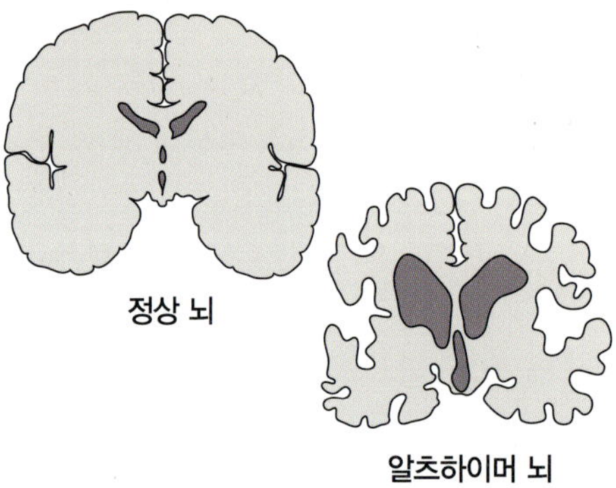

뇌의 기억에 관한 부분

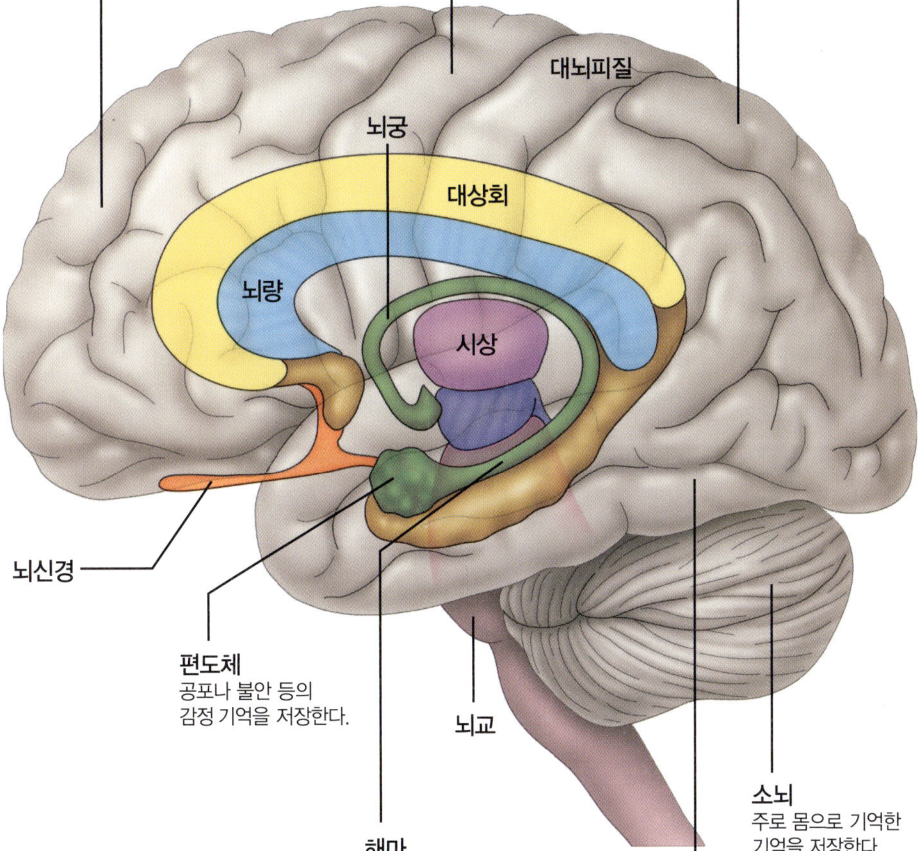

지식 병이 생기기 전까지의 자신에 관한 모든 기억을 잃어버리는 병을 기억상실이라고 한다. 대개는 마음의 병이지만 두부의 외상으로 발생하기도 한다.

● 뇌졸중

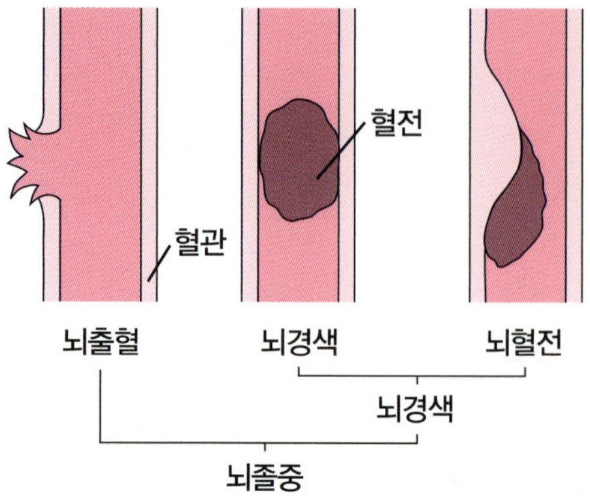

뇌졸중은 뇌경색이나 뇌출혈 또는 거미막하 출혈을 비롯한 여러 가지 원인으로 갑자기 의식을 잃거나 손발에 마비가 오는 증상의 총칭이다. 그 밖에 뇌종양이나 일과성 뇌허혈로 뇌졸중이 발생하기도 한다.

뇌졸중의 주요 원인인 뇌경색은 동맥경화가 진행되어 혈관을 막는 아테롬 혈전성 뇌경색과 라크나 경색(열공경색증), 심장에 생긴 혈전이 뇌혈관으로 흘러 들어 혈관을 막는 심원성 뇌색전으로 나눌 수 있다. 뇌경색은 동맥경화로 혈액순환이 나빠져 혈압이 낮은 사람에게서 자주 발생한다.

또한, 뇌출혈은 뇌의 혈관이 파열되어 출혈하는 것으로 동맥경화나 고혈압 때문에 발생한다. 음주나 과로, 목욕도 원인이다. 뇌 안의 출혈 부위에 따라 다양한 신경 증상이 나타난다.

거미막하출혈은 뇌를 둘러싼 거미막과 연막 사이에 있는 거미막하공간에 출혈이 생기는 것으로 뇌동맥류의 파열이나 외상 때문에 발생한다.

▶주요 증상: 뇌경색이 발생하면 막힌 뇌혈관의 반대쪽 반신에 운동장애와 지각장애가 나타난다. 우반신에 마비 증상이 있다면 좌측 대뇌의 혈관이 막혔기 때문이다. 따라서 언어중추에 장애가 생기면 실어증을 동반하는 경우가 많다. 경색된 혈관의 장소에 따라 시야 장애

●뇌출혈이 일어나는 부위

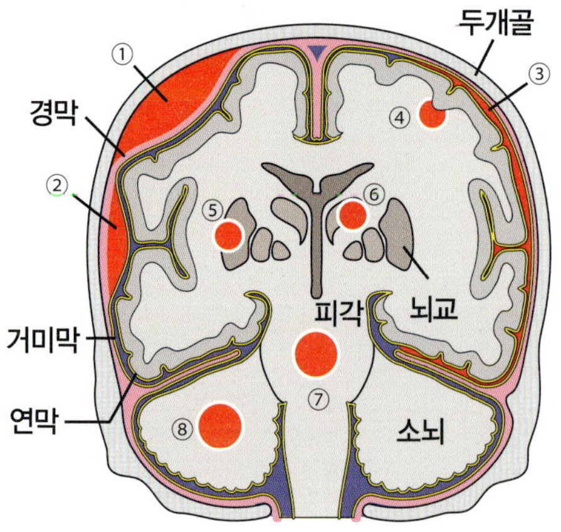

① **경막외출혈:** 두개골과 경막 사이에서 일어난 출혈

② **경막하출혈:** 경막과 거미막 사이에서 일어난 출혈

③ **거미막하출혈:** 거미막과 연막 사이의 거미막하 공간에서 일어난 출혈

④ **피질하출혈:** 대뇌피질의 바로 밑에서 일어난 출혈

⑤ **외측형출혈:** 피각에서 일어난 출혈

⑥ **내측형출혈:** 시상에서 일어난 출혈

⑦ **뇌교출혈:** 뇌간부의 뇌교에서 일어난 출혈

⑧ **소뇌출혈:** 소뇌에서 일어난 출혈

뇌졸중(뇌경색, 뇌출혈, 거미막하 출혈)은 삼대 사인의 하나

와 경련이 일어나기도 한다.

뇌출혈 발작은 혈관이 파열되면서 심한 두통을 호소하기도 하고 의식장애와 손발의 마비, 반신마비를 일으킨다. 출혈이 뇌실에 이르면 마비는 양쪽으로 퍼지고 호흡장애나 혈압 저하를 일으켜서 몇 시간 혹은 며칠 만에 사망한다. 소뇌에 출혈이 생기면 의식장애는 없지만 심한 두통과 오심, 구토, 현기증 등을 일으킨다.

거미막하출혈도 돌연 심한 두통과 구토를 일으킨다. 의식장애나 죽음에 이를 수도 있다. 두통은 이마나 후두부에 발생하는 심한 통증으로 가벼울 때는 눈 안이나 측두부만 아플 수도 있다. 이런 두통이 반드시 발생하고, 일주일 정도 이어지는 것이 보통이다.

● 수두증

수두증은 뇌척수액이 너무 많이 고여서 뇌실이나 거미막하공간까지 축적되어 뇌를 압박하여 기능장애가 생기는 병이다. 선천성과 후천성이 있는데, 후천성의 수두증은 뇌출혈과 뇌종양 때문에 발생한다.

원인은 수액의 과잉 생성과 뇌종양이나 뇌출혈에 의한 수액의 순환장애, 수액을 흡수하는 부위의 폐색 등이다.

아이들이 잘 걸리는 수두증은 수액이 고여서 뇌압이 높아진 것이다. 그러나 수액이 고여도 뇌압이 정상 범위에 머무르는 경우는 정상압 수두증이라고 한다. 뇌출혈 뒤에 일어나는 것은 속발성 정상압 수두증, 원인을 모르는 것은 특발성 정상압 수두증이라고 한다.

▶**주요 증상:** 수두증 증상은 보행 장애와 인지증(치매), 요실금이다. 특발성 정상압 수두증은 알츠하이머형 인지증이나 다른 인지증 증상과 비슷해서 발견 못하는 경우도 많다. 특발성 정상압 수두증은 노인성 인지증의 약 5%를 차지한다.

●수두증

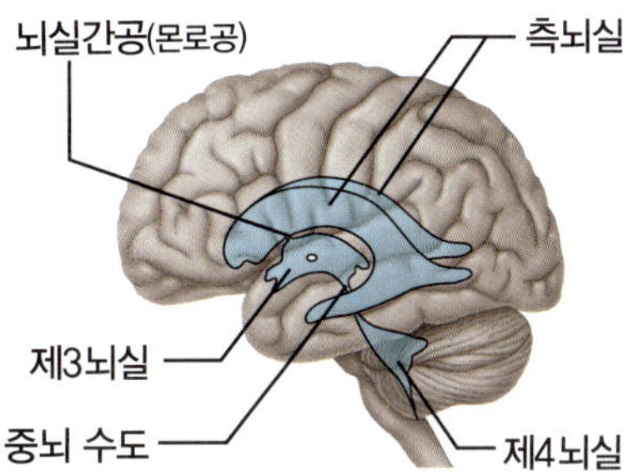

수액이 많이 고여서 뇌실이나 거미막하공간까지 확대된다.

● 수막염

세균이나 바이러스가 뇌를 둘러싼 수막에 염증을 일으키는 병이다. 화농을 일으키는 세균성 수막염과 바이러스가 원인인 무균성 수막염으로 크게 나눌 수 있다. 수막염의 원인은 B형 연쇄구균, 대장균, 폐렴구균, 인플루엔자바이러스 등 여러 가지다.

▶**주요 증상:** 원인에 따라 다소 다르지만 대개는 심한 두통과 뇌압의 상승에 따른 오심이나 구토 증상이 나타난다. 염증이 뇌에 이르면 의식장애와 손발의 경련과 마비 등이 생긴다.

● 뇌염

뇌 속에 세균, 바이러스, 곰팡이 등이 들어가서 염증을 일으키는 병이다. 단순 헤르페스바이러스, 엔테로바이러스, 아데노바이러스, 홍역바이러스, 인플루엔자바이러스 등이 원인이다.

▶**주요 증상:** 병원체에 따라 다르지만 초기에는 두통이나 발열이 주요 증상이다. 급성일 때는 갑자기 고열, 한기, 경련, 의식 혼탁 등이 일어날 수 있다.

● 뇌종양

뇌종양은 두개(머리뼈) 안에 생기는 종양이다. 종류는 여러 가지로 신경세포나 하수체, 수막 등에 발생하는 신생물 외에 기생충, 결핵, 매독 등에 따른 종양도 있다. 뇌 조직 안에서 자라는 악성 종양과 뇌 조직과 별도로 성장하면서 뇌를 서서히 압박하는 양성 종양으로 나눌 수 있다. 또한, 세균 감염과 더불어 뇌의 국소에 고름이 괴여서 생기는 종양을 뇌농양이라고 한다.

●뇌종양과 뇌농양

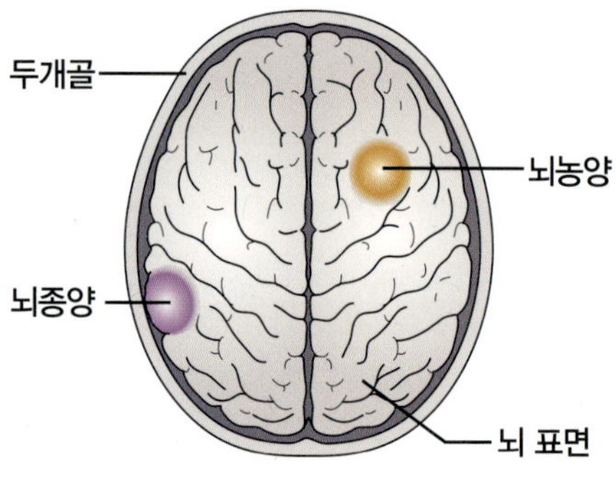

▶**주요 증상:** 종양의 종류나 발생하는 부위에 따라 증상은 여러 가지다. 뇌종양 전체에서 볼 수 있는 대표적인 증상은 뇌압의 상승에 따른 두통, 구토, 시력 장애와 신경 압박에 따른 손발 저림이나 보행 장애 등이다.

● 간질

대뇌 신경세포의 과잉 흥분으로 발작이 생기는 병이다. 특정한 원인 없이 일어나는 것을 특발성 간질이라고 하고, 뇌염이나 뇌종양, 두부의 외상 때문에 일어나는 것을 증후성 간질이라고 한다.

▶**주요 증상:** 뇌 전체에 방전이 일어나는 전반 발작과 일부분에 방전이 일어나는 부분 발작이 있다. 전반 발작은 의식장애를 동반하는 전신 경련이 일어나는 대발작, 잠깐 의식이 없어지는 소발작, 손발에 경련이 일어나는 미오클로니발작 등이 있다. 부분 발작은 몸 일부가 경련을 일으키거나, 돌연 심하게 움직이거나, 의미 없이 걷는 증상 등이 나타난다.

● 두통, 편두통

한마디로 두통이라고 하지만 머리가 무겁다는 느낌으로 참을 수 없는 통증, 욱신욱신 쑤시는 통증, 편두통의 발작적 통증까지 여러 가지가 있다. 원인은 정신이나 근육의 긴장을 비롯해 눈, 코, 입 등의 염증, 뇌출혈, 수막염, 뇌종양인 경우도 있다.

▶**주요 증상**

•**편두통:** 가장 많은 두통으로 발작적으로 욱신욱신 쑤시는 심한 통증이 머리 한쪽 혹은 양쪽에서 발생한다. 심하면 오심, 구토, 어지럼증 등을 동반한다. 때로는 갑자기 눈앞이 캄캄해지고 섬광이 보이는 일도 있다. 발작은 몇 시간 며칠씩 이어지지만 발작 횟수는 다양하다. 편두통의 원인은 뇌혈관의 확장 때문이다.

•**긴장형 두통:** 근심·걱정과 과로로 정신이나 근육의 긴장이 이어져 후두부 또는 머리 전체가 눌리는 통증을 느낀다. 여성에게 많이 일어나며 통증은 며칠씩 계속되기도 한다.

•**군발형 두통:** 1년에 한 번이나 두 번, 2주에서 2개월에 걸쳐서 송곳으로 찌르는 것 같은 견딜 수 없는 통증이 매일 일어난다. 편두통처럼 혈관 확장이 원인으로 눈 뒤를 지나는 혈관이 확장해서 염증을 일으켜 발생한다.

● 편두통

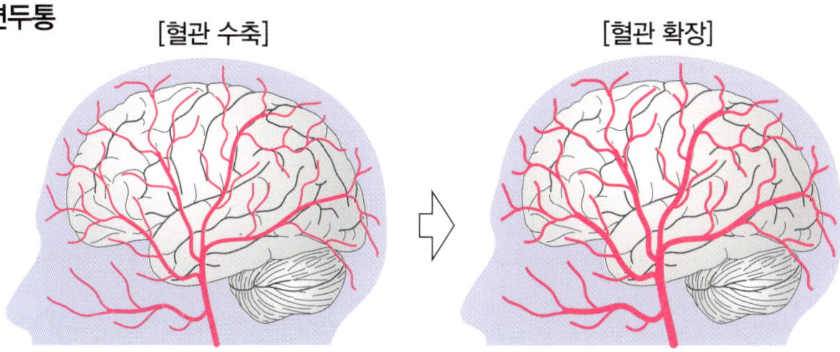

어떤 원인으로 혈관이 수축한다. 이때 시야가 한때 이지러진다.

수축한 뇌의 혈관이 확장해서 주위의 신경이 자극을 받아 욱신욱신 쑤시듯이 아프다.

08

척수 구조

뇌와 온몸을 잇는 신경섬유의 길고 굵은 다발

척수란 뇌와 온몸의 기관을 연결하는 신경섬유의 굵고 긴 다발로 체내 정보 네트워크의 최대 간선이다.

● 척수의 내부 구조

척수는 뇌와 온몸의 기관을 잇는 신경섬유 다발이다. 피부와 근육은 정보를 척수를 통해서 뇌로 보내고 뇌의 지령도 척수를 통해서 몸의 기관으로 전한다.

척수는 수막이라 불리는 세 층의 막으로 보호한다. 바깥부터 경막, 거미막, 연막 세 개가 있다. 거미막과 연막 사이(거미막하공간)에는 수액이 들어 있어 척수의 충격을 완화한다.

척수 조직은 회백질과 백질 두 가지다. 척수 중심부에 있는 회백질은 신경세포체의 집합으로 그것을 둘러싼 백질은 신경세포의 돌기가 모인 것이다.

● 척수신경

척수에서 뻗은 말초신경을 척수신경이라 한다. 척수는 31개의 마디로 나뉘어 있고, 각각의 마디에서 몸의 좌우로 한 쌍의 척수신경이 나와 있다.

척수신경은 하나의 다발로 묶여서 추골(등뼈를 구성하는 개개의 뼈, 척추뼈)과 추골 사이에서 밖으로 뻗어 있다. 이런 신경이 머리 부분을 제외한 온몸 구석구석까지 뻗어서 서로 정보를 교환한다.

척수신경 가지는 척수의 배 쪽과 등 쪽으로 하나씩 뻗어 있다. 대뇌피질의 운동 명령은 배 쪽의 전근을 통해서 근육으로 전달한다. 한편 온몸의 감각기관 정보는 등 쪽의 후근을 통해서 뇌로 전달한다.

척수신경

척수는 추골이 만드는 척주관 안을 지난다. 척수의 길이는 척주관보다 짧고 척수 말단 밑으로는 신경근만 뻗어 있어 마미라 부른다. 또 척수신경은 위에서부터 경신경 8쌍, 흉신경 12쌍, 요신경 5쌍, 천골신경 5쌍, 미골신경 1쌍으로 이루어져 있다. 각각의 신경은 추골 밖으로 나온 후 다시 갈라져 온몸으로 이어진다.

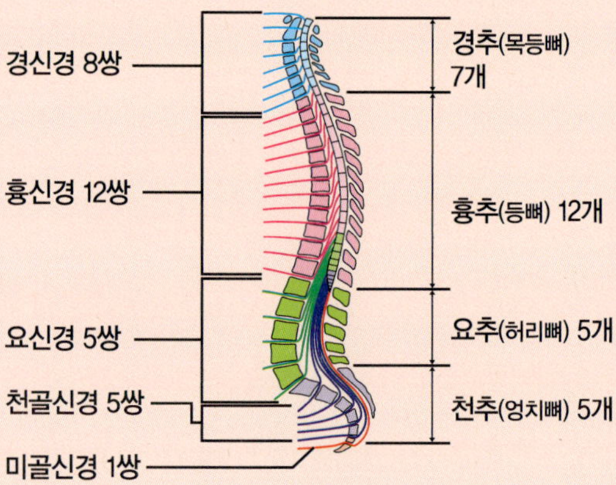

척수 단면도

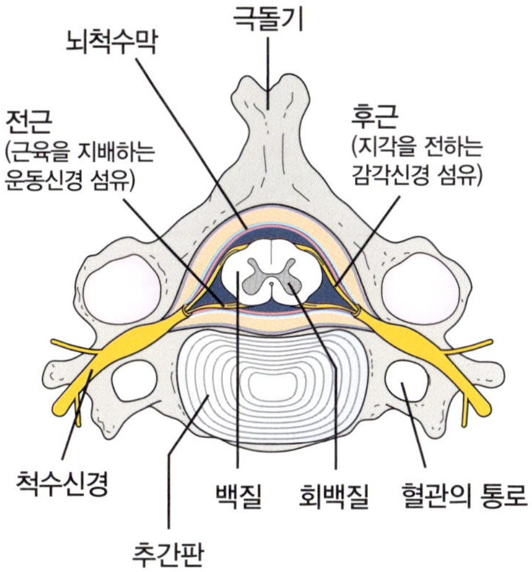

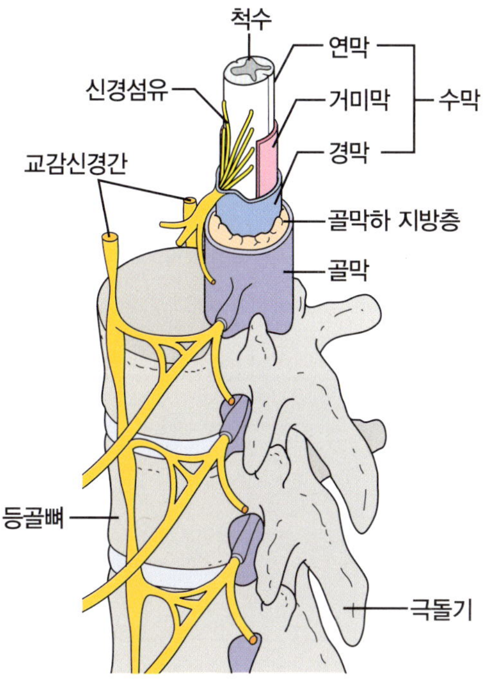

척추 구조

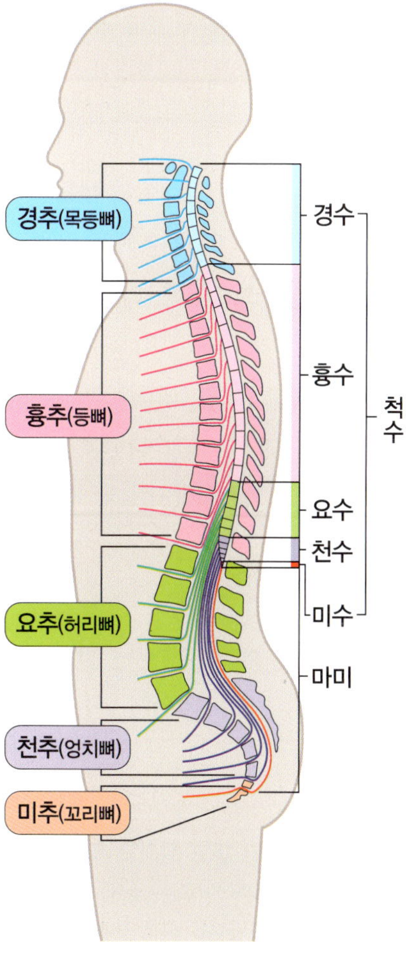

지식 척수가 뇌를 대신해서 중추 역할을 담당하여 무의식중 몸에 반사운동을 일으키는 것을 척수반사라고 한다. 뜨거운 것을 만졌을 때 순간적으로 손을 떼는 것이 그 예이다.

09

신경망 구조

온몸을 둘러싼 정보전달의 네트워크

신경은 온몸으로부터 정보를 모으고 뇌로 명령을 전하는 정보 전달 네트워크다. 뇌와 척수로 이루어진 중추신경과 말초신경이 있다.

● 중추신경과 말초신경

몸의 신경계는 중추신경과 말초신경으로 이루어져 있다. 중추신경이란 뇌와 척수를 말하며 중추신경에서 온몸으로 뻗는 신경섬유를 말초신경이라고 한다. 말초신경은 중추신경에 신호를 보내고 중추신경은 말초신경에서 받은 신호를 처리해서 다시 말초신경으로 보낸다.

신경은 신경세포와 신경섬유가 모인 것으로 모든 정보는 전기신호로 변환되어 신경세포에서 신경세포로 전달된다.

● 말초신경의 종류

뇌에서 비롯된 12쌍의 말초신경을 뇌신경이라고 한다. 뇌신경은 머리 부분의 운동 기능과 감각 기능을 담당한다. 망막의 빛 자극을 뇌로 전달하는 시신경과 후각을 전하는 후신경이 있다.

척수에서 비롯된 31쌍의 말초신경을 척수신경이라고 한다. 척수신경은 머리 부분을 제외한 온몸의 운동 기능과 감각 기능을 담당한다. 늑골 사이를 달리는 늑간신경, 발 운동이나 지각을 담당하는 좌골신경이 있다.

말초신경은 어떤 정보를 전하는가에 따라 체성신경과 자율신경 두 가지로 나뉜다.

체성신경은 감각기에서 정보를 받아들이거나 운동 명령을 전달하는 신경으로 감각신경과 운동신경이 있다. 자율신경은 본인의 의사와 상관없이 내장이나 혈관의 기능을 조정하는 신경으로 교감신경과 부교감신경이 있다.

감각신경과 운동신경

감각신경은 보고, 듣고, 말하고, 맛본 정보를 대뇌의 중추에 전하는 신경이다. 한편 뇌로부터 나오는 운동 명령을 목적 부위에 전하는 것이 운동신경이다. 우뇌에서 나온 지령은 좌반신, 좌뇌에서 나온 지령은 우반신의 운동을 담당한다. 경로가 달라서 서로의 정보는 섞이지 않는다.

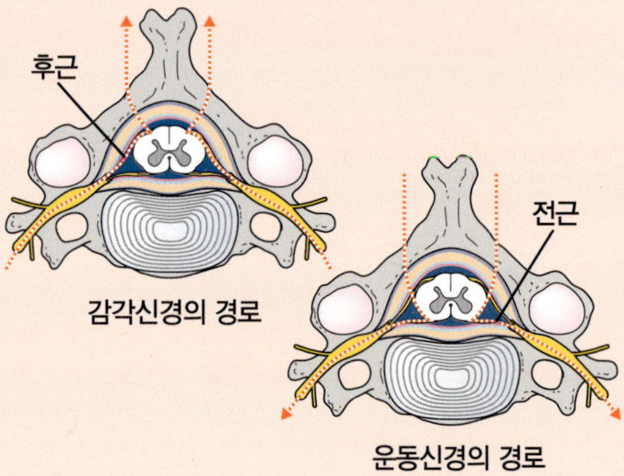

주요 신경 명칭

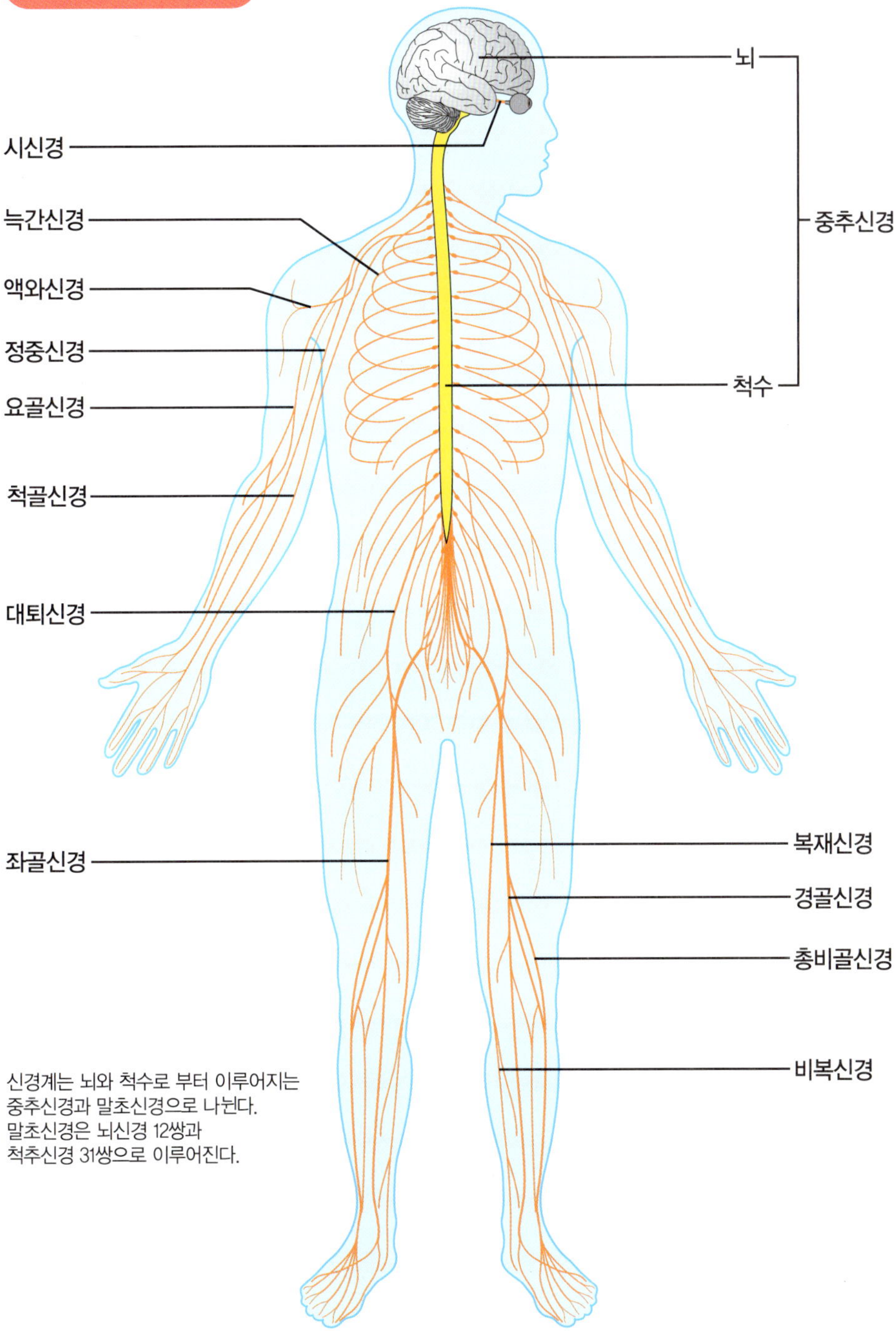

신경계는 뇌와 척수로 부터 이루어지는 중추신경과 말초신경으로 나뉜다. 말초신경은 뇌신경 12쌍과 척추신경 31쌍으로 이루어진다.

지식 현재 사용하는 '신경'이라는 단어는 스기타 겐파쿠가 《해체신서》(1774)의 번역 과정에서 만든 것이다.

10

신경세포 구조

정보를 전기신호로 전달하는

신경계의 기본단위는 뉴런이라고 불리는 특수한 세포다. 뉴런 세포체에는 핵이 있고 그 밖에도 축색, 수상돌기 같은 소기관이 있다.

● 신경세포 구성

몸속의 정보 네트워크인 신경은 무수 신경세포(뉴런)가 모여서 만들어졌다.

신경세포는 핵이 있는 신경세포체와 거기서 뻗은 한 개 이상의 신경돌기로 구성되어 있다. 신경돌기 중 긴 것은 축색, 짧은 것은 수상돌기라고 한다.

축색은 신경섬유라고도 하는데 수초라는 막으로 둘러싸인 유수신경섬유와 수초가 없는 무수신경섬유가 있다. 수초는 신경세포에 영양을 공급하거나 신경섬유의 위치를 고정하는 신경교세포(glial cell)로 이루어져 있다. 유수신경섬유의 수초가 끊어진 부분을 랑비에 결절(node of Ranvier)이라고 한다.

수상돌기에는 다른 신경세포나 감각기로부터 축색이 이어져 있으며 이 접속 부분을 시냅스라고 한다.

● 정보 전달 구조

외부로부터 빛이나 소리 자극을 받으면 눈이나 귀 등 각각의 자극과 관계 있는 감각기가 흥분해서 약한 전기신호인 임펄스가 발생한다. 이 신호는 축색을 통해서 신경종말(신경섬유의 말단)로 전달된다.

신경종말과 신경세포의 접합부인 시냅스에는 아주 작은 틈이 있다. 그래서 신호가 신경종말에 도달하면 시냅스 소포라는 작은 주머니에서 신경전달물질을 분비한다. 이 신경전달물질이 신경세포의 수용체와 결합해서 다시 전기신호로 바뀐 후 신경세포로 신호를 전달한다.

신경세포의 수

인간의 대뇌피질에 있는 신경세포의 수는 약 140억 개라고 한다. 소뇌에는 대뇌피질보다 많은 1,000억 개 이상의 신경세포가 있다고 한다. 따라서 중추신경 전체의 신경세포의 수는 수백억 개다. 신경세포는 모두 태아 때 만들어져서 하루에 10만 개 이상이 죽는다고 한다.

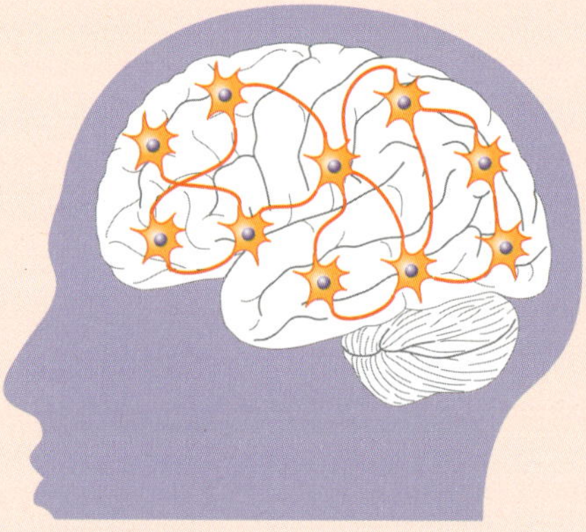

신경세포 구조

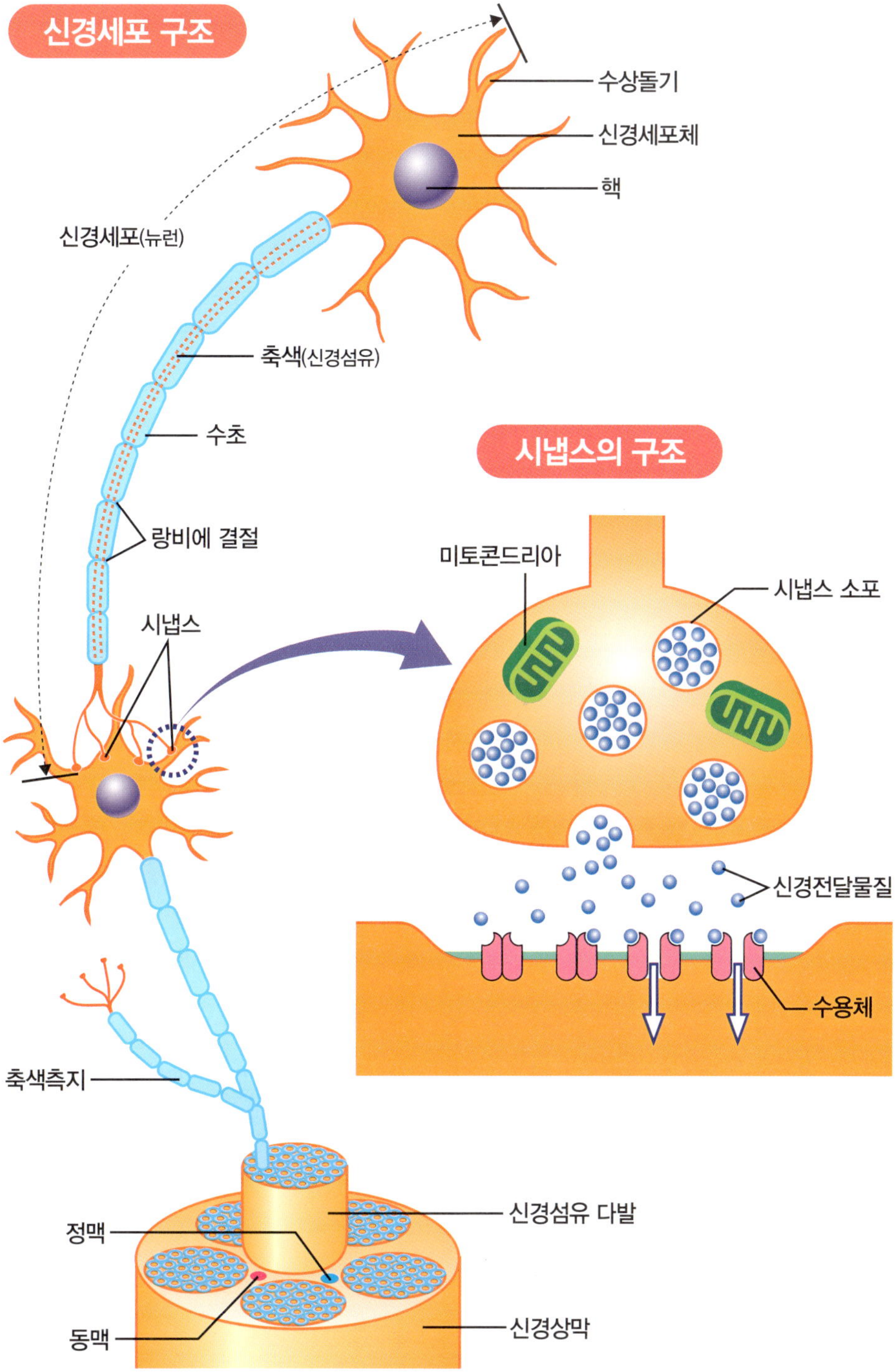

지식 신경세포에서 다른 신경세포로 정보의 전기신호가 전해지는 속도는 축색의 종류나 굵기에 따라서 다르다. 평균 매초 약 60m라고 한다.

11

자율신경 기능

자동으로 장기의 기능을 지배하는

자율신경에는 교감신경과 부교감신경이 있으며 서로 상반되는 기능을 하면서 각종 장기나 기관의 기능을 조절한다.

● 장기나 기관의 기능 조절

자율신경이란 대뇌로부터 명령을 받지 않고 스스로 각종 장기나 기관의 기능을 조절하는 신경이다. 심장 등의 장기가 본인 의사로 조절되지 않고 자동으로 움직이는 것은 자율신경 기능 때문이다.

호흡이나 심박, 체온, 혈압, 발한, 배뇨, 배변 등 생명 유지에 꼭 필요한 기능은 모두 자율신경이 조절하고 있다. 자율신경 기능 전체를 제어하는 것은 간뇌에 있는 시상하부다.

● 교감신경과 부교감신경

자율신경에는 교감신경과 부교감신경이 있는데 서로 상반되는 기능을 담당하면서 장기 기능을 제어한다.

교감신경은 활동 상태일 때 우위를 확보하여 심장 박동을 늘리거나 혈관을 수축시킨다. 부교감신경은 안정 상태일 때 우위를 확보하여 심장 박동을 억제하거나 혈관을 확장시킨다. 이 두 개의 자율신경은 상황에 따라서 어느 한 쪽의 기능을 강화하여 장기나 기관의 균형을 유지한다.

교감신경의 중추는 척수의 흉수와 요수에 있다. 척수에서 뻗은 신경섬유는 전근을 거쳐서 척주의 양쪽에 교감신경간을 만들고 각 장기 등 온몸에 분포한다.

부교감신경의 중추는 주로 뇌간에서 나와 온몸으로 퍼진다. 또 부교감신경은 척수의 하부에 있는 천수에서 나와서 직장이나 방광의 기능을 조절한다.

자율신경실조증

교감신경은 주로 활동 할 때 우위를 확보하고 부교감신경은 안정됐을 때 우위를 차지한다. 항상 균형을 유지하면서 장기나 기관이 정상적으로 기능하게 한다. 이 균형이 망가지면 두통이나 어지럼증, 가슴의 울렁거림, 설사, 변비, 불면증, 권태감, 냉증 등 여러 불쾌 증상이 나타난다. 이런 자율신경의 불균형 때문에 몸이 흐트러지는 것을 자율신경실조증이라고 한다.

부교감신경 우위

교감신경 우위

자율신경 기능

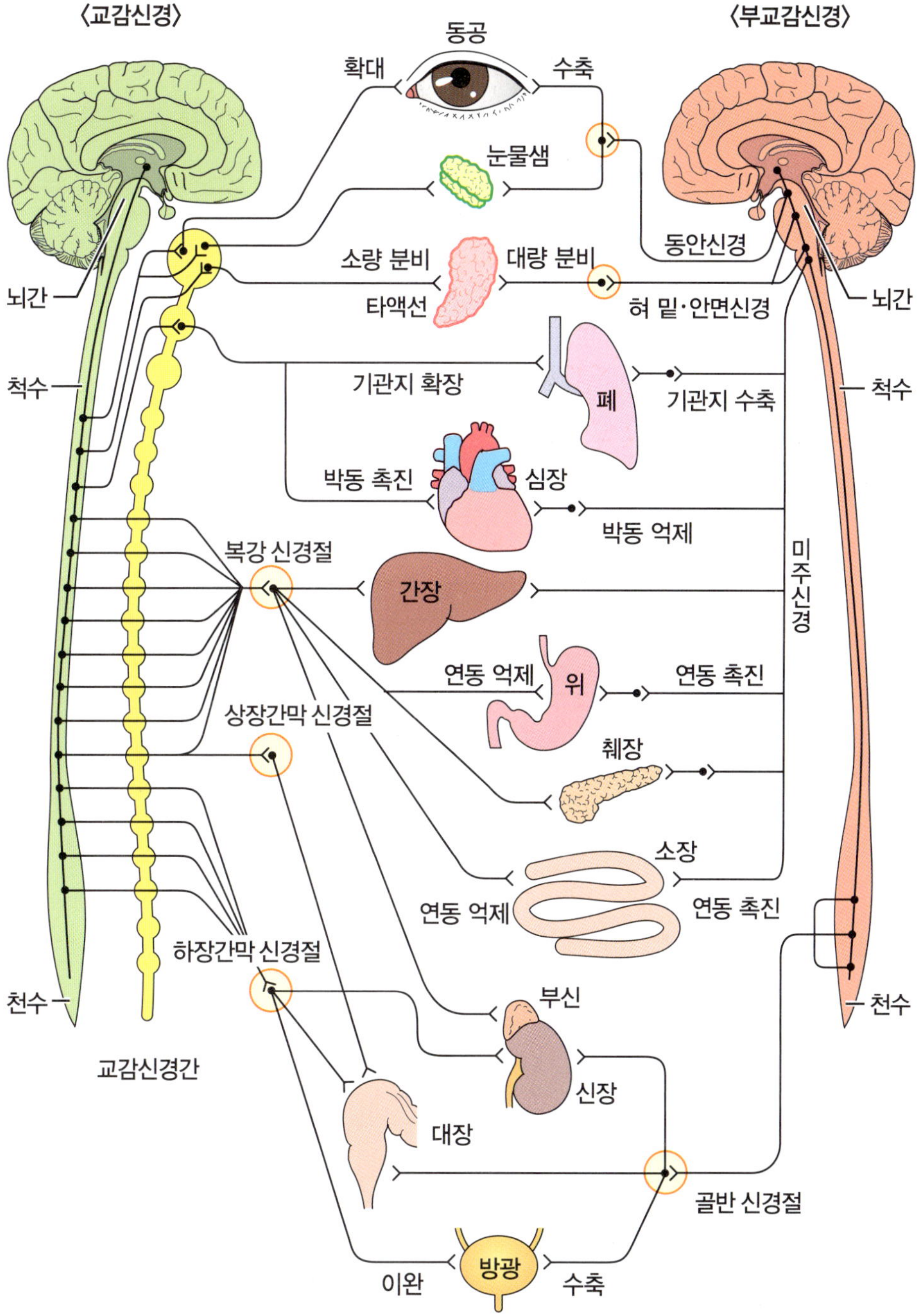

지식 교감신경의 명령 전달은 신경전달물질인 아세틸콜린과 노르아드레날린이 하고, 부교감신경은 아세틸콜린이 한다.

12

뇌내물질 기능

정보 전달을 매개하는 다종다양한 화학물질

뇌 속에서는 다양한 신경전달물질을 생산하고 신경세포의 정보 전달을 중개한다. 신경전달물질은 고유의 기능이 있다.

● 신경전달물질의 종류

신경을 구성하는 물질 세포는 접합부인 시냅스에서 신경전달물질이라는 화학물질의 매개로 정보를 전달한다. 각 신경세포는 고유의 신경전달물질을 방출해서 신경 활동을 상승시키기도 하고 억제시키기도 한다.

신경전달물질은 크게 아미노산, 모노아민류, 펩타이드류 세 가지로 나눌 수 있다. 기체 물질(일산화질소, 일산화탄소)도 신경전달물질 같은 기능을 한다.

● 신경전달물질의 기능

아미노산의 신경전달물질에는 감마아미노낙산(GABA), 글루탐산, 아스파라긴산이 있다. 이 중 감마아미노낙산은 대뇌피질이나 해마, 소뇌에 있고 신경 흥분을 억제한다. 반대로 글루탐산은 신경을 흥분시킨다.

모노아민류의 신경전달물질은 아드레날린, 노르아드레날린, 도파민, 아세틸콜린, 세로토닌이다. 아드레날린이나 도파민, 아세틸콜린은 모두 신경을 흥분시킨다. 한편, 세로토닌에는 신경의 과잉 흥분을 억제하고 충동이나 억울하다고 느끼는 감정을 완화하는 기능이 있다.

또한, 펩타이드류의 신경전달물질에는 엔도르핀, 바소프레신이 있다. 엔도르핀은 모르핀처럼 진통 효과가 있어 뇌 속의 마약이라고 부른다.

신경전달물질 분비 이상

신경전달물질의 분비 이상은 신경계의 병과 관련 있다.
예를 들면 도파민의 과잉 분비는 불안장애를 불러온다. 반대로 부족하면 파킨슨병이나 우울증의 원인이 된다.
아세틸콜린의 과잉 분비는 파킨슨병의 원인이 되고 부족하면 알츠하이머형 인지증을 초래한다.

신경전달물질의 기능

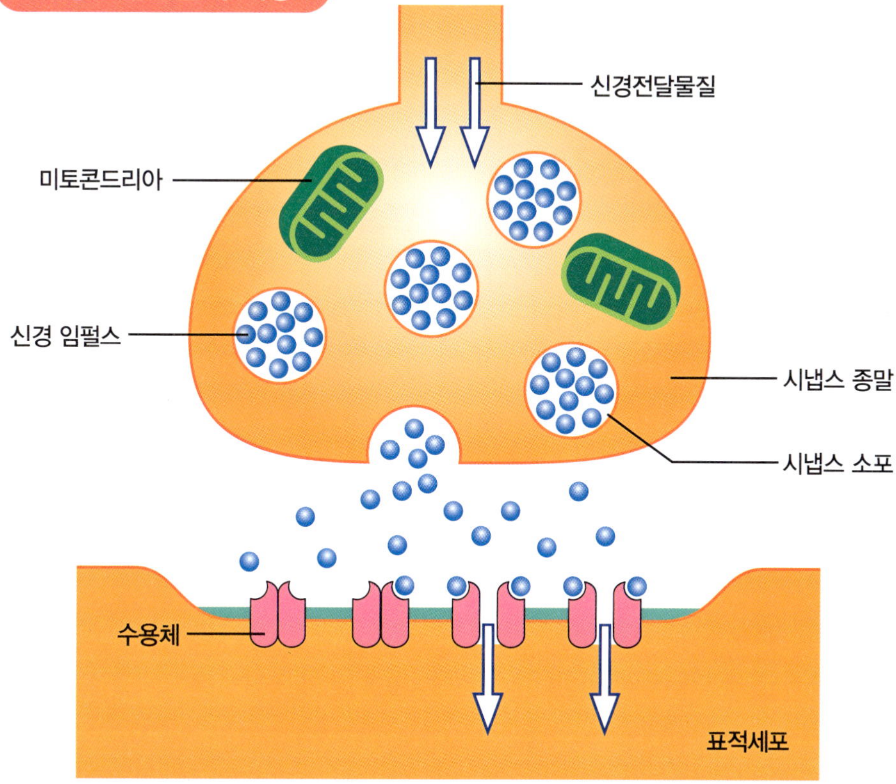

주요 신경전달물질

분류	명칭	특징
아미노산	감마아미노낙산	신경 흥분을 억제한다. 통칭은 GABA이다.
	글루탐산	신경을 흥분시킨다. 간질 발작과 관계 있다.
모노아민류	아드레날린	신경을 흥분시키고 불안이나 공포를 불러일으킨다.
	도파민	신경을 흥분시킨다. 부족하면 파킨슨병을 불러일으킨다.
	세로토닌	신경의 흥분을 억제하고 충동이나 억울한 감정을 낮춘다.
	아세틸콜린	신경을 흥분시킨다. 부족하면 알츠하이머병을 불러일으킨다.
펩타이드류	엔도르핀	모르핀과 마찬가지로 진통 효과가 있다. 행복감을 준다.

지식 마라톤 선수가 달리는 사이에 기분이 고양된 도취 상태에 빠지는 이른바 운동 중독 같은 형상을 '러너스 하이'라고 한다. 이것은 통증이나 스트레스를 완화하는 신경전달물질의 작용 때문이다.

● 파킨슨병

다양한 운동 장애와 자율신경질환이 특징이다. 어떤 원인으로 중뇌의 흑질에 있는 신경세포가 망가져, 뇌 안의 신경전달물질인 도파민이 부족해져 아세틸콜린이 증가해서 발생한다.

●파킨슨병

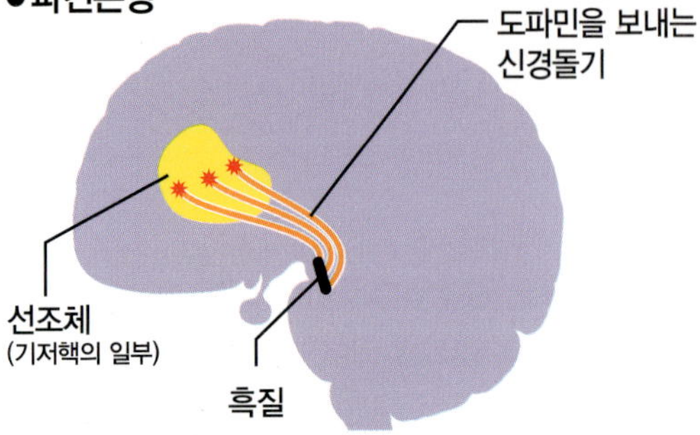

흑질에서 만들어진 도파민을 선조체로 보내는 신경이 망가지면 도파민이 부족해진다.

▶**주요 증상:** 손발이 떨리고, 손발이 딱딱해지고, 잘 움직이지 못한다. 또 변비와 배뇨 장애, 기립성저혈압 등의 자율신경질환, 인지증, 울병 등을 동반하기도 한다. 병이 진행되면 자리에서 일어나지 못하기도 한다.

● 근위축성 측색 경화증(ALS)

대뇌피질 운동 영역의 신경세포와 뇌간의 운동을 담당하는 신경세포가 사멸해서 생기는 병이다. 신경전달물질인 글루탐산이 발병 원인이라 생각되지만 확실한 원인은 모른다.

▶**주요 증상:** 손발, 얼굴, 혀 등의 근육이 위축해서 근력이 떨어진다. 손발이 움직이지 않거나, 말을 잘 못하고, 잘 삼키지도 못한다. 병의 진행이 빨라서 대개 발생하고 4~5년이 지나면 호흡근이 마비되어 인공호흡기가 필요하다.

● 크로이츠펠트-야코프병(Creutzfeldt-Jakob Disease)

뇌에 비정상적인 형태의 단백질(프라이온)이 축적되면 신경세포에 장애가 생기고 뇌가 스펀지 같은 해면상이 되는 병이다. 치매와 불수의운동이 주요 증상으로 발생하면 급속히 진행되어 대개 1년 후에는 사망한다.

● 척수소뇌변성증

소뇌에서 척수에 걸친 신경세포가 죽어 운동실조를 일으키는 병의 총칭이다. 구체적인 원인은 모르지만 절반 정도는 유전으로 발생한다.

▶**주요 증상:** 소뇌 기능에 이상이 생겨서 손발을 자유롭게 움직이지 못하고 균형을 잡을 수 없다. 또 손발이 떨리거나 관절이 뻣뻣해지고 어지럼증이나 요실금 등 자율신경질환을 일으킨다. 병의 진행이 느려 발생한 후 20년이 지나도 자력 보행하기도 한다.

● 신경통

감기나 외상 등 어떤 원인으로 말초신경의 움직임에 따라 발생하는 심한 통증을 말한다.

▶**주요 증상**

- **삼차신경통:** 갑자기 심한 동통이 눈 주변, 이마, 뺨 등 안면 한쪽에서 일어난다.
- **늑간신경통:** 죄어오는 통증이 규칙적으로 또는 산발적으로 일어난다. 호흡에 맞춰서 통증이 발생하는 경우가 많다.
- **좌골신경통:** 체위를 바꿀 때나 걸을 때 통증이 있다. 대개는 추간판 헤르니아가 원인이다.

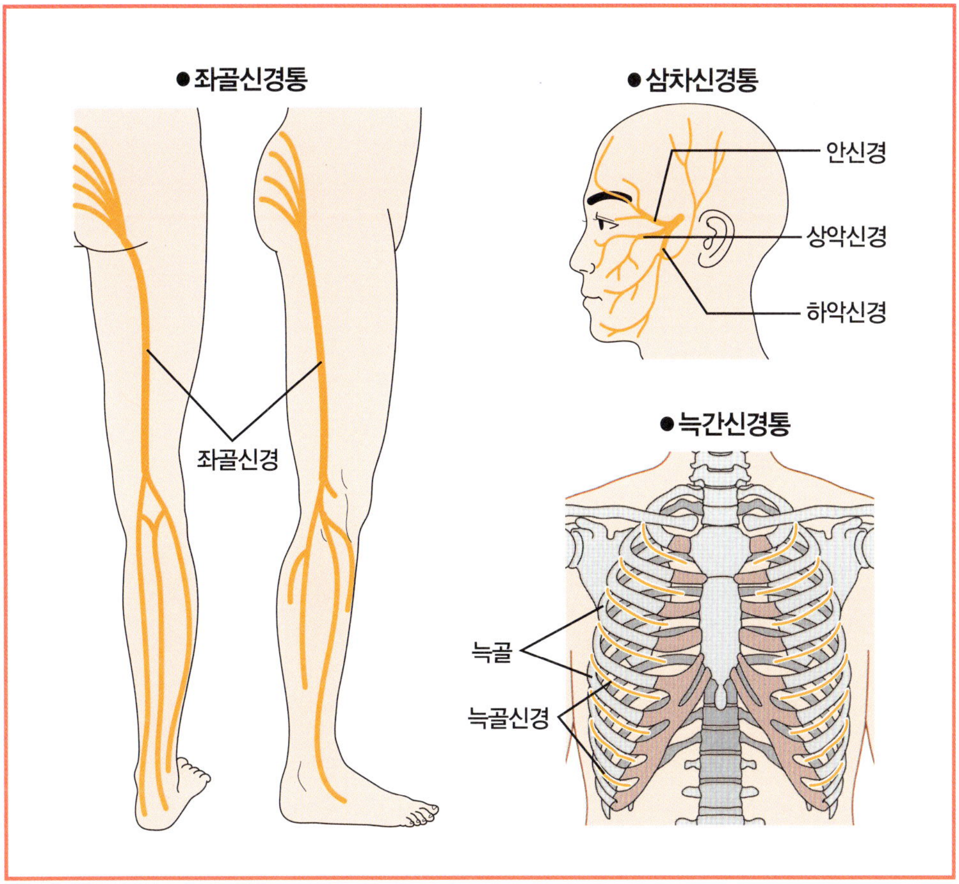

14

수면 구조

뇌의 휴식에 꼭 필요한 생리 기능

수면은 뇌를 쉬게 하여 생명을 유지하기 위해 반드시 필요한 생리 기능이다. 기억의 정착이나 신진대사의 촉진에도 중요한 역할을 한다.

● 수면의 역할

인간은 체내시계가 있어서 낮에는 활동하고 밤에는 휴식을 취하는 생체리듬을 지닌다. 휴식과 생명 유지에 필요한 생리 기능이 수면이다.

대뇌피질은 깨어있는 동안 쉬지 않고 움직여서 대량의 정보를 처리하고 각 기관의 기능을 조절한다. 이런 고차원의 뇌 활동을 위해서는 정기적으로 뇌를 쉬게 할 필요가 있다. 수면 상태일 때 뇌가 활동을 중단하는 것은 아니다. 기억을 정착시킨다고 생각할 수 있다.

또 수면은 몸에도 중요한 역할을 한다. 수면 상태일 때 성장 호르몬이 많이 분비되어서 아이의 성장이나 상처 치료, 피부의 신진대사 등을 촉진한다.

● 렘수면과 논렘수면

수면은 렘수면과 논렘수면으로 나뉜다.

렘수면은 이른바 얕은 잠으로 이때 몸은 쉬지만 뇌는 각성 상태에 가깝다. 감은 눈꺼풀 밑에서 안구가 움직이고 있다. 꿈을 꾸는 것은 주로 렘수면일 때다.

한편 논렘수면은 깊은 잠을 말한다. 이때 뇌는 쉬고 있지만 몸은 긴장 상태다. 감은 눈꺼풀 밑의 안구는 위를 향해 있고 전혀 움직이지 않는다.

수면의 종류

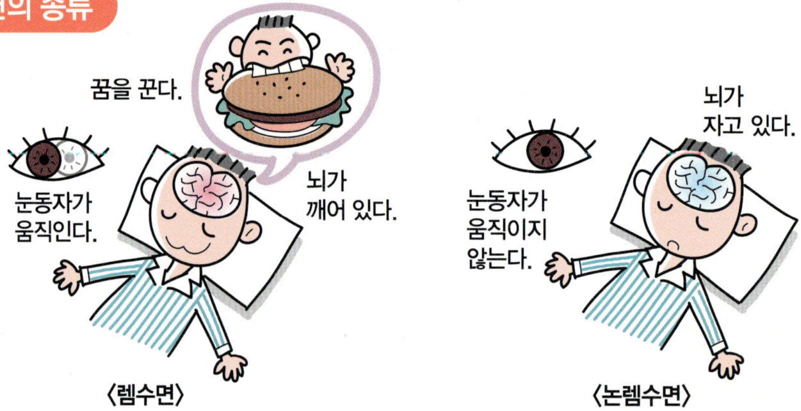

2장

골격과 근육

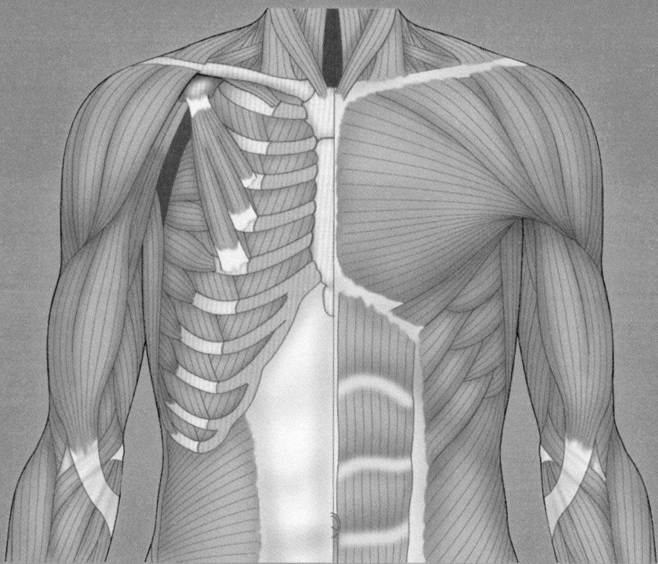

몸을 지탱하고 내장을 보호하는 골격은 206개의 뼈로 이루어져 있다. 뼈와 뼈는 관절로 연결되어 인대가 보완한다. 뼈의 내부에 있는 골수에서는 혈액을 만든다. 근육은 수축성이 있는 운동기관으로 뼈에 붙어서 몸을 움직이는 골격근과 혈관이나 내장을 움직이는 민무늬근, 심장을 움직이는 심근이 있다.

01

골격 구조

몸을 지탱하고 내장을 지키는 뼈대

장기를 보호하고 몸 구조를 지탱하는 골격은 머리 부분의 뼈, 목과 동체의 뼈, 손의 뼈, 발의 뼈, 모두 합쳐 206개의 뼈로 이루어져 있다.

● 골격의 역할과 뼈의 수

골격은 몸 전체를 형성하는 뼈대로 뇌나 폐 등의 장기를 외부의 충격으로부터 보호하는 역할을 한다.

사람의 골격은 크기와 모양이 다른 많은 뼈로 구성되어 있다. 신생아 때는 약 350개의 뼈가 있지만 성장함에 따라 합쳐져서 성인이 되면 보통 206개의 뼈로 골격을 구성한다. 두개골과 안면골 20개, 척주(등뼈) 26개, 흉골(가슴뼈)과 늑골 25개, 어깨·팔·손의 상지골 64개, 골반·다리·발의 하지골 62개다.

● 각 부위의 골격

두개(머릿골을 싸고 있는 골격)는 15가지 23개의 뼈가 조합을 이루고 있다. 뇌와 안구를 잘 보호하기 위해서 각각의 뼈가 '봉합'이라는 복잡한 방식으로 이어져 있는 것이 특징이다. 좌우의 귓속에는 망치뼈, 모루뼈, 등자뼈 세 개의 작은 뼈가 있다.

흉곽은 흉골과 12쌍의 늑골이 마치 새장 모양처럼 만들어진 흉부 골격이다. 각각의 뼈는 관절 또는 연골로 조합되어 폐나 심장을 보호하고 호흡 시에는 흉곽 운동을 돕는다.

척주는 추골(등골뼈)이라는 26개의 고리 모양의 뼈로 이어져 있다. 추골은 경추, 흉추, 요추와 몇 개의 뼈가 융합한 천골과 미골로 분류한다.

골격은 좌우의 장골, 치골, 좌골 등 복잡한 뼈로 이루어진 골격으로 상반신을 지탱하는 토대가 되고 생식기, 소화기, 비뇨기를 보호한다.

골격을 형성하는 뼈의 모양과 종류

뼈는 모양에 따라 여러 종류로 나눌 수 있다. 팔과 다리의 긴뼈를 장골, 손과 발의 작은 뼈를 단골, 두개골 등 납작한 뼈를 편평골, 상악골 등의 공간을 가지는 뼈를 함기골, 슬개골 등의 힘줄 안에 있는 뼈를 종자골, 접형골 등의 불규칙한 모양을 한 뼈를 불규칙골이라고 한다.

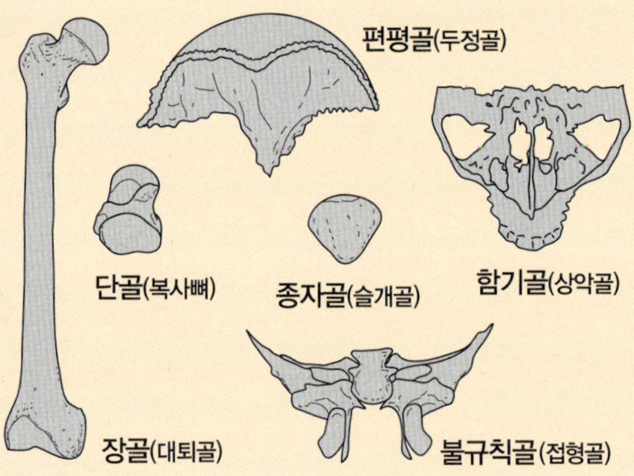

골격 구조

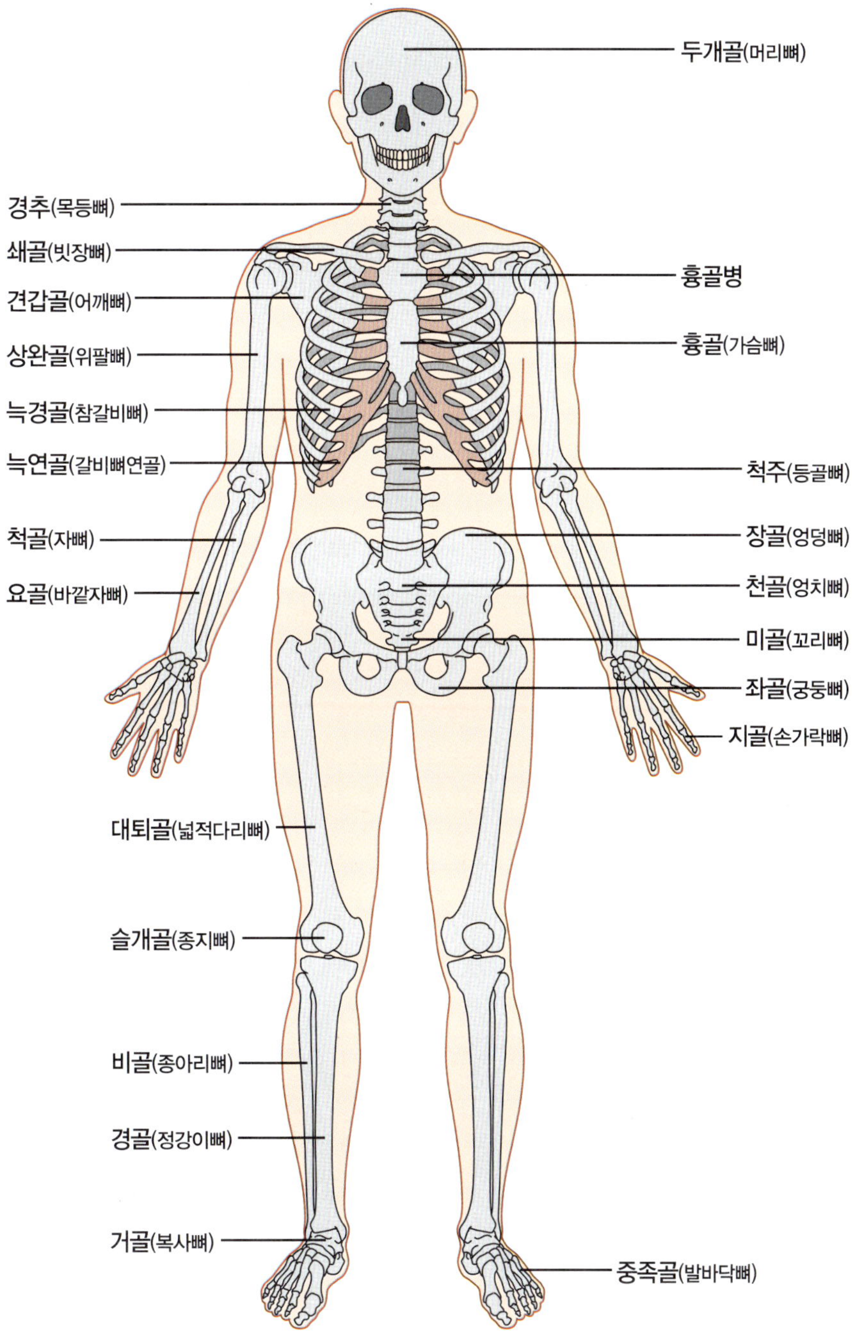

지식 몸에서 가장 작은 뼈는 귀속에 있는 등자뼈로 약 3mm, 가장 큰 뼈는 대퇴골로 약 40cm이다.

02

뼈 구조

단단함과 유연함이 하나로 이루어진 구조라 충격에 강한

뼈의 표면은 골막으로 싸여 있고 내부에는 단단한 치밀질과 유연한 해면질이 있다. 혈액을 만드는 골수도 안에 있다.

● 골막과 치밀질

골격을 구성하는 뼈는 골막, 골질, 골수로 이루어져 있다.

뼈 표면을 둘러싸는 백색 결합조직이 골막이다. 골막에는 신경, 혈관, 림프관이 지나고 있어 뼈에 자극을 전하거나 영양을 전하고, 뼈의 성장도 담당한다. 골막과 골질은 샤피섬유라는 결합섬유로 단단하게 결합되어 있다.

골막 안쪽에 있는 골질은 치밀질과 해면질로 이루어져 있다. 골막의 바로 안쪽에는 칼슘과 인을 주성분으로 하는 단단한 골질이 꽉 차 있어 이것을 치밀질이라고 한다. 치밀질은 혈관을 지나는 하버스관을 층층으로 둘러싸는 골단위가 모여서 이루어진다.

● 해면질과 골수

치밀질의 안쪽에는 구멍이 많아서 스펀지 같은 구조의 조직이 있다. 이것을 해면질이라고 하고, 해면질이 만드는 공간을 골수강이라고 한다. 해면질과 골수강은 뼈를 가볍고 유연하게 만들어 외부의 충격을 완충하는 데 도움이 된다.

골수강 안에는 골수세포가 있어 혈액을 만든다. 조혈 작용을 하는 골수는 빨간색이라서 적색골수, 작용하지 않는 골수는 황색이라서 황색골수라고 한다.

장골에서 관모양의 부분을 골간, 양 끝을 골단이라고 한다. 골간은 두꺼운 치밀질로 이루어져 있고 안쪽에는 해면질과 골수강이 있다. 골단은 표면만 얇은 치밀질이고 내부는 해면질로 이루어져 있다.

골다공증

나이가 들면 뼛속의 미네랄 양(골량)이 줄어 뼈가 약해진다.
골량이 많이 줄어 뼛속이 비면 골절이 잘된다. 이런 상태를 골다공증이라고 한다. 골다공증은 골량의 감소를 억제하는 기능을 가진 여성호르몬의 분비가 줄어든 폐경 후의 여성에게 잘 나타난다.

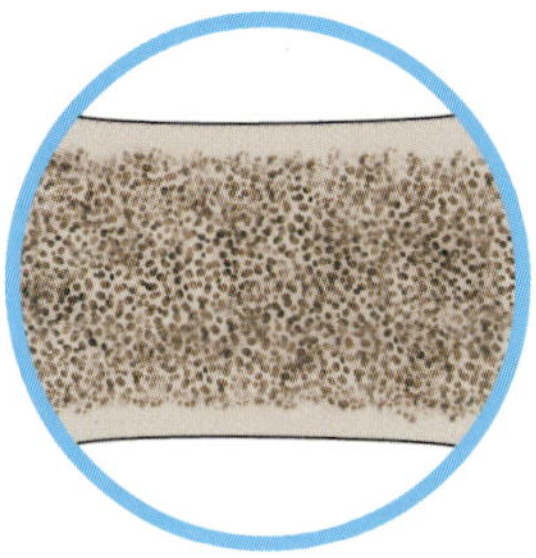

정상적인 뼈의 단면

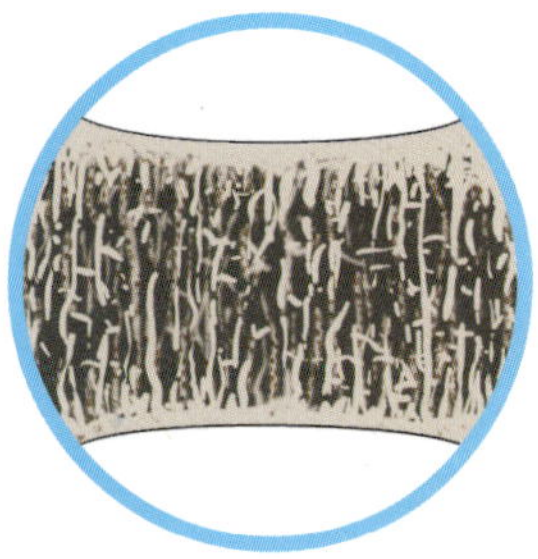

골다공증 뼈의 단면

뼈 구조

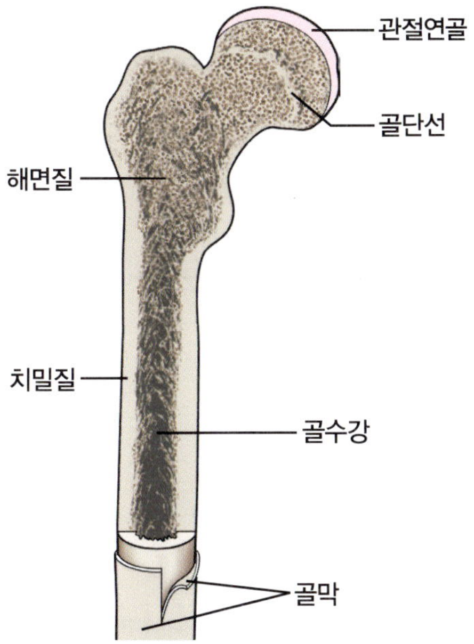

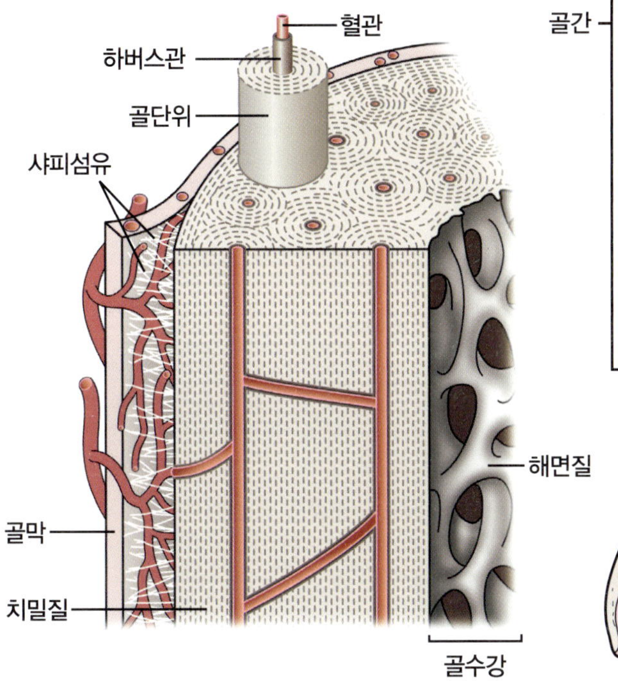

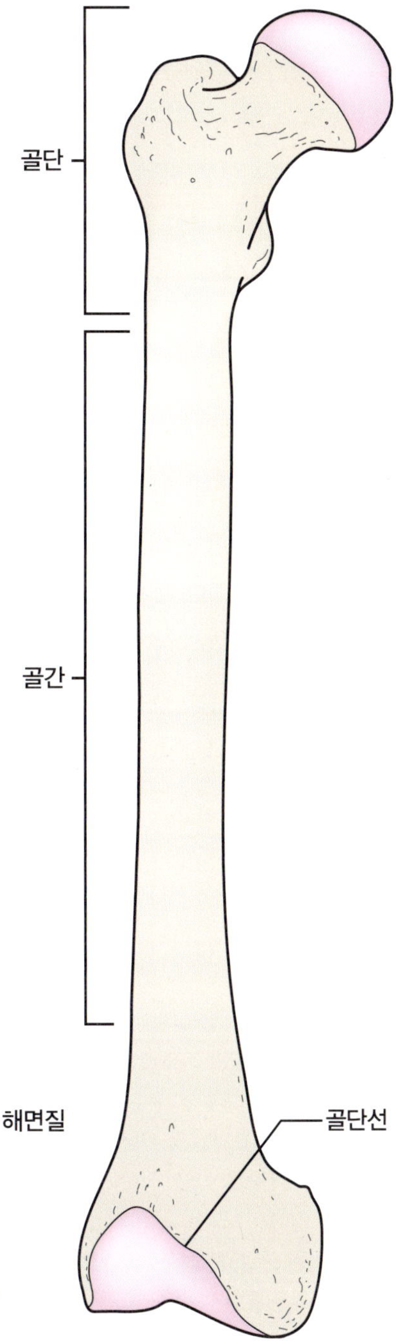

지식 뼈는 칼슘과 인의 저장고 역할도 한다. 혈액과 뼈 사이에서는 끊임없이 칼슘의 교환이 이루어져 몸 기관의 기능을 돕는다.

03

뼈의 성장

끊임없이 새롭게 다시 만들어지는

뼈는 골아세포와 파골세포로 성장하고 쇠퇴한다. 골절되었을 때도 세포의 공동 작업으로 다시 붙는다.

● 뼈가 성장하는 구조

뼈는 새 뼈를 만드는 골아세포와 오래된 뼈를 부수는 파골세포의 작용으로 매일매일 성장하고 쇠퇴한다.

성장기 아동의 뼈 양쪽 끝에는 연골판이라는 연골세포의 집합이 있다. 뼈가 길어질 때는 이 연골판이 증식해서 뼈가 변해서 세로 방향으로 늘어난다. 뼈가 굵어질 때는 뼈 표면을 싸고 있는 골막의 골아세포가 증식해서 모양이 변하고 가로 방향으로 성장한다.

만들어진 뼈보다 망가지는 뼈가 많아지면 뼈 성장은 멈추고 쇠퇴하기 시작한다. 어른이 되면 연골판은 뼈로 변하고 골단선으로 남는다.

● 골절 유합

골절은 외부의 강한 힘으로 뼈가 부러지는 상태를 말한다. 부러진 뼈를 붙이는 것도 골아세포의 기능이다.

골절 직후에는 뼈의 혈관에서 나온 핏덩어리가 한때 뼈와 뼈 사이를 메운다. 부러진 부분의 골막에는 골아세포가 모여서 증식을 시작하고, 골아세포는 그물 모양의 가골(애벌뼈)이라는 섬유조직을 만든다. 여기에 칼슘이 침착하여 뼈가 서서히 단단해진다. 파골세포가 작용해서 가골을 재흡수하여 원래의 뼈 모양으로 정리된다. 골절당했을 때 깁스로 고정하면 자연히 재생되는 것은 뼈가 스스로 이런 유합 작업을 하기 때문이다.

골절 종류

골절은 원인이나 부러지는 방법에 따라 분류한다. 예를 들면 가로로 부러지는 것은 횡골절, 비스듬하게 부러지는 것은 사골절, 뒤틀리면서 부러지는 것은 나선골절이다. 그 밖에 산산조각 나는 것은 분쇄골절, 뼈 일부만 떨어져 나가는 것은 박리골절, 금이 가는 것은 구열골절이다. 뼈마디가 어긋나는 탈구와 골절이 동시에 생기는 것은 탈구골절이다.

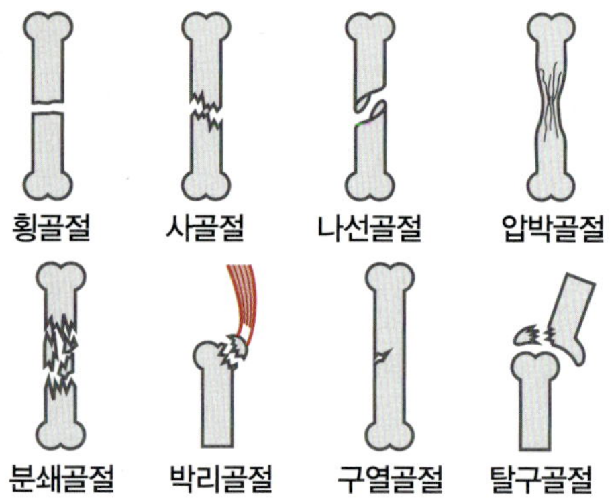

뼈의 성장 구조 〈성장기 아동의 뼈〉

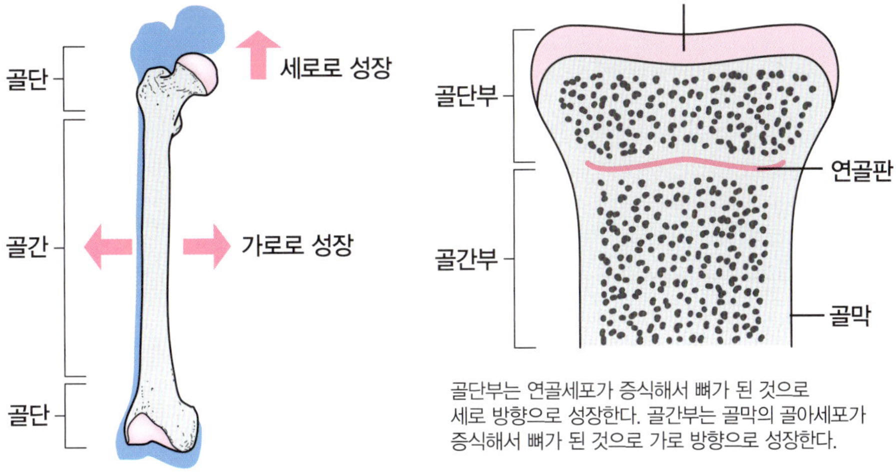

골단부는 연골세포가 증식해서 뼈가 된 것으로 세로 방향으로 성장한다. 골간부는 골막의 골아세포가 증식해서 뼈가 된 것으로 가로 방향으로 성장한다.

뼈의 수복, 재생 구조

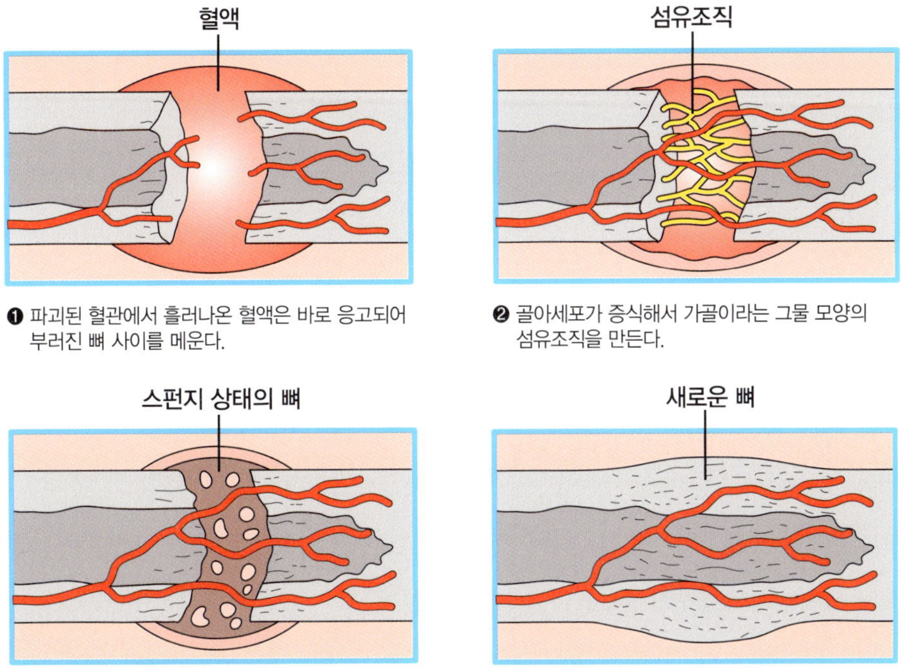

❶ 파괴된 혈관에서 흘러나온 혈액은 바로 응고되어 부러진 뼈 사이를 메운다.

❷ 골아세포가 증식해서 가골이라는 그물 모양의 섬유조직을 만든다.

❸ 칼슘이 가골에 침착해서 섬유조직을 보강하고 뼈의 양쪽 끝을 고정한다

❹ 가골을 대신해서 단단한 뼈가 만들어지고 불필요한 부분이 원래대로 돌아간다.

지식 골절은 사고 등으로 갑자기 큰 힘을 받아 일어나는 것이 대부분이지만, 오랫동안 같은 부분에 힘이 가해져 생기는 피로골절도 있다. 특히 운동선수에게 많이 나타난다.

04

뼈의 조혈 기능

몸을 지탱하는 역할과 더불어 중요한 기능

혈액은 골수에 있는 조혈세포 분열로 만들어진다. 만들어진 혈액의 각 성분은 뼈를 만드는 모세혈관의 구멍에서 온몸으로 운반된다.

● 골수의 기능

뼈 조직의 중심부에는 골수강이 있고 내부는 골수로 차 있다. 골수는 혈액을 만드는 중요한 기능을 한다.

골수에는 적색과 황색이 있으며, 이 중 조혈 기능이 있는 것은 적색골수다. 황색골수는 적색골수가 지방으로 변해서 조혈 기능을 잃은 것이다.

신생아의 골수는 거의 모두 적색골수라서 온몸의 뼈에서 혈액을 만든다. 그러나 성장하면서 황색골수가 증가한다. 성인이 되면 적색골수는 추골, 흉골, 늑골, 골반에만 남는다.

● 혈액이 만들어지는 구조

적색골수의 조혈조직에서는 혈액의 근원인 혈구아세포(줄기세포)를 만든다. 이 세포는 적혈구, 백혈구, 혈소판, 림프구 등 어떤 혈구로도 분화할 수 있는 능력이 있다.

조혈조직에는 조혈세포를 포함한 세망조직이 가득 차 있고 그 안을 유동이라는 모세혈관이 지난다. 유동은 골수의 정맥을 지나 뼈 외부의 혈관으로 이어지고 많은 구멍이 있다. 조혈조직으로 만들어진 혈구아세포는 성숙해서 혈액의 각 성분으로 분화한 다음 이 구멍을 지나 혈액 안으로 들어가 온몸을 돈다.

조혈세포 속에서 1초에 200만 개라는 속도로 혈구아세포가 분열하여 적혈구를 비롯한 여러 종류의 세포로 분화한다.

뼈의 종양

뼈에 발생하는 종양에는 골육종, 골수종, 연골육종, 유잉육종 등이 있고 전체의 3분의 2는 골육종이다.

골육종은 10대 남아에서 많이 발견되는 병으로 뼈를 만드는 골아세포가 암이 된 것이다. 발생 장소는 대퇴골의 하단이나 경골의 상단이 많다. 붓거나 눌리는 통증이 있다. 초기에 폐로 전이하기 쉬운 것이 특징이다.

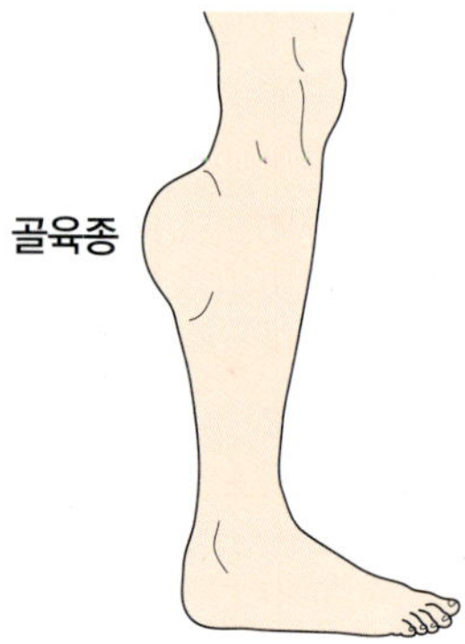

골수의 조혈 구조

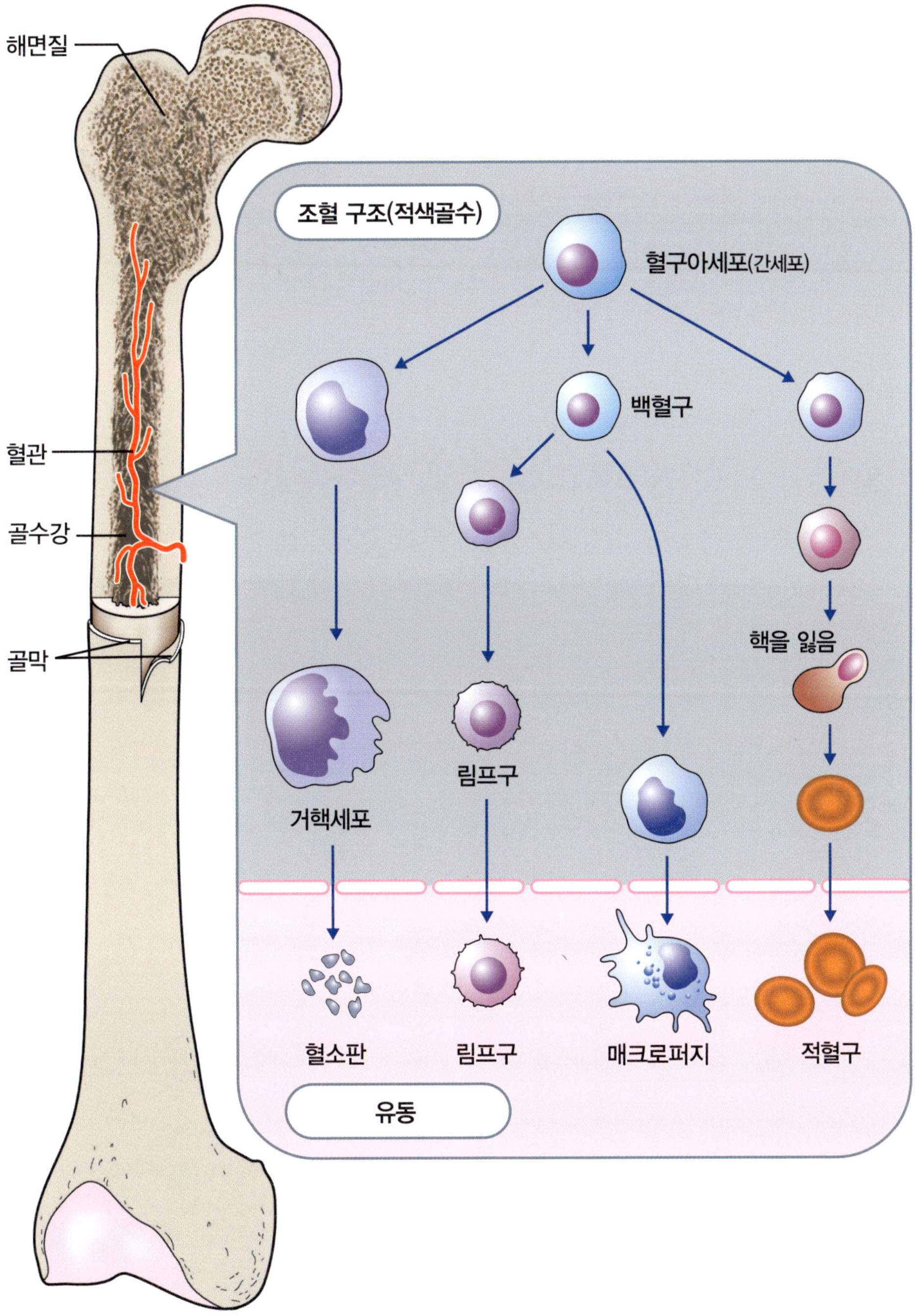

지식 황색골수는 지방질로 조혈 기능은 없다. 대량 출혈이 일어나서 대량의 조혈이 필요하면 적색골수로 변한다.

05

척골 구조

몸의 축이 되고 척수를 지키는

척골은 다섯 개의 추골이 있고, 그 사이를 연골이 연결하는 구조로 이루어져 있다. 체중을 지탱하고 충격을 흡수하고 척수를 지키는 역할을 한다.

● 척골의 구조

척골은 척주 또는 척추라고 하며 인체의 버팀대가 되는 중요한 골격이다. 위에서부터 경추, 흉추, 요추, 천골, 미골로 이루어져 있다.

경추는 일곱 개의 뼈로 머리를 받치고 있다. 그 아래에 있는 것이 흉추이며 좌우 12쌍의 늑골과 이어져 있다.

흉추 아래에 있는 것이 다섯 개의 요추로 요골이라 부르는 부분이다. 요골은 상체를 구부렸을 때 가장 부담이 가는 부분이다.

천골과 미골은 태어났을 때는 각각 다섯 개 정도 있지만 성장과 더불어 뼈가 합쳐져서 각각 하나가 된다.

● 척골의 모양과 역할

척골을 옆에서 보면 이른바 S자 모양이다. 추골의 배 쪽 부분을 추체라고 한다. 추체와 추체 사이에는 쿠션 역할을 하는 추간판이라는 연골이 있다. 연결 부분에는 인대가 있어 추골이 따로따로 떨어지거나 추간판이 튀어나오지 않게 한다. 추체 뒷부분의 구멍(추공)에는 척주관이라는 관이 들어 있고 그 안을 척수가 지난다.

추골은 서거나 앉을 때 상체를 받쳐 주고 전후좌우 상체를 운동할 수 있게 한다. 또 걷거나 뛸 때 바닥에서 받는 충격을 흡수해서 뇌에 영향을 미치지 않게 하는 역할도 수행한다.

추간판 헤르니아

추간판 안에는 젤리 상태의 수핵이 가득 차 있다. 수핵은 나이가 들수록 수분을 잃어서 탄력성이 사라진다. 이 상태에서 추간판에 강한 힘이 가해지면 수핵이 추간판에서 튀어나오는데 이것이 추간판 탈출 즉 추간판 헤르니아다.

튀어나온 수핵이 척수신경을 압박하기 때문에 발목에서 심한 통증을 느끼는 것이 특징으로 나빠지면 일어서지 못할 수도 있다.

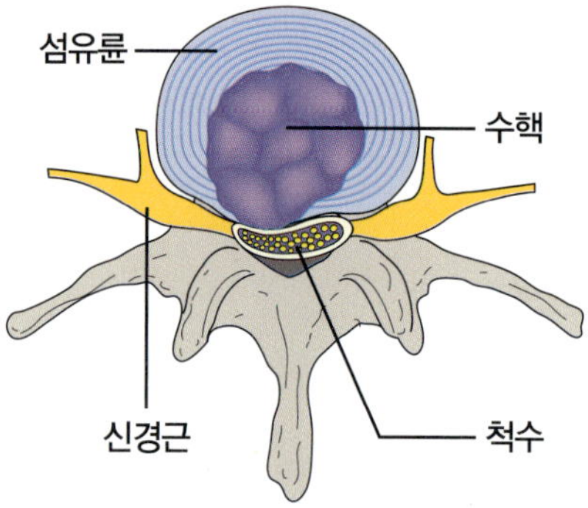

척등골뼈 구조

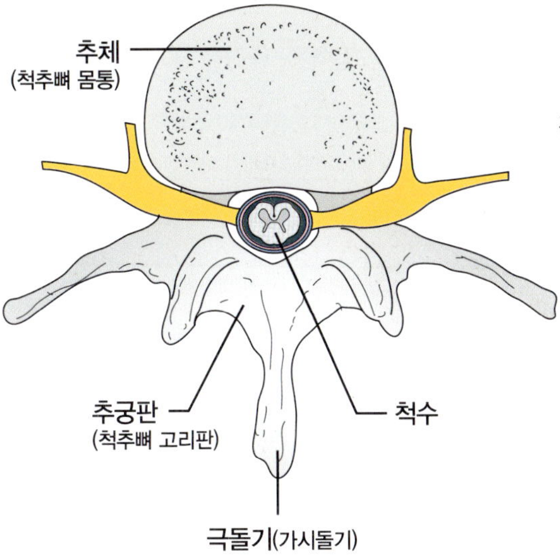

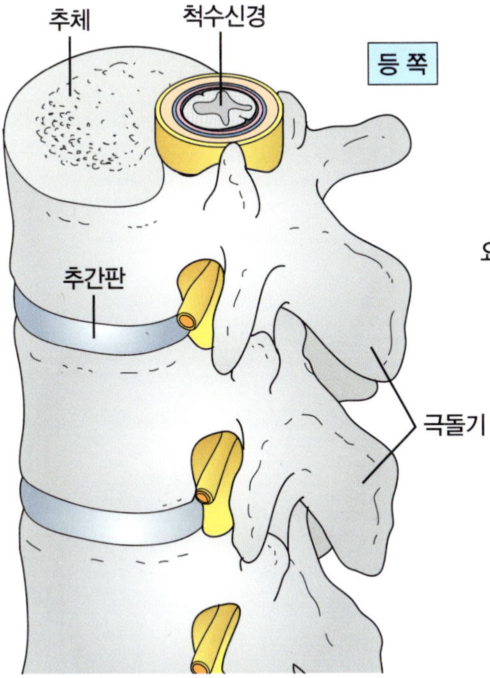

척추 구조

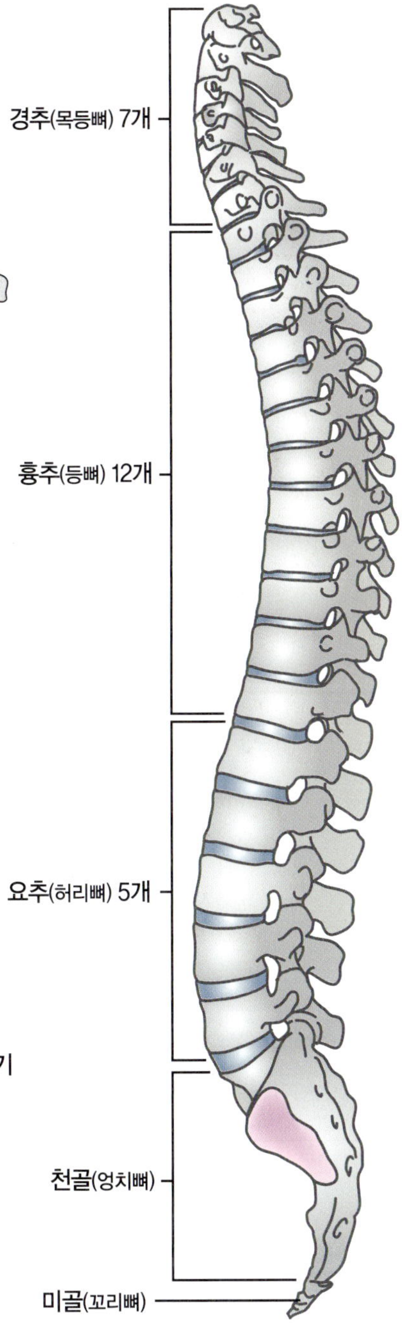

지식 등뼈 끝에 있는 꼬리뼈는 진화 과정에서 사라진 꼬리의 흔적이다.

06

관절 구조

뼈와 뼈를 연결해서 순조롭게 움직이게 하는

관절에는 구조나 움직이는 방법에 따라 여러 종류가 있다. 관절의 뼈와 뼈 사이에는 연골이 있어 쿠션 역할을 한다.

● 관절 구조와 연골의 기능

뼈와 뼈가 연결된 부분을 관절이라고 한다. 관절은 볼록한 모양의 관절두와 오목한 모양의 관절와가 쌍을 이루며 주위는 관절포라는 조직으로 싸여 있다. 관절포의 안쪽에는 활액이라는 액체를 분비하는 활막이 있다. 활액은 관절을 유연하게 움직이기 위한 윤활유 역할을 한다.

관절포 바깥쪽에는 인대가 있다. 인대에는 근육의 한 부분인 힘줄이 붙어 있어 근육의 움직임이 뼈로 전달된다.

관절을 구성하는 뼈와 뼈 사이에는 연골이 있다. 이 연골이 쿠션 역할을 해서 뼈끼리의 마찰로 상처입거나 충격 받는 일이 없도록 막아준다.

● 관절의 종류

관절에는 빙글빙글 돌릴 수 있는 것과 한쪽으로만 움직일 수 있는 것 등 다양한 종류가 있고 구조도 서로 다르다.

구관절은 어깨나 가랑이에 있으며 공과 공 받침대가 하나의 쌍을 이루는 관절이다. 여러 방향으로 구부리거나 돌릴 수 있다. 접번관절은 팔꿈치와 손가락에 있고 앞뒤로 여닫는 문처럼 한 방향으로만 움직일 수 있다. 차축관절은 목에 있고 접번관절에 회전운동을 더한 움직임을 할 수 있다. 그 외에도 손가락 뿌리 부분은 사람이 말안장에 걸터앉은 모양을 하고 있어 안장관절이라고 한다. 손목은 관절두가 타원체라서 타원관절이라고 한다.

류머티스성 관절염

면역의 이상과 더불어 관절에 염증이 생겨 통증과 부기가 생기는 증상을 관절 리우마치라고 한다.
관절 리우마치는 관절 안에서 활막이 증식하여 연골이 파괴되어 생긴다. 심해지면 염증이 진행되어 뼈도 파괴되고 관절이 변형되서 움직일 수 없다. 또 관절만이 아니라 심장, 폐, 신장 등 온몸의 기관에 합병증을 불러온다.

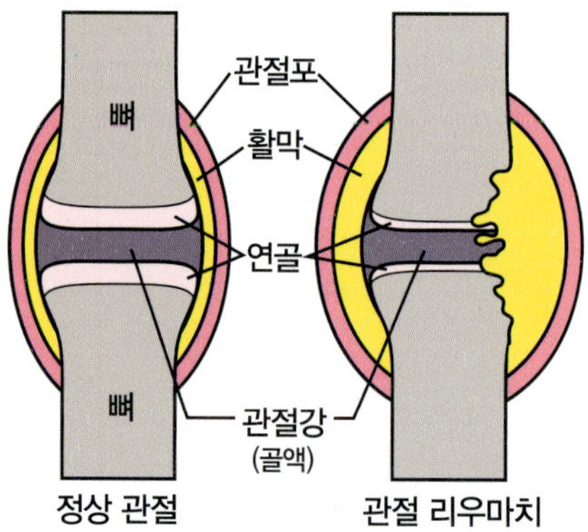

관절 구조

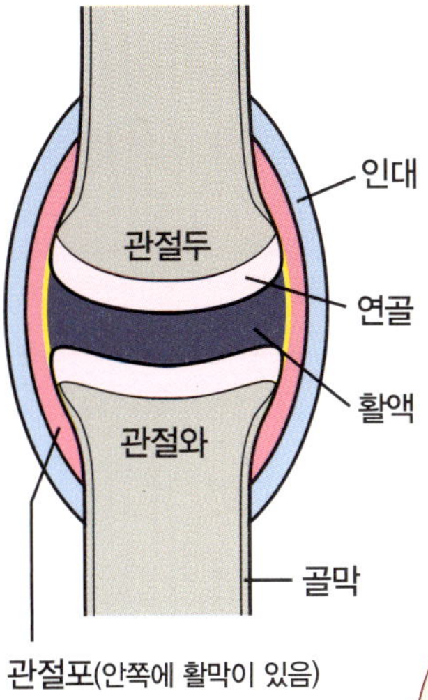

관절 종류

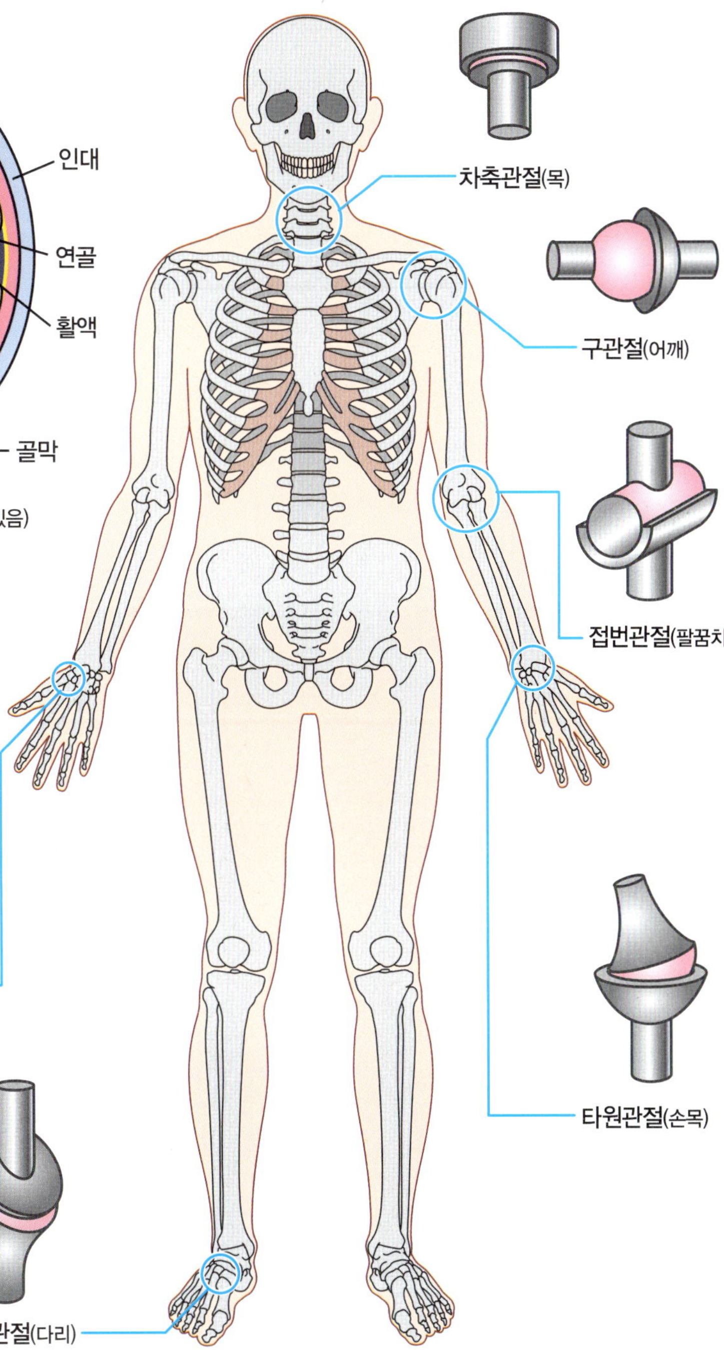

지식 뼈 중에는 다른 뼈와 밀접하게 연결된 것이 있다. 이런 뼈의 관절은 전혀 움직이지 않기 때문에 부동관절이라고 한다. 부동관절은 대개 머리뼈에 있다.

07

근육 구조

몸의 운동을 만드는 조직

근육은 골격에 붙어서 몸을 움직이는 골격근과 혈관이나 내장의 기관을 움직이는 평활근, 심장을 움직이는 심근으로 나눌 수 있다.

● 근육의 종류

근육은 걷거나 뛰는 모든 신체 운동의 원동력이 되는 수축성 있는 운동기관이다. 각각의 근육은 섬유상의 근세포(근섬유)가 많이 모여서 이루어져 있다. 근섬유가 수축과 이완을 반복하여 뼈가 움직이고 몸이 운동할 수 있다.

근육에는 골격에 부착된 골격근과 내장을 움직이는 평활근, 심장을 움직이는 심근이 있다.

골격근은 600개 이상이며 크기와 모양이 여러 가지다. 붙어 있는 뼈의 부위나 근육의 모양에 따라 가자미근, 삼각근, 대흉근, 승모근, 흉쇄유돌근 등이 있다.

● 수의근과 불수의근

근육을 움직이는 방법으로 분류하면 자신의 의지로 움직일 수 있는 수의근과 의지로 움직일 수 없는 불수의근이 있다. 골격근은 각각의 근육에 따라 잘 움직이기도 하고 아니기도 하지만 어느 정도 자신의 의지로 움직일 수 있으므로 수의근이다.

한편 혈관이나 내장 등 내부 기관에 붙어 있는 평활근은 자신의 의지로 움직일 수 없으므로 불수의근이다. 자율신경이나 호르몬의 영향을 받아서 골격근보다 천천히 지속적인 움직임을 보이는 것이 특징이다. 마찬가지로 심근도 자신의 의지로 멈추거나 움직일 수 없으므로 불수의근이다.

지근과 속근

골격근은 근육을 수축하는 빠르기에 따라 지근과 속근으로 나눌 수 있다. 지근은 주로 몸의 심층부인 뼈 부근에 많고 산소를 운반하는 붉은색 단백질을 많이 함유하기 때문에 적근이라고도 부른다. 한편 속근은 몸의 표면 가까운 부분에 많고 붉은색 단백질을 함유하지 않기 때문에 백근이라고 한다. 지근은 지속적인 운동, 속근은 산발적인 운동에 적합하다.

근육의 종류와 특징

	지근	속근
근섬유 굵기	가늘다	굵다
수축 속도	느리다	빠르다
색상	적색	백색
피곤도	쉽게 피곤하지 않다	쉽게 피곤하다
소비 에너지	지방	당, 글리코겐
적당한 운동	지속적인 운동 (유산소운동)	산발적인 운동 (무산소운동)

온몸의 근육

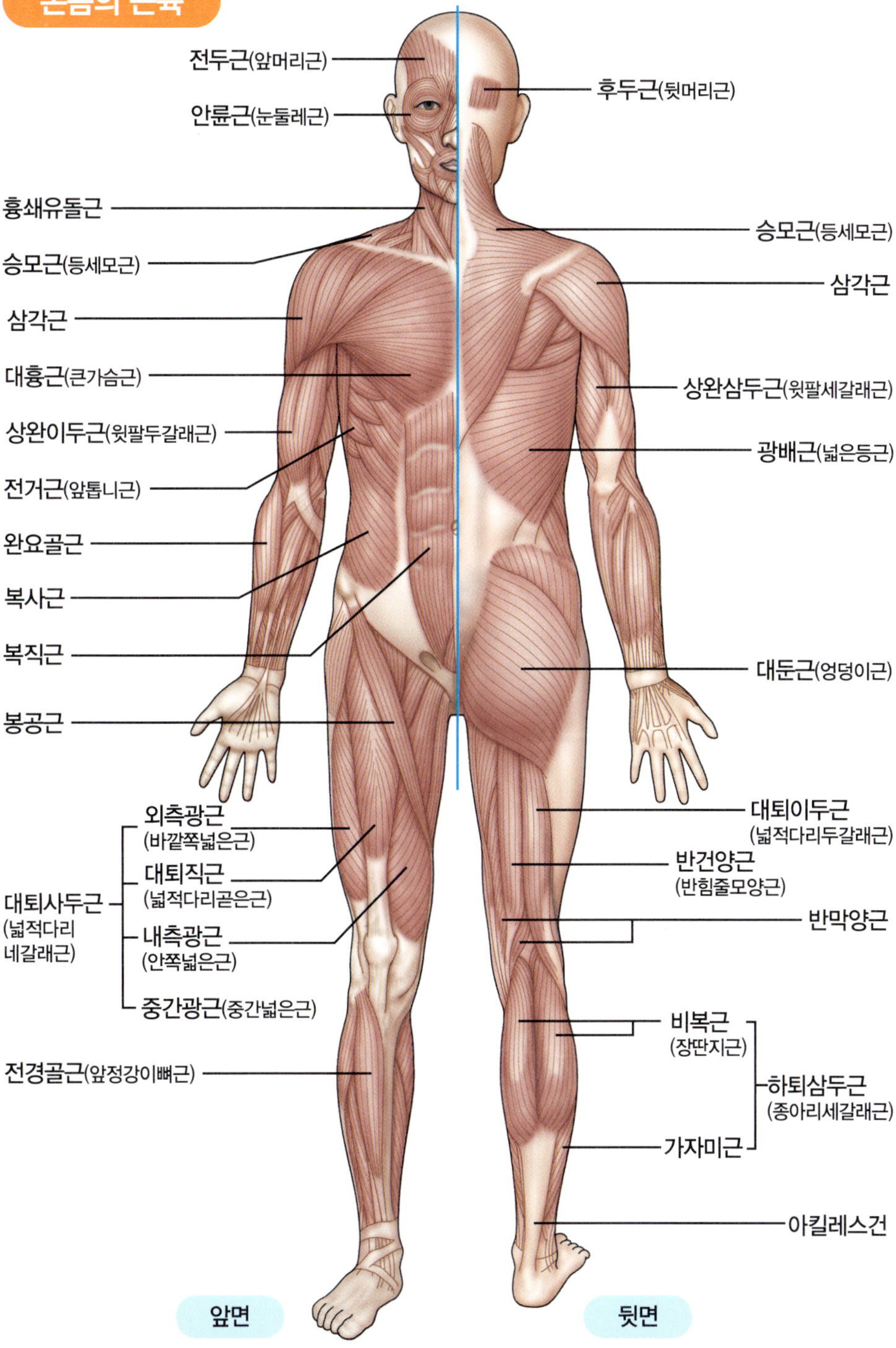

지식 지근과 속근은 물고기도 있다. 참치처럼 장거리를 천천히 헤엄치는 물고기는 적근(붉은살)이 많고 도미나 가자미처럼 근해를 날쌔게 헤엄치는 물고기는 백근(흰살)이 많다.

08

골격근 구조

체중의 약 반을 차지하는 운동의 요지

골격근에는 두 가지 근섬유가 교대로 나열되어 있어 서로 당겨서 수축한다. 골격근의 양 끝에는 힘줄이 있어서 근육과 뼈를 부착시킨다.

● 골격근 구조

성인 남성 체중의 약 절반을 골격근이 차지한다. 골격근은 단백질로 만들어진 굵기가 다른 두 종류의 섬유로 굵은 섬유를 미오신, 가는 섬유를 액틴이라고 한다. 두 가지 섬유가 꽈배기처럼 나열해서 근원섬유를 만들고 근원섬유가 몇 개 모여서 근섬유를 구성한다.

근섬유는 하나하나가 핵을 가진 세포로 수축하는 성질이 있다. 근육이 수축할 때는 차례차례 나열된 두 가지 근원섬유가 서로 당겨 얽히면서 짧아진다. 이런 근육의 수축은 뇌의 신호로 일어나고 신호가 끊어지면 근육은 이완한다.

● 힘줄의 기능

골격근의 양 끝에는 힘줄이 있다. 힘줄은 단백질의 콜라겐으로 이루어진 결합섬유가 다발이 된 것으로 근육을 골격에 강력하게 부착시키는 역할을 한다. 근육이 수축할 때는 힘줄이 대상이 되는 뼈의 한쪽을 끌어당겨서 운동을 돕는다.

힘줄에는 가는 막대기 모양과 막처럼 얇게 펴진 모양이 있다. 몸속에서 가장 큰 힘줄은 발목 뒤에 있는 아킬레스건이다.

손발의 힘줄은 뼈에 부딪혀 마모되는 것을 막기 위해서 건초라는 막대 모양의 결합섬유가 마치 칼집처럼 싸서 보호한다. 건초에는 부드러운 활막성 건초와 힘줄을 뼈와 잘 고정하는 인대성 건초가 있다.

근육의 에너지원

근육을 비롯하여 체내에 모든 세포의 기능을 위해서는 에너지가 필요하다. 세포는 구연산 회로라는 복잡한 화학반응으로 음식물에서 얻은 포도당 같은 영양소에서 에너지를 얻는다. 이 에너지는 아데노신 삼인산(ATP)으로 세포 안에 축적된다. ATP의 결합이 끊어질 때 발생하는 에너지로 근육의 수축이 일어난다.

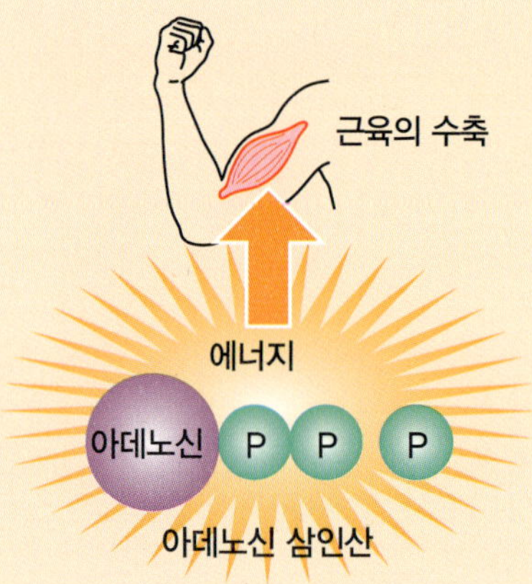

골격근 구조

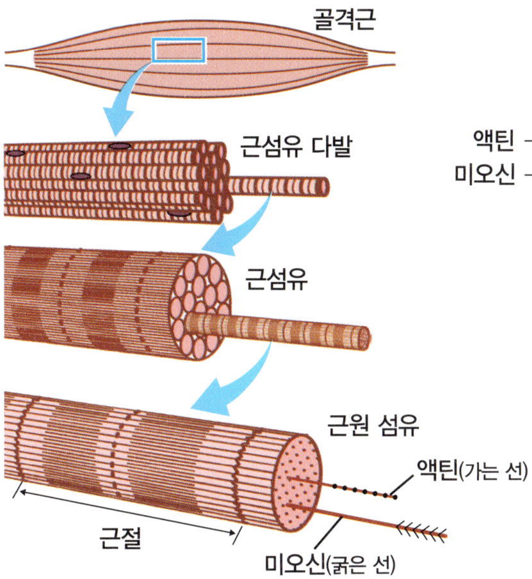

근육이 수축하는 구조

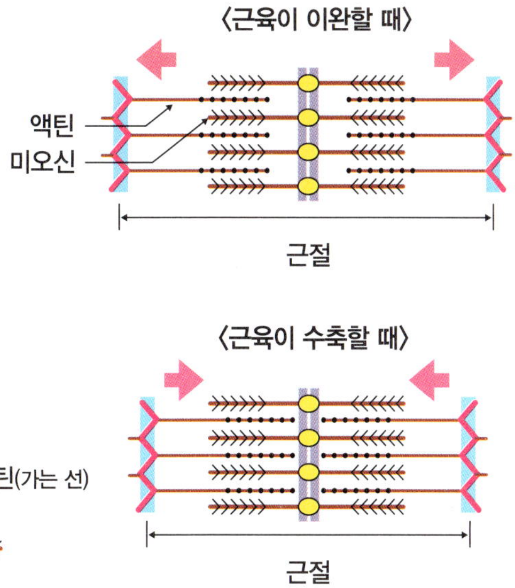

골격근 모양

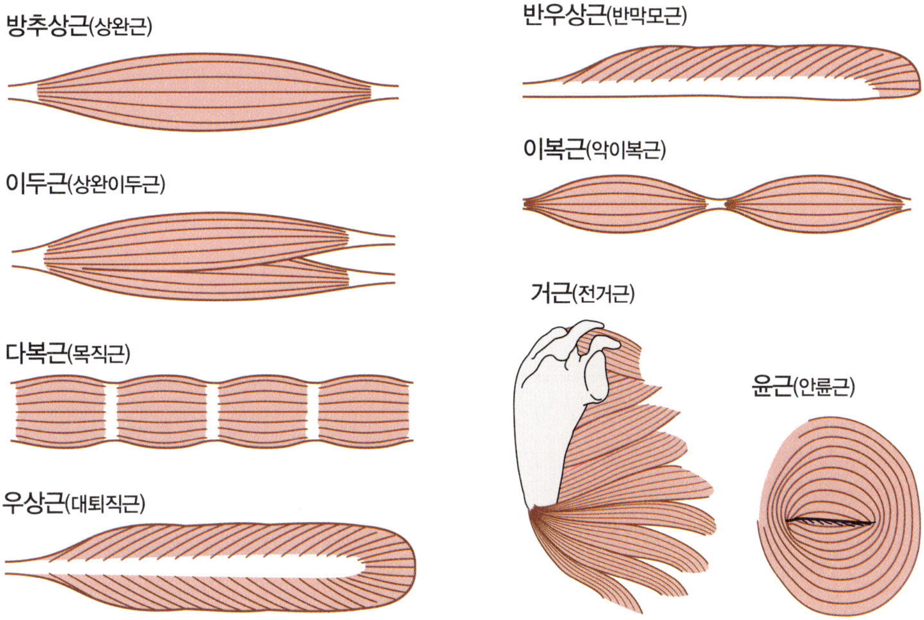

지식 심한 운동을 했을 때 근육 안에서 늘어나는 젖산을 이제까지는 피로물질이라고 했지만, 에너지원으로 재이용한다는 사실을 발견하였다.

09

평활근과 심근 구조

내장과 심장을 움직이는 근육

평활근은 심장을 제외한 내장이나 혈관의 모양을 형성하고 움직이기 위한 근육이다. 심근은 심장의 모양을 만들고 끊임없이 움직이는 근육이다.

● 평활근의 구조와 기능

평활근은 위와 장 등 심장 이외의 내장이나 혈관의 외벽을 만들고 있는 근육으로 짧고 가는 방추형 근섬유로 이루어진 것이 특징이다.

평활근은 자신의 의지로 움직이지 못하는 불수의근으로 자율신경이나 호르몬으로 조절한다. 골격근과 비교해서 쉽게 피로해지지 않으며 근육의 수축은 완만하게 계속 이루어진다. 예를 들면 장의 소화물을 이동시키는 연동운동은 평활근이 만드는 것이다.

내장 대부분은 장막이라는 얇은 막으로 싸여 있다. 한편 안쪽은 고리 모양의 평활근과 세로로 달리는 평활근이 둘러싸인 구조다. 단 위에는 사행근이라는 비스듬히 달리는 평활근도 있다.

● 심근의 구조와 기능

심장의 모양을 만들고 움직이는 심근은 짧은 근섬유가 서로 가지를 내어 얽혀 있는 구조다. 온몸에 있는 근육 중 가장 튼튼한 구조로 특히 온몸에 혈액을 보내는 역할을 하는 좌심실의 심근은 우심실 세 배의 두께로 강한 힘에 견딜 수 있다.

심근은 골격근과 마찬가지로 규칙적인 가로줄 무늬를 가지고 있기 때문에 횡문근으로 분류한다. 평활근과 마찬가지로 자신의 의지로는 조절할 수 없는 불수의근이고 박동은 자동으로 이루어진다.

지방은 에너지 저장고

근육 주위에 쌓이는 지방조직은 여분의 에너지를 저장하는 기능이 있다. 근육은 포도당에서 생산한 에너지를 우선적으로 사용해서 수축하지만, 그것만으로 부족할 때는 지방을 분해해서 에너지를 얻는다. 지방은 외부로부터의 충격을 흡수하거나 체온을 유지하는 일 외에도 호르몬을 만드는 내분비기관의 기능을 가지고 있다.

〈지방의 역할〉

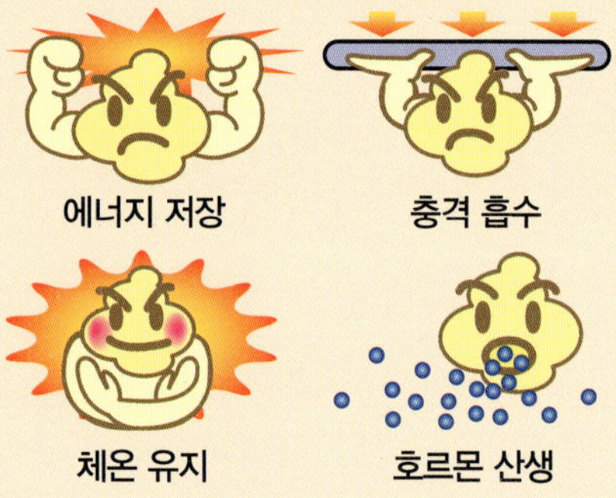

평활근 구조

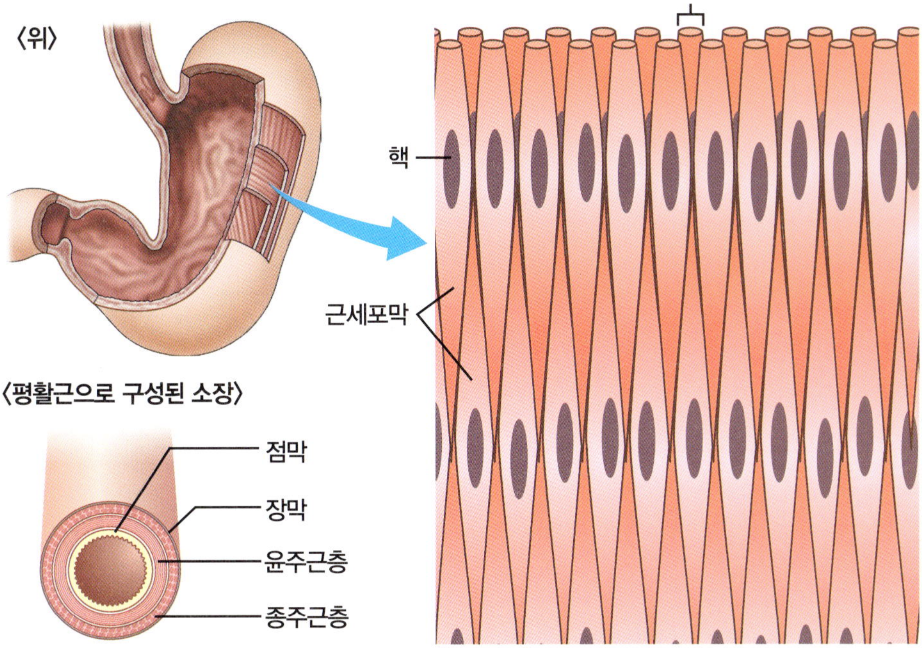

심근 구조

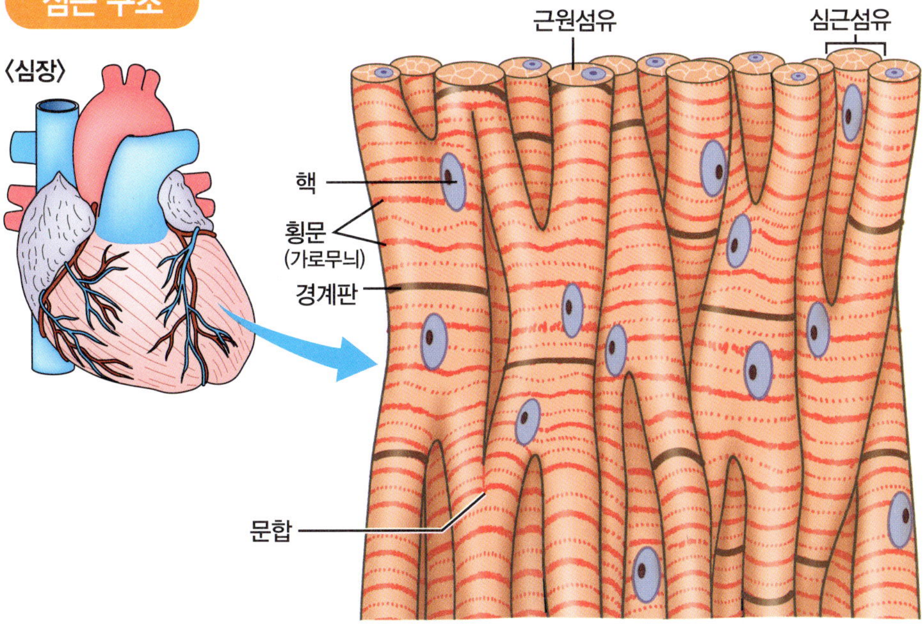

지식 심한 운동을 한 후 발생하는 근육통은 손상을 입은 근섬유와 주변의 조직이 복원되면서 생긴 염증 때문이다.

10 손의 골격과 근육

가장 복잡한 움직임을 하는 기관

손은 많은 가는 뼈와 작은 근육으로 이루어져 있어 몸에서 가장 섬세한 작업을 할 수 있다.

● 손 구조

손은 손가락뼈(지절골) 14개, 손바닥뼈(중수골) 5개, 손목뼈(수근골) 8개로 총 27개의 뼈로 이루어져 있다. 뼈는 인대로 이어져 있어서 떨어지지 않는다.

손의 근육은 손가락과 손바닥 하나하나의 뼈에 붙어 있는 것과 팔부터 이어진 근육이 있다. 근육의 끝에는 힘줄이 있으며 힘줄은 손목에 있는 폄근지지띠, 굽힘근지지띠라는 인대로 묶여 있다.

손은 이런 복잡한 구조로 손가락 하나하나를 움직이고, 사물을 잡거나 섬세한 움직임을 할 수 있다.

● 팔 구조

팔은 상완골, 요골, 척골 세 개의 뼈로 이루어져 있다. 이것을 싸고 있는 팔의 근육은 어깨관절을 뒤덮듯이 붙어 있는 삼각근, 윗팔 부분과 팔뚝 부분을 연결하는 상완이두근, 상완삼두근 등으로 구성되어 있다.

삼각근은 팔을 어깨에서 앞쪽, 뒤쪽, 바깥쪽으로 올릴 때 사용하는 근육이다. 상완이두근은 무거운 것을 들기 위해 팔을 굽힐 때 사용하는 근육이고, 상완삼두근은 팔을 펼 때 쓰는 근육이다. 상완이두근과 상완삼두근은 상반되는 관계에 있으며 팔꿈치 관절을 굽히기도 하고 펴기도 한다. 상완이두근이 수축하면 상완삼두근은 이완되고 반대로 상완이두근이 이완되면 상완삼두근이 수축한다.

손가락 삐는 것과 건초염

'손가락이 삔다'는 것은 외부로부터 강한 힘이 가해져서 손가락 말절골에 붙어 있는 신근건이 끊어진 상태를 말한다. 손가락을 삐면 통증이 있고 부어서 움직일 수 없다.

건초염은 힘줄을 싸고 있는 건초에 염증이 생기는 것으로 힘줄에 붙어 있는 관절을 움직일 때 통증이 있다. 손가락을 너무 많이 사용해서 생기는 만성피로와 세균 감염이 주요 원인이다.

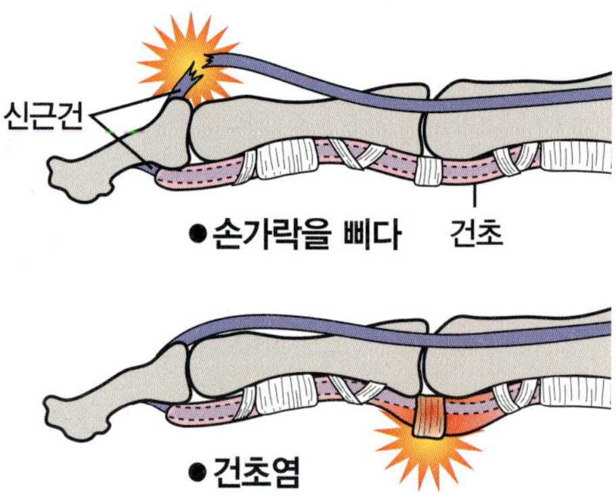

손 구조

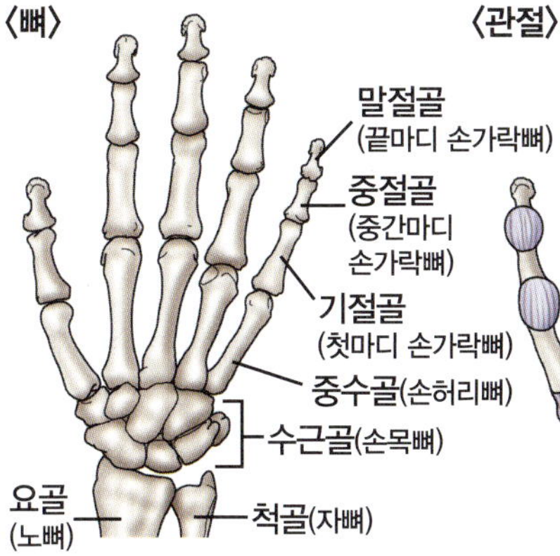

손은 27개의 작은 뼈로 이루어져 있어서 복잡한 동작을 할 수 있다.

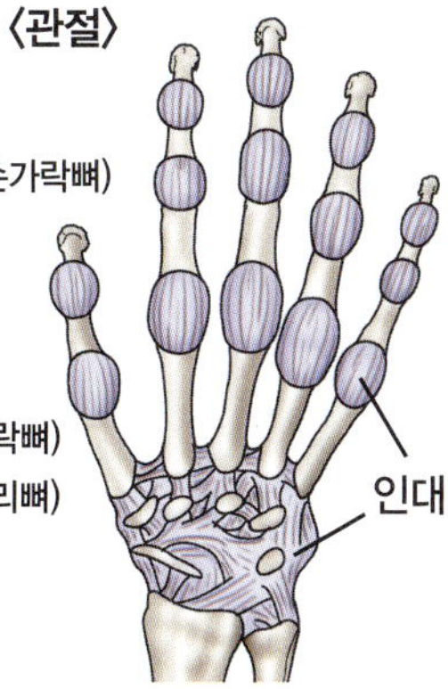

뼈는 따로따로 떨어지지 않게 인대로 이어져 있다.

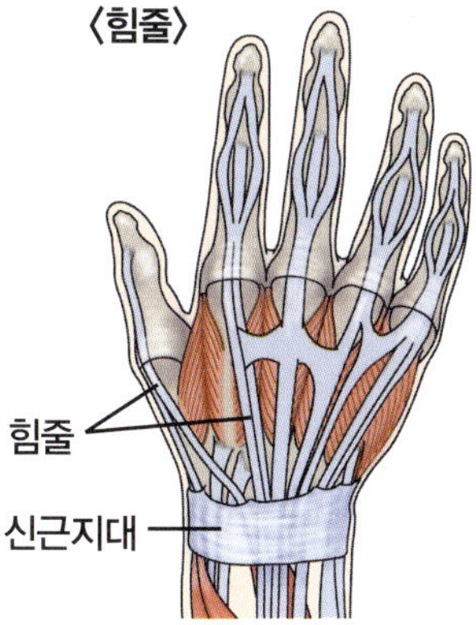

손가락 근육의 끝에는 힘줄이 붙어 있고 손목 부분에서 다발을 이루고 있다.

팔꿈치 구조(오른팔)

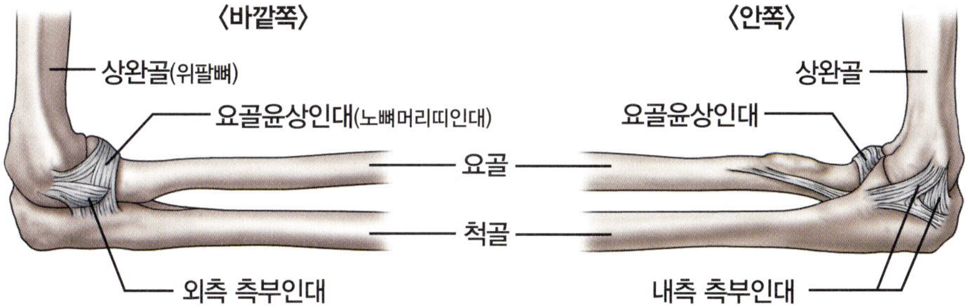

팔의 골격과 근육

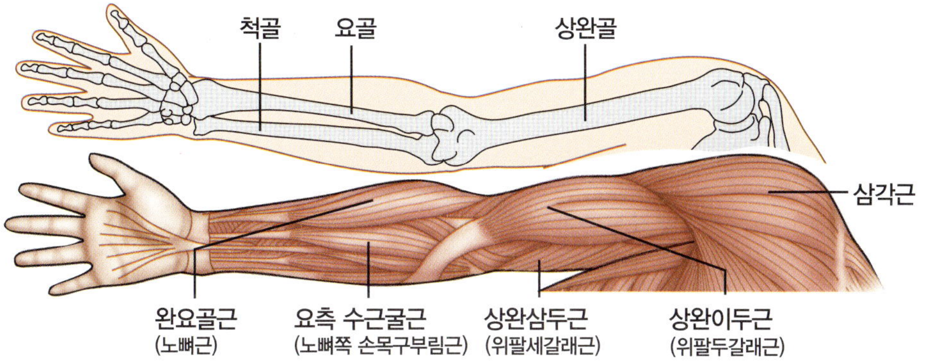

지식 손가락을 삐어서 말절골의 일부분이 떨어져 나가는 박리골절이 되면 손가락 끝이 굽어진 채 다시 펴지지 않기도 한다.

11 발의 골격과 근육

몸을 지탱하고 직립보행 하는

발은 체중을 지탱하여 직립보행에 적합한 구조다. 특히 슬관절이나 발바닥은 하중을 잘 분산할 수 있는 구조다.

● 발 구조

발 구조는 기본적으로 손과 같으며 골격과 관절은 걸을 때 몸을 지탱하고 균형 잡기에 적합한 구조다.

발은 26개의 작은 뼈로 구성되어 있다. 발의 뼈는 전체적으로 아치 모양이며 발뒤꿈치에 가해지는 체중을 발바닥 전체에 잘 분산한다. 아치 구조는 강인한 인대, 힘줄, 근육으로 유지된다. 특히 발바닥 가운데의 장심이라 부르는 아치는 충격을 완화하는 용수철 역할을 한다.

● 다리 구조

다리는 하지라고도 하며 대퇴골, 경골, 비골 세 개의 긴 뼈와 무릎의 접시에 해당하는 슬개골로 이루어진다. 걸을 때 큰 부담을 받는 슬관절(무릎관절)에는 반월판이라는 C자형 연골판이 들어 있어 대퇴골과 경골을 안정시키고, 걸을 때 하중을 분산시킨다. 슬관절은 십자인대와 측부인대의 도움으로 전후좌우로 미끄러지지 않는다. 비골은 슬관절에 포함되지 않지만, 인대 때문에 경골과 강하게 결합하여 하나의 뼈처럼 움직인다.

다리의 주요 근육은 고관절과 슬관절을 움직이는 대둔근, 다리 앞쪽의 대퇴사두근, 뒤쪽의 대퇴이두근 등이다. 대퇴사두근과 대퇴이두근의 상호작용으로 슬관절을 굽히기도 하고 펴기도 한다. 무릎 아래의 하퇴삼두근은 가자미근과 비복근으로 이루어지며 발뒤꿈치를 올리는 기능을 한다.

O자형 다리와 외반모지

O자형 다리는 바로 섰을 때 무릎이 붙지 않고 O자형으로 벌어지는 상태다.

대개 기능상 문제는 없지만, 여분의 부담이 가해지기 때문에 변형성 무릎관절염증의 원인이 되기도 한다.

외반모지는 엄지발가락이 둘째 발가락 쪽으로 심하게 굽은 엄지발가락 기형이다. 튀어나온 중족골(중간 마디)에 염증이 생긴 상태로 끝이 뾰족한 구두가 원인이다.

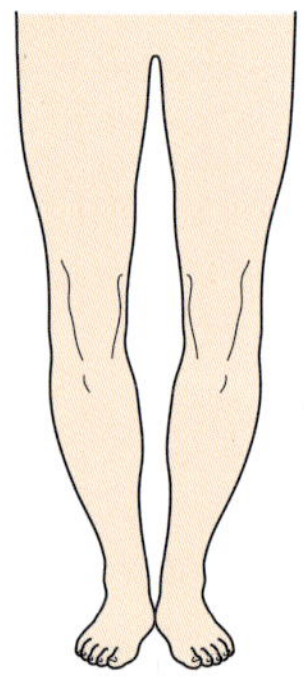

●O자형 다리

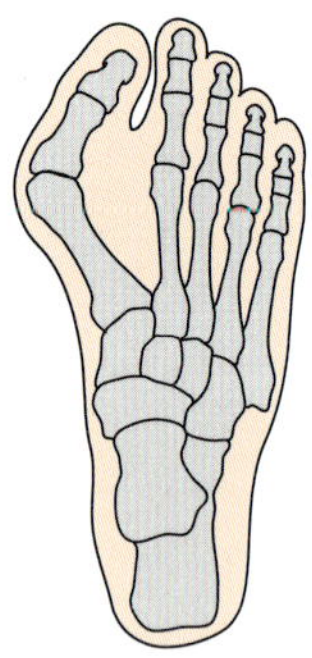

●외반모지

발 구조

〈뼈〉

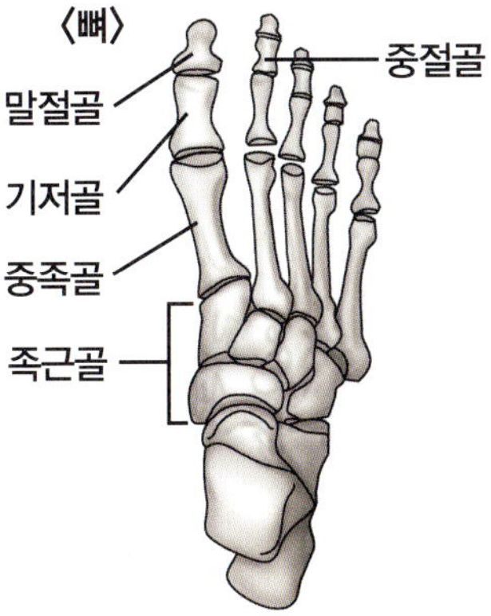

발은 26개의 작은 뼈로 이루어져 있으며 발바닥 전체에 체중이 분산되도록 아치 모양이다.

〈관절〉

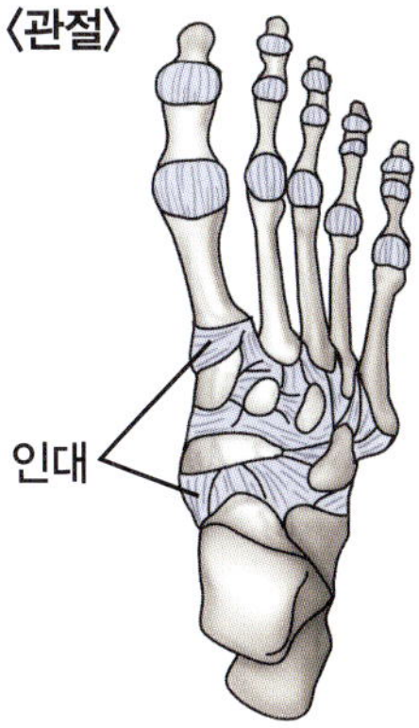

발의 뼈는 손처럼 인대로 연결되어 있다.

〈힘줄〉

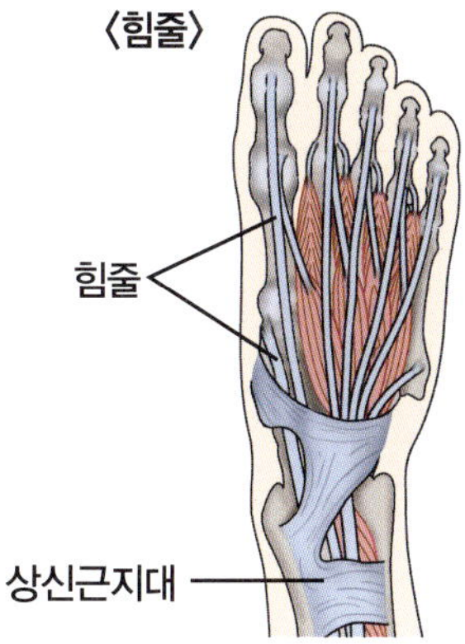

발가락 근육의 끝에는 힘줄이 붙어 있고 발목에서 다발을 이룬다.

다리의 골격과 근육

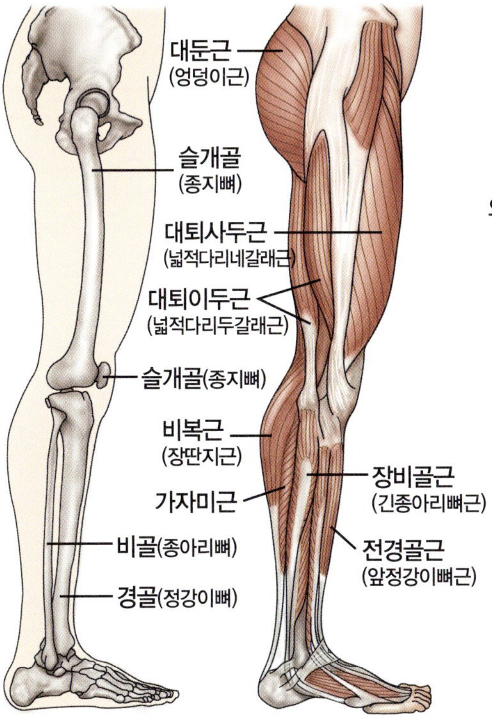

무릎 구조(오른쪽)

〈전면〉

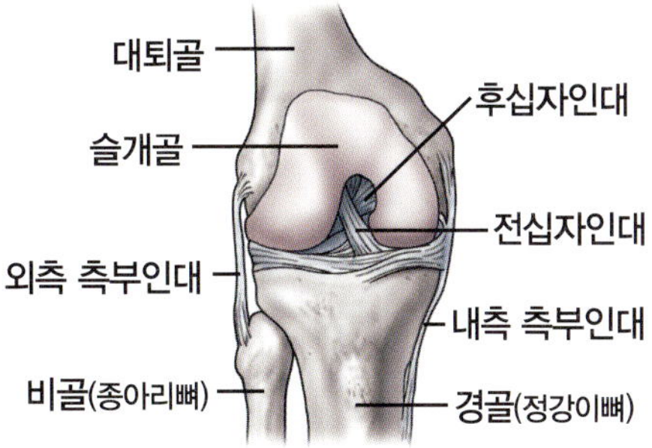

〈뒷면〉

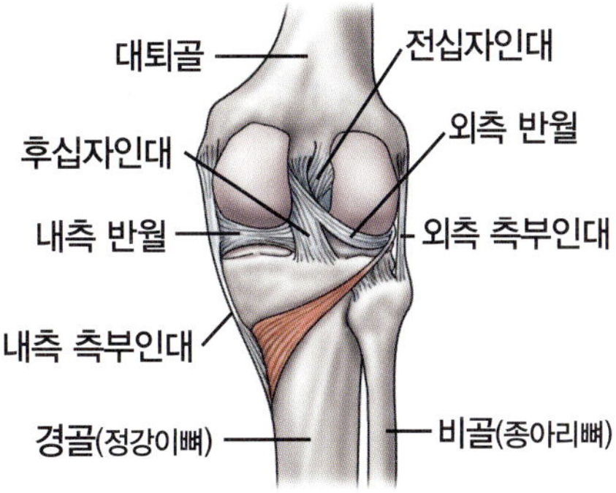

지식 비복근과 가자미근에 붙어 있는 아킬레스건은 보행 운동에 필요한 인체 최대의 힘줄이다. 심한 운동으로 끊어지면 걷지 못한다.

12

머리 부분의 골격과 근육

뇌를 보호하고 얼굴의 표정을 만드는

두개골은 여러 개의 뼈로 이루어져 있어 뇌를 충격으로부터 지킨다. 안면신경은 얼굴 근육을 지배한다.

● 머리 부분과 얼굴 골격

두개(머리뼈)는 15종 23개의 뼈로 조합되어 있다. 뇌가 들어 있는 부분을 두개골이라고 하고 얼굴을 구성하는 부분을 얼굴뼈라고 한다. 두개골은 전두골, 후두골, 접형골, 사골, 측두골, 정두골로 이루어져 있다. 안면두개는 비골, 협골, 상악골, 하악골, 설골, 구개골 등으로 구성되어 있다.

두개골은 대개 얇은 뼈로 뇌나 눈 등 중요한 기관을 보호하기 위해서 단단하게 연결되어 움직이지 않는다. 이음새는 마치 솔기 같아서 봉합선이라고 한다. 단 하악골만은 좌우의 측두골과 통상의 관절을 만들고 있어서 움직일 수 있다.

접형골, 전두골, 상악골 등의 일부는 내부에 공간이 있는 함기골로 머리가 무거워지지 않게 만드는 기능이 있다.

● 얼굴 근육

얼굴 표면의 근육은 피부와 연결되어 복잡한 움직임으로 다양한 표정을 만들어낸다. 이런 근육을 표정근이라고 한다. 주요 근육으로는 눈썹을 올리거나 미간에 주름을 만드는 전두근, 눈을 감는 안륜근, 입가를 올리는 협골근, 입을 벌리거나 뾰족 내밀게 하는 구륜근, 입꼬리를 바깥쪽으로 당기는 소근 등이 있다.

표정근은 뇌신경의 하나인 안면신경의 지배를 받고 자신의 의지로 움직임을 조절할 수 있는 수의근이다.

턱관절증

턱관절증은 턱관절을 중심으로 그 주위에서 일어나는 장애의 총칭이다. 입을 벌렸을 때 관절이나 근육이 상해서 크게 벌릴 수 없거나, 입을 벌렸다가 다물 때마다 소리가 나는 등 증상은 여러 가지다.

특히 턱관절의 관절원판에 이상이 있으면 턱관절내장이라고 한다. 이를 악물거나 물림이 어긋나서 잘 물리지 않는 것이 원인이다.

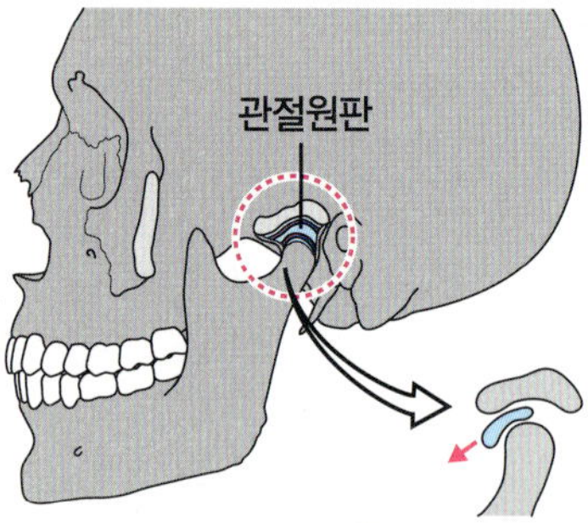

쿠션 역할을 하는 관절원판이
하악골에서 미끄러져 나와 있다.

머리부 골격

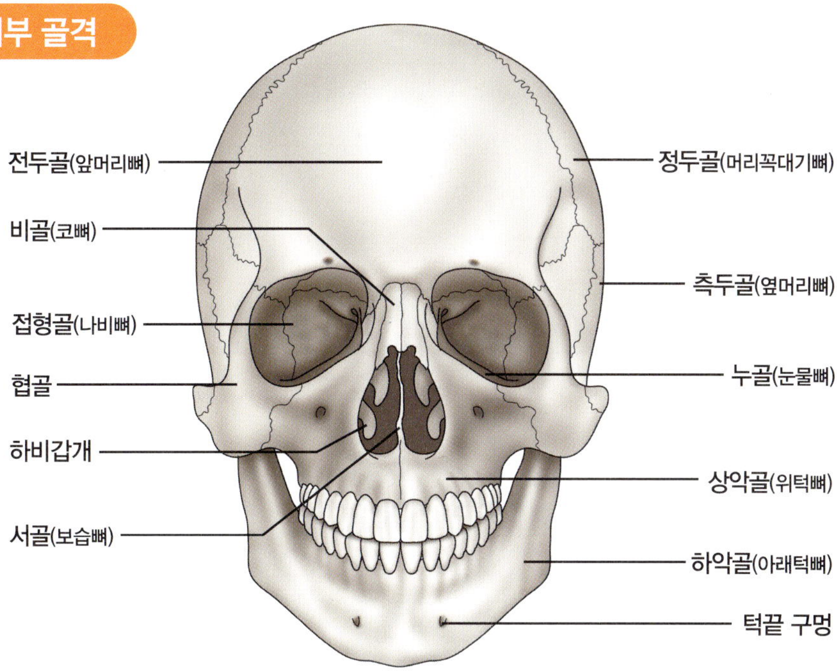

머리부 근육

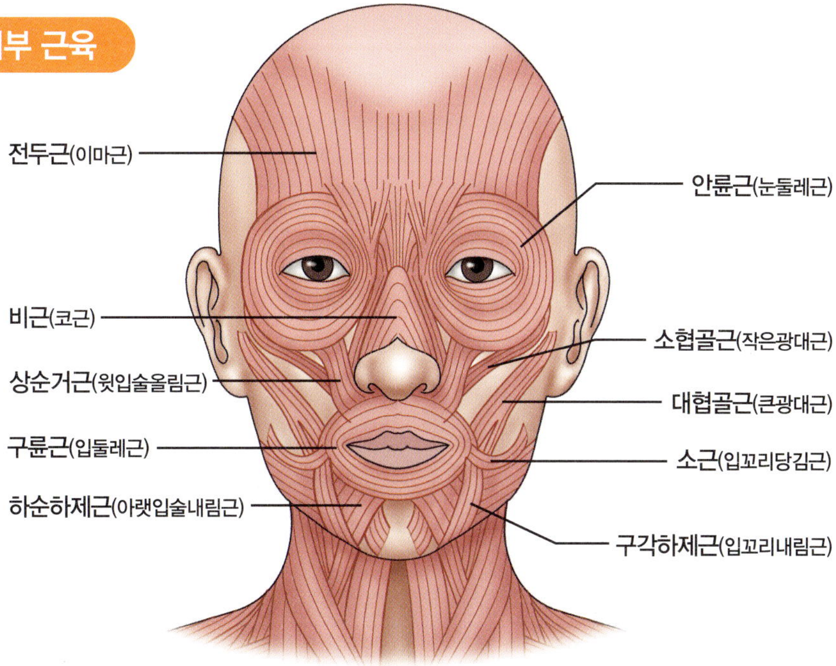

지식 몸속에서 가장 작은 근육은 내이 안에 있는 등자뼈 근육이다. 이 근육은 고막장근과 함께 귀의 감도를 조절한다.

13

흉부의 골격과 근육

폐와 심장을 지키는 새장 모양의 구조

흉부의 골격은 폐와 심장을 둘러싼 모양이다. 가슴에는 대흉근, 등에는 승모근이라는 큰 근육이 있다.

● 흉부 골격

가슴 부분의 골격은 흉골, 흉추, 늑골로 구성되어 있다. 흉골병, 흉골체, 검상돌기의 세 개로 이루어진 흉골이 앞부분의 버팀대이고, 뒷부분의 버팀대는 흉추다. 앞뒤의 버팀대와 12쌍의 늑골이 관절을 만들고 폐와 심장을 에워싸고 있다. 튼튼한 새장 모양의 골격은 흉곽으로 내장을 보호하고 호흡운동을 돕는다.

흉상부에 있는 견갑관절은 견갑골과 쇄골, 상완골로 이루어지는 인체에서 가장 움직임이 큰 관절이다. 견갑골은 등의 늑골 위에 있지만, 늑골과의 사이에 인대가 없어서 주위의 근육이 지탱하고 있다.

● 흉부 근육

가슴 부분 근육에서 가장 큰 것은 대흉근이다. 대흉근은 쇄골이나 흉골, 늑골에서 상완골에 이르는 강한 근육으로 삼각근과 더불어 어깨뼈를 움직이는 주역이다.

삼각근은 주로 팔을 올릴 때 사용하고, 대흉근은 팔을 가슴 앞으로 끌어당길 때 사용한다.

늑골을 기점으로 가슴을 둘러싸듯이 견갑골과 이어지는 큰 근육이 전거근이다. 이 근육도 대흉근처럼 어깨를 앞쪽으로 내밀 때 사용한다.

등 근육에서 가장 큰 것은 승모근이다. 승모근은 후두부에서 어깨와 등에 걸친 삼각형 근육으로 팔을 올릴 때 견갑골을 회전시키거나 목을 움직인다. 승모근 아래에 있는 광배근은 팔을 등으로 당긴다.

견갑관절주위염과 탈구

견갑관절주위염(사십견, 오십견)은 나이를 먹으면 상완골의 근육이 쇠약해져 어깨의 건판에 염증이 생긴 상태다. 염증이 생기면 어깨는 심한 통증을 느끼고 팔을 올리거나 돌리는 일이 어려워진다.
어깨관절 탈구는 운동하다가 생긴 외상 등으로 어깨관절이 어긋난 상태다. 탈구가 반복되면 어깨 내부 구조가 손상될 가능성이 있다.

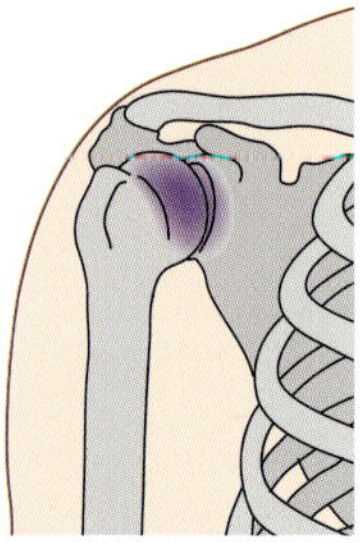

●사십견, 오십견
어깨관절에 염증이 생김

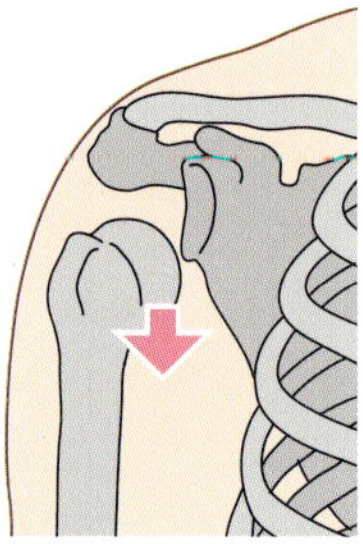

●탈구
어깨관절이 어긋난 상태

가슴부 골격

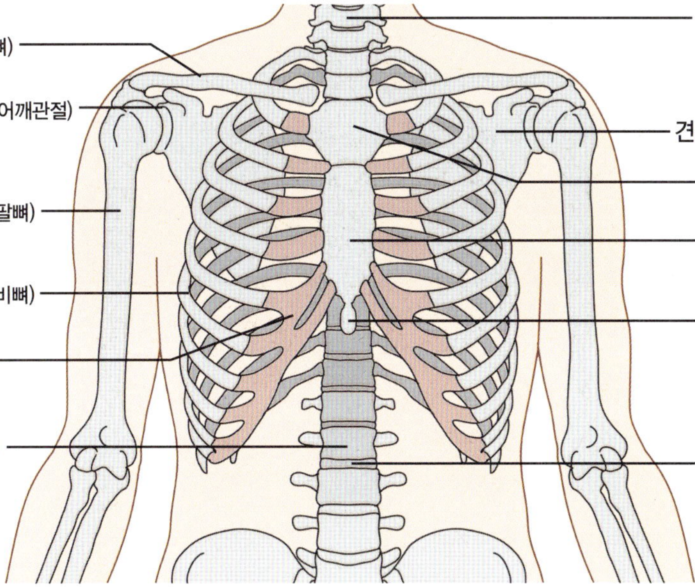

가슴부 근육

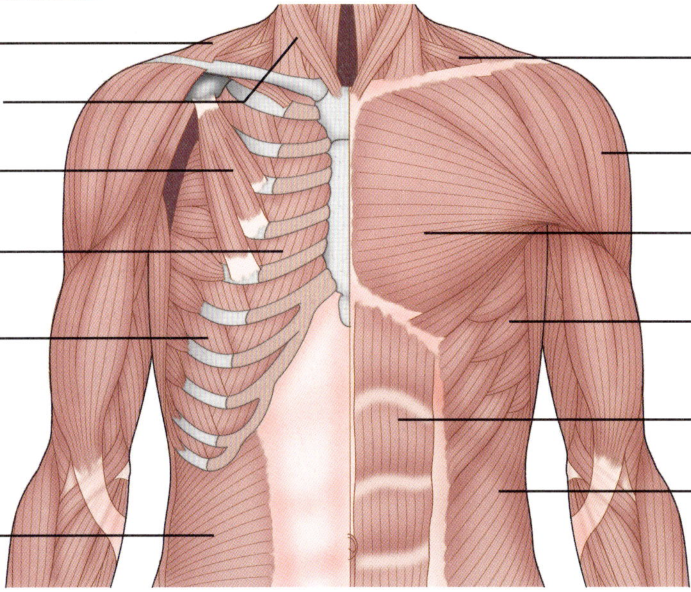

지식 야구나 수영 등의 운동으로 어깨를 심하게 사용하면 어깨에서 통증을 느낄 때가 있다. 대개 견갑관절주위염처럼 어깨 건판에 염증이 생겼기 때문이다.

14

복부의 골격과 근육

상반신을 지탱하고 소화기와 생식기를 지키는

복부에 있는 골반은 상체를 떠받치면서 장이나 생식기를 보호한다. 복부의 근육은 층층이 포개져서 튼튼하게 만들어져 있다.

● 복부 골격

사람의 몸통에서 횡격막 아랫부분을 복부라고 한다. 복부에는 큰 접시 모양을 한 골반이 있다. 골반은 넓은 뼈를 의미하는 관골(장골, 치골, 좌골), 중앙의 천골 그리고 미골로 이루어져 있다. 관골은 원래 유아기에 세 개의 뼈로 갈라져 있었는데 성장하면서 합쳐져 고리 모양의 큰 뼈가 된다. 골반은 허리뼈와 더불어 상반신을 지탱하는 토대가 되고 생식기, 소화기, 비뇨기를 지키는 역할을 한다.

골반의 구조는 남녀 모두 같지만 모양은 다르다. 여성의 골반은 남성보다 얕고 폭이 넓어서 출산 시 신생아가 잘 나오게 만들어져 있다.

● 복부 근육

복부의 앞면에는 뼈가 없지만 근육이 상하좌우로 비스듬하게 있어서 매우 튼튼하다.

복부의 근육은 전복부와 측복부로 나누며 늑간신경의 지배를 받는다.

전복부에는 배꼽 양쪽 끝을 세로로 지나는 두 개의 가늘고 긴 근육이 있다. 이것을 복직근이라고 하며 우리가 평소 복근이라고 부르는 것이다. 복직근은 복직근초라는 매우 두꺼운 결합조직으로 둘러싸여 있다.

측복부는 세 층의 근육으로 이루어져 있다. 가장 얕은 층에 있는 것이 외복사근, 그 아래층에 있는 것이 내복사근, 가장 깊은 곳에 있는 것이 복횡근이다. 이 세 개의 근육은 근섬유의 방향이 다르므로 허리를 뒤틀거나 복압을 올릴 때 여러 움직임과 관련이 있다.

횡격막이란

횡격막은 흉부와 복부 경계에 있는 돔 모양의 근육막으로 위는 심장과 폐, 아래는 위와 간 등과 접한다. 횡격막 신경의 지배를 받으며 수축과 이완을 반복하면서 호흡을 돕는다. 횡격막의 근섬유가 수축하면 흉부 쪽으로 밀어내고 있던 곡선이 평편해져서 흉부의 용적이 늘어나고 근육 수축이 멈추면 흉부 쪽으로 돌출해서 흉부의 용적이 줄어든다.

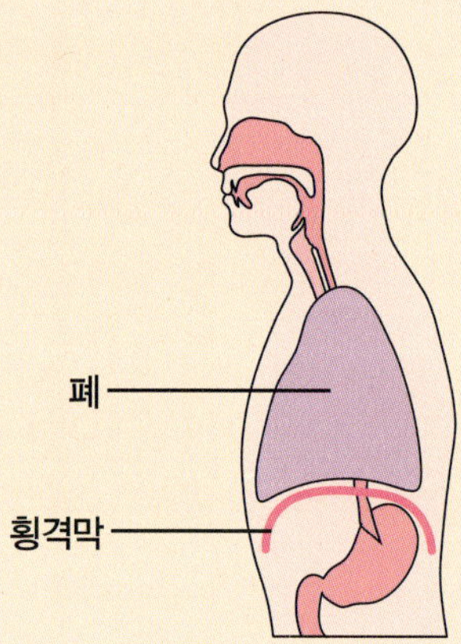

복부 골격

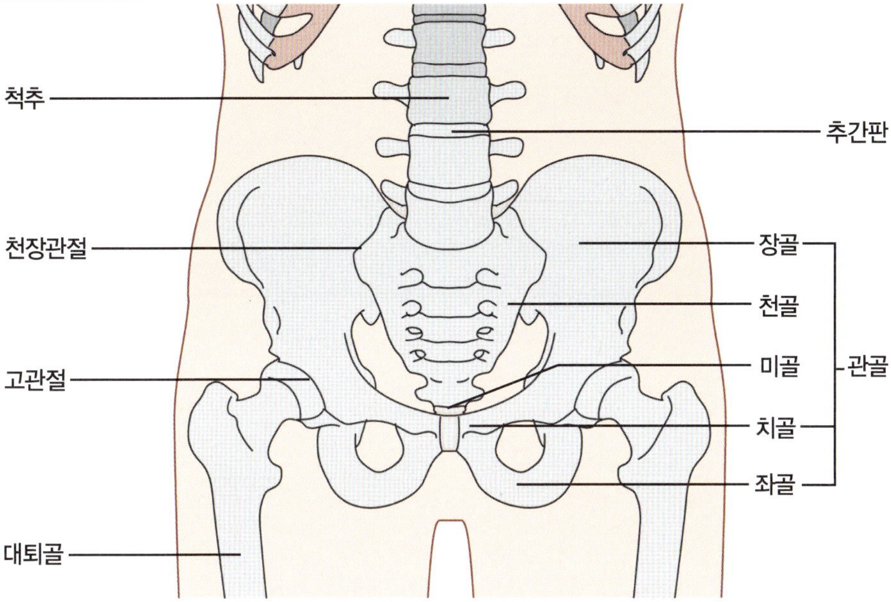

복부 근육

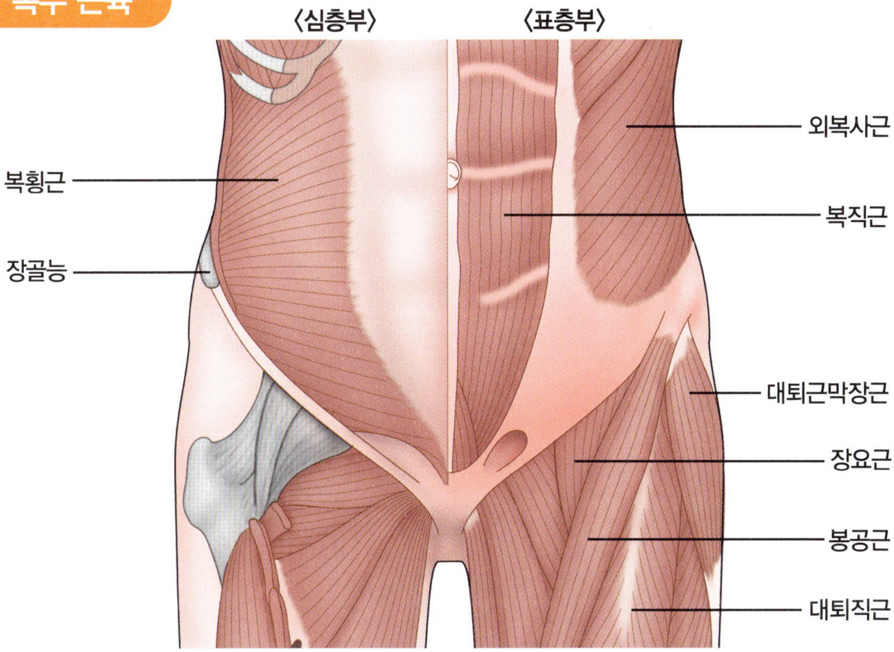

지식 골반을 구성하는 좌골과 장골의 골수에서는 성인이 되어도 조혈이 이루어진다. 골수이식은 이런 뼈의 골수에서 골수액을 채취한다.

●변형성 고관절증

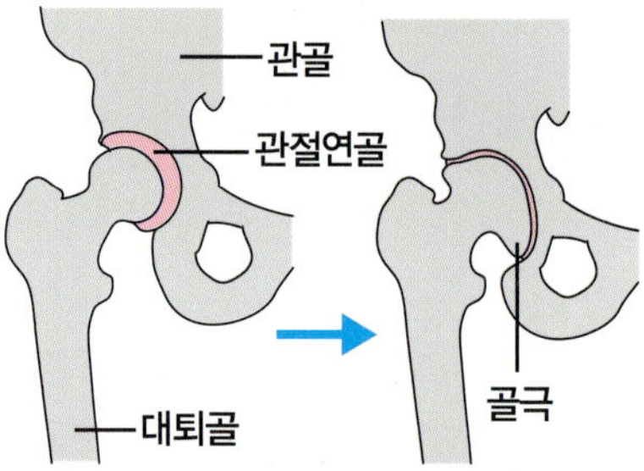

대퇴골과 관골 사이에 있는 관절연골이 닳아서 뼈가 변형된다.

●변형성 슬관절증

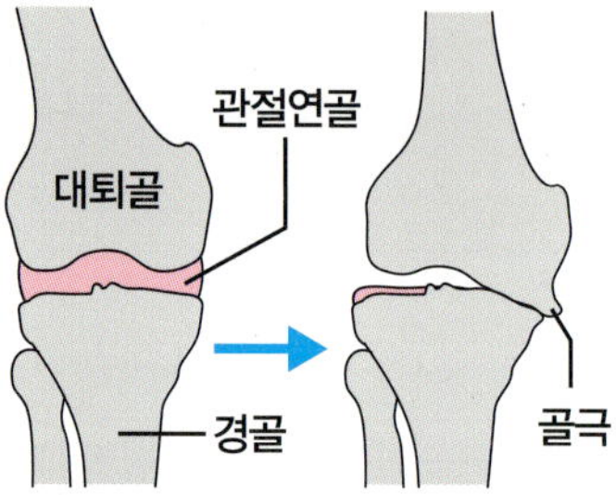

대퇴골과 경골 사이에 있는 관절연골이 닳아서 뼈가 변형된다.

근위축증(디스트로피)

유전자 이상으로 근육이 서서히 망가져 위축되고 결국 온몸의 운동 기능이 저하해서 손발을 움직일 수 없는 병이다. 남자에게만 나타나는 반성 열성유전과 상염색체 우성, 열성 등이 있다.

▶주요 증상: 발병의 시기나 진행 속도는 상황에 따라 다르다. 남자에게만 나타나는 뒤시엔느 근위축증은 진행이 빨라서 대개 15세에는 걷지 못한다. 생후 1년 이내에 발병하는 선천적인 것은 대개 10세 전에 사망한다.

몸 일부의 근육이 위축되는 지대형이나 안면 견갑 상완형은 고령이 될 때까지 일상생활이 가능하다.

● 변형성 슬관절증

무릎관절의 연골을 많이 써서 약해졌거나 근력이 저하해서 무릎관절에 염증이 생기는 병이다. 뼈가 변형되서 통증을 동반한다. 특히 갱년기 이후의 여성이 많이 걸린다.

▶주요 증상: 앉거나 설 때, 계단을 오르내릴 때 통증을 느낀다. 증상이 진행되면 걷지 못하기도 한다.

● 변형성 고관절증

어떤 원인으로 고관절의 연골이 닳아서 통증을 느끼고 걷기 힘들어지는 병이다. 태어나면서부터 고관절이 잘 맞지 않는 구개 형성부전이나 선천성 고관절 탈구가 원인인 경우가 많고 외상이 원인인 경우도 있다.

▶주요 증상: 걸을 때 심한 통증이 있다. 심할 때는 인공 고관절 치환수술이 필요하다.

3장

순환기와 혈액

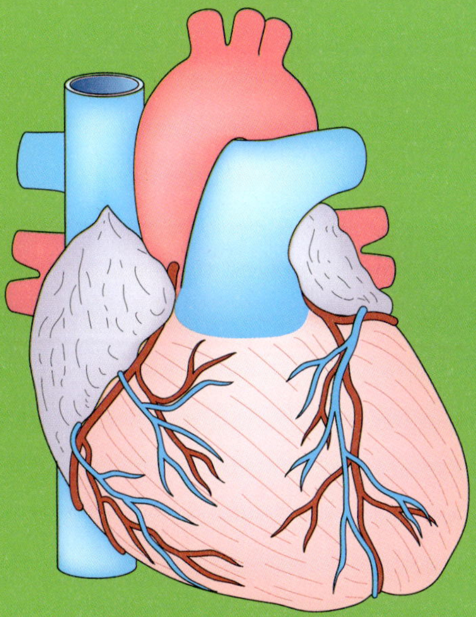

혈액을 순환시키기 위해서 동맥, 정맥, 모세혈관이 온몸을 둘러싸고 있다. 심장은 펌프 기능을 하면서 끊임없이 혈액을 내보내고 온몸의 조직에 영양분과 산소를 공급한다. 동시에 조직의 노폐물을 운반해서 생명을 유지한다. 혈액은 세균으로부터 몸을 지키고 체온조절 역할도 한다.

01

심장 구조

온몸으로 피를 보내는 생명의 펌프

심장은 가슴 왼쪽 전방에 있는 주먹 크기의 장기다. 네 개의 방과 네 개의 판막을 가지고 있고 펌프 기능을 하면서 혈액을 온몸에 보낸다.

● 심장 외관

온몸의 세포에는 끊임없이 피가 순환해서 영양분이나 산소의 공급과 노폐물의 배출이 이루어지고 있다. 이런 혈액순환의 역할을 다하고 생명을 유지하는 것은 심장이다.

심장은 주먹 정도의 크기로 좌전하방이 약간 뾰족한 달걀 모양이다. 무게는 성인이 200~250g로 가슴 중앙에서 약간 왼쪽으로 치우쳐 양쪽 폐 사이에 있다. 표면은 심막이라는 탄력성 있는 막으로 덮여 있고 심장 밑으로는 심장에 영양을 공급하기 위한 관상동맥과 관상정맥이 지나고 있다.

● 심장 내부 구조

심장의 벽은 심근이라는 특수한 근육으로 이루어져 있고 심장의 내부에는 동맥과 정맥의 피가 서로 섞이는 일이 없도록 중격(가운데 칸막이)이라는 벽이 좌우를 가르고 있다.

양쪽은 심방과 심실이 상하를 다시 나눈다.

우심방에는 상반신에서 상대정맥, 하반신에서 하대정맥이 흘러 들어간다. 이 혈액은 우심방으로 들어가서 폐동맥을 통해 폐로 보내진다. 좌심방에는 폐정맥을 지나 혈액이 들어가고 좌심실로 이동한다. 좌심실에 들어간 혈액은 대동맥을 통해 온몸으로 보내진다.

우심방과 우심실 사이에는 삼첨판막, 좌심방과 좌심실 사이에는 승모판막, 폐동맥으로의 출구에는 폐동맥판막, 대동맥으로의 출구에는 대동맥판막이 있어서 혈액의 역류를 막는다.

대량의 혈액을 내보내는 심장

심장이 한 번의 수축으로 대동맥과 폐동맥으로 내보내는 혈액의 양은 각각 60~100㎖이다. 심장은 매분 60~80회의 수축과 확장을 반복하기 때문에 하루에 7000ℓ 전후로 대량의 혈액을 내보낸다.
운동할 때는 대량의 산소가 필요하므로 안정을 취할 때의 약 다섯 배의 혈액을 내보낸다.

심장 외관

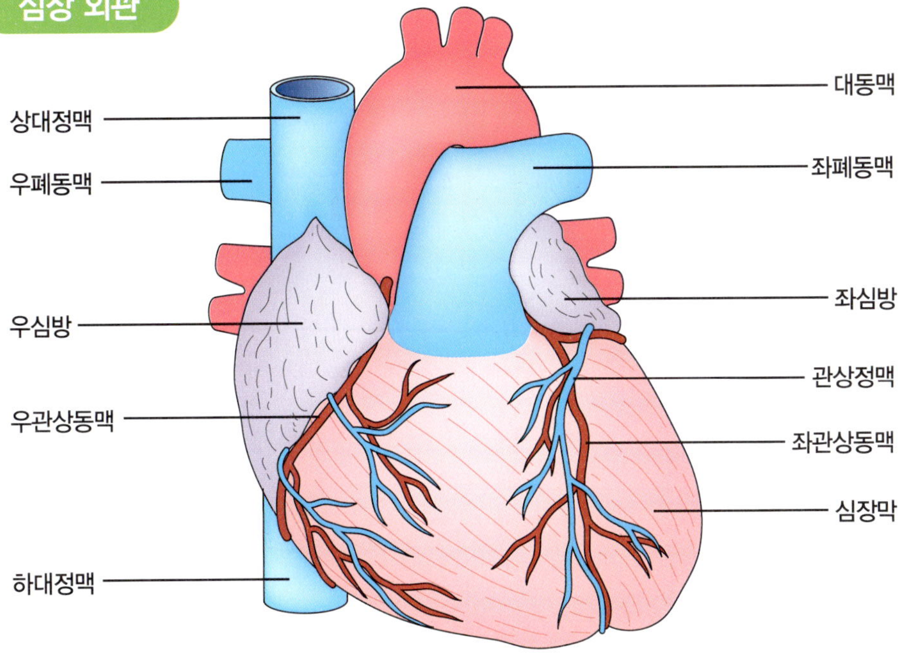

심장 구조

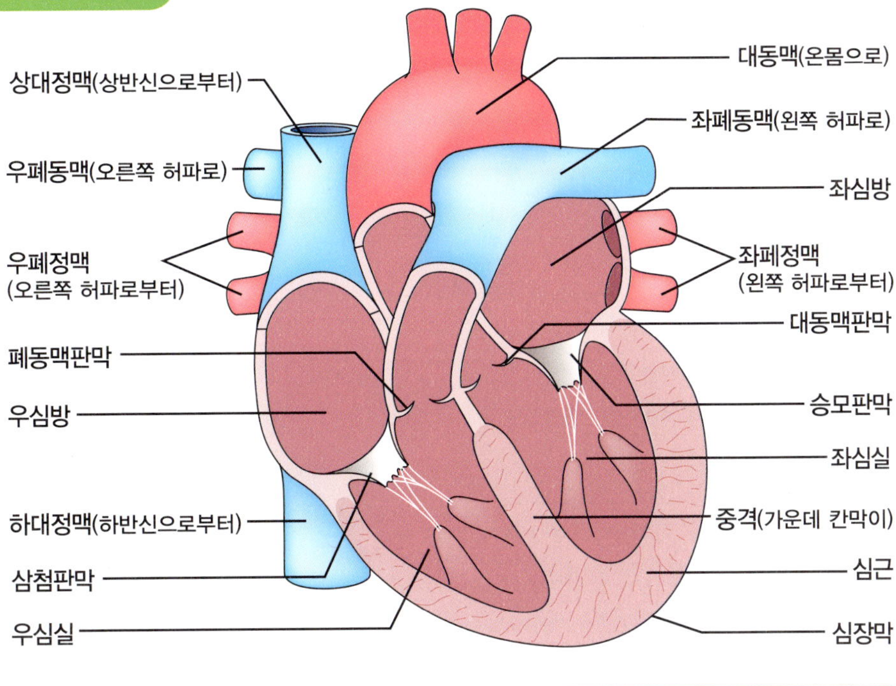

지식 왼쪽 젖가슴 아래에 청진기를 대는 것은 이 부분에 심장의 뾰족한 끝이 있기 때문이다. 심장 대부분은 몸의 거의 한가운데에 있어서 심장을 마사지할 때는 가슴 중앙을 압박한다.

02

박동 구조

심장을 수축시키고 혈액을 내보내는 운동

심장은 1분에 60~80번 수축을 반복한다. 박동을 통해 온몸으로 혈액을 내보낸다.

● 자극 전도계의 구조

심장은 심근이라는 근육이 규칙적으로 수축과 이완을 반복하여 움직인다. 수축과 이완의 반복을 박동이라고 한다.

박동은 심근의 운동 지령(자극 전도계)으로 이루어진다. 먼저 우심방과 상대정맥의 경계에 있는 동방결절에서 전기신호를 보내면 그 자극이 우심방과 우심실 경계에 있는 방실결절에 도달하고, 히스 다발과 푸르키네 섬유를 통해서 심장 전체에 신호를 전달한다.

심장은 수축할 수 있지만 스스로 확장할 수는 없다. 몸을 순환하고 돌아온 혈액의 압력으로 심장이 자동으로 부푼다.

● 박동 구조

정맥에서 심장으로 돌아온 혈액은 먼저 심방에 모인다. 심방이 혈액으로 차면 삼첨판막과 승모판막이 열려서 심방이 수축하고 심실로 혈액이 흘러 들어간다.

심실이 수축하면 폐동맥판막과 대동맥판막이 열려서 심장에서 폐와 온몸으로 혈액을 보낸다. 혈액의 역류를 막기 위해서 대동맥판막과 폐동맥판막이 닫히고 심방이 확장해서 다음 박동을 위한 혈액을 모으기 시작한다. 심장은 일련의 동작을 1분에 60~80번 정도 한다.

박동은 자율신경으로 조절하는데 운동이나 흥분했을 때 박동 수가 늘어나서 내보내는 혈액의 양도 증가한다.

부정맥이 일어나는 원인

심장 박동의 리듬이 흐트러지거나 박동이 너무 많거나 적으면 맥박이 흐트러진다. 이것이 부정맥이다. 맥박이 1분에 50 이하면 서맥, 100을 넘으면 빈맥이라고 한다.

부정맥이 일어나는 원인에는 고혈압, 폐 질환 등이 있다. 치료에 사용하는 심장박동 조율기는 전기 자극으로 심장을 흥분시켜 규칙적인 심근 수축을 하는 기기다.

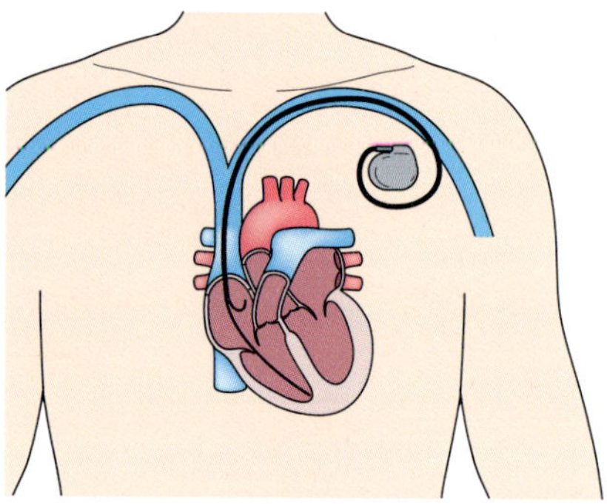

부정맥 치료에는 박동 조율기를 이용한다.

자극을 전하는 구조

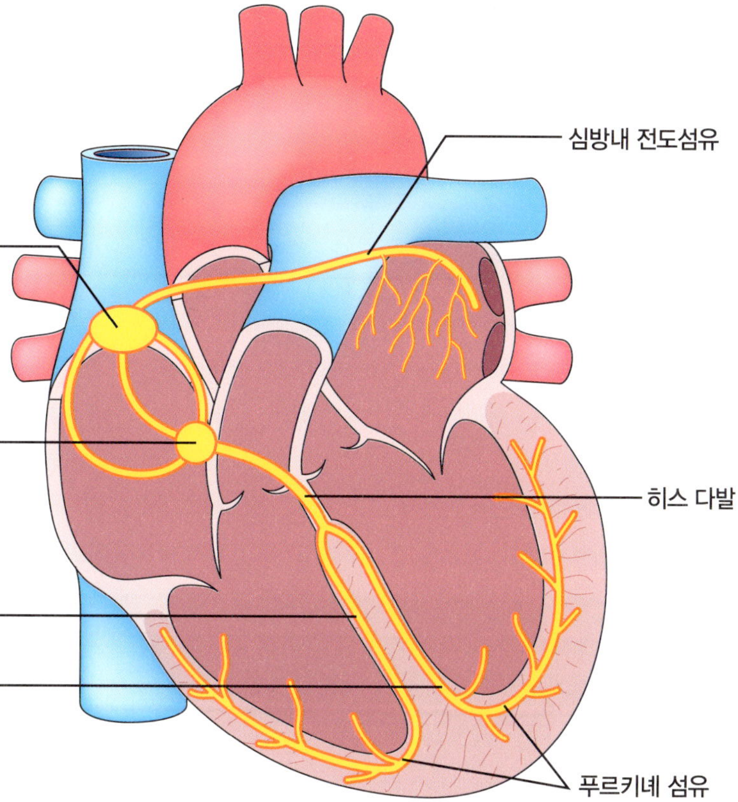

박동 구조

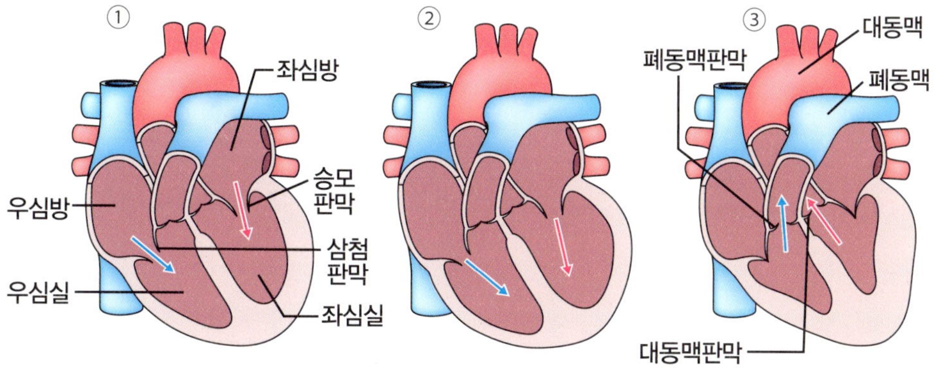

① 좌우의 방실판막이 열리고 심방의 혈액이 심실로 흘러간다.

② 심방이 수축해서 심방에 남아있는 혈액이 모두 심방으로 들어간다.

③ 심실이 수축해서 동맥판막이 열리고 폐동맥과 대동맥으로 혈액이 흘러 나간다.

지식 일반적으로 동물의 심장 크기는 몸의 크기와 비례한다. 한편 체중 대비 심장의 무게 비율을 보면 조류가 가장 크고 포유류, 파충류 순서로 크다.

03

혈액순환 구조

두 가지 순환으로 온몸을 도는

심장에서 나온 혈액은 온몸을 도는 체순환과 폐를 도는 폐순환을 반복하면서 온몸을 순환한다.

● 온몸을 도는 체순환

몸을 도는 혈액의 순환은 크게 두 가지 코스다.

하나는 심장의 좌심방에서 대동맥→ 중동맥→ 소동맥→ 세동맥→ 미세동맥→ 모세혈관으로 차례차례 갈라져 나가면서 온몸 구석구석을 돌고, 그 후 미세정맥→ 세정맥→ 소정맥→ 중정맥→ 상·하의 대정맥으로 점차 합류하면서 우심방으로 되돌아오는 코스다. 이 순환 코스를 체순환이라고 한다.

심장에서 나온 동맥혈은 온몸에 신선한 산소와 영양소를 함유한 혈액을 공급하고 이산화탄소와 노폐물을 거두어서 다시 심장으로 되돌아간다. 혈액이 체순환으로 몸을 한 바퀴 도는 데는 최소 약 20초 걸린다.

● 폐를 도는 폐순환

또 하나는 우심방, 우심실에서 폐동맥을 지나 폐로 들어가서 폐정맥을 지나 좌심방으로 되돌아오는 코스다. 이 코스를 폐순환이라고 하며 심장을 나온 혈액은 겨우 3~4초 만에 다시 심장으로 되돌아간다.

온몸에서 심장으로 되돌아온 이산화탄소와 노폐물을 함유한 혈액은 폐에서 가스를 교환하여 신선한 산소를 가진 혈액으로 바뀌어서 심장으로 되돌아간다. 이 혈액은 좌심방과 우심방을 지나 대동맥에서 온몸으로 나가 체순환 코스를 돕는다.

모든 혈액은 심장을 기점으로 체순환과 폐순환을 차례차례 반복하면서 끊임없이 온몸을 돈다.

비장의 기능

비장은 위의 좌후방에 있는 주먹 크기의 장기로 오래된 혈구를 파괴하고 혈중의 세균이나 이물을 잡아낸다. 혈액성분을 축적하는 기능도 있고 순환하는 혈액량을 조절하는 기능도 있다. 심장에서 비동맥을 통해 비장으로 운반된 혈액은 비정맥을 통해 비장으로 운반되고, 문맥을 지나 비장으로 운반된다.

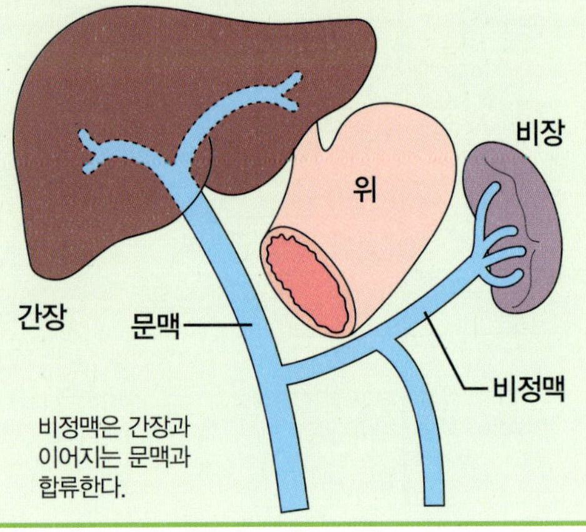

비정맥은 간장과 이어지는 문맥과 합류한다.

체순환

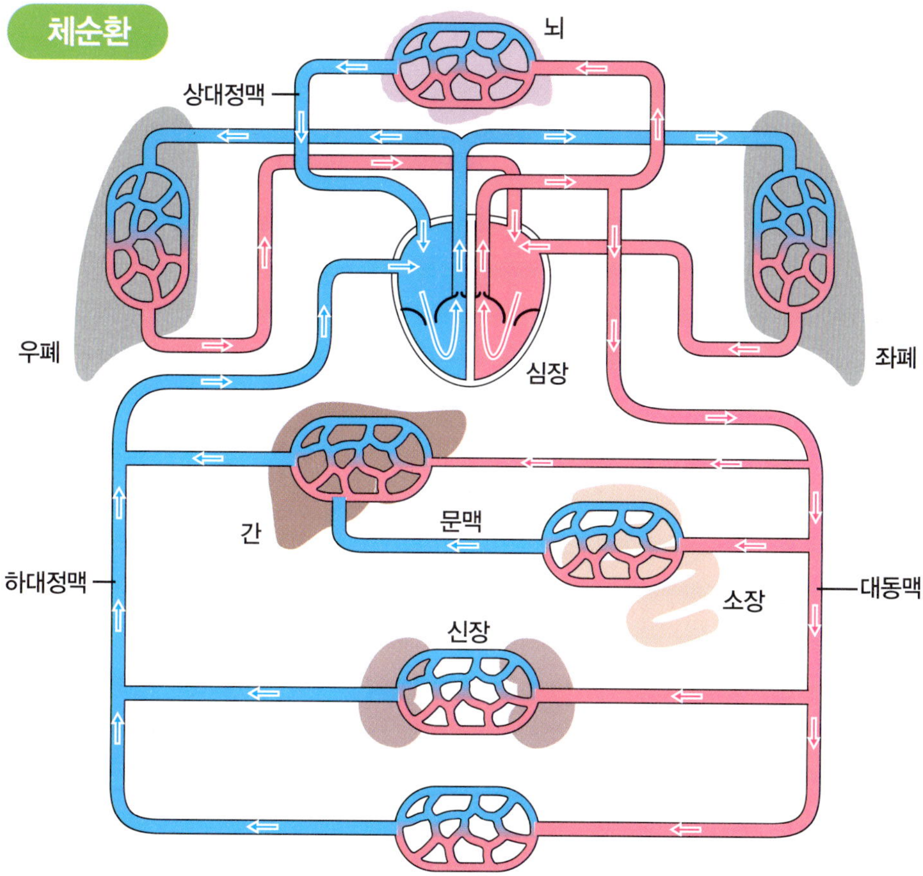

폐순환

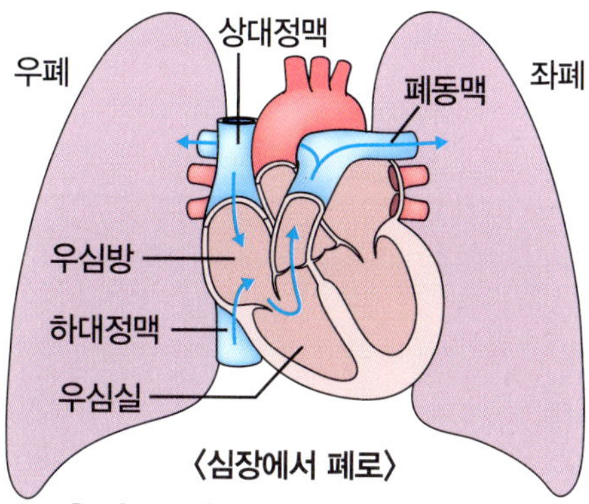

〈심장에서 폐로〉

온몸을 돌고 온 정맥혈은 우심방에서 우심실을 지나 폐동맥을 지나 폐로 향한다.

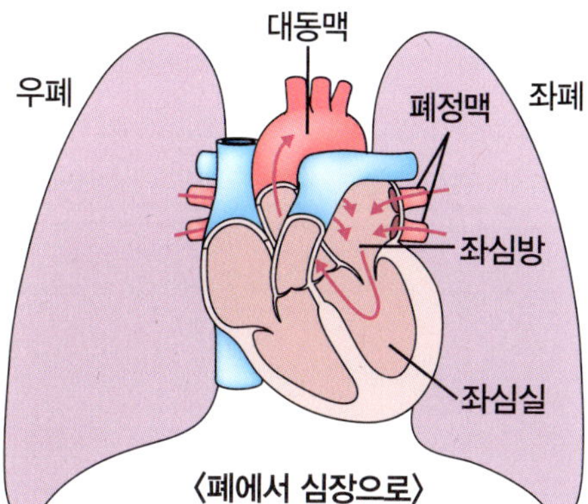

〈폐에서 심장으로〉

폐에서 산소를 받아들인 정맥혈은 폐정맥을 지나 심장으로 돌아간다. 그리고 좌심방, 좌심실을 지나 대동맥을 거쳐 온몸으로 향한다.

지식 비장은 태아나 유아일 때 조혈이나 면역의 중요한 역할을 하지만 성인에게는 꼭 필요한 장기는 아니다. 손상을 입으면 적출해도 다른 장기가 비장의 기능을 대신한다.

04

심장병

심근경색으로 대표되는 심장질환은 삼대 사인의 하나

● 협심증

심근경색과 더불어 허혈성 심장질환이라 부르는 병이다. 협심증은 심장의 근육에 산소와 영양을 보내는 관상동맥이 단단하게 굳어서 혈관 내강이 좁아져 심장이 필요로 하는 혈액이 한때 부족한 상태를 말한다. 몸을 움직일 때 발생하는 것은 노작성 협심증이라고 하고 안정을 취할 때 발생하는 것은 안정시 협심증이라고 한다.

▶주요 증상: 명치에서 왼쪽 가슴에 걸쳐서 꽉 조이는 느낌의 불쾌한 압박통이 있다. 통증이 수십 초에서 수십 분 지속된다. 통증은 아주 가벼운 것에서 심하고 날카로운 것까지 여러 가지 있다. 발작이 일어나는 계기는 빠르게 걷거나 계단을 오르거나 무거운 짐을 들어서 심장에 부담을 줄 때로 이른 아침 추울 때도 자주 발생한다.

● 심근경색

혈전(피가 엉기어 굳은 덩어리) 때문에 관상동맥이 막혀서 피가 흐르지 않아 심장이 허혈 상태가 되어 심근이 괴사하는 것을 심근경색이라고 한다. 심장의 판막에서 만들어진 혈전이 흘러가 관상동맥을 막아서 발생하기도 한다. 운동하고 있을 때, 날씨가 급변했을 때, 목욕할 때 잘 발병하지만 아무런 이유 없이 갑자기 발생하는 일도 자주 있다.

▶주요 증상: 발작이 일어나면 심장은 쥐어짜는 통증이나 압박감을 느끼며 수십 분에서 수 시간 지속된다. 심장의 고동이나 호흡과 관계없이 점차 안색이 나빠지고 손발이 차가워져 구역질과 식은땀을 동반한다. 중상일 때는 호흡곤란이 오고 의식도 혼탁해져서 쇼크 상태에 빠진다.

● 심부전

심장의 펌프 기능이 떨어져서 충분한 혈액을 보내지 못하는 상태를 말한다. 급성과 만성

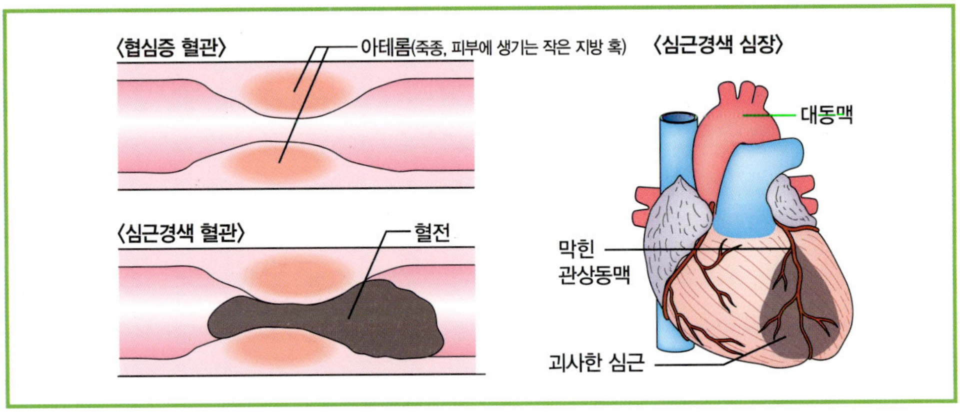

이 있다. 발병 부위에 따라 좌심부전과 우심부전으로 나뉜다.

▶**주요 증상:** 좌심부전이면 좌심실의 기능이 떨어져서 울혈(혈관 일부분에 정맥성 혈액의 양이 증가하는 상태)이 생기고 숨이 차고 호흡곤란이 일어난다. 급성 좌심부전으로 급격하게 폐에 울혈이 증가하면 폐부종으로 심한 호흡곤란이나 쇼크 증상이 일어나기도 한다.

우심부전이면 간장이나 하지 등에 울혈이 생기고, 간이 붓고 하지에 부종이 생긴다. 우심부전이 심해지면 복수가 차고 온몸에 부종이 발생한다.

● 심장판막증

심장의 판막 손상이나 변형 때문에 심장으로 혈액의 유입이 불충분하거나 온몸으로 내보내는 혈액이 역류해서 일부가 흘러나오는 병이다.

▶**주요 증상:** 심장의 고동이 심해져서 가슴이 울렁거리고 부종, 맥 이상, 흉부 팽만감 등이 나타난다. 그러나 명확한 자각증상은 없다. 뇌색전증이나 협심증 등 합병증이 생기기도 한다.

● 심근증

원인 불명의 심장비대와 확대가 일어나는 병을 특발성 심근증이라고 한다. 확장형 심근증은 심장의 벽은 두꺼워지지 않고 내강이 확장하는 상태고 비대형 심근증은 심장의 벽이 두꺼워지는 상태다. 20~40대 남성이 많이 걸린다.

▶**주요 증상:** 가벼울 때는 거의 자각증상이 없는 것이 특징이다. 그래서 심한 운동을 하다가 급사할 위험도 있다. 확장형 심근증은 병이 진행되면 울혈성 심부전 증상이 잘 나타난다.

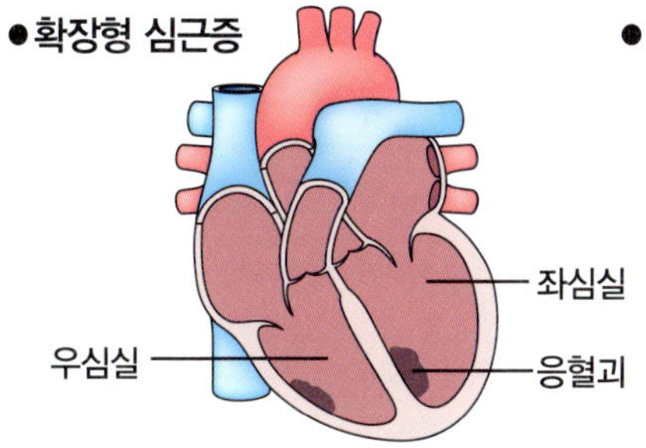

심장의 내강이 커져서 심장의 수축력이 떨어진다.

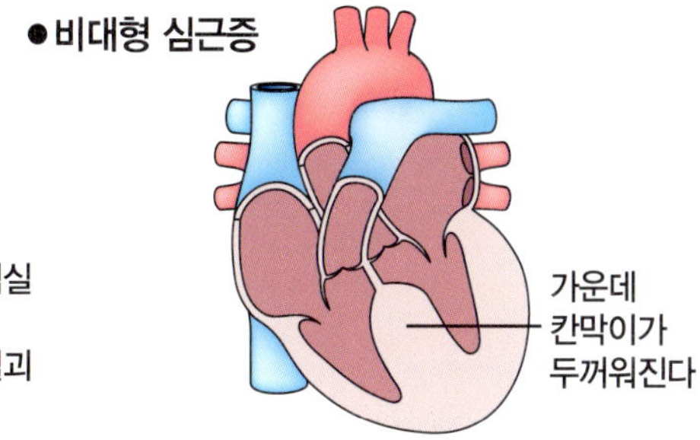

심근섬유가 확대되어 심장 벽이 두꺼워진다.

05

온몸의 혈관

혈액을 온몸으로 순환시키는 파이프

혈관은 동맥, 정맥, 모세혈관 세 가지가 있다. 동맥과 정맥은 말단부의 모세혈관으로 이어져서 온몸 구석구석에 분포한다.

● 혈관의 종류

심장에서 내보낸 혈액을 온몸으로 운반하는 것이 혈관이다. 혈관의 전체 길이는 약 10만 km로 지구의 두 바퀴 반이나 된다. 이렇게 긴 파이프 안을 체중의 10%나 되는 혈액이 끊임없이 순환한다.

혈관에는 혈액을 심장에서 말단으로 보내는 동맥, 혈액을 말단에서 심장으로 되돌리는 정맥, 동맥과 정맥을 연결하는 모세혈관 세 가지가 있다.

동맥은 심장의 좌심실에서 내보낸 산소와 영양소를 풍부하게 함유한 혈액(동맥혈)을 몸의 말단으로 보내기 위한 혈관이다. 동맥 중 가장 굵은 혈관은 심장에서 뻗은 대동맥이다. 어깨를 지나는 쇄골하동맥, 머리를 지나는 총경동맥, 골반을 지나는 장골동맥, 넓적다리와 무릎을 지나는 대퇴동맥 등이 있다.

● 온몸의 주요 혈관

정맥은 온몸의 세포에서 이산화탄소와 노폐물을 거둔 혈액을 심장의 우심방으로 보내기 위한 혈관이다. 다리의 혈액을 모으는 대복재정맥, 팔의 혈액을 모으는 척측피정맥, 뇌와 머리 부분의 혈액을 모으는 내경정맥 등이 합류해서 상대정맥과 하대정맥 두 개의 굵은 혈관을 만들고 우심방으로 돌아간다.

동맥과 정맥은 각각 다른 것이 아니다. 말단부의 모세혈관에서 하나로 이어져 있다. 동맥혈이 운반해 온 산소와 영양소는 모세혈관에서 밖으로 나와 주위의 세포에 전달된다. 세포에서 나온 노폐물이나 이산화탄소를 회수해서 정맥혈이 되어 심장으로 돌아간다.

동맥과 정맥의 혈액이 흐르는 방법

동맥과 정맥의 혈관에 혈액이 흐르는 구조는 다르다. 동맥은 혈관 벽 근육의 수축과 이완으로 혈액을 흐르게 한다. 한편 심장보다 위에 있는 정맥혈은 인력에 의해 자연히 아래로 흘러 심장으로 돌아가고 심장보다 아래에 있는 정맥혈은 주위 근육의 수축과 이완의 압력으로 심장으로 올라간다.

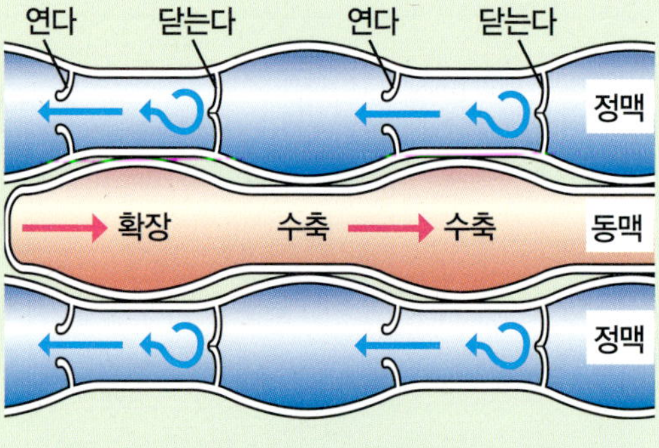

동맥은 확장과 수축을 반복하면서 혈액을 보낸다. 정맥은 근육의 수축에 따른 압박으로 판막이 개폐해서 혈액이 흐른다.

온몸을 도는 주요 혈관

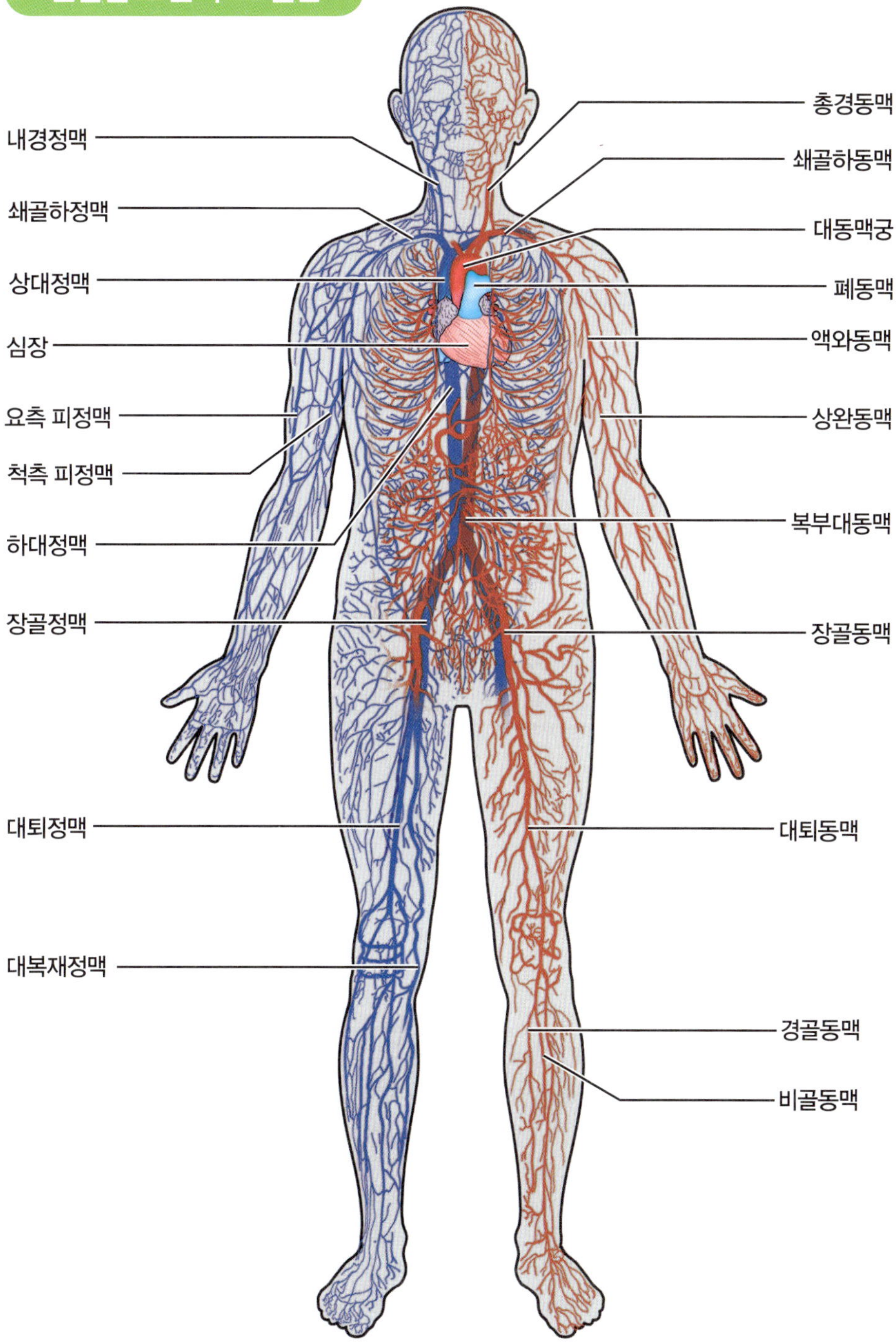

지식 동맥은 몸의 깊은 곳을 지나고 정맥은 피부 바로 밑을 지난다. 정맥은 이산화탄소를 함유한 흑적색이므로 피부를 지나는 길이 파랗게 보인다.

06

혈관 구조

탄력성이 풍부한 동맥, 탄력성이 없는 정맥

동맥은 두껍고 탄력성이 풍부한 구조이며 단면은 원형이다. 정맥은 얇고 탄력성이 없는 구조로 단면은 타원형이다.

● 동맥과 정맥의 구조

혈관은 혈액이 흐르는 공간인 내강과 그것을 둘러싼 혈관 벽으로 이루어져 있다. 동맥은 내강이 좁고 혈관 벽이 두꺼운 것이 특징이다. 동맥의 벽은 편평한 내피세포로 이루어진 얇은 혈관 내막, 평활근과 탄성막으로 이루어진 두꺼운 혈관 중간막, 바깥층을 둘러싸는 결합조직으로 이루어진 혈관 바깥막 세 층으로 구성되어 있다. 신축성과 탄력성이 풍부하고 단면은 원형이며 판막은 없다. 또한, 동맥을 지나는 혈액의 압력이 혈압이며 동맥 중막의 평활근이 수축·이완하면서 혈관의 내강을 넓히거나 좁히면서 혈압을 조정한다.

정맥의 혈관 벽은 동맥과 마찬가지로 세 층으로 이루어져 있다. 정맥은 심장으로 혈액을 운반하는 역할을 하므로 거의 압력을 받지 않는다. 그래서 중막은 얇고 근조직이나 탄성섬유가 적고 단면은 넓적한 타원형을 이룬다. 팔이나 다리에 있는 지름 1mm 이상의 정맥에는 판막이 있어서 혈액의 역류를 막는다.

● 모세혈관 구조

모세혈관은 동맥과 정맥을 잇는 그물 모양으로 분포하는 혈관이다. 지름은 1mm의 약 100분의 1로 상당히 가늘고 혈류도 가장 느린 혈관이다. 모세혈관 벽은 동맥이나 정맥에 있는 것 같은 평활근이 아니라 내피세포와 그것을 둘러싼 기저막과 주피세포 등으로 이루어져 있다. 모세혈관 벽은 동맥이나 정맥보다 얇아서 산소, 영양소, 이산화탄소 등을 각 세포와 쉽게 주고받는다.

모세혈관 종류

물질의 출입이 활발한 조직인 모세혈관에는 구멍이 많아 침투성이 높다. 손발 같은 일반 조직에 있는 연속성 모세혈관, 신장이나 호르몬을 분비하는 장기에 있는 유창성 모세혈관, 간장이나 비장에 있는 동양 모세혈관 등이 있다.

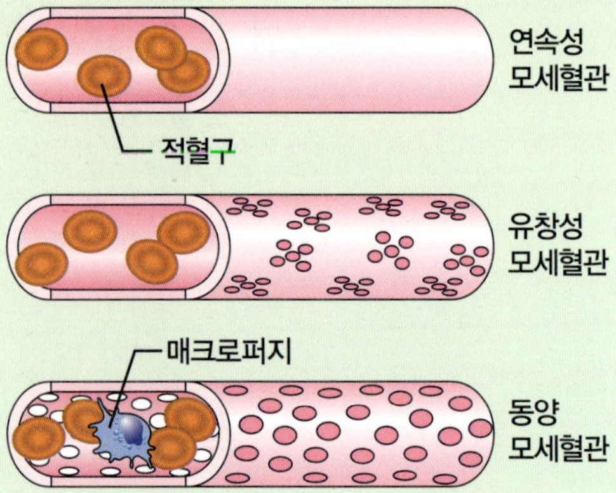

동맥 구조

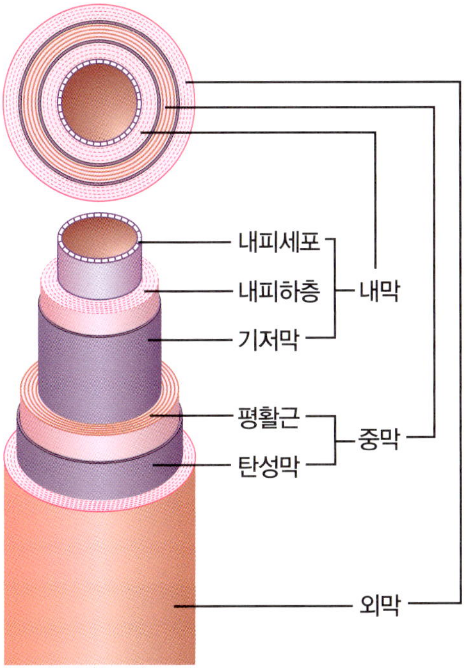

동맥의 단면은 원형으로 벽은 두껍고 탄력성이 풍부하다.

정맥 구조

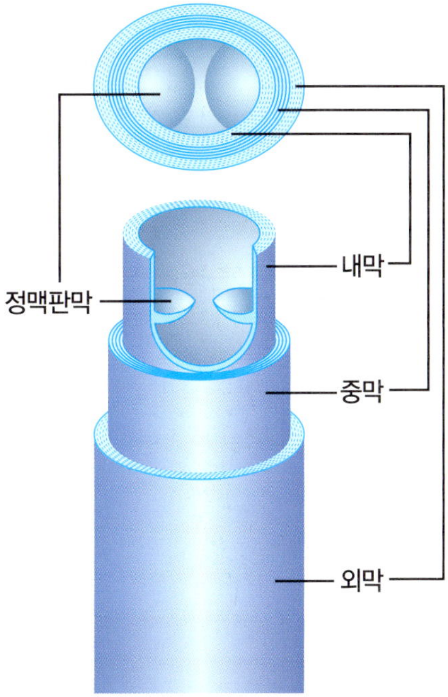

정맥의 단면은 타원형으로 벽은 얇고 탄력성이 떨어진다.

모세혈관 구조

동맥과 정맥은 그물망처럼 생긴 모세혈관을 매개로 이어져 있다. 모세혈관의 벽은 얇아서 영양소, 산소, 노폐물을 혈액과 조직세포 사이에서 쉽게 교환할 수 있다.

지식 정맥 모양은 사람에 따라 다르고 평생 변하지 않는다. 그래서 손바닥이나 망막의 정맥 모양을 개인 인증으로 사용하는 방법이 실용화되어 있다.

07

혈압 구조

건강상태를 측정하는 기준

혈압이란 심장에서 보낸 혈액이 동맥의 벽을 누르는 압력을 말한다. 자율신경이나 호르몬의 작용으로 항상 변한다.

● 고혈압과 저혈압

혈압이란 심장에서 보낸 혈액이 동맥의 혈관 벽에 가하는 압력을 말한다. 심장의 심실이 수축할 때는 혈액의 흐르는 양이 많아져서 압력은 높아진다. 반대로 심실이 확장할 때는 흐르는 혈액량이 적어져서 압력은 낮아진다. 심실이 수축할 때의 혈압을 최대혈압(수축기 혈압)이라고 하고 확장할 때의 혈압을 최소혈압(확장기 혈압)이라고 한다.

성인의 최대혈압은 129mmHg이고 최소혈압은 84mmHg가 기준이다. 지속해서 이것보다 혈압이 높은 상태를 고혈압, 낮은 상태를 저혈압이라고 한다. 고혈압학회의 판정 기준으로는 최대혈압 140mmHg 이상 또는 최소혈압 90mmHg 이상을 고혈압이라고 한다. 저혈압에 대해서는 명확한 기준은 없지만 대개 최대혈압 100mmHg 이하를 저혈압이라고 한다.

● 혈압 변동 구조

혈압은 일정하지 않고 항상 변한다. 혈압에 크게 영향을 미치는 것은 혈액의 점도, 동맥의 탄력성, 심장의 기능 등으로 그 밖에도 다양한 요인 때문에 변한다.

예를 들면 자율신경의 교감신경이 우위일 때는 심박 수가 증가해서 혈관이 수축하고 혈압이 올라간다. 반대로 부교감신경이 우위일 때는 심박 수가 감소해서 혈관이 확장하고 혈압이 내려간다. 또 갑상샘이나 부신에서 분비되는 호르몬도 혈압을 조정한다.

동맥경화

동맥경화란 동맥의 내강이 좁아지거나 동맥의 탄력이 떨어지는 것을 말한다. 혈액이 잘 흐르지 않고 혈액 덩어리(혈전)가 만들어져서 혈액이 막히기 때문에 다양한 합병증을 일으키는 원인이 된다.

가장 많이 볼 수 있는 병은 지질이 침착해서 죽처럼 걸쭉한 덩어리가 만들어지는 죽상동맥경화다.

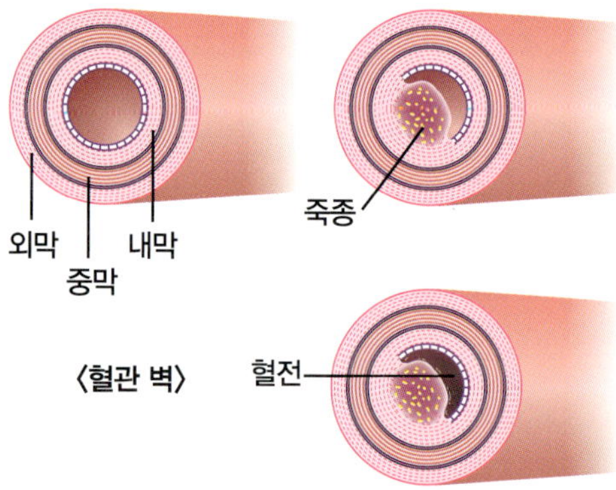

〈혈관 벽〉

최대혈압과 최소혈압

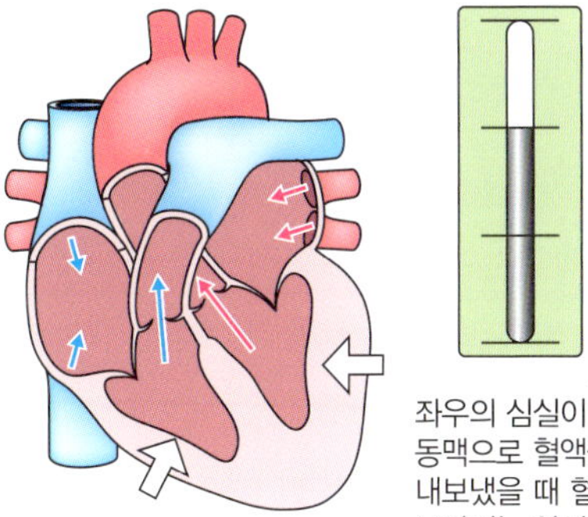

좌우의 심실이 수축해서 동맥으로 혈액을 힘차게 내보냈을 때 혈관에 부하되는 압력의 정도

〈최대혈압〉

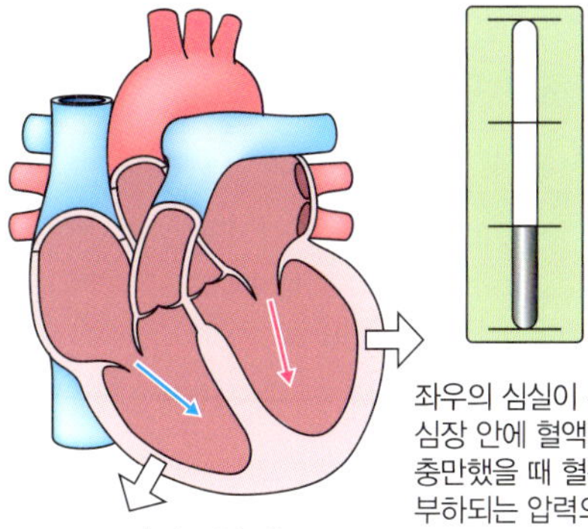

좌우의 심실이 확장해서 심장 안에 혈액이 충만했을 때 혈관에 부하되는 압력의 정도

〈최소혈압〉

혈압 조절 구조

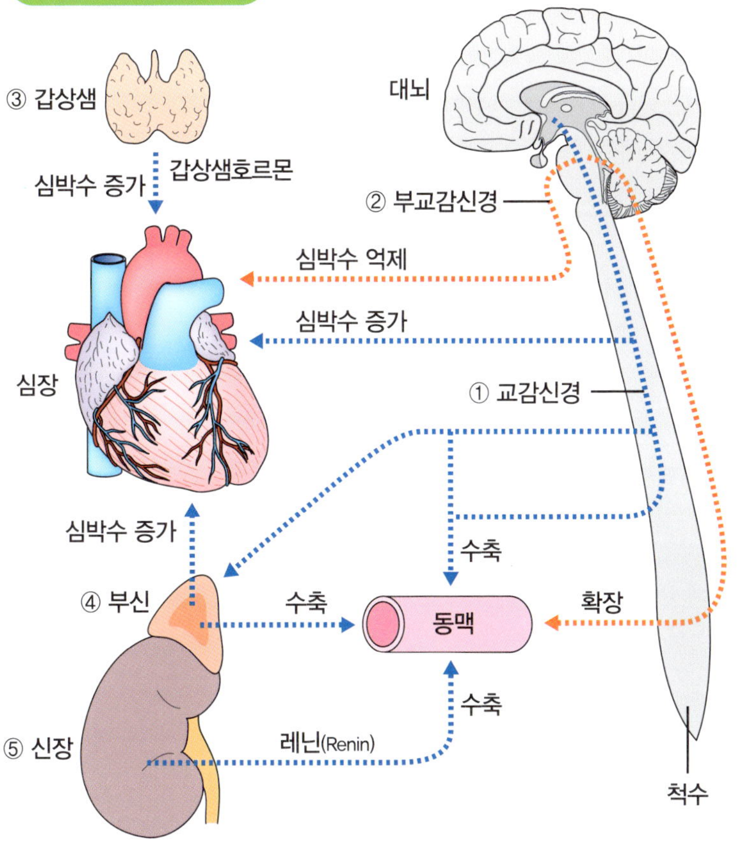

① 교감신경이 우위가 되면 심박 수가 증가해서 혈관이 수축하고 혈압이 올라간다.

② 부교감신경이 우위가 되면 심박 수는 억제되고 혈관이 확장해서 혈압이 내려간다.

③ 갑상샘호르몬은 심장 기능을 높여서 심박 수를 증가시키고 혈압을 올린다.

④ 부신은 호르몬을 분비하고 심박 수를 증가시켜 혈관을 수축시키고 혈압을 올린다.

⑤ 신장은 승압 물질인 레닌을 분비해서 혈관을 수축하고 혈압을 올린다.

지식 고혈압에는 원인을 모르는 본태성 고혈압과 원인이 되는 병을 알고 있는 증후성 고혈압이 있다. 고혈압 환자의 약 9% 는 본태성 고혈압이다.

08 혈액 구성

세 가지 혈구와 액체의 혈장으로 이루어지는

혈액은 유형 성분인 혈구와 액체 성분인 혈장으로 이루어지며 산소와 영양소의 운반이나 면역 등의 역할을 담당한다.

● 유형 성분의 구성

혈액은 혈구라는 유형 성분과 혈장이라는 액체 성분으로 이루어져 있다. 혈구에는 적혈구, 백혈구, 혈소판이 있고 뼈의 내부에 있는 골수에서 만들어진다. 골수에서는 다양한 혈구의 기본이 되는 조혈간세포를 만들고, 분화하면서 적혈구, 백혈구, 혈소판이 된다.

적혈구는 산소와 이산화탄소를 운반하는 기능을 하고 백혈구는 체내에 침입한 병원균을 배제한다. 또 혈소판은 상처의 혈액을 응고해서 출혈을 막는다.

혈액의 성분은 액체 성분인 혈장이 55~60%를 차지하고 나머지 40~45%는 유형 성분(세포 성분)으로 대부분은 적혈구다. 세포 성분 중 백혈구와 혈소판은 약 1%에 지나지 않는다.

● 무형 성분의 구성

혈장은 혈액의 액체 성분으로 담황색이며 약 90%는 수분이다. 그 외에 단백질과 포도당, 아미노산, 지방, 염분 등으로 이루어져 있다.

혈장은 모세혈관에서 배어 나와 간질액으로 바뀐다. 넘친 조직간액은 모세림프관에 들어가 림프액이 되어 정맥에 합류한다.

혈장의 주요 역할은 세포에 수분, 염분, 무기질 등을 보급하는 것이다. 영양이나 호르몬을 녹여서 몸의 각 기관으로 운반하고 불필요한 노폐물을 회수한다. 몸 중심부에서 발생한 열을 모아 몸 표면으로 발산하여 체온을 조절한다.

혈액의 액체 성분

혈장은 혈액의 액체 성분으로 수분, 영양소, 호르몬을 운반한다. 이 혈장에서 피브리노겐이라는 단백질 섬유를 제거한 것을 혈청이라고 한다. 혈청 안에는 항체가 함유되어 있어 혈청요법이라는 치료법에도 이용한다. 혈관 밖에 혈액이 나오면 피브리노겐이 적혈구와 엉켜서 굳는다. 이것이 혈병이다.

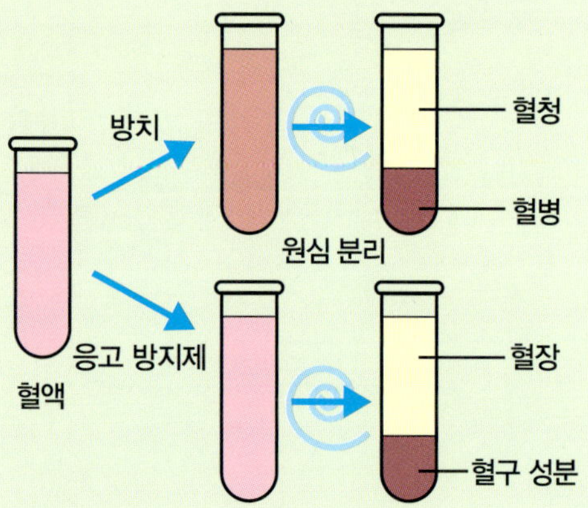

혈액 구성

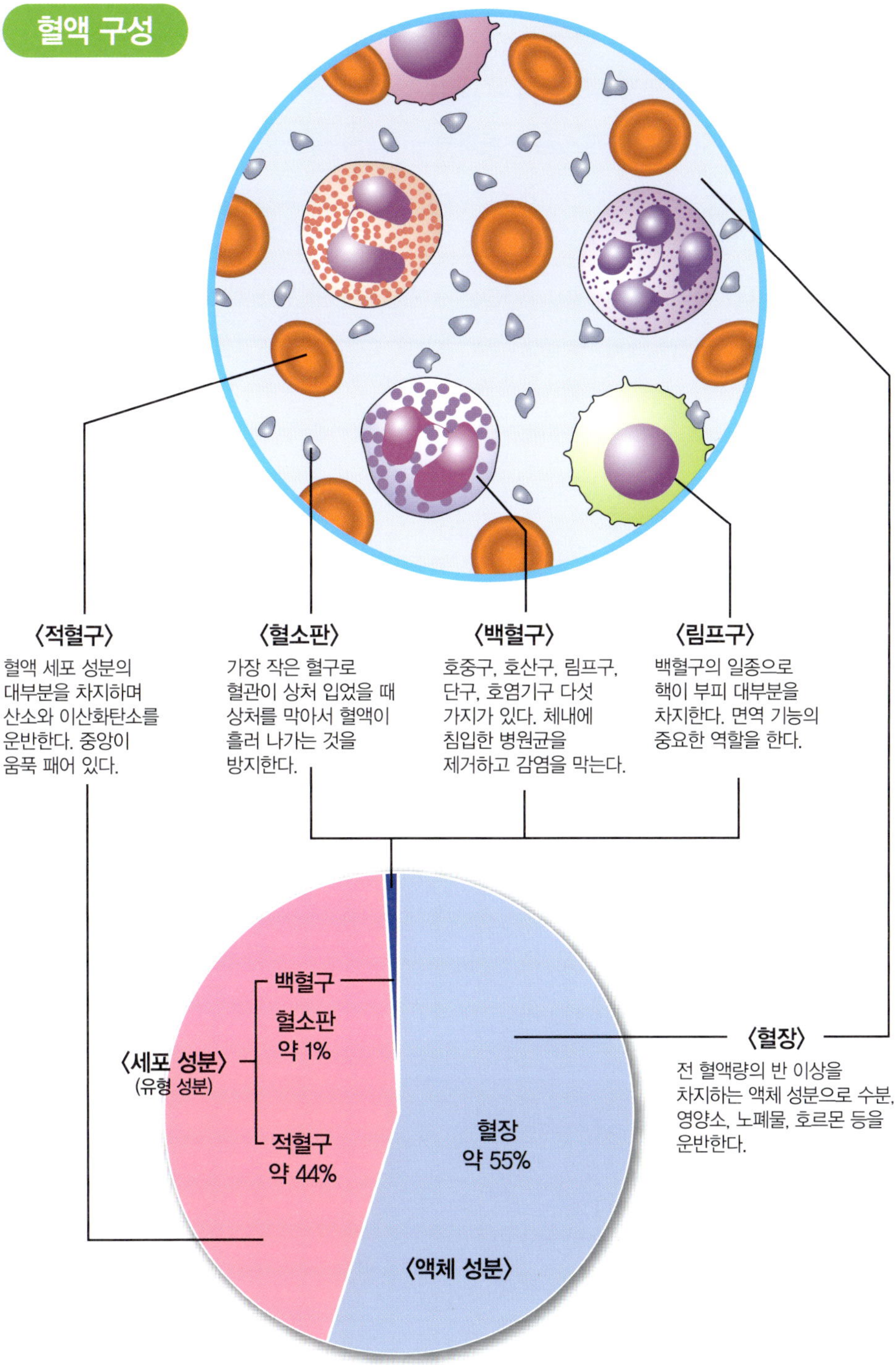

지식 헌혈에는 모든 혈액 성분을 채취하는 전혈 헌혈과 혈소판과 혈장을 채취하는 성분 헌혈이 있다. 성분 헌혈은 헌혈한 사람에게 적혈구를 되돌려주기 때문에 시간이 걸린다.

09

적혈구와 백혈구

적혈구는 산소를 운반, 백혈구는 면역을 담당

적혈구는 산소와 이산화탄소를 운반하는 역할을 하고 백혈구는 침입한 병원체나 이물을 제거하거나 죽이는 역할을 한다.

● 적혈구의 기능

적혈구는 중앙이 움푹 팬 지름 6~9μm의 원반 모양으로 빨간 핵이 없는 세포다. 유연성이 뛰어나고 변형을 잘해서 모세혈관의 얇은 벽도 쉽게 통과할 수 있다.

적혈구는 산소를 각 조직으로 운반하면서 이산화탄소를 제거하는 기능이 있다. 적혈구의 주성분은 철을 함유한 헤모글로빈이라는 색소로 산소와 이산화탄소는 헤모글로빈과 결합해서 운반된다.

적혈구의 수명은 약 120일로 수명을 다하면 간이나 비장에서 파괴된다. 이때 헤모글로빈은 빌리루빈이라는 색소가 되어 담즙의 성분으로 재이용된다.

● 백혈구의 기능

백혈구는 핵이 있는 무색의 혈구로 단구(단핵구), 과립구(호산구, 호염기구, 호중구), 림프구로 나뉜다. 림프구는 T세포(보조 T세포, 세포독성 T세포, 서플리먼트 T세포), B세포, NK세포(내추럴킬러세포)로 분류한다.

백혈구는 혈류를 타고 온몸을 순회하면서 혈액 중에 침입한 외적을 공격하는 역할을 한다. 몸 밖에서 병원체나 이물이 침입하면 백혈구는 혈관에서 밖으로 나와 공격을 가하고 병원체와 이물의 정보를 세포에게 알려서 몸을 지킨다.

백혈구의 수명은 종류에 따라 각각 다르지만 마지막에는 간이나 비장에서 파괴된다.

혈구의 일생

혈구는 골수 안의 줄기세포에서 만들어진다. 각각의 혈구는 분화하거나 모양을 바꾸면서 성숙해지고 유동(굴모양 혈관)이라는 모세혈관으로 들어가 온몸으로 운반된다. 혈구는 항상 새로운 혈구와 교체된다. 오래된 혈구는 비장에 도달해서 매크로퍼지(대식세포, 백혈구의 단구가 변화한 것)에 의해 처리된다. 혈구 일부는 간에서도 처리된다.

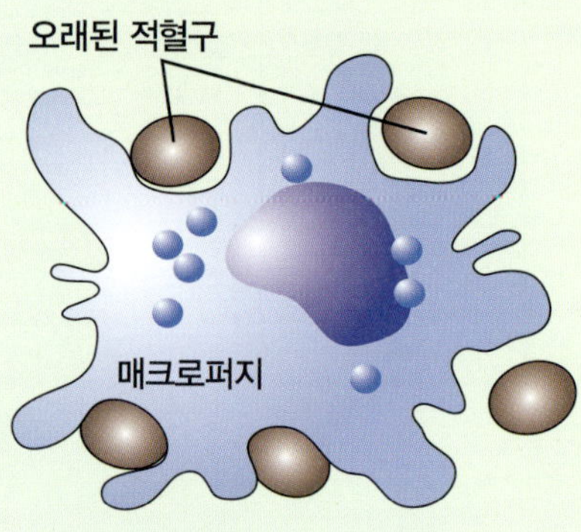

매크로퍼지가 오래된 적혈구를 마시고 분해한다.

적혈구의 기능

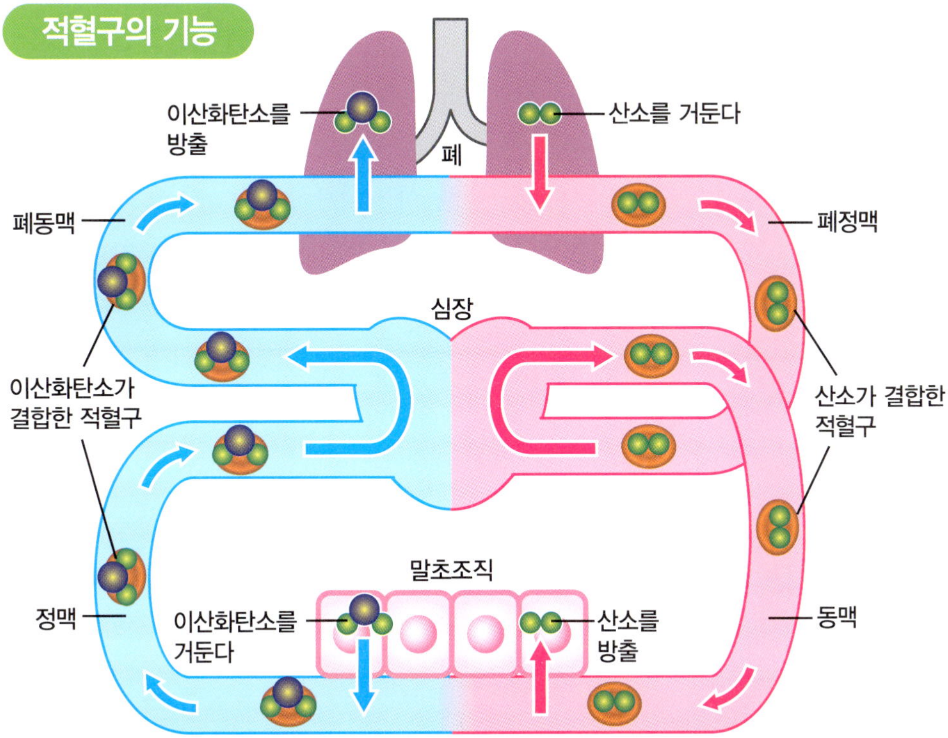

백혈구의 기능

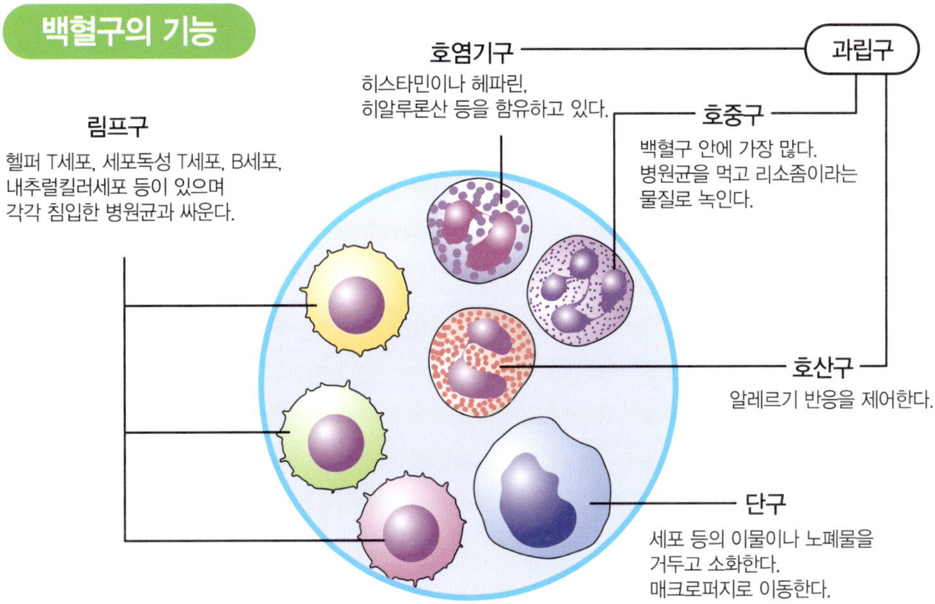

지식 혈액이 빨간 것은 적혈구의 헤모글로빈이 빨간 색소이기 때문이다. 곤충이나 오징어 등은 헤모시아닌이라는 파란 색소가 혈액에 많아서 혈액이 파랗다.

10

혈액성분의 기능

혈액을 응고해서 출혈을 막는다

혈관이 손상을 입어서 출혈이 생기면 혈소판이나 혈장이 혈액을 응고시켜 혈전을 만들고 상처를 막아서 출혈을 멎게 한다.

● 혈소판과 혈장의 기능

혈소판은 골수 안에 있는 거핵구(거대핵세포)라는 세포 일부가 떨어져 나와 만들어진 것이다. 핵은 평상시에는 원형이지만 활성화하면 돌기가 생기고 불규칙한 모양으로 변한다.

혈관 벽이 손상되어 출혈이 생기면 혈소판이 모여서 출혈을 멈추는 역할을 한다. 혈관을 수축시키는 화학물질을 방출하거나 체내에 침입한 이물을 공격하는 기능도 담당한다.

혈장은 혈액의 액체 성분으로 90% 이상은 수분으로 이루어져 있다. 혈장은 몸에 필요한 물질을 온몸으로 운반하고 노폐물을 운반하는 역할을 한다. 혈장에 함유된 알부민은 혈액 중의 침투압을 유지하고 혈관 내외의 수분량을 조절한다.

● 혈액이 굳는 구조

혈액에는 혈관이 상처 입었을 때 출혈을 멈추는 기능도 있다. 이것은 혈소판과 혈장의 역할이다.

혈관 벽이 손상을 입으면 출혈이 생기고 혈소판이 모여 혈관을 수축시키고 상처를 작게 만든다. 그 후 혈소판은 응집해서 상처를 막고 혈장 중의 피브리노겐을 피브린이라는 섬유상의 단백질로 바꾸어서 혈전을 만들고 상처를 메운다.

혈액의 응고는 15가지 물질과 관계 있다. 이런 물질이 부족하거나 균형이 맞지 않으면 혈액은 잘 응고 되지 않는다.

여행자 혈전증

같은 자세로 오랫동안 앉아 있으면, 다리의 혈액순환이 나빠지고 다리의 정맥에 만들어진 혈전(피의 덩어리)이 떨어져 나와 폐동맥을 막아 폐색전을 일으킬 우려가 있다. 이 병은 이코노미 클라스 증후군이라고 하며 비행기뿐만 아니라 자동차나 기차에서도 발생하기 때문에 지금은 '여행자 혈전증'이라고 한다.
예방을 위해서 정기적으로 몸을 움직이고 수분을 충분히 섭취한다.

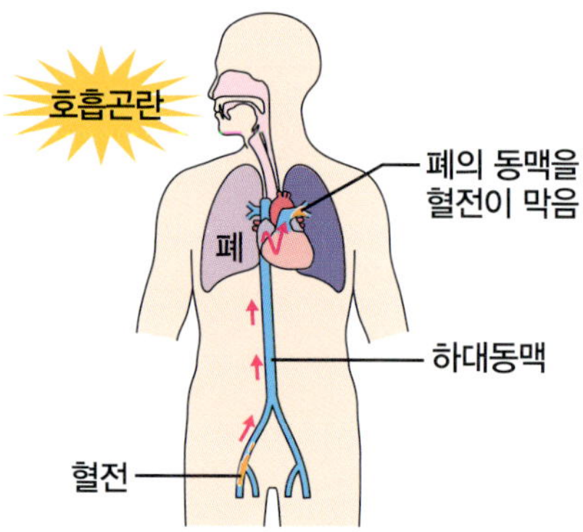

혈액이 굳는 구조

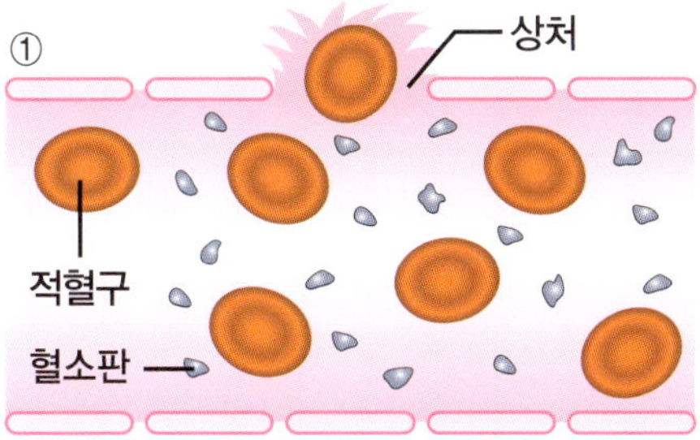

상처를 입은 혈관에서 혈액이 흘러나온다.

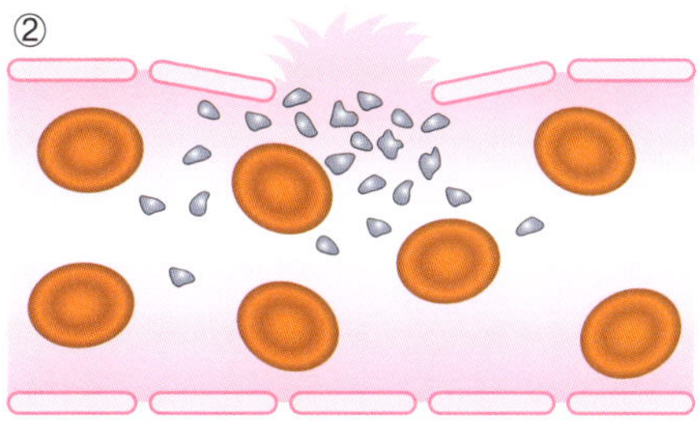

상처를 입은 부분의 혈관이 수축해서 혈소판이 모인다.

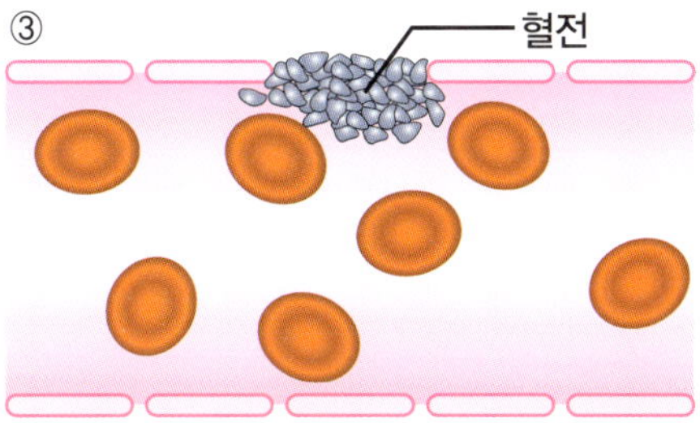

혈소판이 응집해서 혈액을 굳히고 혈전을 만든다.

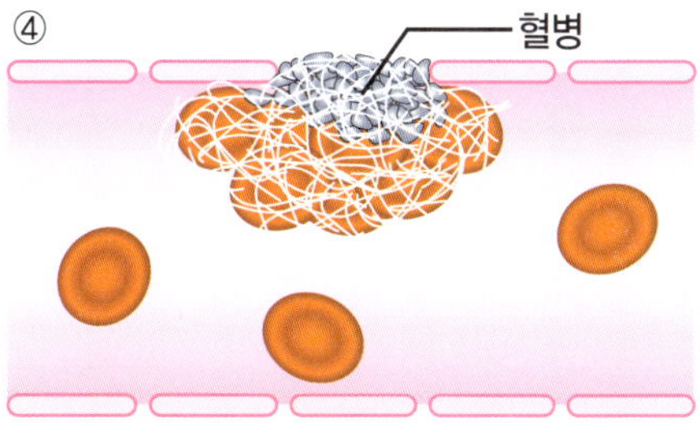

혈소판이 혈장 안의 혈액 응고인자에 반응해서 피브린이라는 섬유상의 단백질을 만든다. 이것이 상처를 덮는다.

혈장의 기능

〈혈장 구성〉

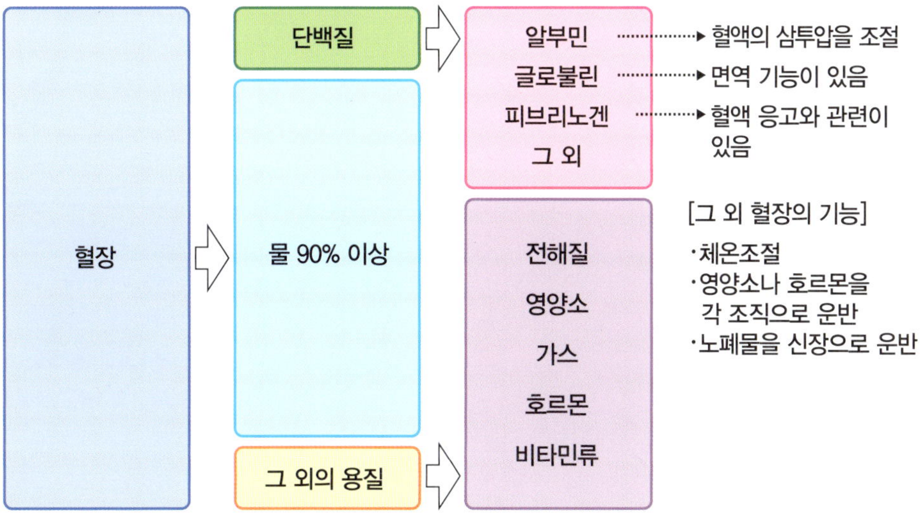

지식 체외에서 굳은 혈소판 덩어리를 부스럼 딱지라고 한다. 천연두를 치유한고 난 후 남는 '마맛자국'은 부스럼 딱지를 의미하는 산스크리트어에서 비롯된 것이다.

11

혈액형의 종류

항원에 따라 구별되는 혈액의 종류

혈액이란 혈구의 표면에 있는 항원에 따라 구별되는 혈액의 종류다. 부모로부터 받은 유전자에 따라 정해진다.

● 혈액형이란 무엇인가

혈액의 성분인 혈구의 표면에는 단백질이 붙어 있으며 종류는 개개인의 유전자 정보에 따라 정해진다. 단백질을 항원이라 하고 그 사람과 다른 사람을 구별하기 위한 특이성을 가지고 있다. 이것이 혈액형이다.

혈액형의 기본이 되는 항원에는 여러 조합이 있고, 그 중 수혈할 때 필요한 것이 ABO식과 Rh식이다. ABO식의 항원은 A와 B의 두 가지다. A항원을 갖는 혈액이 A형, B항원을 갖는 혈액이 B형, A항원과 B항원 양쪽을 갖는 것이 AB형, 어느 항원도 갖지 않는 것이 O형이다. Rh식은 항원 반응이 강한 D인자 유무에 따라 분류하는 것으로 Rh(+)형과 Rh(-)형이 있다.

● 혈액형 유전

아이의 혈액형은 아버지와 어머니로부터 하나씩 받은 유전자로 정해진다. ABO식 혈액형의 기본이 되는 유전자에는 A·B·O가 있다. 예를 들면 A형의 사람은 A유전자를 두 개 갖거나 A유전자 하나와 O유전자 하나를 갖는다.

유전자의 형이라는 것은 A형에는 AA형과 AO형, B형에는 BB형과 BO형, AB형에는 AB형, O형에는 OO형 모두 여섯 가지가 있다. 양친 모두 B형일 때는 유전자의 모양이 'BB×BB', 'BO×BB', 'BB×BO', 'BO×BO'의 조합으로 아이는 B형 아니면 O형이 된다.

혈액형과 수혈

수혈할 때는 혈액이 응고하거나 용혈하지 않는 혈액형을 조합한다. O형의 혈액은 모든 형의 사람에게 수혈할 수 있고, AB형의 사람은 모든 사람으로부터 수혈을 받을 수 있다. 단 현재는 같은 형의 혈액을 수혈하는 것이 일반적이다. 긴급할 때만 O형의 생리식염수 부유액을 사용한다.

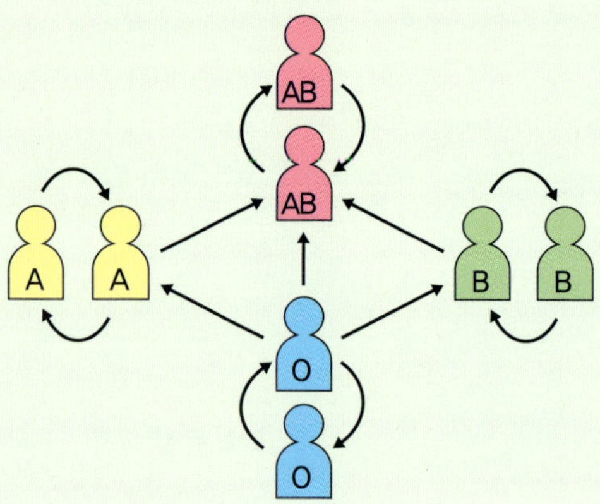

동양인의 혈액형 비율

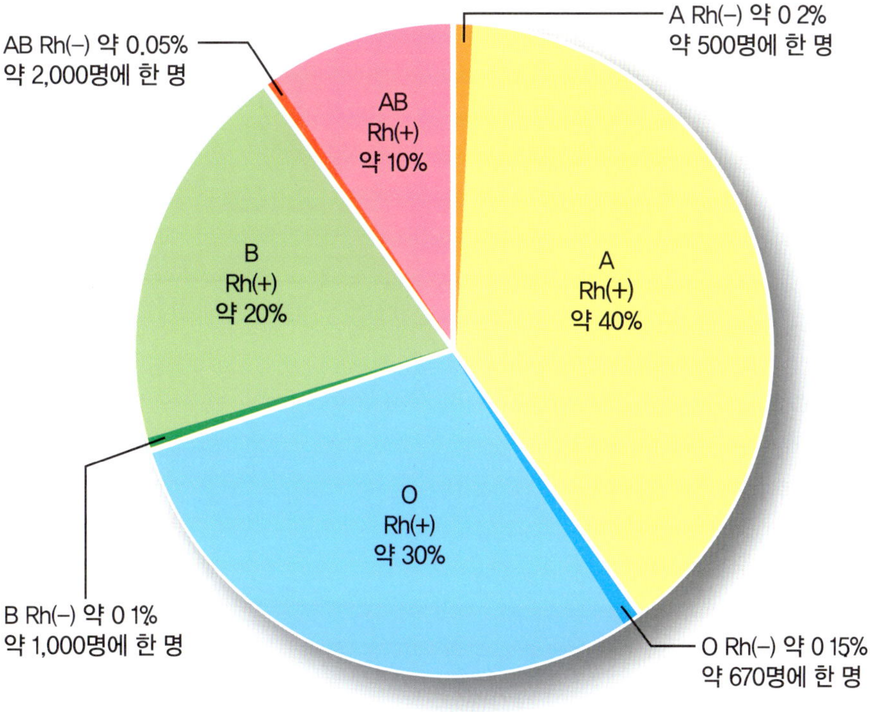

혈액형 유전

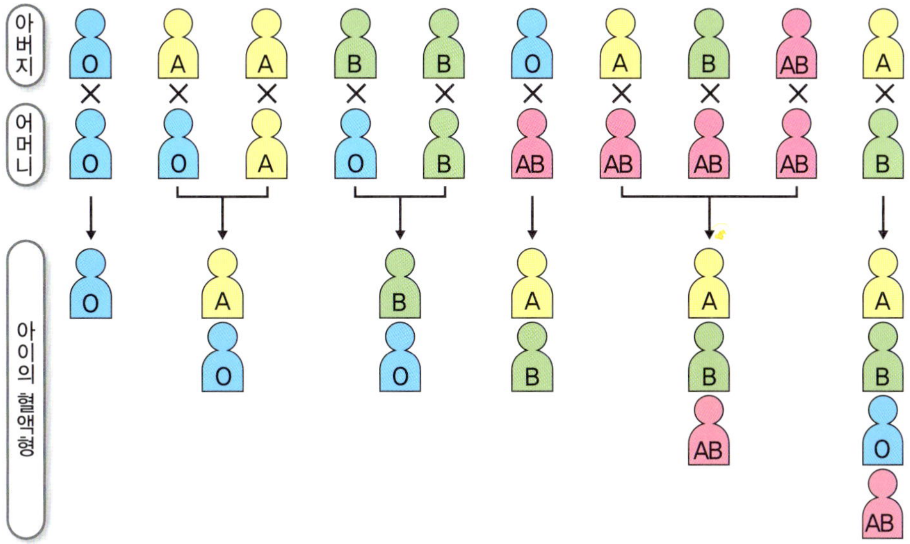

지식 ABO식 혈액형을 바탕으로 한 혈액형 점을 믿는 사람이 많지만, 이것은 과학적인 근거가 전혀 없다.

● 백혈병

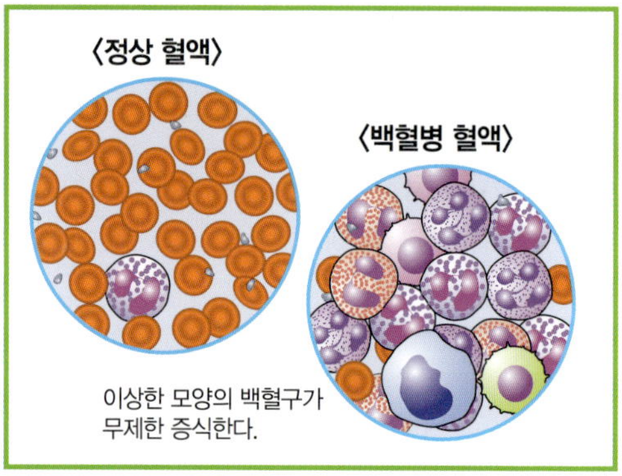

혈액 안에 백혈구가 많이 증가하는 병으로 혈액 암이라고도 부른다. 주로 어린 백혈구가 증식하면 급성 백혈병, 어린 것부터 성숙한 것까지 모든 백혈구가 증식하는 경우를 만성 백혈병이라고 한다. 원인 세포가 골수세포인지 림프구세포인지에 따라 골수세포성 백혈병 혹은 림프구 백혈병으로 분류한다. 발병 원인은 확실하지 않지만 방사선이나 항암제도 원인 중 하나다.

▶주요 증상: 몸이 무겁고 출혈이 잦다. 성숙한 백혈구가 감소하기 때문에 호흡기나 비뇨기 등의 감염증에 잘 걸린다. 골수이식이나 제대혈 이식 등의 치료를 하지 않으면 급성은 반년 이내, 만성은 3년 이내에 출혈이나 감염으로 사망한다.

● 빈혈

산소를 운반하는 적혈구가 혈액 중에 부족한 상태를 말한다. 헤모글로빈을 구성하는 철의 부족으로 발생하는 철 결핍성 빈혈이 가장 많다.

그 외에도 골수가 지방으로 바뀌어 생기는 재생 불량성 빈혈, 비타민 B12의 결핍으로 발생하는 악성빈혈이 있다.

▶주요 증상: 철 결핍성 빈혈은 가슴이 답답하고, 숨이 차고, 어지럽고, 쉽게 피곤해진다. 손톱이 얇고 약해져서 뒤집어지기도 한다.

● 혈우병

혈액을 응고시키는 혈액 응고인자가 혈장 안에서 유전적으로 결핍된 상태다.

▶주요 증상: 출혈이 좀처럼 멎지 않고 내장이나 관절의 출혈이 자주 발생한다. 근본적인 치료법은 없고 평생 치유할 수 없는 병이다.

● 대동맥류

대동맥 일부에 혹이 생기는 병이다.

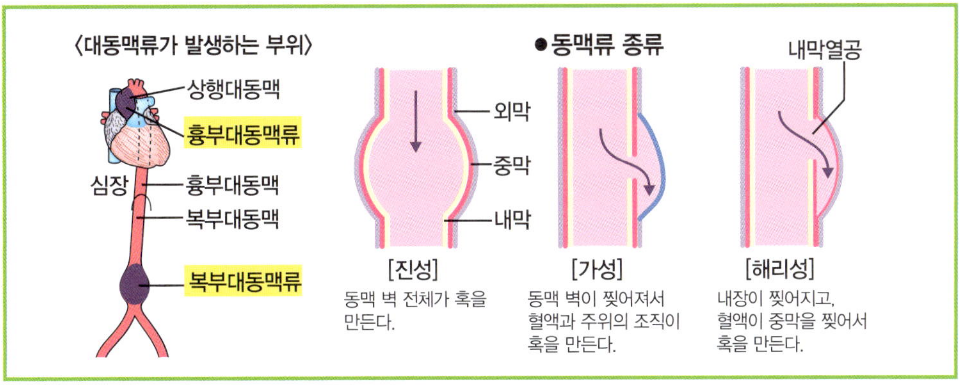

진성, 가성(거짓동맥류), 해리성(박리동맥류) 세 가지가 있는데 만들어진 장소에 따라 흉부대동맥류와 복부대동맥류로 나눈다.

▶**주요 증상:** 진성대동맥류는 혹일 때는 거의 증상이 없지만 파열되면 심한 흉통, 복통이 있고 쇼크 상태에 빠져서 의식을 잃는다. 심한 출혈을 동반하기 때문에 대개는 사망에 이른다. 해리성대동맥류가 발생하면 흉부와 등에 심한 통증이 있다.

● 정맥류

정맥이 확장해서 구불구불 휘어서 흐르는 병이다. 정맥의 판막이 망가져 혈액이 역류해서 생기는 병으로 하지에 많이 발생한다. 식도나 항문 주위에서도 볼 수 있다.

▶**주요 증상:** 하지정맥류가 발생하면 오랫동안 서 있으면 장딴지나 무릎에 통증이 온다. 다리가 무거워지고 쉽게 피곤해진다.

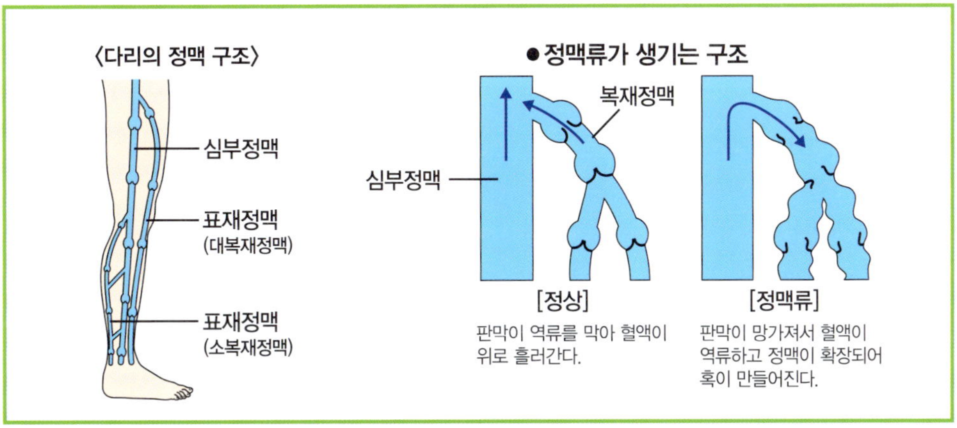

13

림프계 구조

노폐물 회수와 면역 기능을 담당하는

온몸을 둘러싼 림프관 안은 림프액이 순환하고, 노폐물과 지질을 운반하며 운반 외에 면역 기능을 한다.

● 림프계 구조

인체에는 혈관 외에 림프관이라는 가늘고 투명한 관이 둘러쳐져 있다. 림프관 안에는 림프액이라는 투명한 액체가 흐른다.

온몸에 그물망처럼 처져 있는 가는 림프관(모세림프관)은 서서히 모여 굵어진다. 림프관이 합류하는 지점에는 림프샘이라는 콩 모양의 소기관이 있다. 림프샘은 목이나 겨드랑이 밑, 팔꿈치, 무릎, 넓적다리 윗부분 등에 집중해 있다. 우측 상반신의 림프관은 우흉관(우림프 본간)으로, 그 외의 림프관은 흉관(좌림프 흉관)으로 이어지고 마지막에 내경정맥과 쇄골하정맥의 합류부에서 혈액과 합류한다.

● 림프계 기능

림프관을 흐르는 림프액은 모세혈관에서 배어 나온 조직간액(간질액)을 회수한 것이다. 혈장과 거의 같은 성분으로 수분 외 단백질이나 포도당, 지방 등을 함유한다. 림프액은 정맥처럼 주위의 근육이 수축·이완을 반복하면서 흐른다.

림프액은 죽은 세포나 혈구 등의 노폐물이나 소화관에서 흡수된 지방을 운반하는 역할을 한다. 이중 노폐물은 림프샘에서 제거되고 지질은 문맥에서 간으로 운반되어 처리한다. 림프에 함유된 세포 성분은 백혈구의 일종인 림프구가 대부분을 차지하고 세균이나 바이러스로부터 몸을 지키는 면역 기능을 담당한다.

에이즈에 대해서

에이즈(후천성 면역 부전 증후군)란 생체를 방어하는 면역 시스템이 파괴되어 여러 질환이 발생하는 병을 말한다.
원인은 면역세포를 파괴하는 HIV라는 바이러스로 정액이나 혈액, 림프액 등을 통해서 감염된다. 감염 후 바로 발병하는 사람도 있지만, 오랫동안 잠복 기간을 거쳐 발병하는 사람도 있다. 발병하면 감염증이나 뇌장애가 생긴다. 최근에는 발병을 늦출 수 있게 되었다.

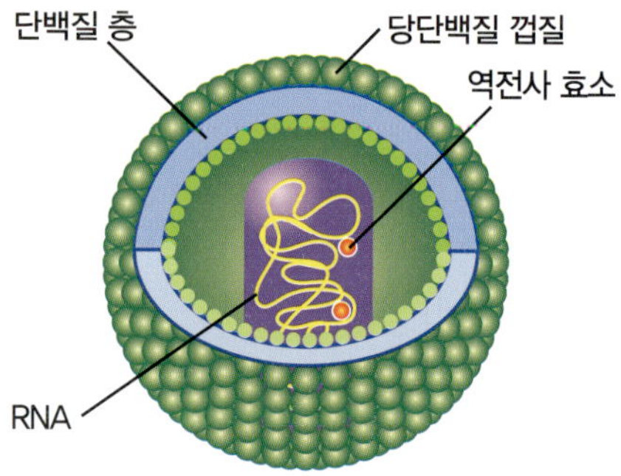

〈에이즈 바이러스〉

온몸의 림프계

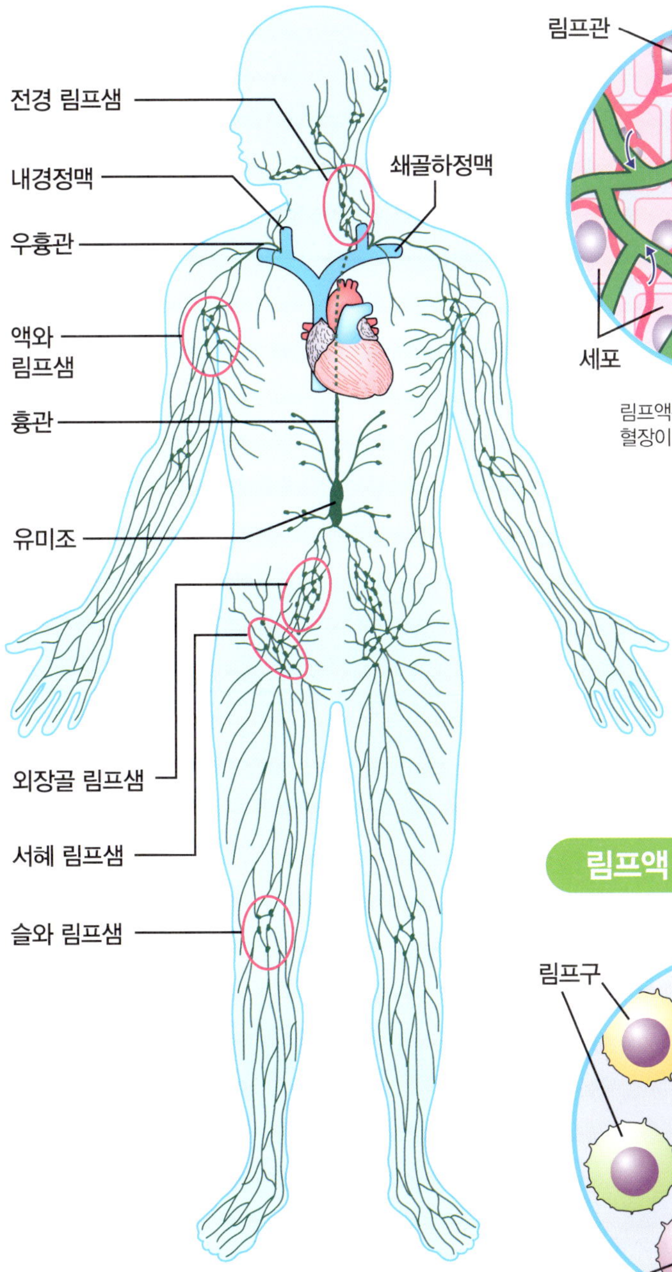

혈액과 림프계

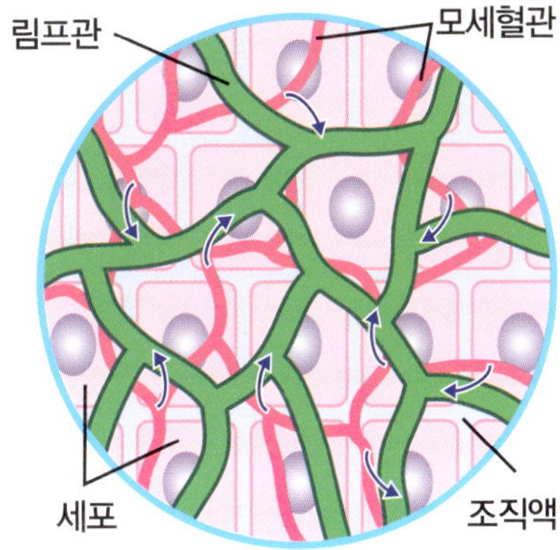

림프액은 모세혈관에서 배어 나온
혈장이 림프관으로 들어간 것이다.

림프액 구성

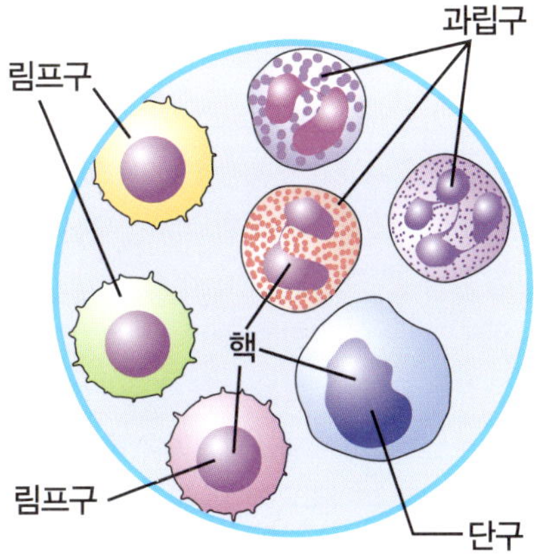

지식 림프의 어원은 라틴어의 '맑은 물'이다. 림프는 적혈구가 없어서 황색을 띤 투명한 색이다.

14

림프절 구조

림프액을 여과해서 병원균의 감염을 막는다

림프샘은 목이나 넓적 다리의 윗부분 등에 집중되어 있고 림프액을 여과할 뿐 아니라 병원균과 싸워서 감염을 막는다.

● 림프샘 내부 구조

림프샘은 림프관이 합류하는 부분에 있는 콩 모양의 기관이다. 온몸에 약 800개가 있는데 크기는 1~20mm 정도로 장소에 따라 다르다. 주로 목이나 겨드랑이 아래, 팔꿈치, 무릎, 다리 사이 등에 집중해 있다.

림프샘에는 몇 개의 림프관이 유입 림프관으로서 흘러 들어가고, 거기서 한 두 개의 림프관이 유출 림프관으로서 나온다. 림프관은 섬유조직으로 된 피막으로 둘러싸여 있는데 외측에는 림프소절이 나열되어 있고 안측에 림프동이 있다. 림프소절에는 림프구가 모여 있고 세포분열을 반복하면서 증식한다. 림프동에서는 세균이나 이물의 처리와 항체의 산출이 이루어진다.

● 림프샘 기능

림프샘 내부는 그물망의 필터 구조다. 세포에서 배출된 노폐물이나 병원체를 함유한 림프액은 림프관을 따라 림프샘에 운반되고 이 필터 구조에서 여과된 다음 정맥으로 되돌아간다.

세균이나 바이러스가 침입하면 림프샘 안의 림프구와 매크로퍼지가 공격해서 몸을 병의 감염으로부터 지킨다. 이때 림프샘이 염증을 일으켜서 붓기도 한다.

림프샘이 붓는 부위는 병에 따라 다르다. 중이염이나 내이염이라면 귀 주변, 위암이나 폐암의 전이라면 쇄골의 윗부분, 충치나 목의 병이라면 턱밑의 림프샘이 붓는다.

림프계 병

악성림프종은 림프샘이나 비장 등의 림프계 세포가 나빠져서 무제한으로 증식하는 병이다. 바이러스 감염이나 면역부전, 유전자의 이상 등과 관계 있다.

림프부종은 주로 한쪽 팔이나 한쪽 다리가 붓는 병이다. 암 치료를 위해서 림프샘을 제거하면 단백질이나 수분의 회수가 잘 이루어지지 않아서 피하조직에 쌓이며 이것이 부종이 된다.

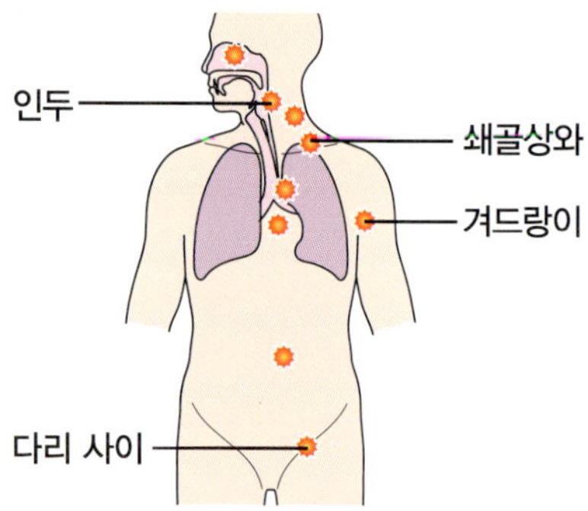

〈림프종이 발생하는 부위〉

림프관 구조

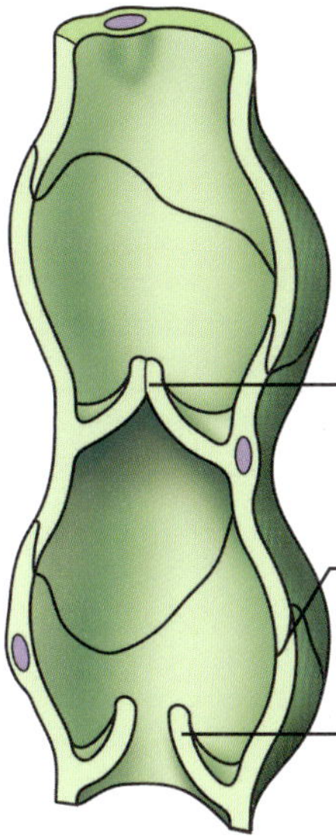

림프샘 구조

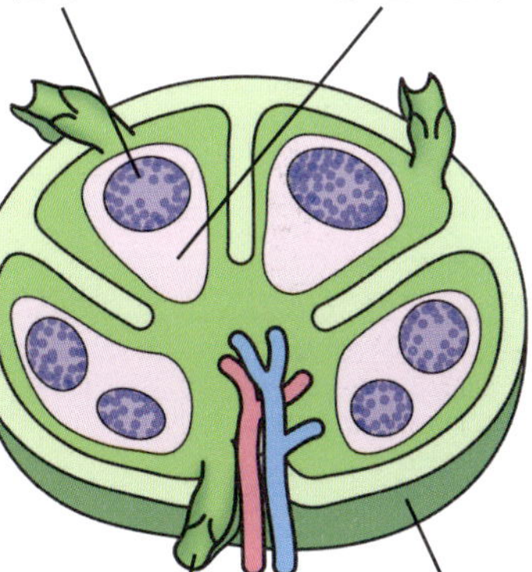

림프샘 구조

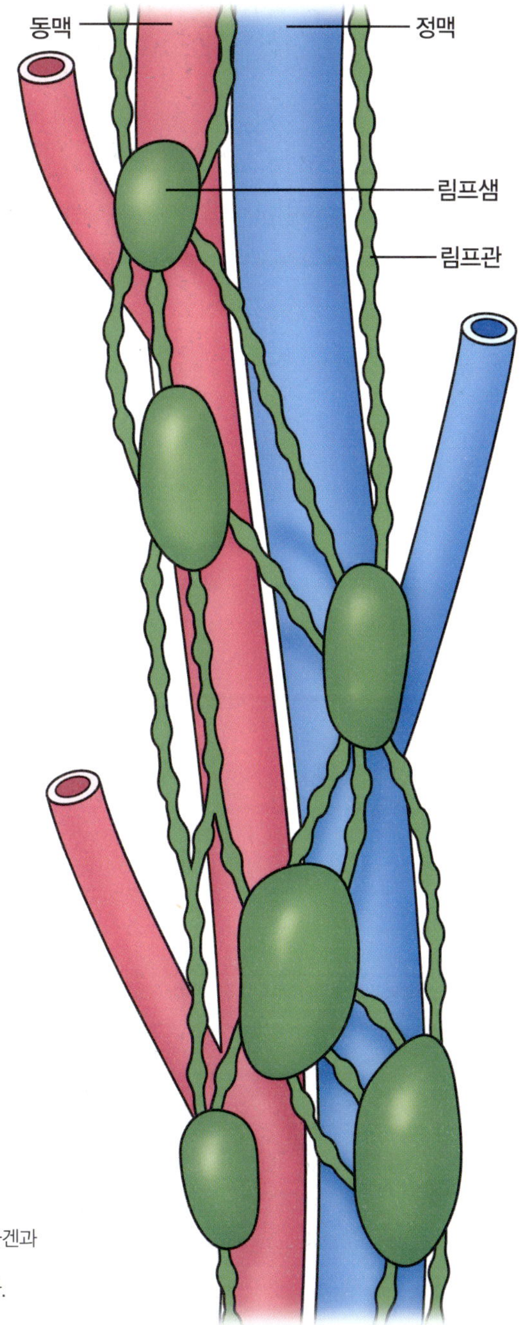

지식 림프소절은 림프샘뿐만 아니라 소장에도 있다. 림프관이 소장에서 지방을 흡수할 때 섞여 들어오는 독소를 림프구가 배제한다.

15

면역 구조

병으로부터 몸을 지키는 방어 시스템

면역이란 세균이나 바이러스 등의 이물질 침입을 감지하고 항체를 만들어서 격퇴하는 방어 시스템으로 면역세포가 담당한다.

● 면역이란 무엇인가

면역이란 세균이나 바이러스 등의 병원체로부터 몸을 지키려는 시스템이다. 면역을 담당하는 것은 혈액 중 백혈구 무리로 림프구(T세포, B세포, NK세포), 과립구(호중구, 호산구, 호염기구) 등이다.

자신의 몸에 속하지 않는 이물(항원)이 몸 안에 들어오면 먼저 매크로퍼지(대식세포)나 호중구가 이물을 먹고, NK세포(내추럴킬러세포)가 이물을 파괴한다. 이런 초기 방어 시스템을 자연면역이라고 한다. 자연면역으로 처리되지 않을 때는 다른 림프구로 대응한다. 이런 반응을 획득면역이라고 하며 세포성면역과 체액성면역이 있다.

● 면역세포의 기능

면역 시스템과 관계 있는 세포는 백혈구 무리로, 대표는 림프구다. 림프구는 흉선을 지나서 분화하는 T세포와 흉선을 지나지 않는 B세포로 나눌 수 있다. T세포에는 몇 가지 종류가 있으며 생활 활성 물질을 산생하거나 바이러스 세포나 암세포를 공격한다. B세포는 헬퍼 T세포의 지령을 받고 분열, 증식해서 항체를 만든다.

또한, 호중구는 병원균을 먹거나 라이소자임이라는 물질로 녹이며 이 정보를 헬퍼 T세포에 전한다. NK세포는 암이 된 세포를 스스로 판단하여 공격해서 처리하는 역할을 한다.

흉선의 역할

흉선(가슴샘)은 가로막(두 허파 사이) 상부에 있는 장기로 심장 위를 덮고 있다. 소아기에 가장 크고 사춘기 이후에는 서서히 작아진다. 흉선은 사이모신이라는 호르몬을 분비하고 골수로 만들어진 전구세포를 T세포로 증식시킨다. T세포는 흉선에서 분화, 성숙하고 서플리먼트 T세포, 헬퍼 T세포, 킬러 T세포로 분류한다.

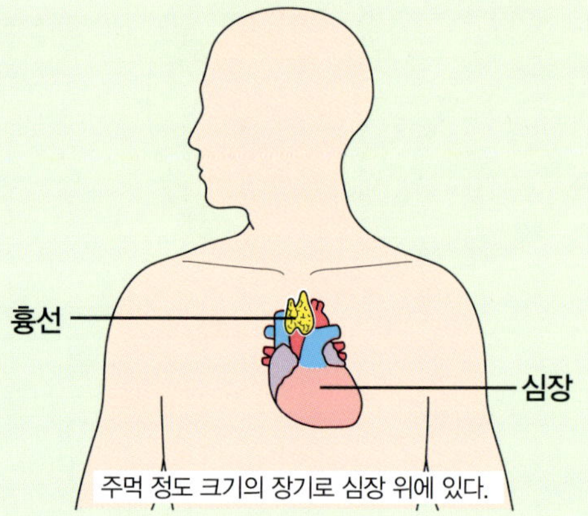

주먹 정도 크기의 장기로 심장 위에 있다.

면역세포 종류

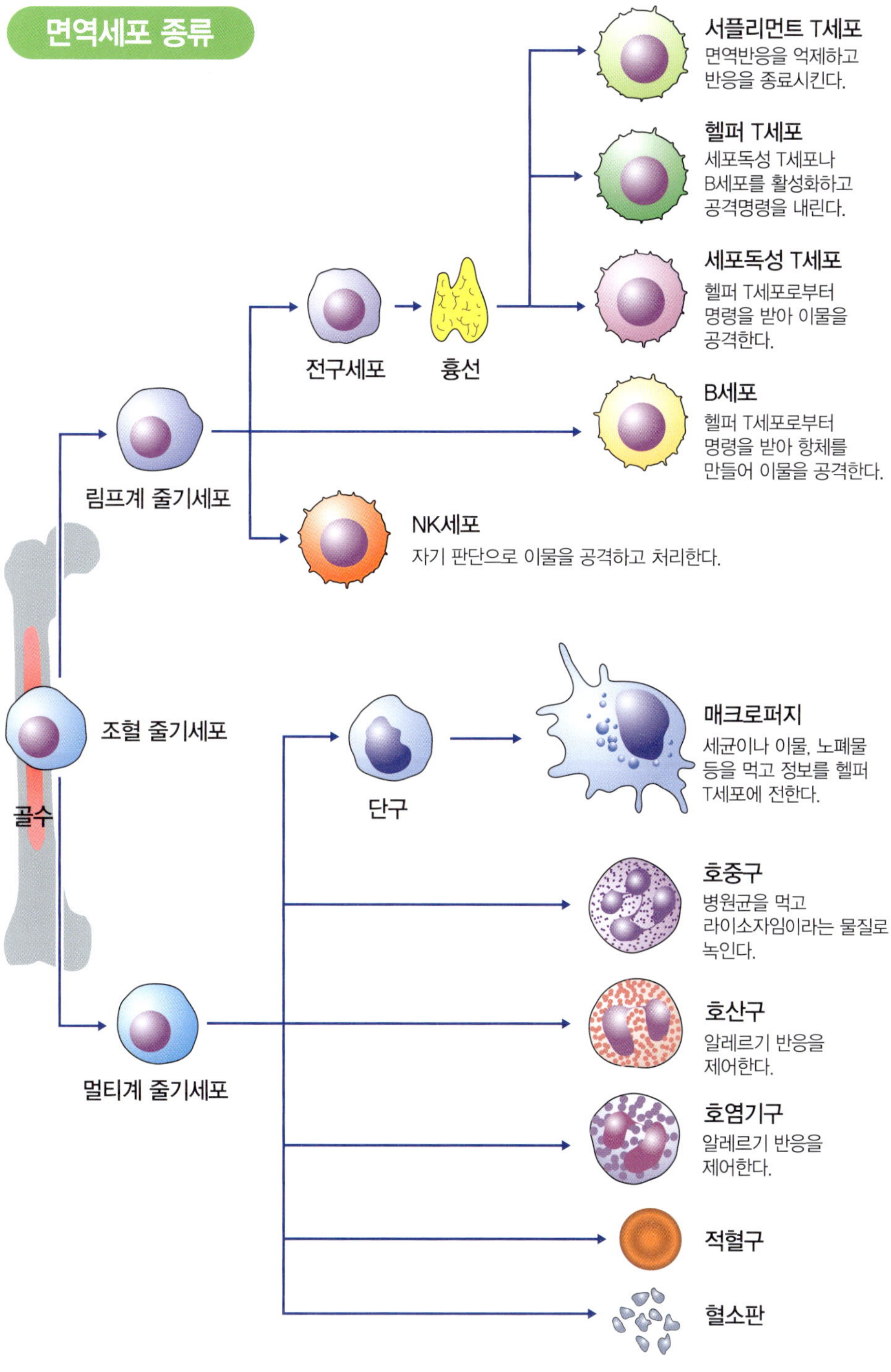

지식 T세포가 산생하는 생리 활성 물질로 만들 수 있는 것이 인터페론제제다. 감염을 방지하는 기능이 있어서 암이나 C형 감염 등의 치료에 이용한다.

16

면역 기능

체액성면역과 세포성면역 두 가지가 있다

림프구에 따른 면역 시스템에는 B세포가 주요 기능을 하는 체액성면역과 T세포가 주요 기능을 하는 세포성면역 두 가지가 있다.

● 체액성면역

림프구에 따른 면역 시스템에는 두 가지가 있다. 하나는 B세포가 주인공인 체액성면역이다. 체액성면역은 항체를 만들어 항원(이물)을 공격하는 구조다.

체내에 항원이 침입하면 먼저 매크로퍼지가 항원을 삼켜서 헬퍼 T세포에 항원의 정보를 전한다. 그리고 헬퍼 T세포는 화학물질을 방출해서 B세포를 형질세포로 증식, 분화시킨다. 형질세포는 대량의 항체를 만들고 방출되는 항체가 항원을 하나씩 둘러싸고 불활성화한다. 이 항원을 항체째 매크로퍼지가 삼킨다. 항원과 항체가 결합해서 일어나는 반응을 항원항체반응이라고 한다.

● 세포성면역

T세포가 주역이 되는 세포성면역은 항체를 만들어내는 것이 아니라 이물을 직접 공격하는 구조다.

체내에 항원이 침입하면 체액성면역처럼 먼저 매크로퍼지가 항원을 삼키고, 헬퍼 T세포에 항원 정보를 전한다. 이것을 받은 헬퍼 T세포는 생리 활성 물질인 사이토카인(림포카인)을 분비하여 NK세포와 매크로퍼지를 활성화한다. 이렇게 림프구가 항원을 공격해서 파괴한다.

체액성면역과 세포성면역은 병원체에 대한 저항력의 주역이면서 동시에 알레르기 반응이나 자가면역질환의 원인이 되기도 한다.

장기이식과 거절반응

장기이식을 했을 때 이식받은 장기 세포를 이물로 보고 면역의 공격 대상으로 삼는 일도 있다. 이것이 거절반응이다. 세포성면역은 급성 반응이 일어나고 항체에 따른 체액성면역은 만성 반응이 일어난다. 장기이식 후 거절반응을 억제하기 위해 면역억제제를 사용한다.

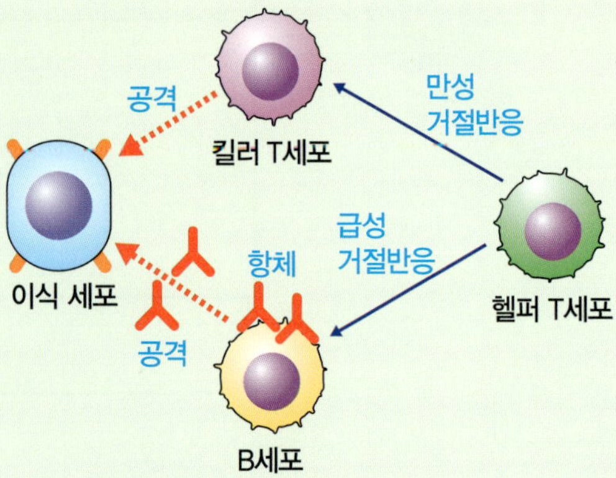

체액성면역 구조

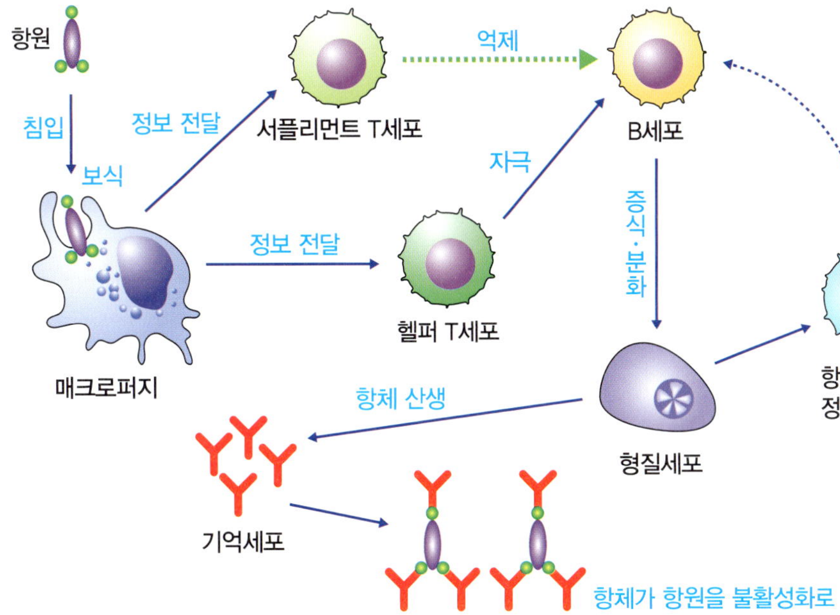

세포성면역 구조

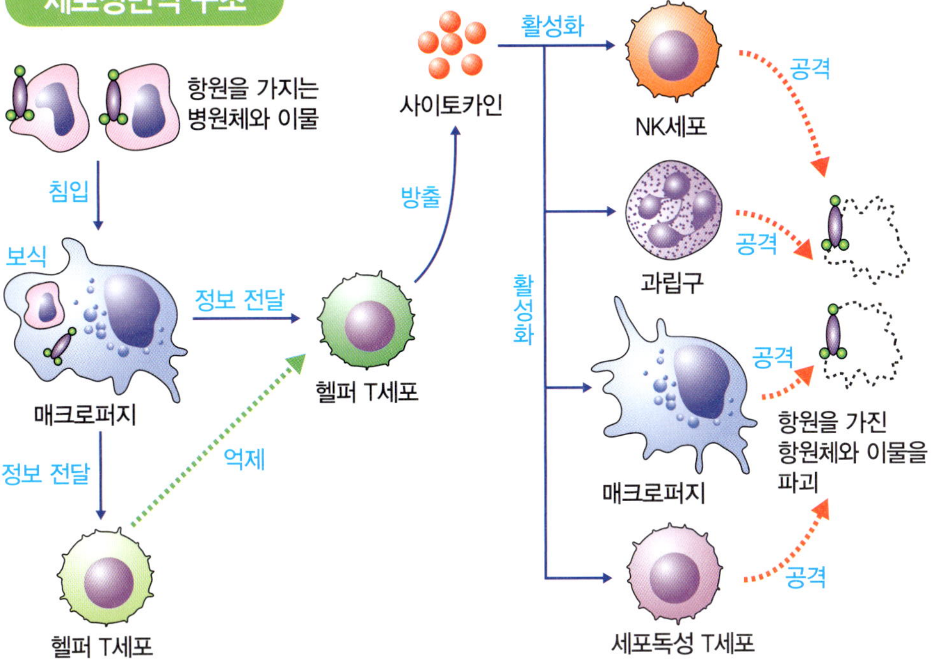

지식 백신은 감염력을 잃은 항원이다. 백신을 접종하면 미리 항체가 만들어지기 때문에 실제로 병원균이 침입했을 때 감염을 막을 수가 있다.

17 면역과 알레르기

면역 과잉 반응

알레르기는 면역이 과잉 작용해서 정상적인 세포나 조직이 파괴되어 생기는 병이다. 알레르기의 원인 물질을 알레르겐(알레르기 항원)이라고 한다.

● 알레르기란 무엇인가

면역은 세균이나 바이러스 등의 이물로부터 몸을 방어하는 시스템으로 모든 면역이 유용하게 작용하지 않는다.

면역 시스템의 주역을 담당하는 백혈구 본래의 기능은 체내에 침입한 이물(항체) 공격이다. 그러나 이 기능이 지나치면 몸에 유용한 것까지 공격하고 건강에 해를 끼친다. 또 침입한 이물이 그다지 해롭지 않아도 백혈구가 지나치게 반응해서 계속 공격하면 정상 세포나 조직을 파괴하기도 한다. 이렇게 면역반응이 정상적으로 작용하지 않고 정상 세포와 조직을 파괴하는 병이 알레르기다.

● 알레르기 반응 구조

알레르기를 일으키는 물질을 알레르겐이라고 한다. 알레르겐으로는 화분, 동물의 털, 먼지 등이 있다.

알레르겐이 체내에 침입하면 림프구의 B세포에서 알레르겐에 반응하는 항체(면역글로불린 E=IgE항체)를 만들고 비만세포라는 특수한 세포에 붙는다. 알레르겐이 비만세포의 항체에 붙으면 비만세포 안에 있는 히스타민 등의 화학전달물질이 혈액 중에 방출된다. 히스타민에는 모세혈관의 확장, 부종이나 가려움증, 기관지 수축, 혈압 상승 등의 기능이 있고 이것이 과잉 방출되면 가려움증이나 콧물, 두드러기, 천식, 충혈 등의 알레르기 반응이 일어난다.

알레르기 반응 구조

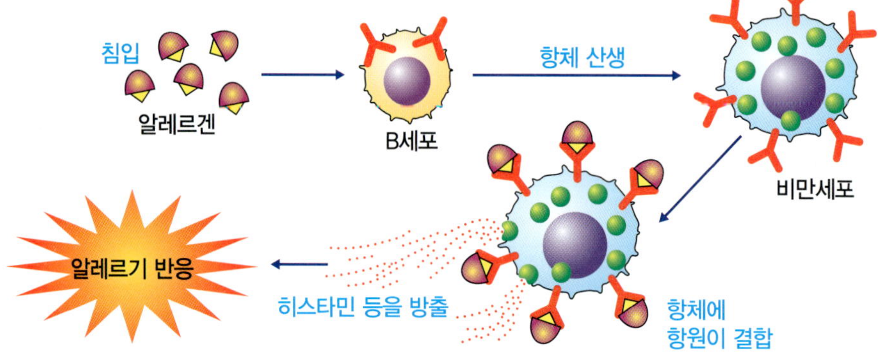

4장

호흡기

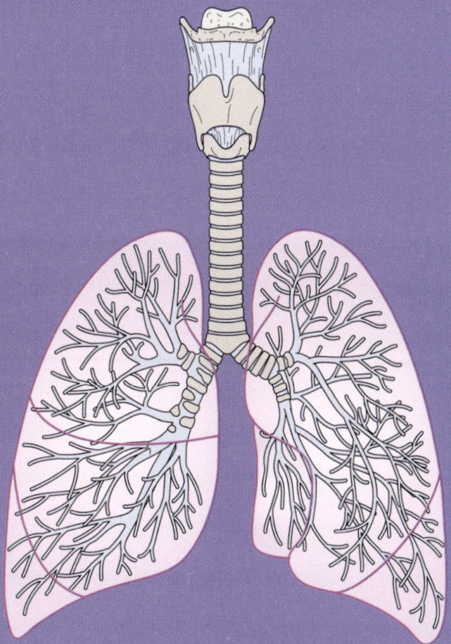

기도와 폐로 이루어진 호흡기는 세포 활동에 필요한 산소를 체외에서 받아들이고 체내의 활동으로 생긴 노폐물과 이산화탄소 배출을 담당한다. 혈액과 폐포 내의 공기 사이의 가스교환을 외호흡이라고 하며 횡격막과 늑간근으로 이루어진다. 조직 내의 세포와 혈액 사이의 교환을 내호흡이라고 한다.

01

목 구조

공기를 기관으로, 음식물을 식도로 보내는

목은 인두와 후두로 이루어진다. 호흡기관이면서 음식물이 지나는 길이며 발성기관 역할도 한다.

● 인두 구조

목이란 구강에서 식도 그리고 기관의 상부까지를 말하며 인두와 후두 두 가지 부분으로 이루어진다.

인두는 비강, 구강에서 식도의 상단에 걸친 부분으로 비강에서 들어오는 공기와 구강에서 보낸 음식물의 통로다. 인두와 이어져 있는 것이 후두로 기관의 입구에 해당하는 부분이다. 후두에는 공기만 다닌다.

인두는 음식물은 식도, 공기는 기도로 각각 나눠 보내는 기능이 있다. 인두 중간에 있는 연구개와 후두 상방부에 있는 후두개가 이 작용을 한다.

호흡할 때는 연구개가 내려오면서 후두개가 올라가 기도의 길을 만든다. 한편 음식물이 지날 때는 연구개가 올라가 비강으로의 길을 막고 후두개가 내려와 기관으로의 길을 막는다.

● 후두 구조

후두는 갑상연골, 윤상연골, 피열연골 등의 연골로 둘러싸여 있다. 갑상연골의 돌기 부분을 울대뼈라고 한다.

후두의 좌우 벽에서는 주름 모양의 인대인 성대가 나와 있다. 인두는 호흡할 때 공기의 길이 되지만 날숨이 성대를 진동시켜 발성기관의 역할도 담당한다. 날숨일 때는 좌우 성대 사이의 성문이 열리고 소리를 낼 때는 성문이 닫히는 구조다.

편도의 기능

목에는 입과 코에서 침입하는 병원균에 대한 방어기구로서 네 개의 편도가 마련되어 있다. 편도는 림프구가 모인 림프조직으로 각각 인두편도, 이관편도, 구개편도, 설근편도라고 한다. 일반적으로 편도선이라고 부르는 것은 입을 벌렸을 때 입안 양쪽에 보이는 구개편도를 말한다. 편도는 세균이 잘 생기는 곳이라 간혹 염증이 생기기도 한다.

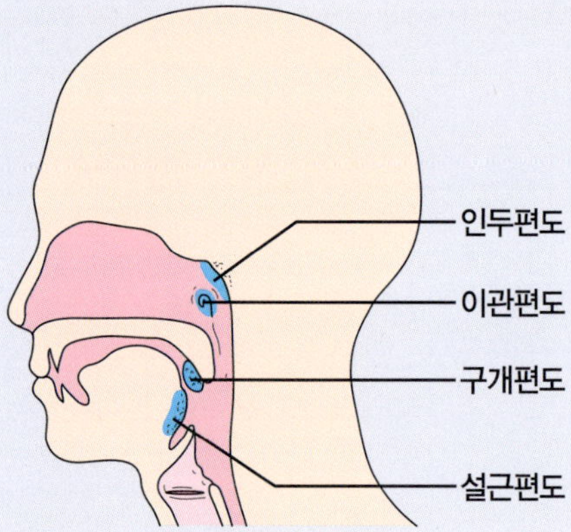

목 구조

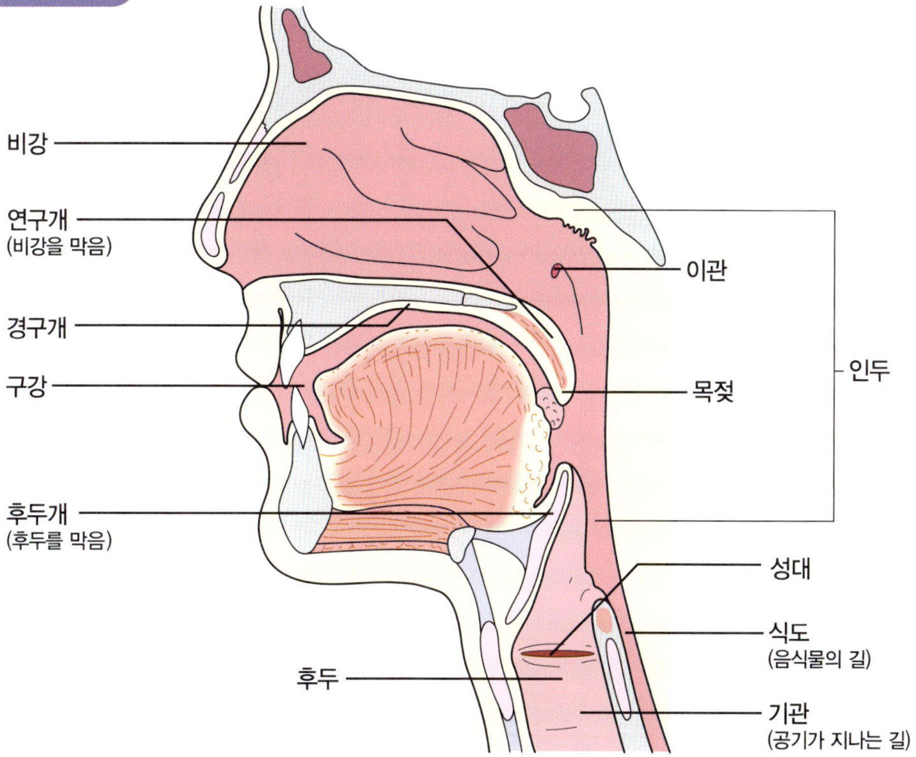

공기와 음식물이 지나는 길의 교체

〈공기가 지날 때〉

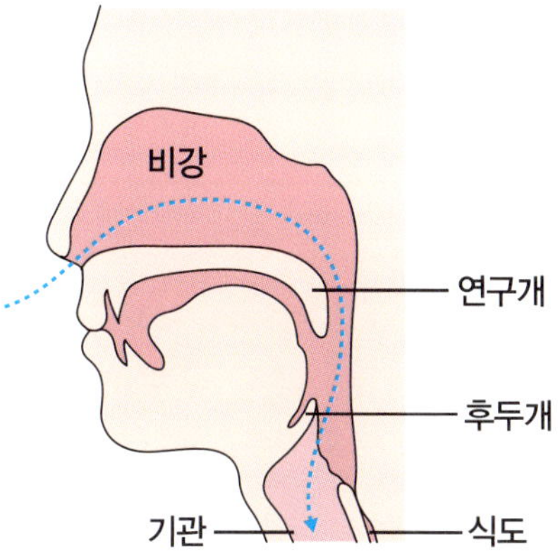

공기가 지날 때는 연구개가 내려가면서 후두개가 올라가 혀에 달라붙어 기관으로의 길을 만든다.

〈음식물이 통과할 때〉

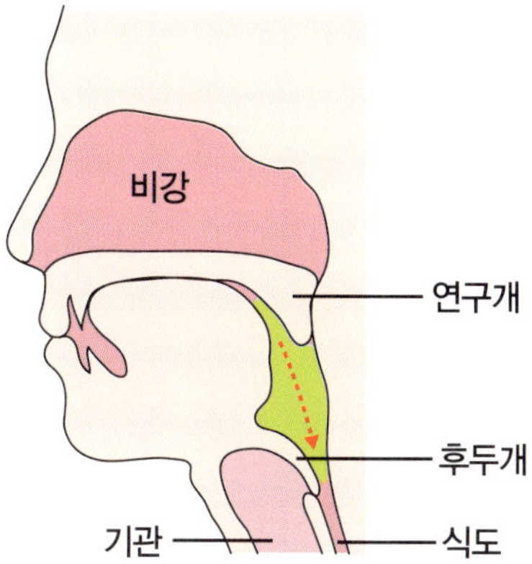

음식물이 통과할 때는 연구개가 올라가 비강으로의 길을 막고 후두개가 내려가 기관으로의 길을 막는다.

지식 수면 중 코골이는 피로하거나 알코올 등의 영향으로 연구개나 혀의 긴장이 풀려서 기도를 막으면 호흡할 때 공기가 진동하여 생긴다.

02

발성 구조

성대를 진동시켜서 소리를 내는

대뇌피질의 각 영역에서 신경을 통해 후두근에 지령을 내리고 후두근의 기능으로 성대가 진동해서 소리를 낸다.

● 소리를 내는 구조

발성기관인 성대는 후두의 중앙부에 있는 탄력성이 풍부한 주름 모양의 근육이다. 전방은 갑상연골, 후방은 피열연골과 이어지고 좌우 주름 틈새를 성문이라고 한다.

호흡할 때는 이 성문이 크게 열려서 공기를 내보내고 발성할 때는 느슨하게 열리고 닫혀 틈을 만든다. 이 틈에 폐에서 나오는 공기를 통과시키고 성대를 진동시켜 소리 낸다.

후두의 연골에는 후두근이라는 근육이 붙어 있어 이 근육이 수축하여 성대가 열리기도 하고 닫히기도 한다. 후두근의 움직임은 뇌신경에서 갈라져 나온 반회후두신경의 지배를 받는다.

● 소리의 높낮이와 크고 작음

소리의 높낮이나 크고 작음은 성대의 진동수와 진동의 크기로 달라진다.

남성의 성대 길이는 약 20mm, 여성은 약 16mm이고 두께는 남성이 조금 더 두껍다. 그래서 여성의 성대가 더 잘 진동하고 음이 높다. 남성은 사춘기에 갑상연골이 전방으로 튀어나와 울대뼈를 만들기 때문에 그만큼 성대가 길어지고 더 두꺼워진다. 그래서 성대가 잘 진동하지 못해 음이 낮아진다.

소리 크기는 성대의 진폭 크기에 따라 달라진다. 큰소리를 낼 때는 성문을 닫아서 진폭을 크게 하고 작은 소리를 낼 때는 성문을 조금 열어서 진폭을 작게 한다.

성대 폴립

큰소리를 내거나 오랫동안 노래를 불러서 목을 혹사하면 성대의 점막에 출혈이 생겨 혈종을 만들기도 한다. 이것을 성대 폴립(polyp)이라고 한다. 노래방을 자주 찾는 사람에게서 많이 볼 수 있다.

주요 증상은 목이 잠기고 목에서 이물감을 느낀다. 성대를 쉬고 항염증제를 사용해서 치료하거나, 중증이 되면 수술해야 한다.

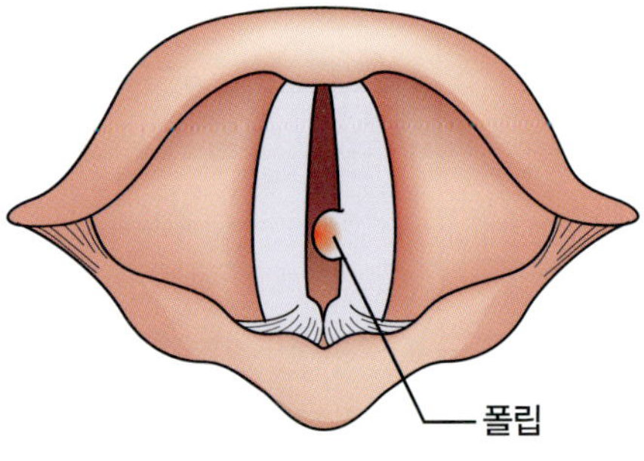

목을 혹사했거나 염증으로 점막에 충혈이 있으면 점막 아래 혈관이 찢어져서 혈종이 생긴다.

성대 주위 구조

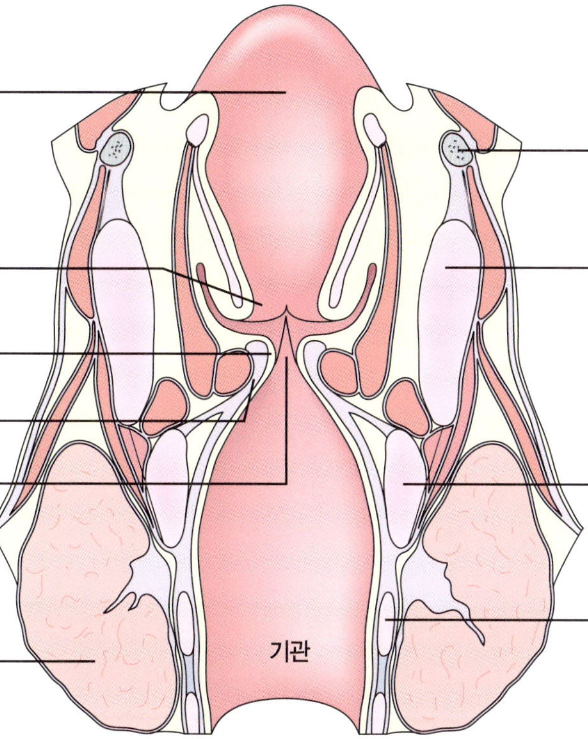

(후방에서 본 그림)

성대 구조

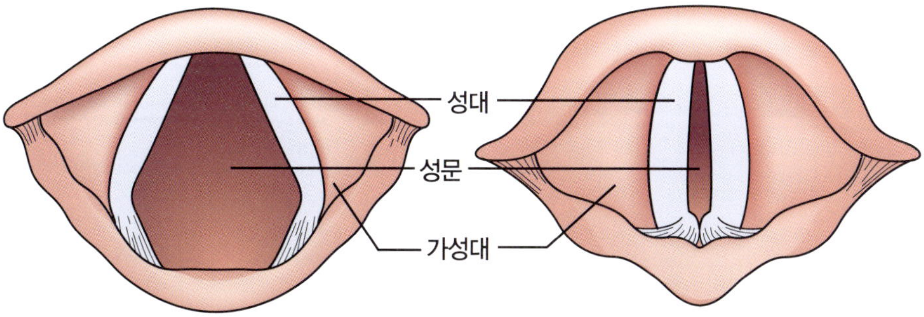

후두의 하부에 섬유조직으로 만들어진 두 개의 성대가 있다. 호흡할 때는 성문이 삼각 모양으로 열린다.

공기를 밖으로 내보낼 때는 닫힌 성대가 진동해서 소리를 낸다. 가성대는 발성과는 상관이 없고 음식물을 삼킬 때는 후두를 닫는다.

지식 울대뼈를 영어로 'Adam's apple'이라고 한다. 성경에서 아담이 먹은 금단의 열매가 목에 걸려서 울대뼈가 되고 이브가 먹은 열매가 유방이 되었다는 이야기에서 유래했다.

03

기관과 기관지 구조

공기를 폐까지 보내는 관

기관은 후두와 폐를 연결하는 공기의 길이다. 마신 공기는 기관에서 갈라져 나온 기관지를 통해 폐포로 이동한다.

● 기관 구조

코, 입과 폐를 연결하는 공기의 통로를 기도라고 한다. 비강과 구강, 인두를 합한 부분을 상기도라고 하고 후두에서 폐까지를 하기도라고 한다.

후두에서 폐로 뻗은 관 모양의 부분이 기관이다. 기관은 길이가 약 10cm, 지름은 약 15mm로 연골과 근육으로 이루어져 있다. 기도에는 항상 공기가 출입하므로 좁혀져서 망가지는 일이 없도록 U자형 기관연골이 겹겹이 쌓인 구조로 내강을 유지한다. 연골과 연골 사이에는 인대가 있다. 기관의 상부에는 후두개가 있고 식사할 때는 기관에 음식물이 들어가지 않도록 뚜껑을 닫는다.

기관의 내강은 점막이다. 기관 점막은 점액을 분비하는 배세포와 섬모가 있는 섬모세포로 구성되어 있다. 외부로부터 기관에 들어온 먼지나 찌꺼기는 점액에 붙어서 섬모가 그것을 입으로 보내 기침이나 재채기를 통해 체외로 배출한다.

● 기관지 구조

기관의 하단은 두 개의 주기관지로 나뉘어 좌우의 폐로 들어간다. 기관지와 폐정맥, 폐동맥이 출입하는 부분을 폐문이라고 한다. 폐에 들어간 주기관지는 폐 속에서 20번 정도 줄기에서 갈라져 나가서 종말세기관지, 호흡세기관지로 가늘어진다. 호흡세기관지의 끝은 산소와 이산화탄소의 가스교환을 하는 폐포와 이어진다.

기침과 재채기

공기 중에 함유된 먼지나 찌꺼기, 세균 등의 이물이 비강이나 기관, 기관지의 점막에 붙으면 몸이 그것을 배출하려고 삼차신경을 이용하여 반사운동을 한다. 코 점막의 자극으로 나오는 것이 재채기고 기관 점막의 자극으로 나오는 것이 기침이다.
또 이물 제거를 위해서 기관 점막에서 많은 점액을 분비하면 담이 되어 기침과 함께 배출된다.

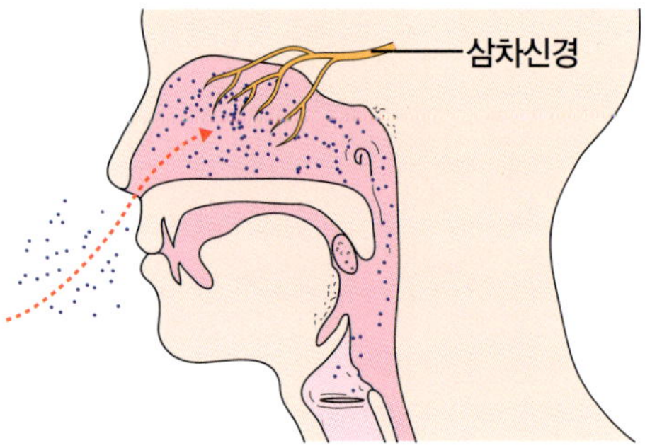

공기 중의 먼지나 찌꺼기 때문에 코나 기관의 점막이 자극을 받으면 재채기나 기침을 한다.

호흡기 구조

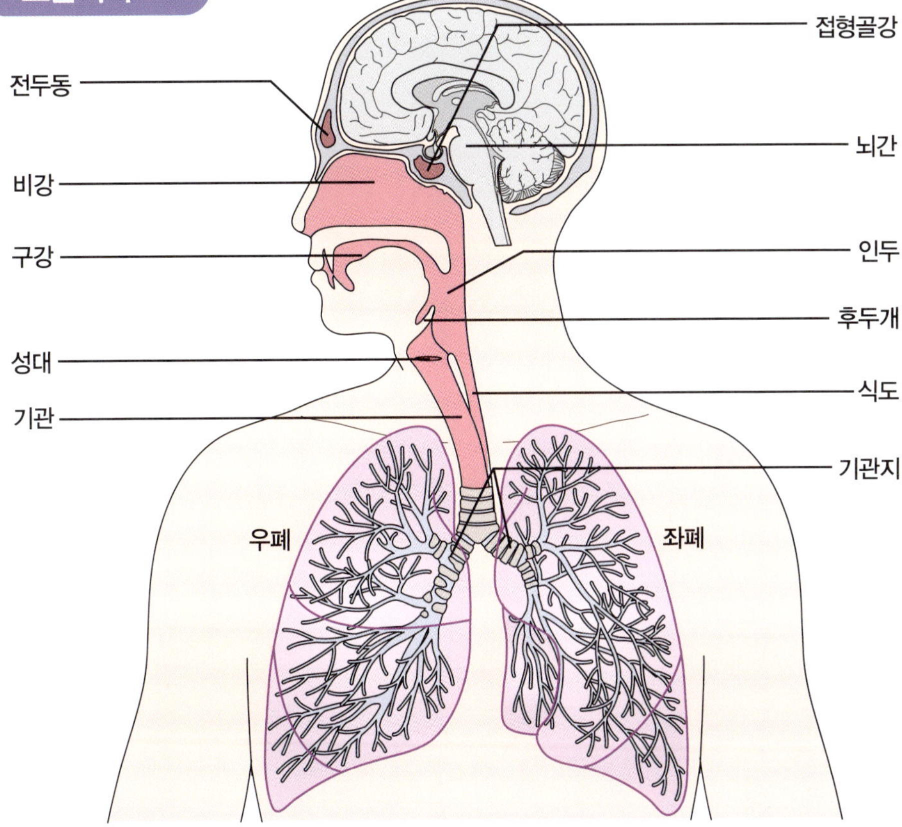

기관 구조

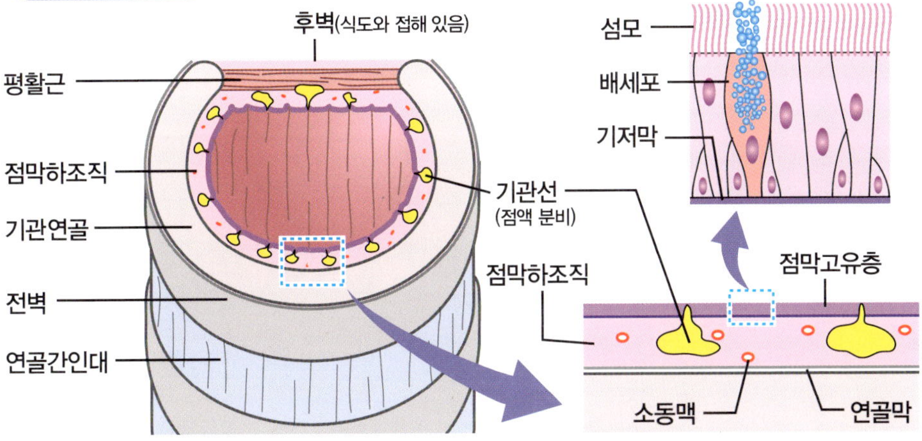

지식 햇빛을 봤을 때 빛의 자극만으로 재채기가 나는 일이 있다. 이것을 '햇빛 재채기 반사'라고 하며 일부 사람에게서 나타난다.

04

폐 구조

산소와 이산화탄소를 교환하는 장소

폐의 역할은 기관이나 기관지를 통해서 들어온 공기에 함유된 산소와 정맥혈에 함유된 이산화탄소를 교환하는 것이다.

● 폐의 외부 구조

척추나 늑골, 흉골로 둘러싸인 새장 모양의 흉곽 대부분을 차지하는 장기가 폐이다. 폐는 나뭇잎 같은 모양을 한 자루 모양의 호흡기관으로 횡격막의 상부에 심장을 싸듯이 위치한다.

폐는 우폐와 좌폐가 한 쌍을 이루고 좌우의 크기와 모양은 조금 다르다. 우폐는 상엽, 중엽, 하엽이라는 세 개의 부분으로 나뉘고, 좌폐는 상엽과 하엽만 있고 크기도 우폐보다 작다. 심장이 좌폐 쪽에 있기 때문이다.

폐의 역할은 심장에서 보낸 혈액에 외부에서 얻은 산소를 전달하고, 가스교환을 통해 이산화탄소를 받아들이는 것이다.

● 폐의 내부 구조

폐에는 외부의 공기를 받아들이는 기관지 외에 심장에서 나오는 폐동맥과 심장으로 되돌아가는 폐정맥이 내부 구석구석까지 뻗어 있다. 폐동맥은 심장에서 이산화탄소를 함유한 혈액을 폐로 보내고 폐정맥은 산소를 풍부하게 함유한 신선한 혈액을 심장으로 보낸다.

폐동맥은 마치 나뭇가지처럼 기관지를 중심으로 가지가 갈라져 나와 점점 가늘어진다. 또 폐정맥은 조금 떨어져서 폐동맥 사이를 꿰매듯이 달리고 있다. 기관지는 약 20번 정도 가지로 갈라져 나와 종말세기관지가 되고, 가스교환의 장인 폐포로 이어진다. 폐동맥도 폐정맥과 마찬가지로 갈라져 나와 모세혈관이 되고 폐포의 주변에 달라붙는다.

폐렴에 대해서

세균이나 바이러스가 폐포나 폐포의 벽에 염증을 일으키는 병이 폐렴이다. 열이 나고 기침, 담, 호흡곤란, 온몸의 권태감 등이 수요 증상이다. 고령자는 중증이라도 증상이 잘 나타나지 않을 수 있으니 주의해야 한다.

음식물이나 타액에 함유된 세균을 삼켜 생기는 폐렴을 흡인폐렴이라고 한다. 이른바 잘못 삼켜서 폐렴으로 이어지는 경우로 고령자와 유아에게 많다.

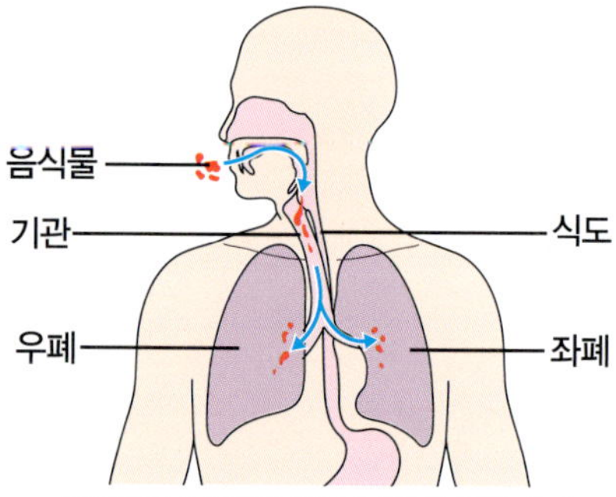

음식물이나 타액에 함유된 세포를 잘못 삼켜 폐에 들어가면 폐렴을 일으킬 수 있다.

폐 구조

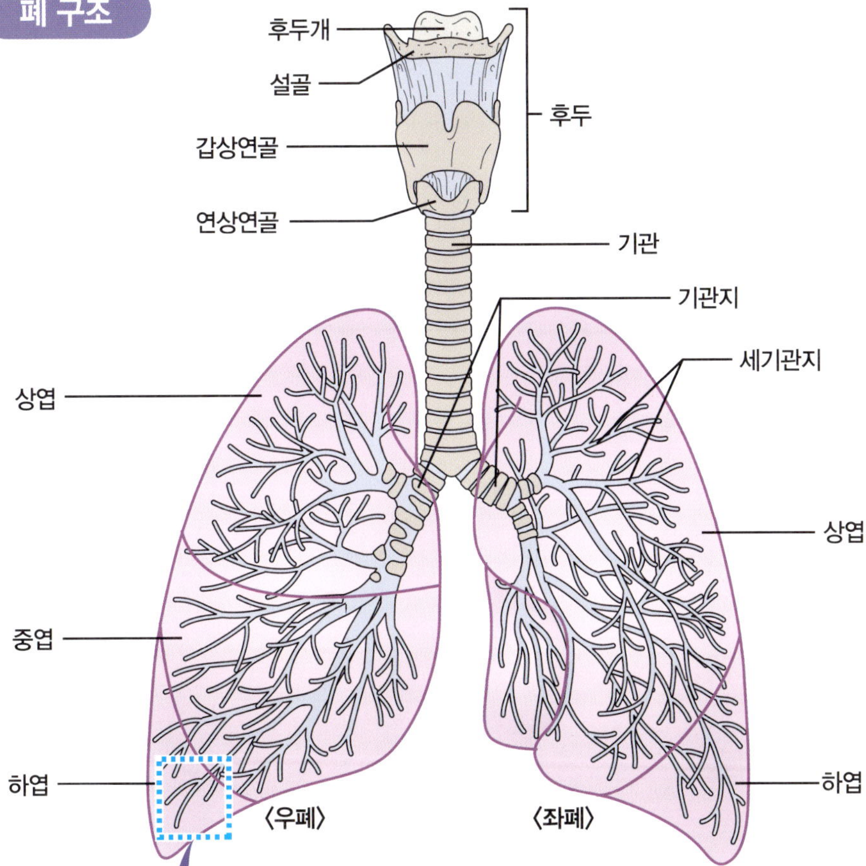

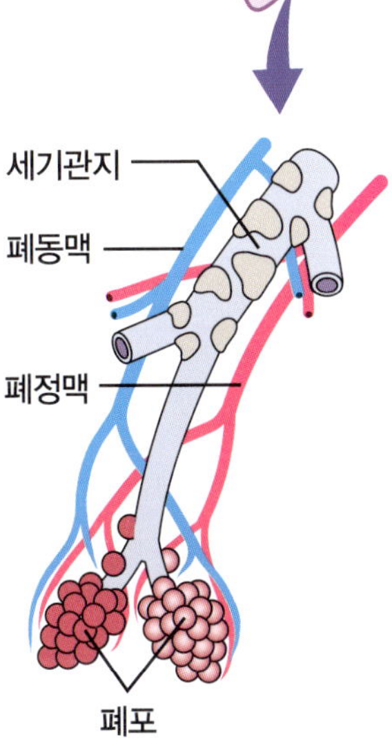

폐의 혈액

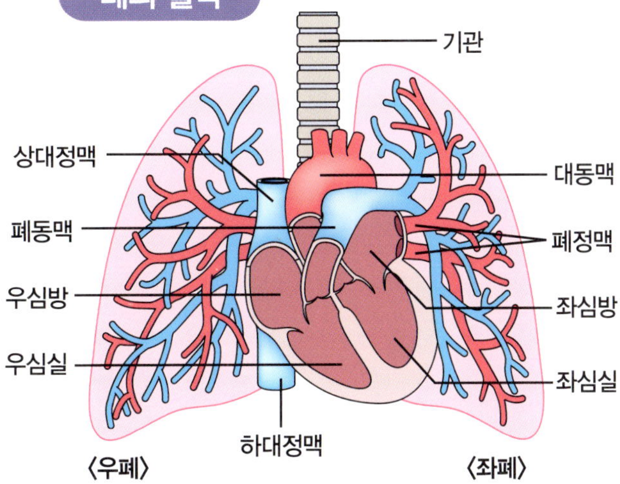

지식 심장에서 폐로 보내는 혈액은 폐동맥을 통과하며 이때 혈액은 정맥혈이다. 폐에서 심장으로 돌아가는 혈액은 폐정맥을 통과한다. 이 혈액은 빨갛고 산소가 풍부한 동맥혈이다.

05

가스교환 구조

혈액 중의 산소와 이산화탄소를 교환하는

산소와 이산화탄소를 교환하는 가스교환은 적혈구에 함유된 헤모글로빈의 기능으로 폐에 있는 폐포에서 이루어진다.

● 폐포 구조

폐에서는 혈액에 산소를 공급하고 이산화탄소를 받아들이는 가스교환을 한다. 가스교환을 하는 곳은 기관지의 말단에 이어져 있는 폐포다. 폐포는 0.2mm 정도의 아주 작은 주머니 모양의 세포로 양쪽 폐에 모두 6억 개 정도 있다.

폐포의 벽은 아주 얇다. 벽 표면을 그물망처럼 달리는 폐정맥과 폐동맥의 모세혈관(폐포세포혈관) 사이를 산소와 이산화탄소는 자유롭게 드나들 수 있다.

모든 폐포의 표면적을 합하면 약 60㎡에 달한다. 공기와 혈액이 접하는 면이 넓어서 가스교환이 효율적으로 이루어진다.

● 헤모글로빈의 기능

폐포에서 이루어지는 가스교환에서 중요한 기능을 하는 것은 적혈구에 함유된 헤모글로빈이다. 헤모글로빈은 폐처럼 산소의 농도가 짙은 곳에서는 산소와 결합하고 산소의 농도가 희박한 곳에서는 산소를 방출하는 성질이 있다. 또한, 이산화탄소의 농도가 짙은 곳에서는 이산화탄소와 결합하고 농도가 희박한 폐 안에서는 방출한다. 헤모글로빈의 기능으로 이산화탄소를 많이 함유한 적혈구는 폐에서 이산화탄소를 방출하고 산소와 결합해서 온몸으로 운반한다.

헤모글로빈은 이산화탄소와 결합하면 적흑색이 되고 산소와 결합하면 신선한 붉은색이 된다. 폐의 동맥혈이 적흑색이고 정맥혈이 선홍색인 것은 이런 이유다.

폐결핵

폐결핵은 결핵균이라는 가늘고 긴 막대기 모양의 균이 폐에 감염되어 발생하는 병이다. 어른은 감염되어도 바로 발병하지 않지만, 과로나 다른 병으로 저항력이 약해졌을 때 결핵균이 활동을 시작해서 발병한다.

초기에는 증상이 없는데 병이 진행되면 기침과 담이 많아지고 열이 나고 나른해지기도 한다. 체중 감소가 특징이다.

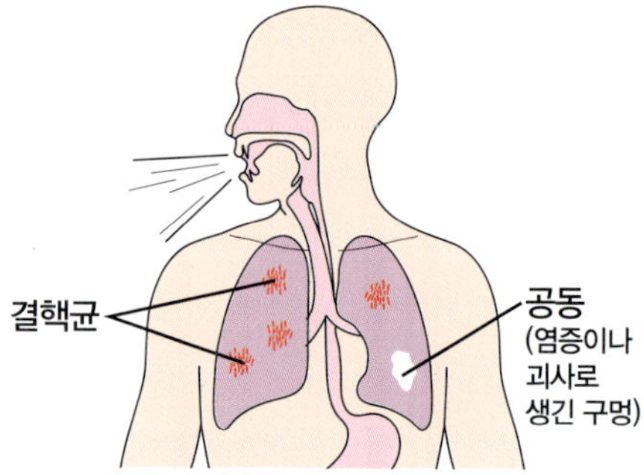

입으로 들어온 결핵균이 폐에 감염되어 발생한다.

폐포 구조

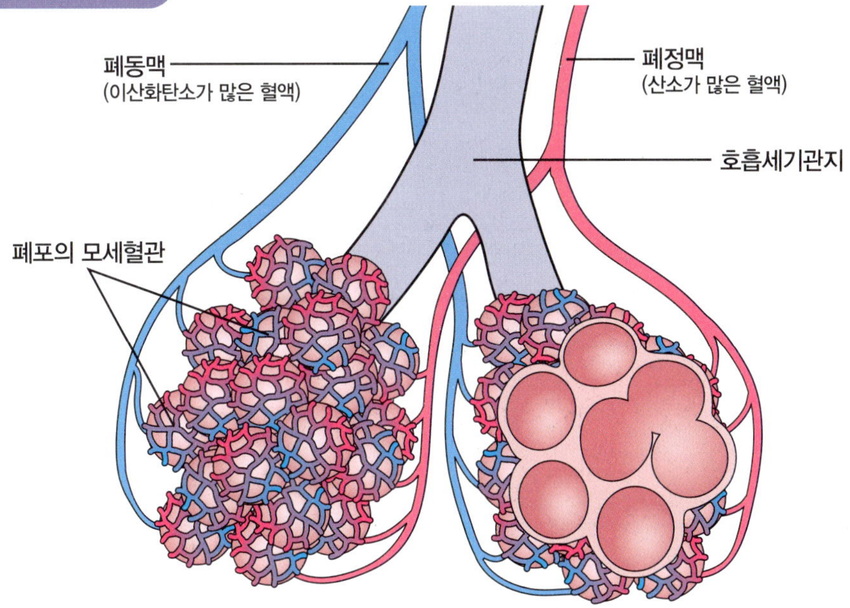

가스교환 구조

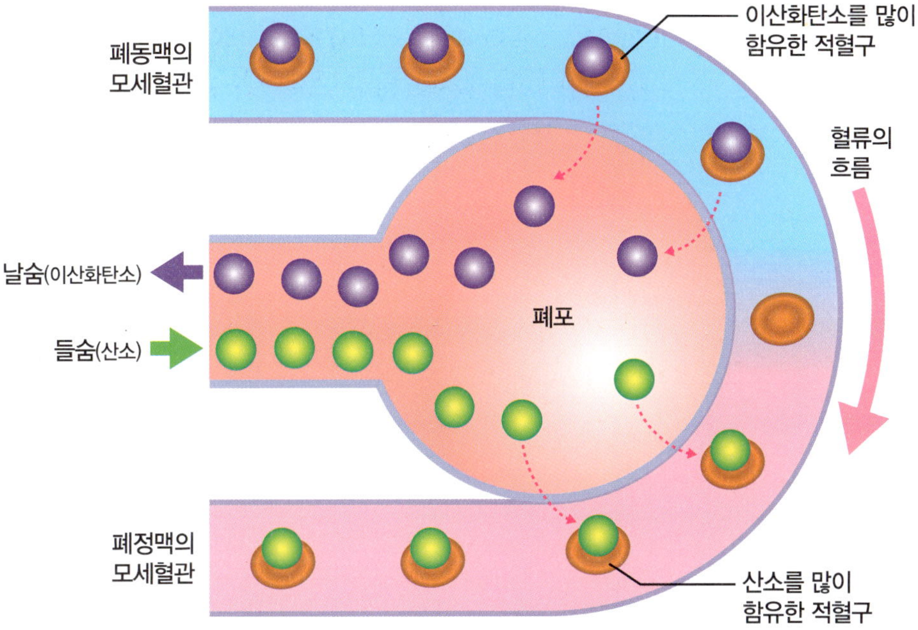

지식 숨을 내쉴 때도 폐포가 찌그러지지 않고 부푼 상태를 유지할 수 있는 것은 폐포 내에서 분비하는 계면활성제 때문이다.

06

호흡운동 구조

폐가 공기를 들이쉬고 내뱉는

혈액과 폐포 안 공기 사이의 가스교환을 외호흡이라고 한다. 외호흡운동은 횡격막과 늑간근이 수축과 이완을 반복해서 이루어진다.

● 외호흡 구조

산소를 체내의 세포에 들이쉬고 이산화탄소를 방출하는 과정을 호흡이라고 한다. 혈액과 폐포 안 공기 사이의 가스교환을 외호흡(폐호흡)이라 하고, 혈액과 세포 사이의 가스교환을 내호흡(조직호흡)이라고 한다. 일반적으로 호흡은 외호흡을 말한다.

외호흡운동은 폐와 복강을 가르는 횡격막이라는 근육과 늑골 사이에 있는 내늑간근, 외늑간근을 이용한다. 숨을 들이쉴 때는 횡격막이 수축해서 내려가고 외늑간근도 수축해서 늑골이 올라간다. 이러면 흉강의 용적이 늘어나서 폐가 부풀고 공기가 폐 속으로 흘러 들어간다. 숨을 내뱉을 때는 횡격막이 이완해서 올라가고 외늑간근도 이완해서 늑골이 내려간다. 이러면 흉강의 용적이 줄어들어 폐가 오그라들고 공기가 폐의 밖으로 밀려난다.

● 복식호흡과 흉식호흡

외호흡에는 복식호흡과 흉식호흡 두 가지가 있다. 복식호흡은 주로 횡격막의 수축과 이완으로 이루어지는 호흡이고, 흉식호흡은 늑간근의 수축과 이완으로 이루어지는 호흡이다. 실제로 외호흡은 복식호흡과 흉식호흡이 함께 이루어지는데 남성은 복식호흡, 여성은 흉식호흡을 잘 한다.

횡격막과 늑간근은 자신의 의지로 움직일 수 있지만 대부분 자율신경의 지배를 받고 있다. 그래서 무의식중에 수축과 이완을 반복하고 자동으로 호흡한다.

날숨과 들숨의 조성

호흡은 매분 15회 정도 하는데 한 번 호흡할 때 약 500mL의 공기가 출입한다. 날숨과 들숨의 조성을 보면 약 80%는 질소가 차지하고 산소는 20% 정도이다. 날숨과 들숨의 산소 비율 차로 보면 약 5%의 산소를 체내에서 소비한다.

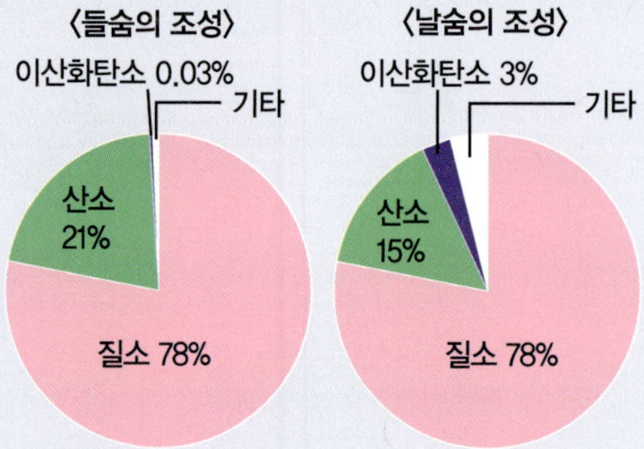

호흡운동 구조

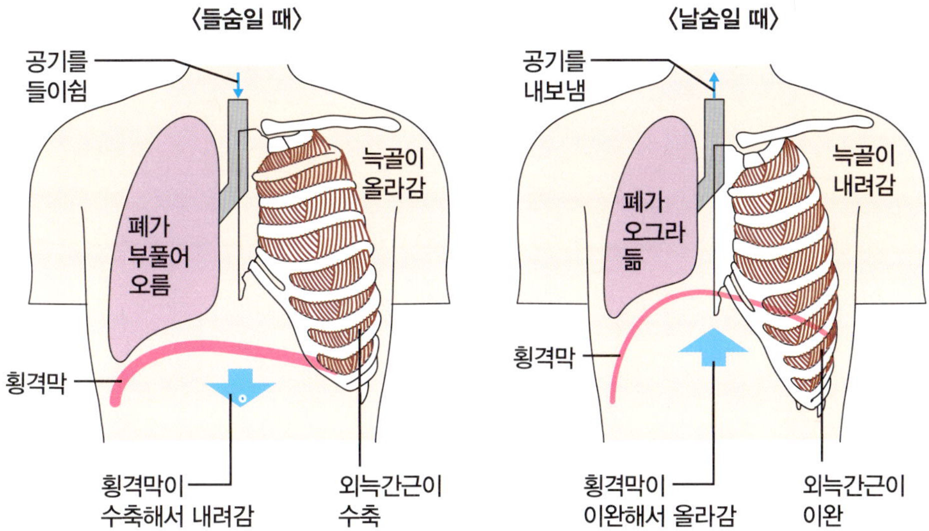

복식호흡과 흉식호흡

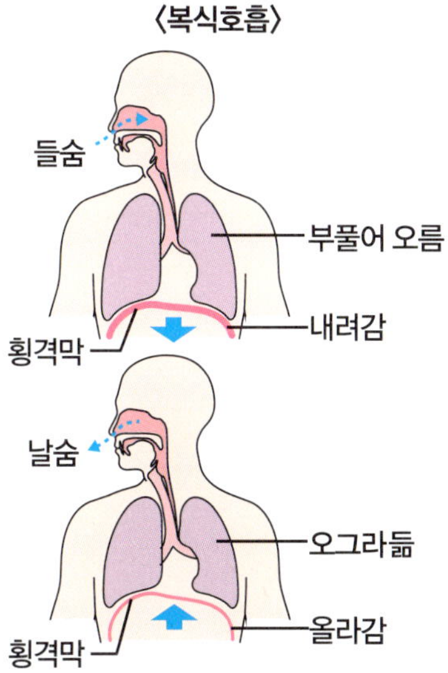

횡격막이 올라갔다 내려가면 흉곽의 크기가 바뀌고 폐가 부풀었다 오그라들었다 한다.

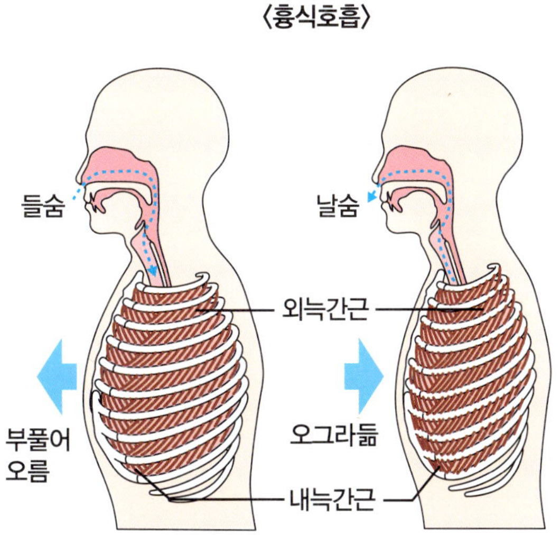

두 개의 늑간근 수축과 이완으로 흉곽이 확대, 축소된다. 이 움직임에 따라 폐가 확대, 축소된다.

지식 딸꾹질은 횡격막이 경련을 일으켜서 후두가 좁아져 성문에서 소리가 나는 것이다. 본인의 의지와는 관계없이 발생하며 위나 간장의 병으로도 생긴다.

07

내호흡 구조

온몸의 세포에 산소를 보내는

온몸 구석구석의 세포에 산소를 운반하고 노폐물로 발생한 이산화탄소를 체외로 배출한다. 이런 가스교환을 내호흡이라고 한다.

● 온몸 세포에서의 가스교환

호흡은 외호흡(폐호흡)과 내호흡(조직호흡) 두 가지가 있다. 외호흡이란 호흡기를 이용해서 외계로부터 산소를 체내에 들이쉬고 이산화탄소를 방출하는 것이다. 외호흡으로 폐포에서 체내에 들이쉰 산소는 혈액을 통해서 온몸의 각 조직으로 운반되어 조직의 세포에 공급된다.

세포 내에서는 산소와 영양소로 에너지를 만들며 이때 이산화탄소와 물이 생긴다. 내호흡으로 생긴 이산화탄소는 혈액을 통해서 폐에 보내고 외호흡으로 체외에 배출된다. 이렇게 온몸의 조직에서는 혈액과 세포 사이에서 조직의 조직간액(간질액)을 통해서 가스교환을 한다. 이런 혈액과 세포 사이의 가스교환을 내호흡이라고 한다.

● 산소호흡과 무산소호흡

내호흡은 산소가 필요한 산소호흡과 산소가 불필요한 무산소호흡으로 나눌 수 있다. 세포 내에서 에너지를 생성할 때 단백질이나 당질 등의 영양소는 해당계→ 구연산 회로→ 전자 전달계라는 과정을 통해서 분해된다. 이중 해당계는 산소가 필요하지 않으므로 세포질 내에서 이루어지는 무산소호흡으로 분해된다. 구연산 회로와 전자 전달계는 산소가 필요하므로 미토콘드리아 내에서 이루어지는 산소호흡으로 분해된다. 산소호흡은 무산소호흡과 비교해서 적은 영양소로 많은 에너지를 획득할 수 있는 이점이 있다.

내호흡 구조

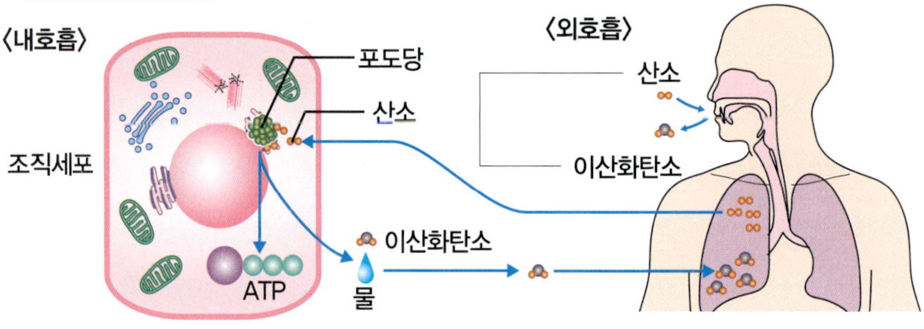

몸의 각 부위에 있는 조직세포가 대사에 필요한 산소를 받아들이고 이산화탄소를 배출하는 기능을 내호흡이라고 한다. ATP(아데노신 삼인산)은 운동과 대사에 관련이 있는 물질이다.

● 폐암

폐에 발생하는 악성종양이 폐암이다. 사망자가 가장 많은 암은 폐암으로 흡연을 많이 하고 흡연을 시작한 나이가 어릴수록 발생률이 높다. 기관지의 편평상피에 발생하는 편평상피암, 폐포나 기관지의 선세포에 생기는 선암, 폐의 말초에 생기는 대세포암종, 폐문 부근의 굵은 기관지에 생기는 소세포암종으로 나눌 수 있다.

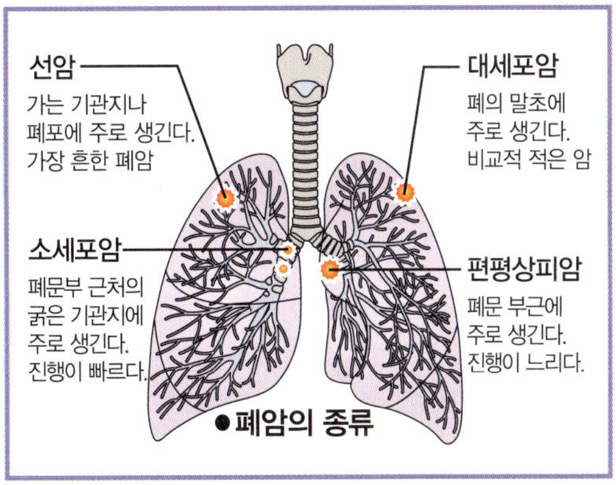

●폐암의 종류

▶**주요 증상:** 호흡 장애나 기침, 혈장, 흉통 등이 있다. 폐문부에 생기는 암은 초기에는 기침이나 담 등의 기관지 증상이 있지만, 폐의 말초에 생기는 암은 진행되기까지 증상이 거의 없는 경우가 많다.

● 기관지천식

폐 안의 기관지가 염증을 일으켜서 기관지가 수축하는 병이다. 집 먼지나 동물 털 등에 대한 알레르기 반응을 계기로 많이 발생한다.

▶**주요 증상:** 기도가 좁아져서 천명, 기침, 숨이 차기도 한다. 발작 시에는 호흡곤란이나 과호흡, 산소 결핍을 동반한다.

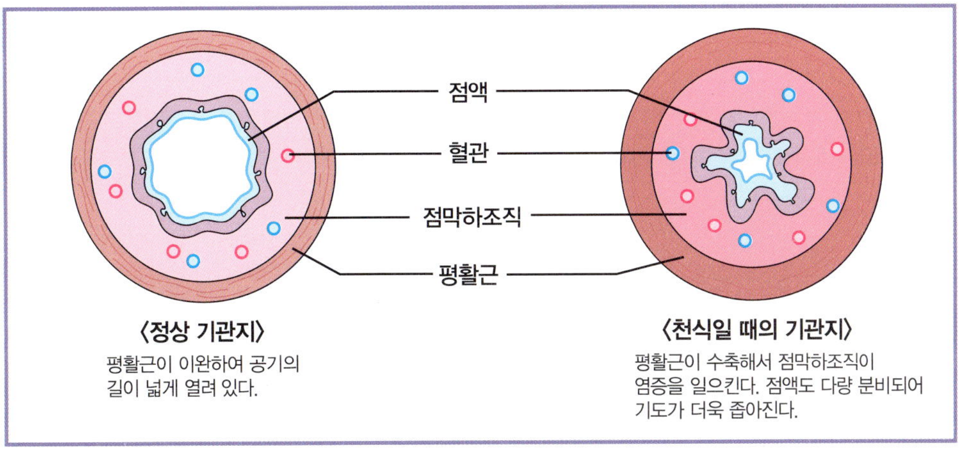

〈정상 기관지〉
평활근이 이완하여 공기의 길이 넓게 열려 있다.

〈천식일 때의 기관지〉
평활근이 수축해서 점막하조직이 염증을 일으킨다. 점액도 다량 분비되어 기도가 더욱 좁아진다.

● 진폐증

분진이나 연기, 석면 등을 흡입하면 폐 조직에 섬유가 증가해서 발생하는 병이다.

▶주요 증상: 초기에는 자각증상이 거의 없지만, 진행되면 호흡곤란을 느끼고 만성 기관지염이나 기관지확장증을 동반하는 일도 있다. 결핵이나 폐암의 발병률도 높아진다. 게다가 석면(아스베스트)을 흡입해서 발생하는 아스베스트증은 흉막이나 복막에 생기는 악성종양(악성중피종)을 동반하는 경우가 많다.

● 기관지염

기관지에 염증이 생기는 병으로 바이러스 감염에 따른 급성 기관지염과 6개월 이상 장기간 증상이 이어지는 만성 기관지염이 있다.

▶주요 증상: 기침과 담이 주요 증상으로 병이 진행되면 운동할 때 숨이 찬다. 중증이 되면 청색증(혈액 중의 산소가 결핍되어 피부나 점막이 검푸르게 보이는 일)이 보이고 하지가 붓고 간에 부종이 생긴다.

● 폐수종

폐 안에 체액이 차서 호흡하기 어려운 상태다. 심장의 펌프 기능이 나빠져 생긴다.

▶주요 증상: 급격한 호흡곤란이나 치아노제, 천명, 기침이 나타난다. 핑크색 거품 모양의 가래가 특징이다.

● 폐기종

폐포의 벽이 망가져서 복수의 폐포가 하나의 주머니가 되는 상태가 폐기종이다.

흡연이나 오염 물질이 원인이다.

만성 기관지염을 동반하는 일이 많아서 만성 폐색성 폐질환(COPD)이라고 한다.

▶주요 증상: 폐포의 수가 줄기 때문에 호흡곤란이나 천명, 만성 기침을 동반한다.

천천히 진행되며 치아노제를 동반하는 일이 많고 의식장애가 일어나기도 한다.

●폐기종

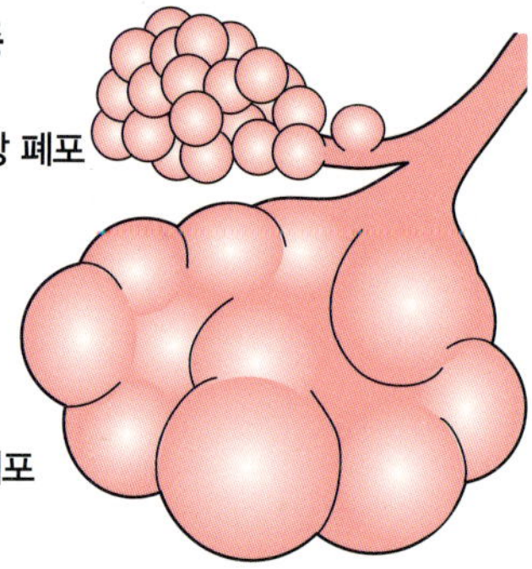

폐포가 커져서 폐포막이 망가지고 복수의 폐포가 하나의 주머니가 된다.

5장

감각기

몸에 가해지는 화학적·물리적 자극을 받아서 감각으로 뇌에 전달하는 기관이 감각기다. 시각은 눈, 청각과 평형감각은 귀, 후각은 코, 미각은 혀, 촉각·압각·통각·온각·냉각은 피부 수용체에서 감지한다. 뇌는 감각기로부터 받은 정보를 바탕으로 순환기계와 내분비계 등에 지령을 보내고 다양한 활동을 한다.

01

눈 구조

정보의 80%를 담당하는 중요한 기관

눈은 시각을 담당하는 감각기다. 지름 약 24mm의 구형 안에 망막, 홍채, 각막 등 다양한 조직이 복잡한 구조를 이루고 있다.

● 눈을 보호하는 구조

머리 부분에는 눈, 코, 귀, 혀 등의 외계 정보를 받아들이는 감각기관이 모여 있다. 그중에서도 시각을 담당하는 눈은 정보의 약 80%를 받아들이는 역할을 하므로 가장 중요한 감각기라고 할 수 있다.

눈 주위에는 눈꺼풀(안검)과 속눈썹이 있어서 안구를 보호한다. 눈꺼풀은 안구 표면을 보호하고 눈을 깜박거려 안구의 표면을 촉촉하게 한다. 속눈썹은 먼지 등 이물이 눈에 들어가는 것을 막는다.

● 안구 내부 구조

안구 외벽은 각막(검은자위)과 공막(흰자위)으로 이루어진다. 빛은 각막에서 굴절되고 동공을 통해서 안구 안으로 들어온다. 동공을 둘러싼 홍채는 동공을 여닫으면서 안구 안에 들어오는 빛의 양을 조절한다. 홍채 안에 있는 볼록렌즈 모양의 수정체는 모양체라는 근육의 신축에 따라 두께를 바꾸고, 렌즈의 초점을 맞춘다. 또 모양체에서 안방수라는 액체를 분비하여 각막과 수정체 사이를 채운다.

수정체와 안구 후부에 있는 망막 사이를 채우는 유리체는 무색투명한 반유동체로 안구의 모양과 탄력성을 유지한다. 유리체 뒤에 있는 것은 망막으로 들어온 빛은 여기에 투영되고 시신경을 통해서 뇌에 정보를 보낸다. 망막의 바깥층에는 맥락막(맥락얼기)이 있어서 안구 내부 조직에 산소와 영양을 공급한다. 또한, 안구 바깥은 여섯 개의 근육이 안구의 움직임을 제어한다.

눈을 보호하는 눈물

눈꺼풀 뒤에 있는 누선에서는 끊임없이 눈물을 분비해서 안구 표면을 촉촉하게 한다. 눈물은 눈물점에서 눈물소관과 눈물주머니를 통과하고 비누관을 지나 코로 빠져나간다. 눈물은 눈 표면을 살균하고 먼지를 씻어낸다. 그 밖에도 각막에 산소와 영양을 공급한다. 속눈썹의 뿌리 부분에는 기름 성분을 분비하는 마이봄샘이 있어서 각막 표면의 건조를 막는다.

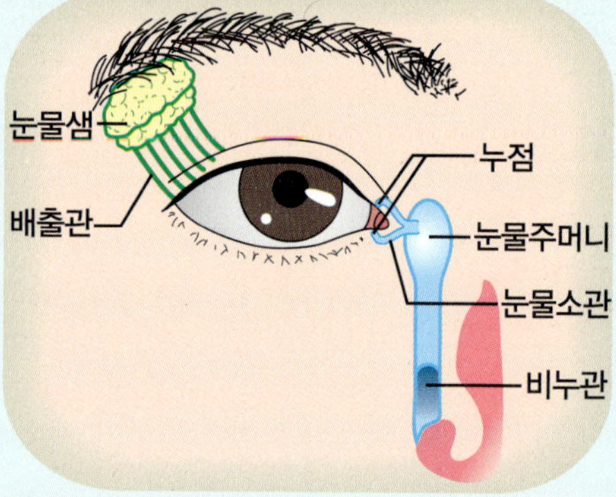

눈 구조

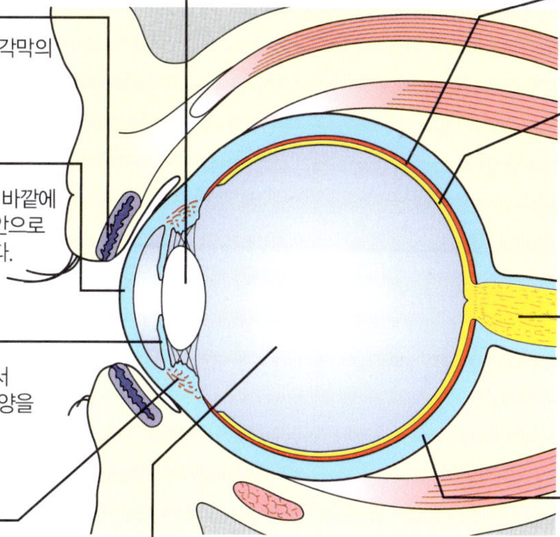

눈의 근육

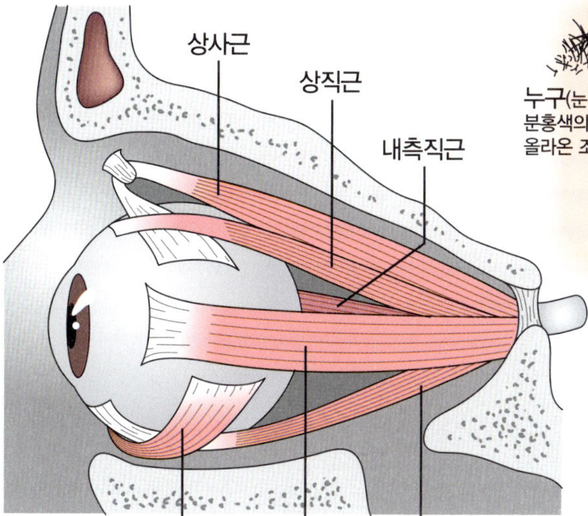

눈의 기관

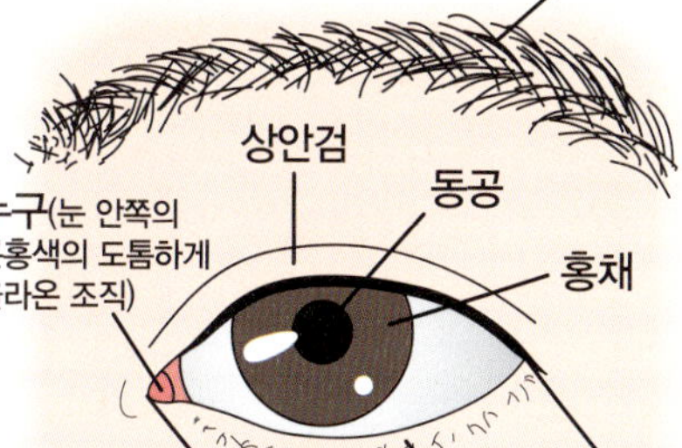

지식 눈동자 색은 홍채에 함유된 색소의 양으로 정해진다. 황색 인종은 갈색 멜라닌 색소가 많아서 눈동자의 색이 다갈색이고 백색 인종은 색소가 적어서 녹색이나 청색이다.

02

시각 구조

카메라와 비슷한 정밀 기능

● 사물이 보이는 메커니즘

사물이 보이는 것은 눈이 포착한 정보를 대뇌로 보내서 인식하기 때문이다. 눈이 정보를 파악하는 구조는 카메라 기능과 비슷하다.

안구의 전방에 있는 수정체는 카메라의 렌즈에 해당한다. 조리개 역할은 홍채가 한다. 빛은 먼저 동공을 통해서 안구 안으로 들어가는데 빛의 양은 홍채로 조정한다. 밝을 때는 홍채를 닫아서 동공을 작게 하고, 어두울 때는 열어서 동공을 크게 한다.

안구 안으로 들어온 빛은 필름에 해당하는 망막에서 상을 맺는다. 망막에는 빛의 자극을 느끼는 시각세포가 모여 있어 여기서 영상이 신호로 바뀐다. 신호는 시신경을 통해서 대뇌로 보내고 시각으로 인지된다. 망막에 투영되는 것은 상하가 거꾸로 된 상이지만 대뇌의 기능으로 바른 입체상으로 인식한다.

● 초점을 맞추는 구조

카메라를 사용할 때 초점을 맞춰야 하는 것처럼 눈으로 사물을 볼 때도 초점을 맞춰야 망막에 뚜렷한 상이 생긴다. 이 역할을 하는 것이 수정체에 붙어 있는 모양체근이라는 근육이다.

가까운 곳을 볼 때는 모양체근이 수축해서 수정체가 두껍고 동그래진다. 모양체근이 광선을 굴절시켜 상을 확실하게 잡는다.

반대로 먼 곳을 볼 때는 모양체근이 이완해서 수정체는 얇고 평평해지고 광선을 평행하게 만들어 상을 잡는다.

광선은 수정체를 통해서 망막에 상을 맺는다. 망막에는 시각세포가 모여 있어서 상을 신호로 변환해서 대뇌로 보내 인식한다.

색을 지각하는 구조

망막에 있는 색을 인식하는 시각세포를 추체(원뿔세포)라고 한다. 추체와 빛의 명암을 감지하는 간체(막대세포)가 색을 종합적으로 판단한다. 추체의 세포는 세 가지가 있는데 각각 빨강, 파랑, 초록을 느낀다. 세포가 느낀 빛의 비율은 시신경을 지나 대뇌로 가서 색을 판단한다. 추체에 이상이 있어 색을 바르게 인식할 수 없는 상태를 '색각 이상', 이른바 색맹이라고 한다.

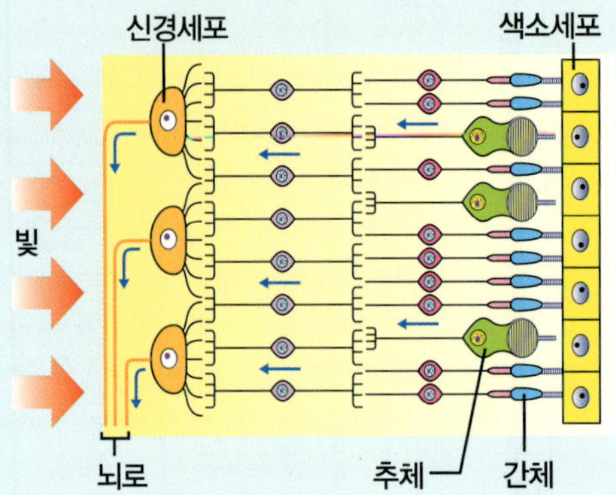

눈과 카메라의 기능

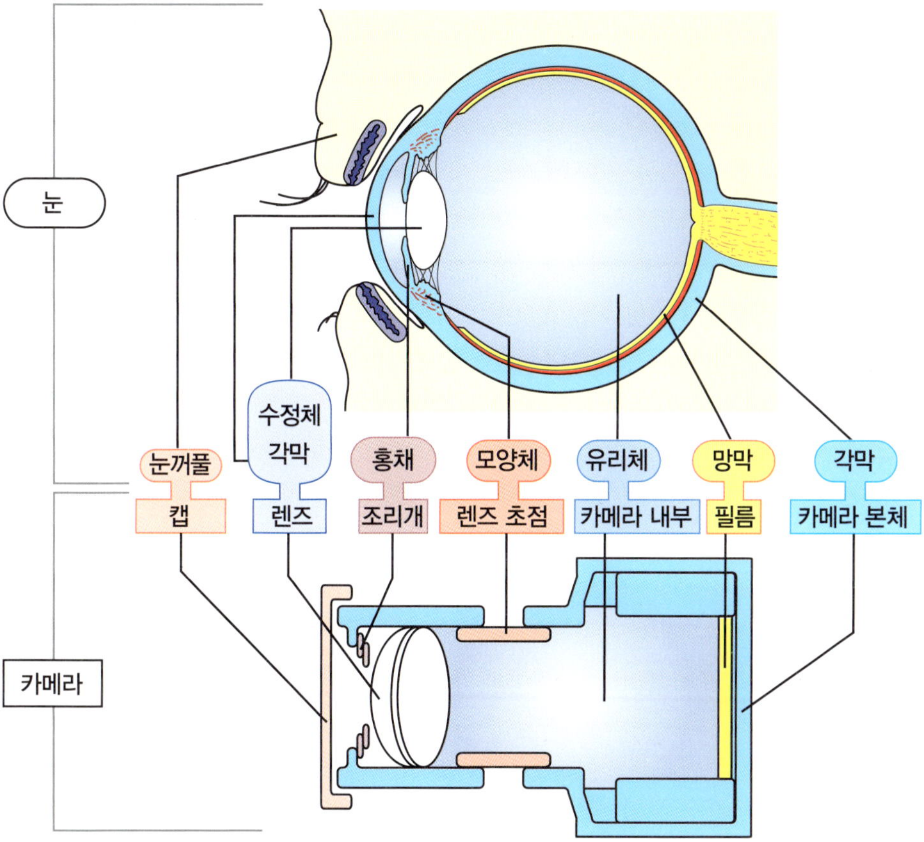

눈 초점을 맞추는 방법

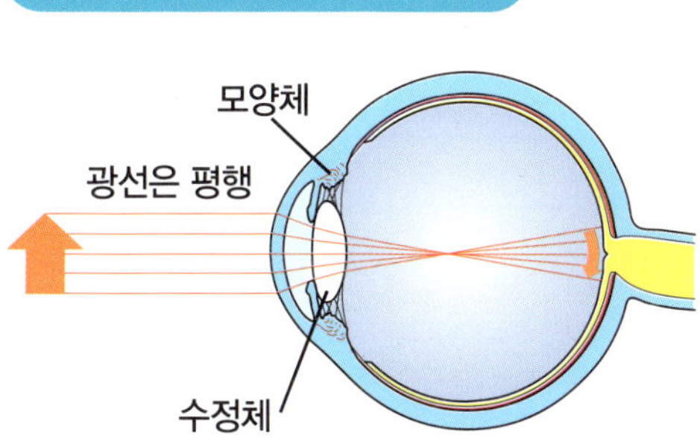

〈멀리 있는 것을 볼 때〉

모양체가 이완해서 수정체는 얇고 평평해진다.

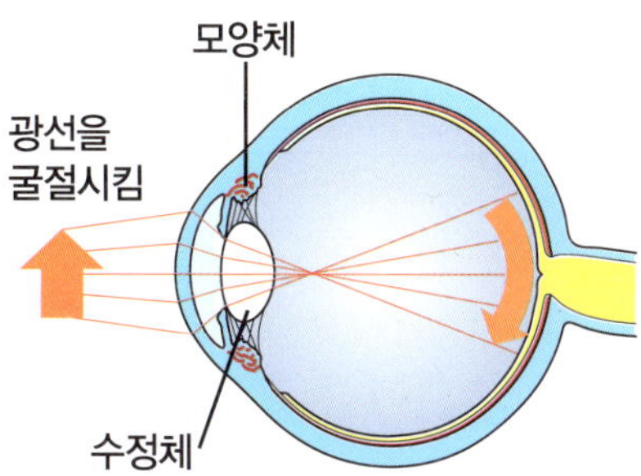

〈가까이에 있는 것을 볼 때〉

모양체가 수축해서 수정체는 두꺼워지고 동그래진다.

지식 좌우의 눈은 미묘하게 시야가 다르다. 이때 발생하는 약간의 정보 차이가 원근감이나 입체감을 만든다.

● 근시·원시·난시

근시는 먼 거리에 있는 사물이 망막 전방에서 상을 맺는 것을 뚜렷하게 볼 수 없는 상태를 말한다. 반대로 원시는 가까운 거리에 있는 물체가 망막보다 안쪽에 상을 맺는 상태다. 근시는 유전 인자와 관련 있다고 여겨지지만 확실한 원인은 모른다. 난시는 각막이나 수정체 표면의 모양이 바른 구면이 아니므로 광선이 눈 안에서 한 점으로 모이지 않는 상태를 말한다. 사물의 모양이 흐트러져 보이거나 이중으로 보이는 등 안정피로(눈을 오랫동안 연속적으로 사용해서 눈과 온몸에 불쾌감을 일으키는 증후)나 두통의 원인이 되는 일도 있다.

● 노안

나이를 먹으면 수정체의 탄력이 사라져서 조절력이 약해지고 가까이 있는 것에 초점을 맞추기 어려워지는데 이것을 노안이라고 한다. 마흔이 넘으면 시작되고 환갑에는 진행이 멈춘다.

▶주요 증상: 어두운 곳에서 신문 등 작은 글자를 읽기 어려워지고, 내버려 두면 눈이 무거워지거나 어깨가 뻐근해지고 두통이 생기는 등 안정피로의 증상으로 곤욕을 치르기도 한다.

● 사시

안근의 이상으로 한쪽 눈의 시선이 목표를 바르게 보지 못하는 상태로 사팔뜨기라고도 한다. 신경 이상, 안근의 발육 이상, 안근마비 때문에 생기는 일도 있다. 심한 근시나 원시, 두부의 외상 때문에 생기기도 한다.

▶주요 증상: 사시안은 정보가 억제되기 때문에 점차 약시가 된다. 사시가 될 무렵에는 사물이 두 개로 보이는 일도 있다.

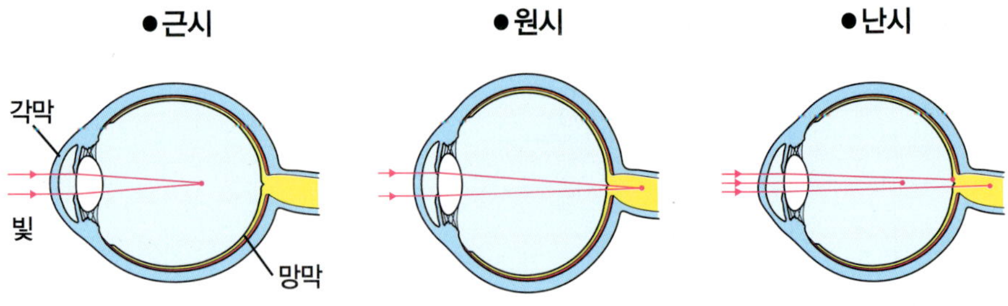

먼 곳의 사물이 망막보다 앞에서 상을 맺는다. | 가까이 있는 것이 망막보다 안쪽에서 상을 맺는다. | 빛이 한 점에 모이지 않고 상이 흐릿하게 보인다.

● 백내장

수정체가 백색으로 흐려지고 시력 저하를 초래하는 병이다. 선천적, 노인성, 당뇨병, 외상에 의한 것 등이 있다.

40세 이상의 사람에게 많고 나이를 먹을수록 발병 비율이 증가한다.

▶**주요 증상:** 시계가 뿌옇게 흐려져서 사물이 탁하고 흐릿하게 보인다. 노인성은 대개 양쪽 눈에서 동시에 발생하는데 시야 주변부부터 중심을 향해서 진행한다. 당뇨병이 원인일 때는 진행이 빠르고 젊은 사람에게도 발생한다.

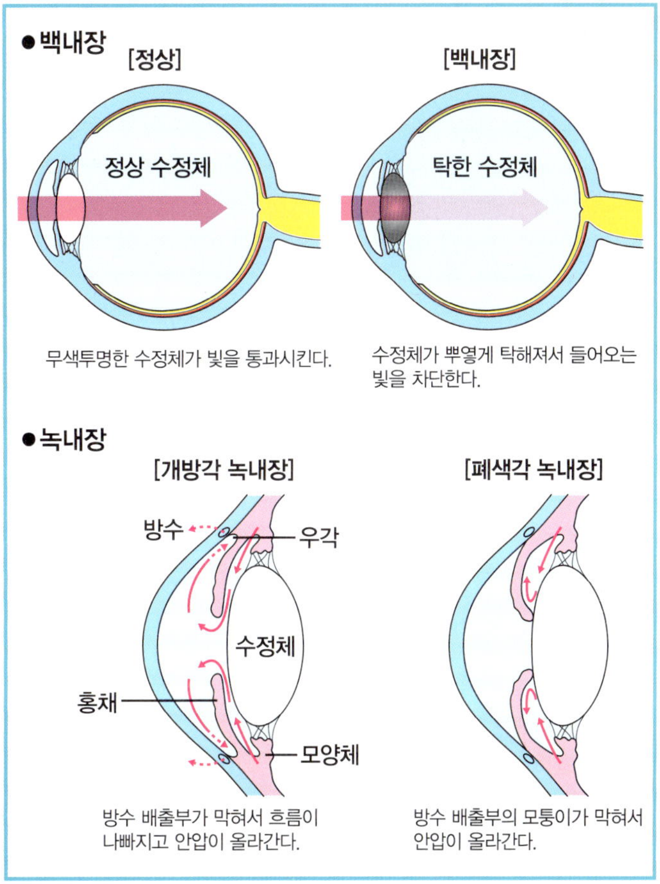

● 녹내장

안구 내부에서 분비되는 방수가 어떤 이유로 잘 배출되지 않아 안구 내의 안압이 상승해서 시신경을 해치는 병이다. 방수 배출부가 막혀서 안압이 올라가는 것을 개방각 녹내장이라고 하고 방수 배출부 귀퉁이가 막히는 것을 폐색각 녹내장이라고 한다. 또 안압은 정상이어도 시신경이 손상되어 시야 협착이 발생하는 일도 있는데 이것을 정상 안압 녹내장이라고 한다.

▶**주요 증상:** 급성일 때는 갑자기 두통이나 구토증이 시작되고 맹렬한 통증이 있다. 급성형 폐색각 녹내장일 때는 갑자기 실명하기도 한다. 만성은 통증 같은 증상은 없고 서서히 진행해서 시력이 저하되고 시야도 좁아져서 실명으로 진행된다. 정상 안압 녹내장도 점차 시야가 좁아진다.

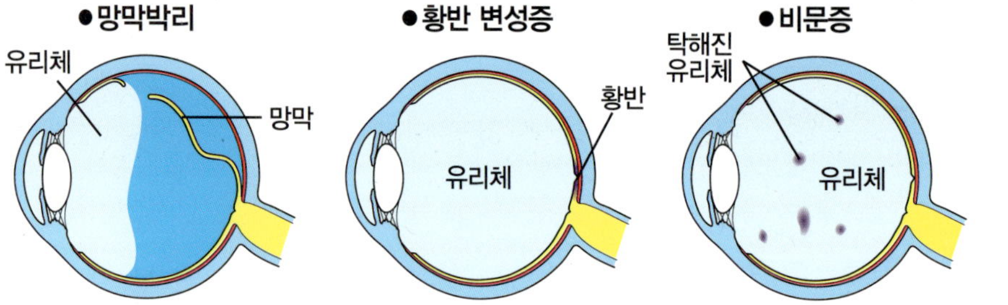

망막에 생긴 금에 액상화된 유리체가 들어가서 망막이 벗겨진다.

망막의 중앙에 있는 황반이 변성해서 시력이 나빠진다.

유리체 일부가 탁해져서 시야에 모기가 날아다니는 것처럼 느낀다.

● 망막박리

나이가 들면 액체가 된 유리체가 망막을 당겨서 망막에 금이 생기고 유리체가 스며들어 망막이 벗겨지는 병이다. 외상이나 당뇨병 때문에 생기기도 한다.

▶**주요 증상:** 눈에 막이 쳐진 것처럼 시야가 좁아진다. 망막 중심의 황반에 박리가 생기면 급격하게 시력이 떨어진다.

● 황반 변성증

망막의 중심에서 가장 감도가 높은 황반이 변성하는 병이다. 망막에 접하는 맥락막에 이상한 혈관(신생 혈관)이 생기는 삼출형과 황반 그 자체가 변하는 비삼출형이 있다. 원인은 확실하지 않지만 대개는 나이를 먹으면서 발생한다.

▶**주요 증상:** 사물이 일그러져 보이고 시력이 떨어진다. 중심부의 시력이 떨어지기 때문에 글자를 읽거나 꼼꼼한 작업을 할 때 잘 보이지 않는다. 또 삼출형일 때는 약한 신생 혈관이 파열해서 급격하게 시력이 떨어진다.

● 비문증

시야 속에서 검은 점이나 벌레 같은 것이 보이는 상태를 말한다. 나이가 들면 유리체가 혼탁해져서 생기는 것으로 시선을 움직일 때 그 흑점도 동시에 움직이는 것이 특징이다. 특별히 치료할 필요가 없는 경우가 대부분으로 망막 박탈 등의 전조일 수도 있다.

● 당뇨병성 망막증

당뇨병 때문에 혈관에 이상이 생겨 망막에 여러 장애가 발생하는 병이다. 망막에 작은 혈

● 다래끼

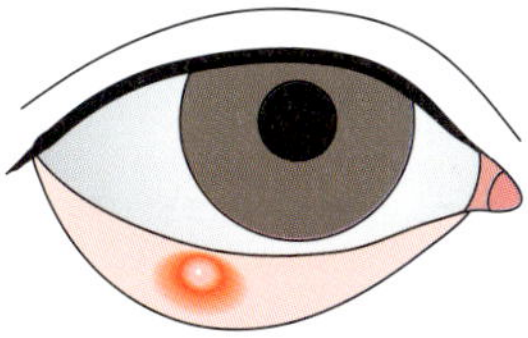

눈꺼풀 가장자리에 있는 피지를 분비하는 검판선이 화농해서 작은 종양이 생긴다.

● 안검하수

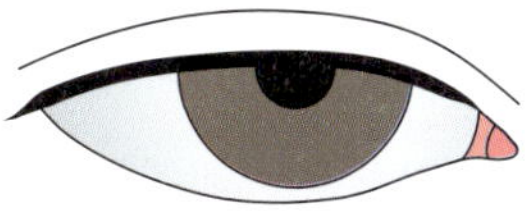

눈꺼풀을 움직이는 근육이나 신경에 장애가 있어서 위쪽 눈꺼풀이 내려온다.

● 결막염

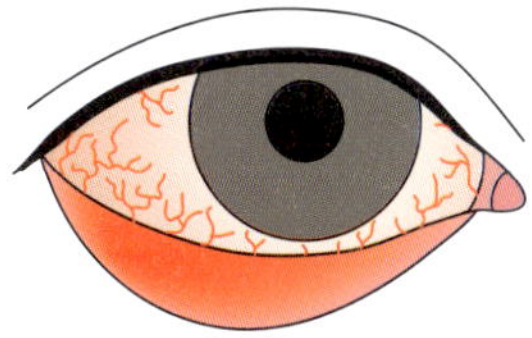

눈꺼풀 뒤에서 흰자위 표면을 싸고 있는 결막이 염증을 일으켜서 눈곱이 생긴다.

관이나 얼룩이 나타나는 단순 망막증에서 시작하여 망막의 신경이 죽어서 부종이 생기는 전증식성 망막증, 신생혈관이 생기는 증식성 망막증으로 진행한다.

▶**주요 증상:** 상당히 진행될 때까지 거의 자각증상이 없다. 고혈당을 내버려두면 병이 진행되어 망막에 만들어진 신생 혈관이 파열한다. 출혈이 생기면 시력이 대폭 낮아져 실명 직전 상태가 된다. 또 망막박리나 녹내장을 불러올 수도 있다.

● 다래끼(맥립종)

화농균인 황색 포도상구균 감염으로 눈꺼풀에 작은 종양이 생기는 병이다. 피부의 선에서 화농하는 외맥립종과 눈꺼풀 가장자리의 마이봄샘에서 화농하는 내맥립종이 있다.

▶**주요 증상:** 눈꺼풀 일부가 빨갛게 변하고 딱딱하게 부어서 심하게 아프다. 증상이 심해지면 귀의 림프샘에 부기와 통증이 있다. 대개 일주일 전후로 자연 치유된다.

● 안검하수

눈꺼풀을 움직이는 근육이나 신경의 장애로 눈을 떴을 때 눈꺼풀이 올라가지 않는 병이다. 선천적인 것이 가장 많으며 안근의 무력증으로 생기는 것, 노인성, 외상에 따르는 것 등이 있다.

● 결막염

눈꺼풀 뒤에서 흰자위의 표면을 싸고 있는 결막에 염증이 생겨서 눈곱이 생기는 병이다.

세균이나 바이러스, 산, 알레르기 등 원인은 다양하며 여름에 수영장에서 감염되는 일이 많은 인두결막열이나 유행병이라고 하는 유행성 각결막염 등이 있다.

04

귀 구조

소리를 듣고 평형감각을 유지하는

● 외이 구조

귀는 소리의 정보를 파악해서 대뇌로 전하는 감각기관이면서 몸의 균형을 잡는 평형기관이다. 귀의 구조는 외이, 중이, 내이의 세 가지로 크게 나뉜다.

외이는 머리 부분에서 밖으로 나와 있는 귓바퀴와 고막까지 이어지는 외이도로 이루어진다. 귓바퀴는 주로 연골로 만들어졌으며 소리를 모은다. 외이도는 어른은 3cm 정도며 완만한 S자 모양이다.

● 중이와 내이의 구조

중이는 고막과 이소골, 이관으로 이루어진다. 고막은 지름이 약 9mm, 두께 0.1mm 정도의 얇은 막으로 외이도에서 전달된 소리의 진동을 이소골로 전한다. 이소골은 망치뼈, 모루뼈, 등자뼈라는 세 개의 아주 작은 뼈가 이어져 있다. 망치뼈는 고막과 접해 있고 등자뼈는 내이 입구의 전정창(난원창)과 이어져 있다. 이런 이소골은 고막으로부터 전해진 소리의 진동을 내이에 전한다. 또 중이는 이관을 매개로 인두와 이어져 있다. 이관은 공기의 출입을 조절해서 고막의 안과 밖의 기압 균형을 유지한다.

중이의 안쪽, 두개골 안에 있는 내이는 달팽이관과 삼반규관(반고리뼈관), 전정으로 이루어진다. 달팽이관은 달팽이 껍질 모양을 한 기관으로 내부에는 소리를 감지하는 유모세포가 있다. 삼반규관은 세 개의 반고리 모양의 관으로 이루어져 있으며 전정과 더불어 몸의 균형을 잡는다.

귀는 외이, 중이, 내이의 세 가지 부분으로 이루어져 있다. 고막은 이소골과 이어져 있어 진동을 안으로 전한다.

외이도와 귀지

외이도에는 귀지선과 피지선이 있다. 귀지선에서 분비하는 점액에는 외이도에 들어간 먼지나 티끌을 흡착하는 기능이 있다. 또 피지선이 분비하는 피지는 외이도를 보습하고 보호한다. 귀지선에서 분비하는 점액과 벗겨진 피부와 먼지가 굳은 것이 귀지다. 귀지에는 살균작용과 피부보호 기능이 있다.

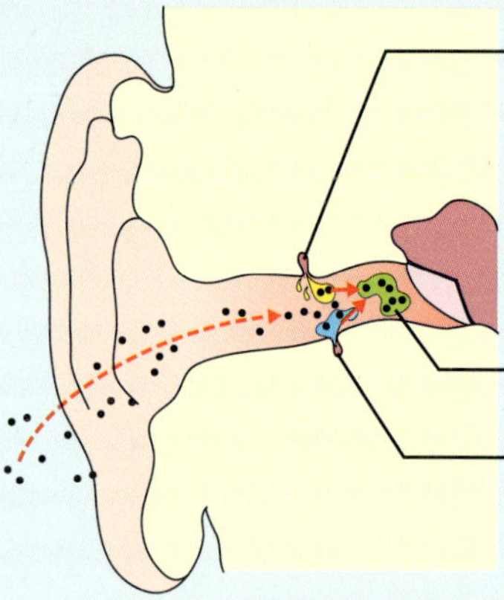

귀 구조

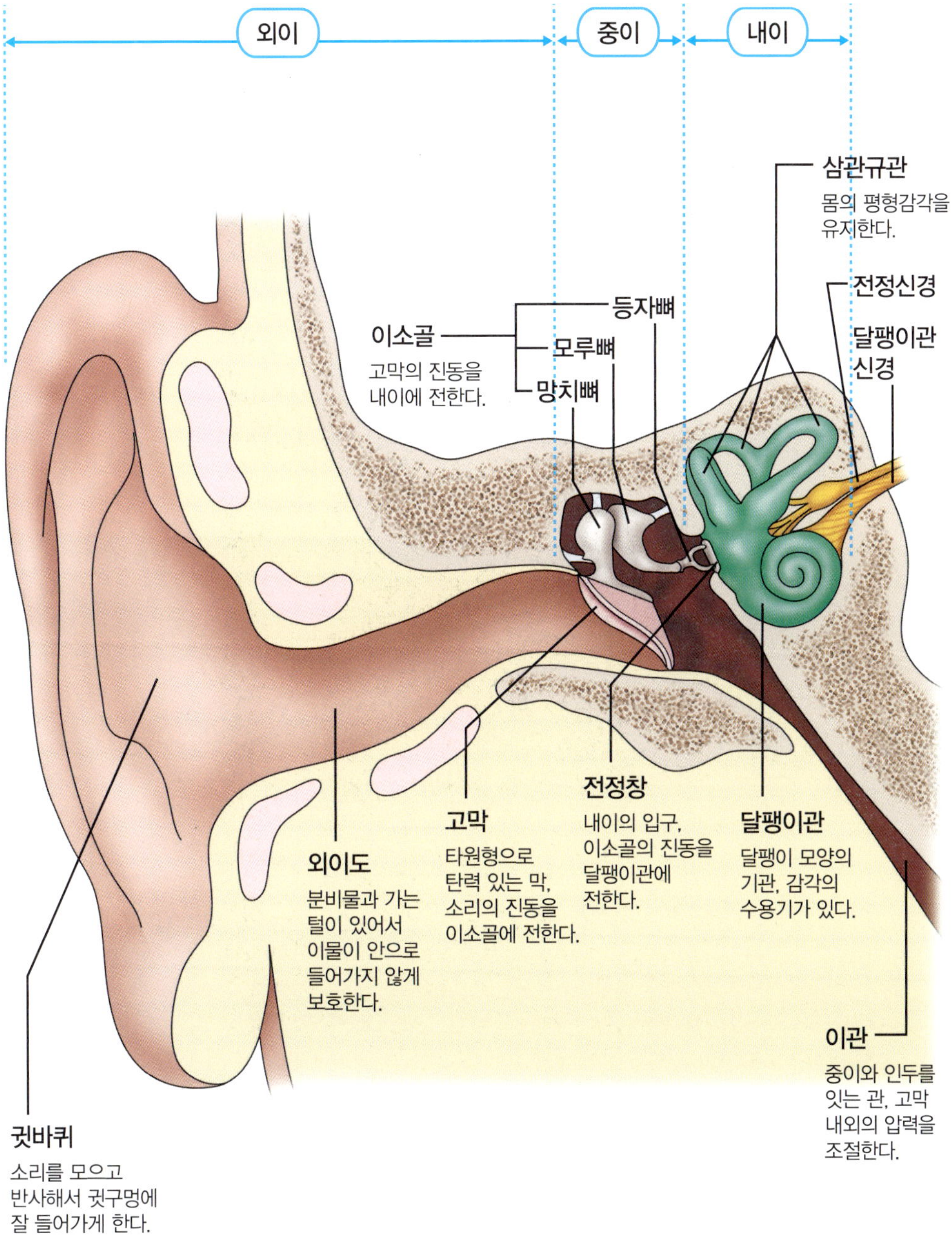

지식 귓바퀴 아래에 처져 있는 귓불은 몸 중에서 가장 체온이 낮은 부분이다. 그래서 뜨거운 것을 잡았을 때 귓불을 잡는다.

05

청각 구조

소리를 모아서 신호로 바꾸고 뇌로 전하는

고막의 진동은 이소골을 통해서 내이에 전달된다. 내이의 진동을 감지하는 세포에서 전기신호로 바꿔 뇌로 전달한다.

● 외이에서 이소골까지

소리는 공기의 진동으로 귓바퀴에 모여 외이도를 통해서 고막으로 전해진다. 귓바퀴에는 복잡한 요철이 있는데 이것은 소리가 들리는 방향을 감지하기 위한 것이다.

고막은 전달된 소리의 크고 작음이나 높고 낮음에 따라서 진동한다. 진동은 이소골을 구성하는 망치뼈, 모루뼈, 등자뼈를 통해서 전정창에서 달팽이관으로 전달된다. 이소골은 고막에서 전달된 진동을 지레 운동 등으로 수십 배로 증폭시켜 달팽이관으로 전한다. 이소골에 부착된 근육은 지나치게 큰 진동을 억제한다.

● 달팽이관의 역할

달팽이관에 전달된 소리의 진동은 달팽이관 안의 림프액 진동으로 나선상의 관 안을 빙글빙글 돌아 정상으로 올라가고 정상에서 거꾸로 돌아내려 와서 이관(耳管)으로 빠져나간다.

달팽이관의 내부에는 유모세포와 지지세포로 이루어진 코르티관이라는 기관이 틈새 없이 이어져 있다. 코르티관은 달팽이관 어느 부위에 있는가에 따라 각각 반응을 잘하는 고리의 높이가 다르다. 달팽이관 아래쪽에 있는 코르티관은 높은 소리에 반응하고 정상 가까이에 있는 것은 낮은 소리에 반응한다. 또 소리의 강약은 유모세포의 전후 운동 크기에 따라 감지된다.

코르티관은 림프액의 진동을 다양한 전기신호로 바꿔 달팽이관 신경(청신경)으로 전하고 뇌로 보낸다. 전기신호는 대뇌의 청각 부위에서 소리로 인식한다.

감지할 수 있는 소리의 높이

소리의 높이는 주파수(Hz)로 나타내는데 공기의 진동 횟수가 많을수록 주파수는 높아진다. 인간이 감지할 수 있는 소리 높이의 영역을 가청역이라고 하고 이것보다 높은 소리를 초음파라고 한다. 가청역은 나이가 많을수록 상한이 낮아져서 20대 후반 이후에는 고주파수의 소리가 잘 들리지 않는다.

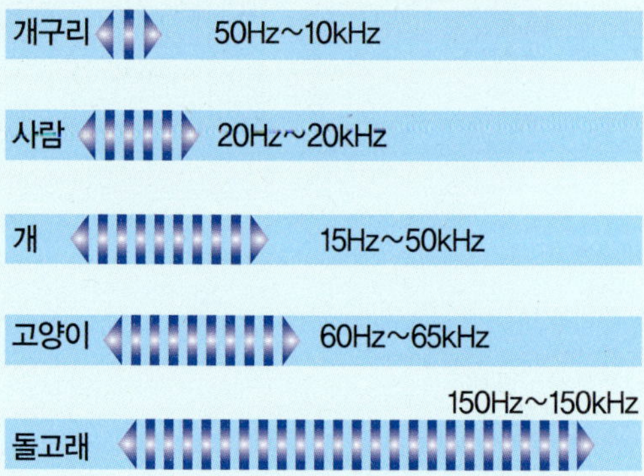

소리가 들리는 구조

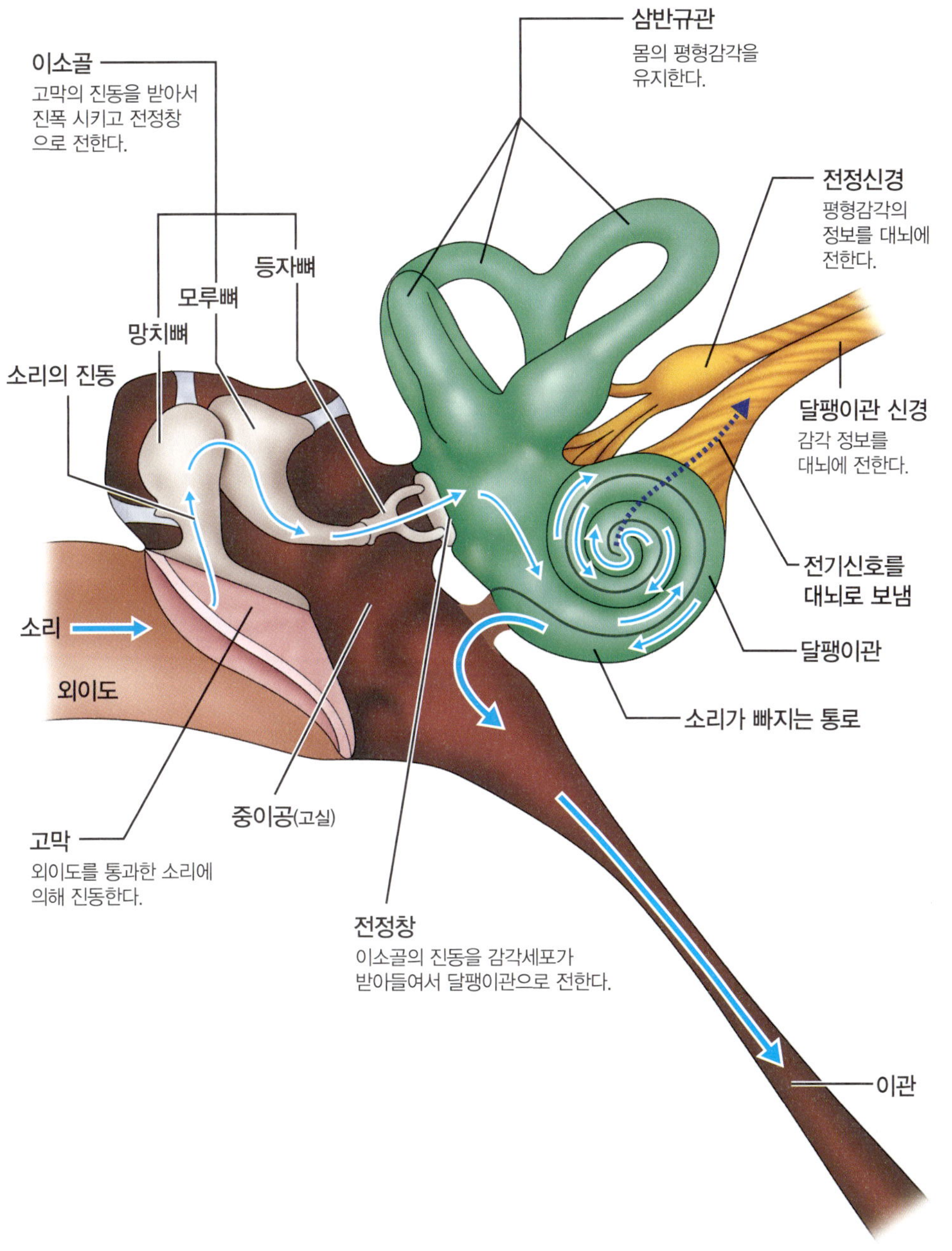

지식 고막의 매개 없이 두개골을 진동시키는 것으로 직접 내이로 소리의 진동을 전하는 기술을 '골전도'라고 한다. 주변에 소음이 있어도 잘 들리기 때문에 휴대전화에 사용한다.

06

평형기 구조

몸의 기울기와 회전을 감지하는

● 평형을 유지하는 구조

내이의 달팽이관 이외의 부분을 전정이라고 한다. 전정의 윗부분에는 세 개의 반고리관이 있다. 반고리관의 뿌리 부분에는 달걀 모양의 주머니인 난형낭과 공 모양의 주머니인 구형낭이 있다. 이것은 몸의 기울기를 감지하는 주머니 모양의 기관 즉 이석기다.

이석기 안에는 난형낭반, 구형난반이라는 평형반이 들어 있다.

평형반은 감각모를 가진 유모세포와 탄산칼슘으로 만들어진 이석이라는 작은 돌로 구성되어 있다. 전정 안은 림프액으로 가득 차 있어서 머리를 기울이면 림프액의 흐름이 이석을 움직이고 그 움직임이 유모세포를 자극해서 정보가 전기신호로 바뀐다. 전기신호는 전정신경을 통해서 대뇌로 보낸다. 난형낭은 수평 방향, 구형낭은 수직 방향의 기울기를 감지하고 그 조합으로 뇌가 몸의 기울기를 정확하게 판단한다.

● 회전을 감지하는 구조

세 개의 반고리관은 머리의 좌우, 상하, 수평 방향을 향해서 서로 직각으로 교차하고 각각의 방향의 회전을 감지하는 기능이 있다. 세 개의 반고리관 중에서 회전을 감지하는 수용기는 관 뿌리의 둥근 부분에 있는 팽대부릉이다.

머리를 상하 좌우로 흔들고 회전시키면 세 개의 반고리관에 찬 림프액이 팽대부릉의 감각모를 나부끼게 한다. 이렇게 전기신호를 생산해 전정신경을 통해서 대뇌로 정보를 보낸다. 회전 속도가 일정해지면 유모세포는 자극을 받지 않아 전기신호가 발생하지 않는다.

평형감각은 세 개의 반고리관과 이석기가 담당한다. 반고리관의 감각모와 이석기가 기울기와 회전을 감지해서 전기신호로 바꿔 대뇌로 보낸다.

어지럼증

어지럼증은 실제로는 멈춰 있지만 반고리관이나 전정신경의 이상으로 뇌에 잘못된 평형감각의 정보를 보내서 생기는 증상이다. 가장 흔한 양성 발작성 두위 현훈증(어질증)은 평형반의 이석이 반고리관의 팽대부릉을 자극해서 발생한다. 또 갑자기 일어섰을 때의 현기증 역시 어질증의 일종으로 반고리관의 문제가 아니라 자세 변화로 반사적으로 혈압이 떨어져 생긴다.

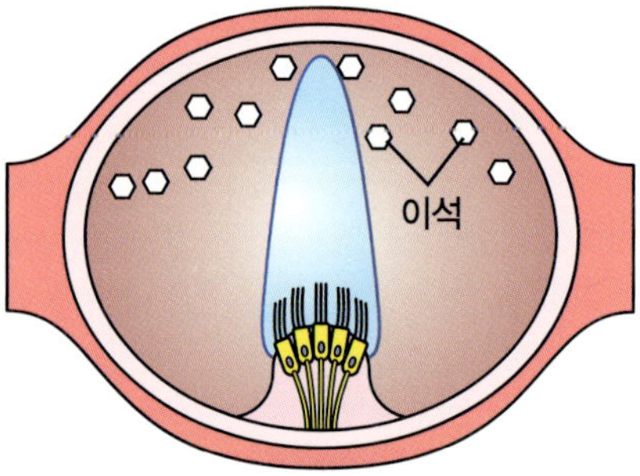

평형반의 이석이 반고리관에 들어가서 팽대부릉을 자극한다.

세 개의 반고리관 구조

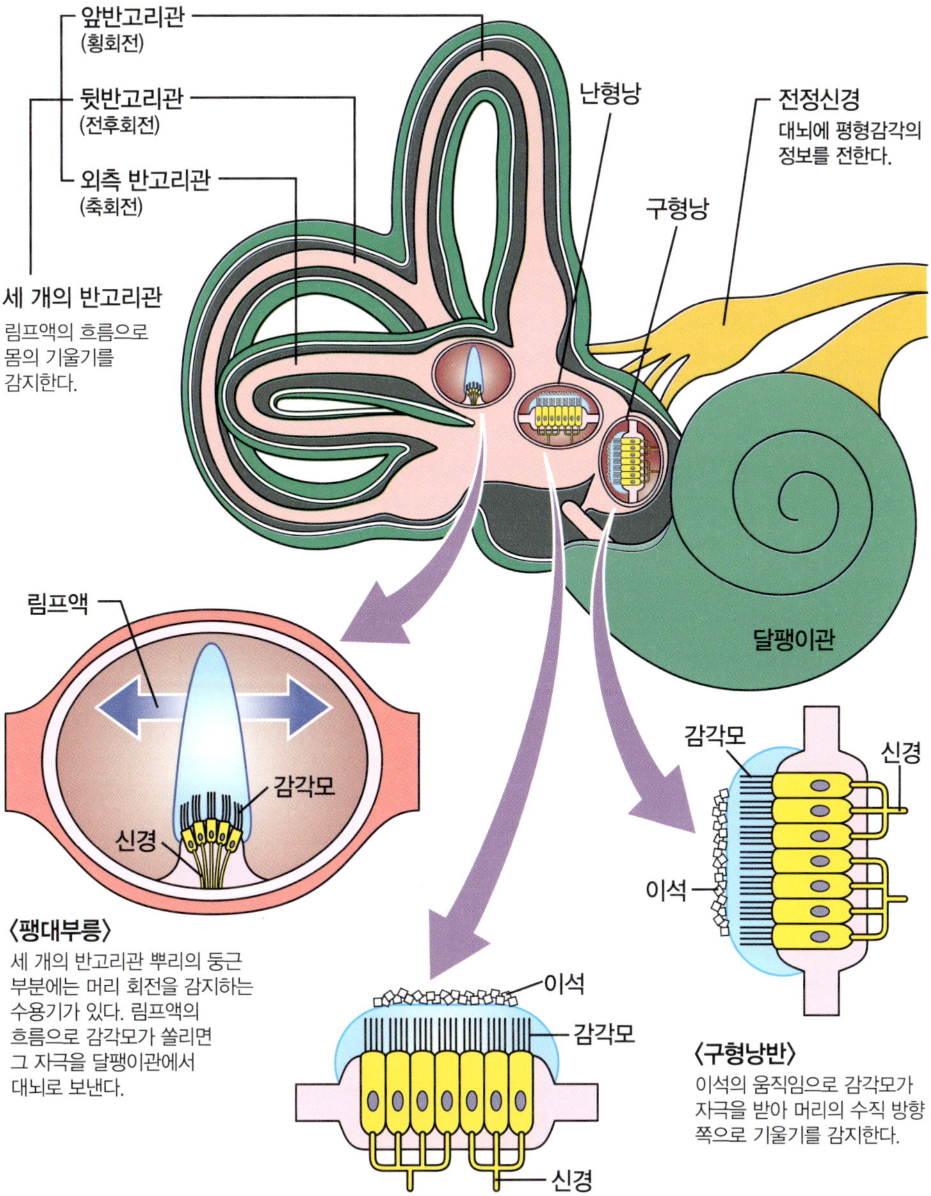

세 개의 반고리관
림프액의 흐름으로 몸의 기울기를 감지한다.

전정신경
대뇌에 평형감각의 정보를 전한다.

〈팽대부릉〉
세 개의 반고리관 뿌리의 둥근 부분에는 머리 회전을 감지하는 수용기가 있다. 림프액의 흐름으로 감각모가 쏠리면 그 자극을 달팽이관에서 대뇌로 보낸다.

〈구형낭반〉
이석의 움직임으로 감각모가 자극을 받아 머리의 수직 방향 쪽으로 기울기를 감지한다.

〈난형낭반〉
이석의 움직임으로 감각모가 자극을 받아 머리의 수평 방향 쪽으로 기울기를 감지한다.

지식 차멀미도 어지럼증의 일종으로 탈것의 진동이 반고리관이나 이석기의 기능을 흐트려 생긴다. 자율신경이 흐트러져 구토중추가 자극을 받아 구토가 발생한다.

● 난청

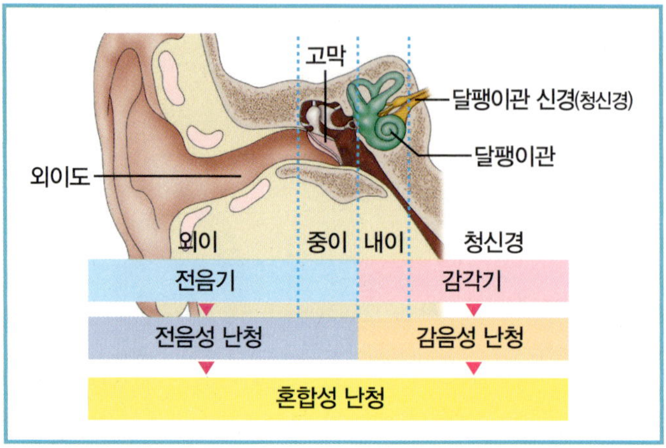

소리의 진동을 전하는 외이와 중이의 장애에 따른 전음성 난청과 소리를 느끼는 내이와 뇌에 신호를 보내는 청신경 장애로 인한 감음성 난청이 있다. 전음기, 감음기 양쪽에 장애가 있을 때는 혼합성 난청이라고 한다.

전음성 난청은 외이도의 이물이나 다량의 귀지 외에 외이염, 만성 중이염 등이 원인이다. 감음성 난청은 내이염, 메니에르병, 노인성 난청, 돌발성 난청 등의 병으로 발생한다. 노인성 난청은 나이가 들면 높은 음이 들리지 않고 돌발성 난청은 돌연 귀 울림이나 귀가 막힌 느낌이 생겨서 잘 들리지 않는 병이다.

● 메니에르병

어지럼증의 하나로 내이의 달팽이관, 세 개의 반고리관, 이석기가 동시에 문제를 일으키는 병이다. 내이를 채우는 림프액이 넘쳐서 수종이 생겨 발생한다고 추측하지만 수종이 생기는 정확한 원인은 모른다. 30~40대 여성이 잘 걸린다.

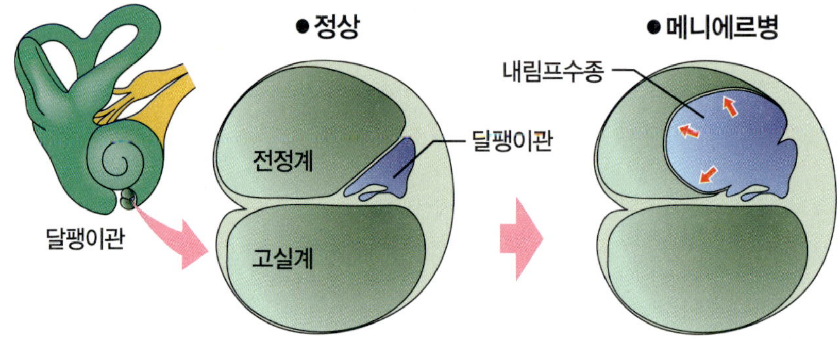

달팽이관의 내부는 림프액으로 차 있다.

달팽이관에 찬 림프액이 넘치면 수종이 생긴다.

▶**주요 증상:** 돌연 어질증이 생겨 서 있지 못한다. 또 어질증과 동시에 귀가 막힌 느낌이나 이명, 난청이 발생한다. 구역질이나 구토를 동반하는 일도 있다. 메니에르병의 발작은 부정기적으로 반복해서 발생하는 것이 특징으로 스트레스와 과로가 발작의 원인이다.

● 중이염

주로 세균의 감염으로 중이에 염증이 생기는 병이다. 감기에 걸렸을 때 코나 목에 급성 염증이 생긴다. 이관에서 들어온 세균에 감염되어 많이 생긴다. 급성 중이염, 만성 중이염 삼출성 중이염 등이 있다.

▶**주요 증상**

• **급성 중이염:** 귀가 막힌 느낌이 있고 이어서 통증이 있다. 통증은 고막이 찢어져서 중이에 있는 액이 고막 밖으로 배출되면 더 나빠진다. 38~39℃ 전후의 발열과 오한을 동반한다.

• **만성 중이염:** 주요 증상은 난청, 이루(귀에서 고름이 나는 병), 고막에 구멍이 생기는 것이다. 대개 통증은 없다. 이루는 고름과 점액이 섞인 것이다. 만성 중이염 중 만성 화농성 중이염은 내버려 둬도 위험하지 않지만 진주 종성 중이염은 중이만이 아니라 내이에도 문제가 있는 것이므로 고도의 청력 장애를 동반한다. 또 수막염이나 뇌농양 등의 병을 일으켜서 생명에 위험을 끼칠 수도 있다.

• **삼출성 중이염:** 중이에 물이 차거나 귀가 막힌 느낌이 들고 자신의 소리가 잘 들리지 않는다. 이명이나 난청의 증상도 있고 통증이 있을 수도 있다.

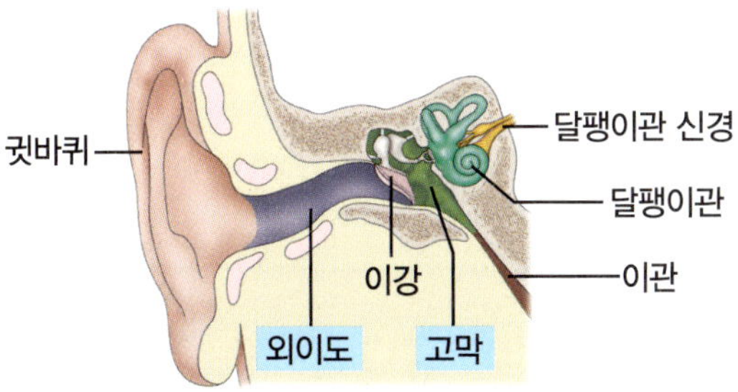

● **외이도염** 외이도에 생긴 상처에 세균이 들어가서 염증이 생긴다.

● **중이염** 이관에서 들어온 세균 때문에 중이강에 염증이 생긴다. 중이강에 물이 차는 상태를 삼출성 중이염이라고 한다.

08

코 구조

공기를 들이쉬고 냄새를 느끼는

● 코의 구조와 역할

코는 공기의 출입구면서 냄새를 맡는 후각기관이다. 코는 바깥에서 볼 수 있는 코 부분뿐만 아니라 눈 아래부터 넓은 공간이 기관지까지 이어져 있다. 코 입구 부근을 콧구멍, 콧속의 공간을 비강이라고 한다.

콧구멍이나 비강 안의 공기가 지나는 길인 비도에는 코털이 나 있다. 코털은 공기와 함께 들어오는 먼지나 티끌을 붙잡아서 기관으로 들어가는 것을 막는다.

● 코 내부 구조

비강은 비중격이라는 벽으로 좌우를 나눈다. 또 비갑개라는 가로의 주름이 상, 중, 하 세 개의 비도를 나눈다.

비중격이나 비갑개는 점막으로 덮여 있다. 점막에는 모세혈관이 지나고, 그것은 콧구멍에서 들어온 공기를 데운다. 점막의 비선에서 분비한 점액은 공기를 적당히 촉촉하게 한다. 따라서 비도를 통과한 공기는 온도 25~37℃, 습도 35~80%로 조절된다.

세 개의 비도 중 상비도에는 후구(후각 망울)이라는 냄새를 느끼는 수용기가 있다. 후구는 다양한 냄새 분자를 잡아서 후신경을 통해 대뇌로 정보를 보낸다. 코로 흡입한 공기는 대개 상비도를 지나 기관으로 들어간다. 한편 폐에서 내쉬는 공기는 대부분 중비도와 하비도를 지나 밖으로 나간다.

코에는 호흡기와 후각기의 기능이 있다. 흡입한 공기는 콧속에서 먼지를 제거하고 가열하고 가습해서 폐로 보낸다.

눈과 코와 귀의 관계

눈과 코, 귀는 내부의 관으로 이어져 있다. 코와 눈은 비누관이라는 관으로 이어져 있고, 코와 귀는 이관으로 이어져 있다. 누선에서 나온 눈물의 양이 많을 때는 비누관을 지나 코에서도 나온다. 이관은 보통 막혀 있지만 필요에 따라 자동적으로 열리고, 중이 안의 공기를 내보내면서 기압을 조절한다.

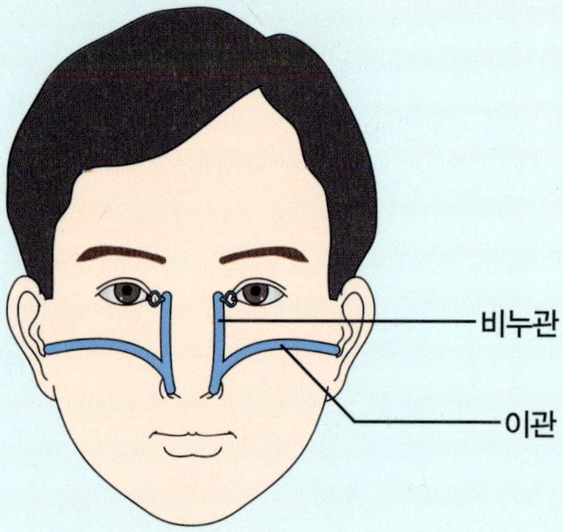

비강 구조

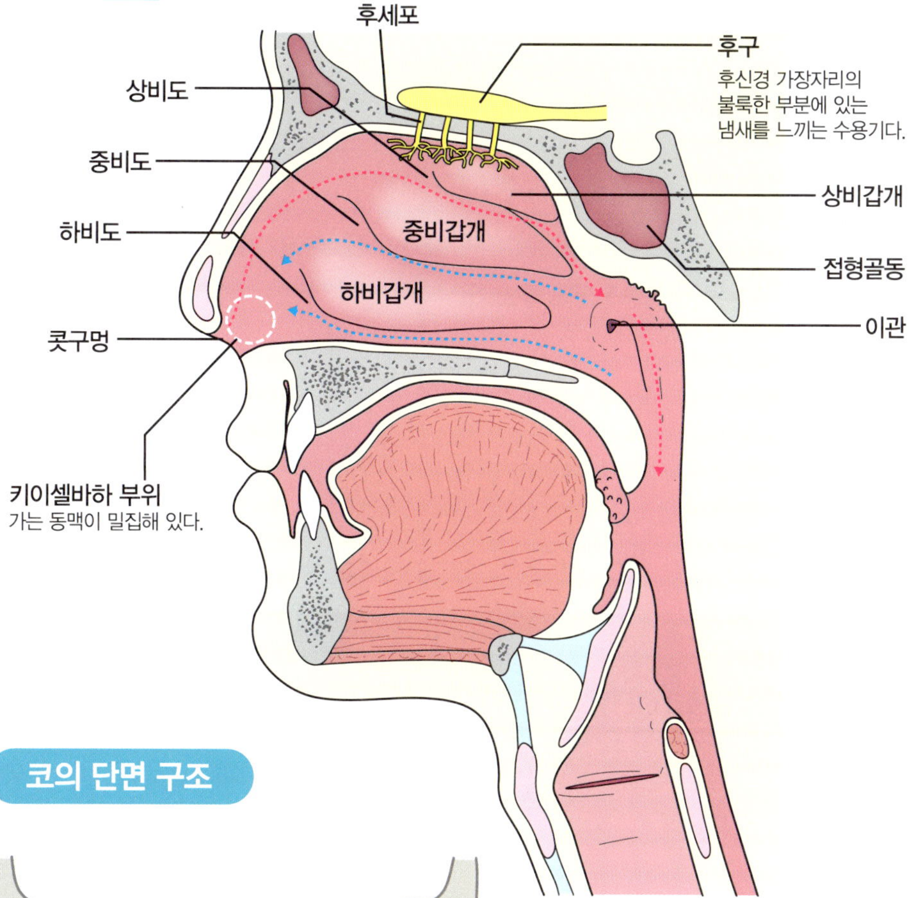

코의 단면 구조

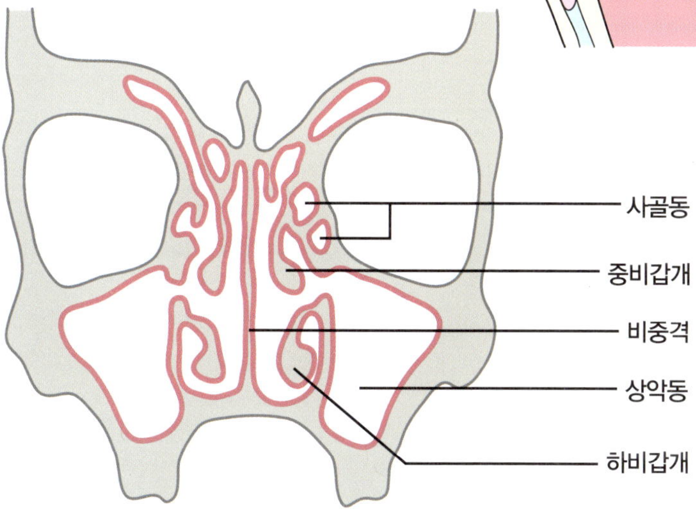

지식 비강 안은 모세혈관이 많이 지난다. 그중에서도 코의 밑 부분에 있는 키이셀바하 부위에는 모세혈관이 밀집해 있고 점막이 얇아서 코피가 잘 난다.

09

후각 구조

화학물질로 전기신호를 바꾸는

냄새의 기본이 되는 화학물질은 상비도에 있는 후세포의 기능으로 전기신호로 바뀌어 후신경이 뇌로 보내 지각한다.

● 냄새를 느끼는 구조

후각은 상비도의 천정 부분에 있는 점막으로 느낀다.

이 점막을 후상피라고 하며 우표 한 장 정도의 크기로 안에 약 500만 개의 후세포(후각수요세포)를 포함하고 있다. 후상피는 점액분비선(보먼선)에서 나온 점막과 후세포에서 나온 후소모라는 섬모로 싸여 있다. 후세포에서는 후신경이 나와 두개골에 있는 구멍을 지나 후구라는 신경세포와 이어진다.

냄새의 기본이 되는 것은 휘발성 화학물질이다. 공기와 함께 코에 들어온 화학물질은 점액이 분해한 후 후상피의 후모가 받아들인다. 후모는 냄새의 종류에 따라 각각 다른 전기신호를 보내고 후구를 매개로 대뇌의 후각 영역으로 냄새의 정보를 보낸다. 후각 영역은 이 정보를 처리해서 냄새를 인식한다.

● 냄새 구분

인간은 약 500만 개의 후세포와 해마에 축적된 냄새를 기억해서 1만개의 냄새를 구분할 수 있다.

그러나 냄새의 정보를 전하는 후신경은 금세 피곤을 느낀다. 냄새를 맡으면 처음에는 반응해도 잠시 후에는 반응하지 않는다.

또 코가 막히면 냄새를 잘 모른다. 입으로 호흡하면 후상피에 화학물질이 잘 전달되지 않기 때문이다.

냄새와 기준

인간의 후세포는 350가지가 있는데 하나의 세포는 수용체가 한 개다. 그러나 화학물질은 안에는 수십 가지의 수용체와 결합할 수 있어 막대한 수의 조합을 만들 수 있다. 모든 냄새는 이런 조합으로 만들어진다는 의견도 있지만 확인되지는 않았다. 미각 테스트에서 사용하는 기준은 오른쪽의 열 가지다.

후세포 구조

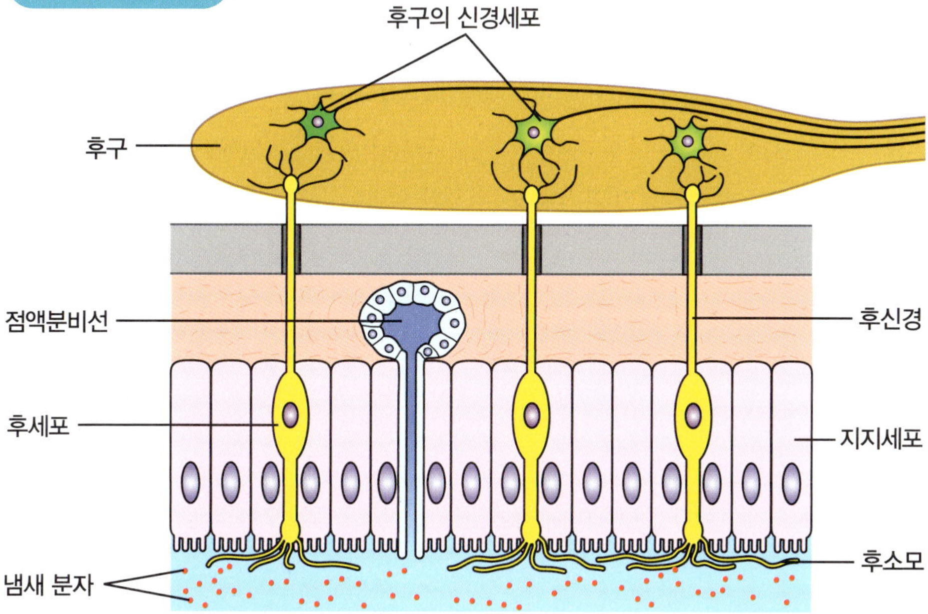

냄새를 감지하는 구조

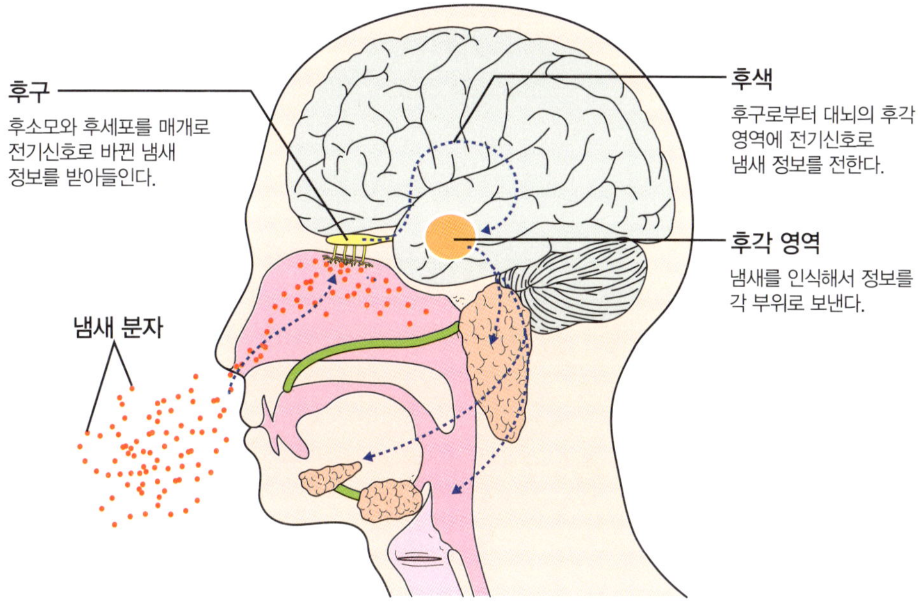

지식 인간의 후세포 수는 500만 개지만 개는 2억 개 정도다. 그래서 후각이 발달해서 미묘한 냄새도 구분한다.

● 비염

비강의 점막이 바이러스로 염증을 일으킨 상태다. 단독으로 발생하지 않고 대부분 감기에 걸렸을 때 후두, 인두, 기관 등 기도 전체에서 발생한다.

체질이나 비강의 모양에 따라 잘 걸리는 사람, 치유가 잘 안 되는 사람 등 그 증상은 사람에 따라 다르다. 급성 비염과 만성 비염이 있는데 감기일 때는 급성 비염과 급성 부비강염을 동반하는 것이 보통이다. 만성 비염 중에는 비강의 점막이 두꺼워지는 만성 비후성 비염이라는 것이 있다.

▶**주요 증상:** 투명하거나 흰 콧물이 나오고 기침, 코막힘이 있다. 또 냄새를 맡지 못하고 코 안이 아리고 아프다.

● 알레르기성 비염

먼지, 곰팡이, 꽃가루 등 알레르기 물질의 침입에 몸의 면역 시스템이 반응해서 생긴다. 계절에 따라 생기는 것의 대표는 화분증이다. 재채기, 콧물, 코막힘 외에도 눈이 가렵고 눈물이 난다.

● 코 폴립

비강의 점막 일부가 불룩해져 폴립(점막에 발생하는 버섯 모양의 염증성·종양성 조직) 상태가 된다. 감염증을 동반하며 콧구멍 밖에서도 보일 정도로 커질 수도 있지만 단순한 종양이므로 위험하지 않다.

●알레르기성 비염

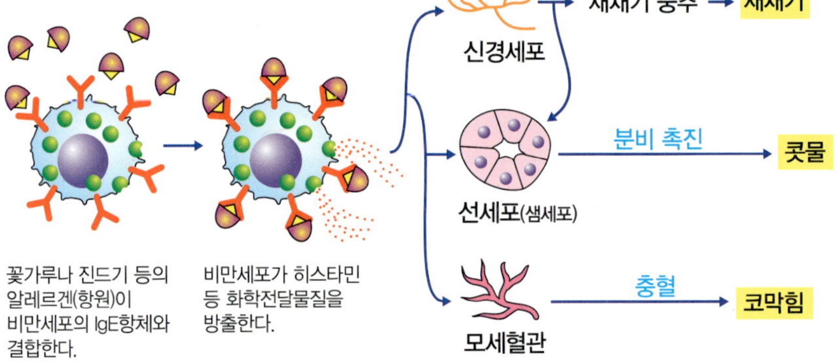

▶**주요 증상:** 비용이 생기면 코막힘과 후각이 나빠진다. 비강 안에서 코의 밑 부분을 누르기 때문에 외비가 변형되거나 출혈을 일으키기도 한다.

● 부비강염(축농증)

비강의 주위에 있는 상악동, 접형골동 등의 뼈 공동을 부비강이라고 한다. 바이러스나 세균으로 부비강의 점막에 염증이 생기는 병이 부비강염이다. 감기 뒤에 이어서 한때 생기는 것을 급성 부비강염, 세균이 감염되서 만성화한 것을 만성 부비강염이라고 한다. 곪아서 부비강에 고름이 차는 것은 축농증이다.

▶**주요 증상:** 많은 양의 콧물이 나와서 코가 막히고, 후각이 나빠지고 머리가 무거운 느낌이 든다. 가장 흔한 증상은 비강이나 부비강의 점막이 두꺼워져 끈적끈적한 콧물이 나오는 것이다. 코 폴립을 동반하기도 한다.

● 비강과 부비강의 주요 병

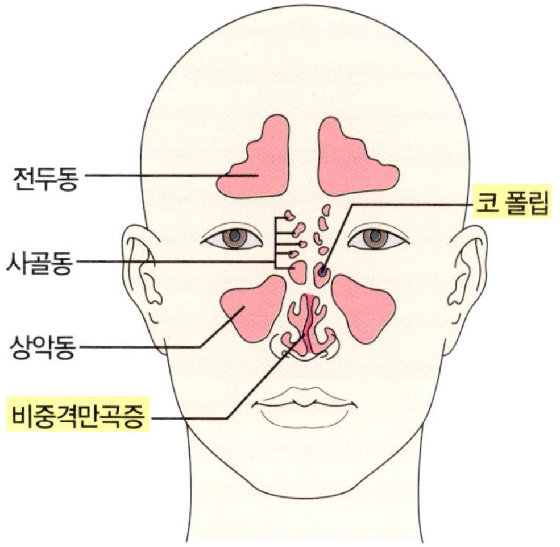

● 코 폴립
코의 점막이 부어서 생긴 폴립. 감염증을 동반한다.

● 부비강염
부비강염의 점막이 염증을 일으킨 상태. 만성화되어서 부비강에 고름이 찬 것을 축농증이라고 한다.

※부비강은 전두동, 사골동, 상악동으로 이루어지고 비강과 내부에서 이어져 있다.

● 비중격만곡증
비강을 좌우에서 구분하는 비중격이 굽어서 한쪽 콧구멍을 막는다.

● 비중격만곡증

비강을 좌우로 나누는 비중격이 굽는 병이다. 선천적인 것과 후천적인 것이 있는데 코 막힘이 오랫동안 지속되는 증상이다. 굽은 정도가 약할 때는 문제가 없지만 굽은 정도가 심하면 공기와 점액의 움직임을 방해해서 만성 부비강염의 원인이 되기도 한다.

● 비절

콧구멍의 모근이나 비익(코끝의 양 끝)의 지선에 세균이 곪아서 생긴 부스럼이다. 코털을 뽑거나 코를 만지면 세균 감염이 잘 된다. 비익부나 콧구멍 입구 부분이 빨갛게 부어서 심한 통증이 있다. 대개는 농양이 터진 다음 자연히 치유되지만, 염증이 눈 쪽에 영향을 미칠 수도 있다.

11

입과 혀 구조

소화, 발음, 호흡, 미각 등과 관계 있는

입은 소화기 입구 및 공기의 출입구이고 말을 하기 위한 기관이기도 하다. 혀는 미각의 감각기관으로 발성과도 관계 있다.

구강 구조

입(구강)은 상순과 하순으로 둘러싸인 부분으로 치아, 혀, 점막 등으로 구성되어 있다. 소화기의 입구면서 비강의 호흡을 보조하는 호흡기관이다. 게다가 성대에서 나온 음성을 공명시키는 기능도 있다. 또한, 치아는 저작 작용을 통해 소화를 돕는 기관이고 혀는 미각이나 발성과 관계 있는 기관이다.

입술을 벌려 음식을 안으로 넣고 닫아서 이물이 들어가는 것을 막고, 음식물을 흘리지 않게 하는 고깔 같은 역할을 한다. 입 가장자리에 있는 표정근이라는 근육으로 복잡하게 움직일 수 있고 혀의 움직임과 협력해서 다양한 소리를 낼 수도 있다.

혀의 구조와 기능

혀는 내설근과 외설근이라는 유연한 횡문근으로 이루어져 있고, 그 운동은 혀와 턱에 분포하고 있는 설하신경이 담당한다. 혀는 음식을 먹을 때 치아로 씹어서 으깬 음식을 타액과 섞어서 식도로 보내는 역할을 한다. 또 음식을 삼킬 때는 혀의 가장 안쪽에 있는 후두개가 기관을 막아서 음식이 기관으로 들어가지 않도록 한다. 혀의 표면에는 다양한 모양을 한 유두가 많은데 그 주변에는 맛을 느끼는 미뢰라는 기관이 있다.

혀는 말할 때 입술과 함께 복잡한 모양으로 바뀌면서 발음한다. 혀의 주변에는 림프조직인 편도가 있어서 세포의 침입으로부터 몸을 지킨다.

타액의 기능

혀 주위에는 타액을 분비하는 타액선이 있다. 음식이 입으로 들어가면 이하선, 설하선, 악하선 세 곳에서 반사적으로 타액을 분비한다. 이중 가장 큰 것은 귀 아래에 있는 이하선이다. 타액 전분의 분해를 돕는 아밀라아제를 비롯한 다양한 효소를 함유하고 있다. 또한, 음식을 잘 삼키는 기능도 있다.

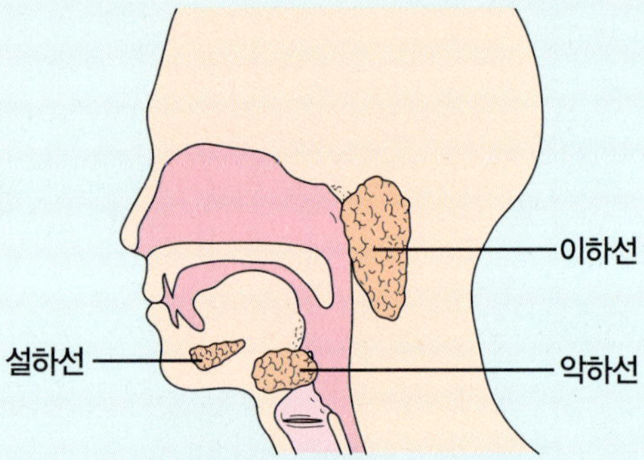

타액은 위의 세 대타액선과 입술선 등의 소타액선에서 분비된다.

구강 구조

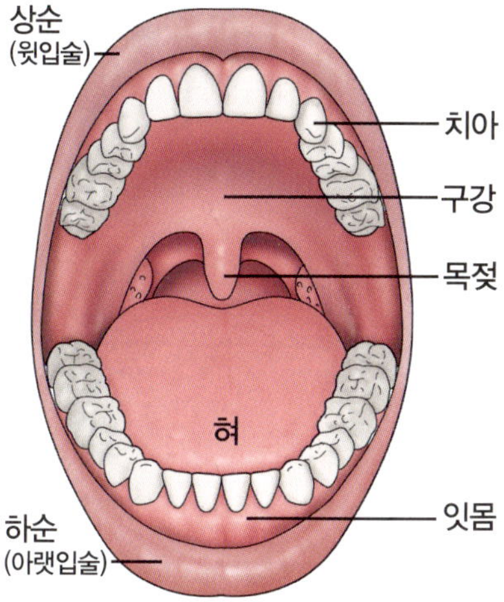

혀 구조

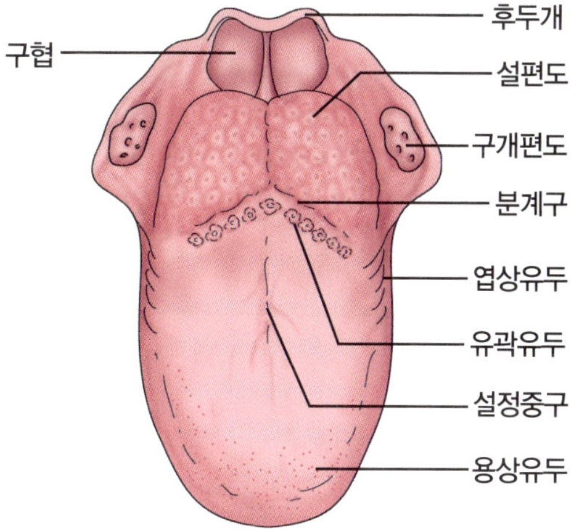

인두와 후두의 구조

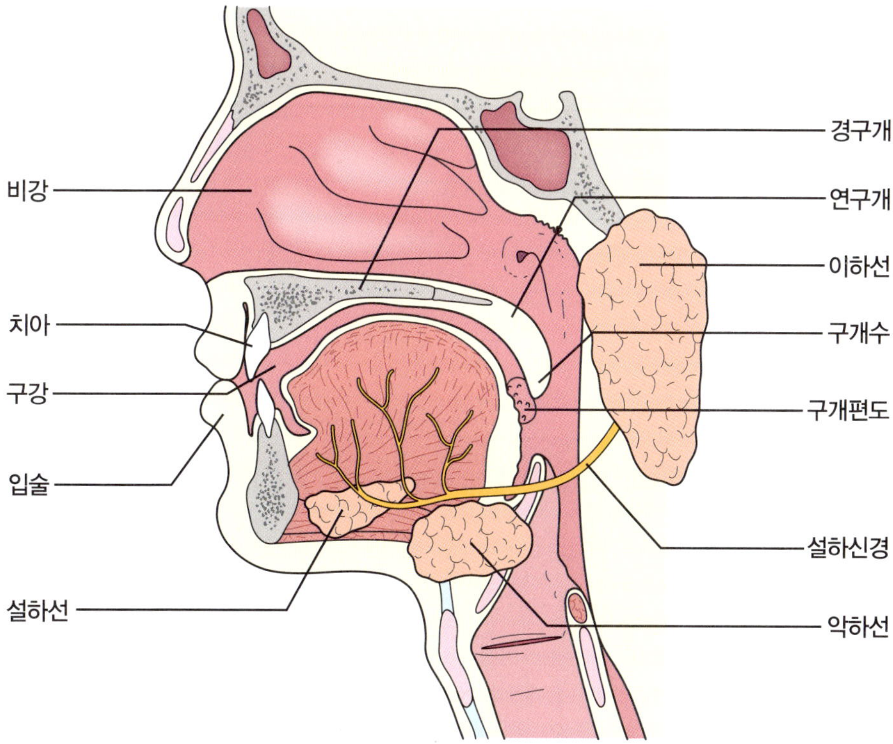

지식 입술은 다른 피부보다 얇아서 혈액의 색이 비쳐 보여 빨간색이다. 그러나 혈액 중의 산소가 적으면 보라색이 된다.

12

미각 구조

혀의 돌기에서 다섯 가지 맛을 느끼는

혀의 표면에는 맛을 느끼는 미뢰가 있어 대뇌로 맛의 정보를 보낸다. 맛에는 단맛, 짠맛, 신맛, 쓴맛, 감칠맛(1985년 국제 공용어로 인정된 제5의 맛, 아미노산의 맛있는 성분-옮긴이)의 다섯 가지가 기본이다.

● 혀 표면 구조

혀 표면은 유두라는 작은 돌기가 있는 점막으로 싸여 있다. 유두는 모양에 따라 사상유두, 용상유두, 엽상유두, 유곽유두 네 가지로 나눌 수 있다. 사상유두는 가장 수가 많고 광범위하게 혀의 표면을 덮고 있다. 용상유두는 혀끝이나 혀의 가장자리에 많이 있다. 유곽유두는 혀의 후방에 있는 커다란 유두로 7~12개 정도가 V자 모양으로 나열되어 있다. 엽상유두는 혀 후방의 측면에 있는 빨간 주름 모양의 유두다.

사상유두 이외의 유두에는 맛을 느끼는 미뢰라는 기관이 있다. 하나의 유곽유두에는 약 200개의 미뢰가 있다. 미뢰 안에는 미각을 수용하는 미세포가 있다.

● 맛을 느끼는 구조

음식이 입에 들어가서 물이나 타액으로 녹으면 음식의 맛 성분이 미공에서 미뢰로 들어간다. 미뢰 안의 미세포는 맛을 느끼고 그 자극을 대뇌로 전달하여 미각을 느낀다.

모든 맛은 단맛, 짠맛, 신맛, 쓴맛, 감칠맛의 다섯 가지 기본 맛의 조합으로 만들어진다. 이 다섯 가지 미각은 혀의 어느 부위에서도 느낄 수 있지만, 부위에 따라 민감하게 반응하는 미각이 다르다.

단맛은 혀끝, 신맛은 혀의 가장자리, 짠맛은 혀 전체, 쓴맛과 감칠맛은 혀 안쪽에서 강하게 느낀다.

미각은 다른 감각 자극의 영향을 받고 시각, 후각, 온도감각에 따라 좌우된다.

미각의 전달

미뢰에서 감지된 음식 맛은 혀의 전방을 지배하는 고색신경과 혀의 후방을 지배하는 설인신경을 매개로 연수의 고속핵을 지나 대뇌피질의 미각 영역으로 전해진다. 미각을 느낀 대뇌는 그 정보를 가지고 몸의 각부에 행동 지령을 내린다. 예를 들면 타액이나 위액을 분비해서 소화를 촉진하고 식욕을 증진하는 것도 그 반응의 하나다.

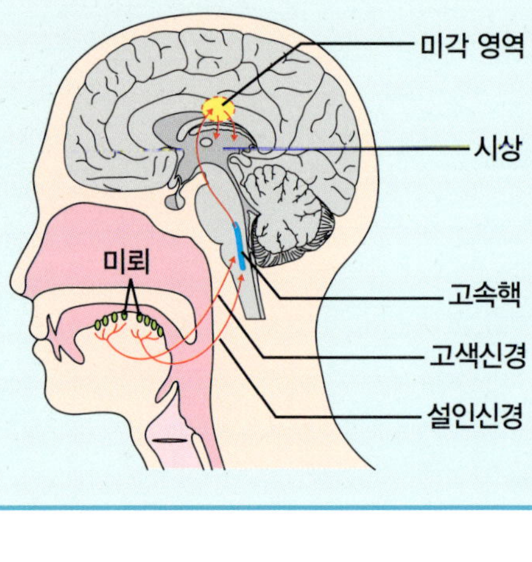

맛을 느끼는 혀의 부위

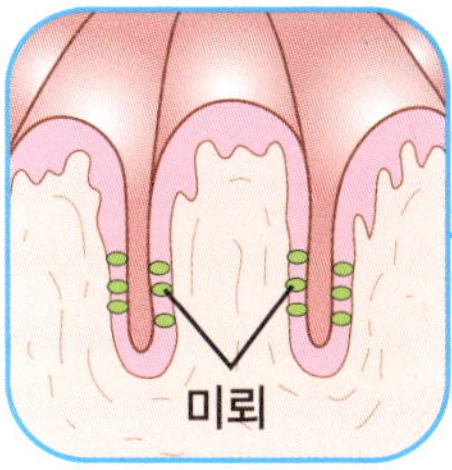

〈엽상유두〉
유난히 빨간 주름 모양의 유두로 혀 뒤 쪽의 측면에 있다.

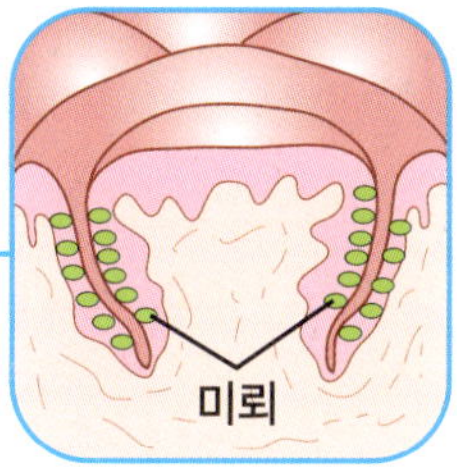

〈유곽유두〉
혀의 뒤쪽에 있는 큰 유두, 7~12개가 보통이다.

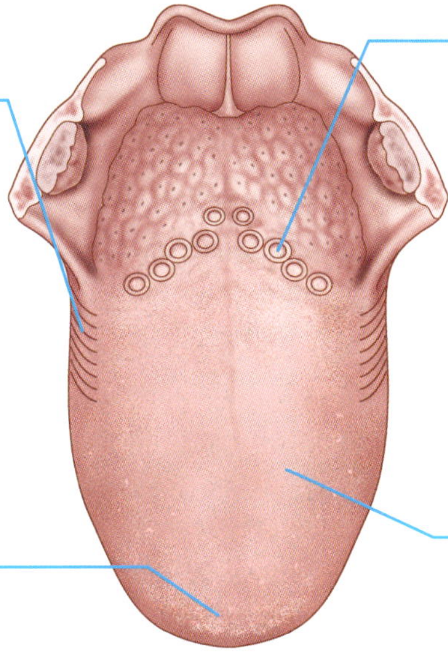

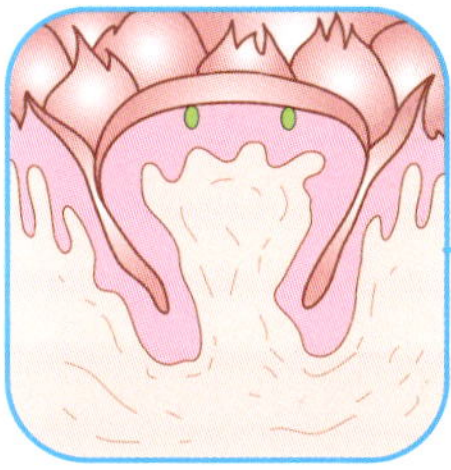

〈용상유두〉
사상유두 사이에 있으며 특히 혀끝이나 혀의 가장자리에 많다.

미각을 느끼는 수용기인 미뢰 대부분은 설유두에 있다. 또 구개, 편도, 비인강에도 분포한다.

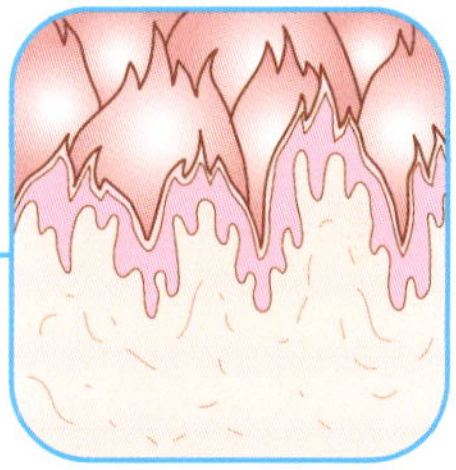

〈사상유두〉
수가 가장 많고 혀의 표면을 광범위하게 덮고 있다.

미뢰 구조

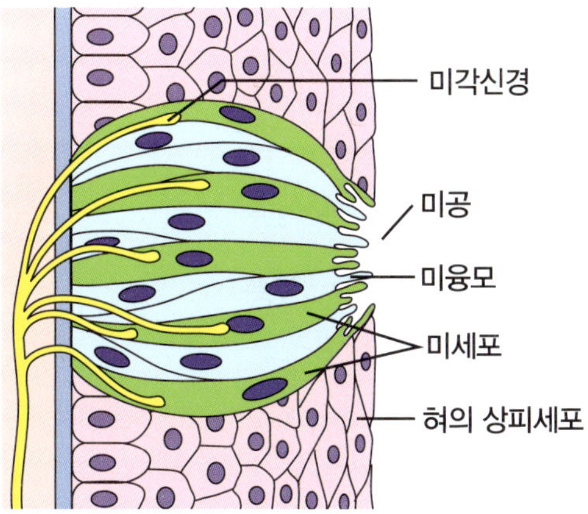

다섯 가지 기본 맛

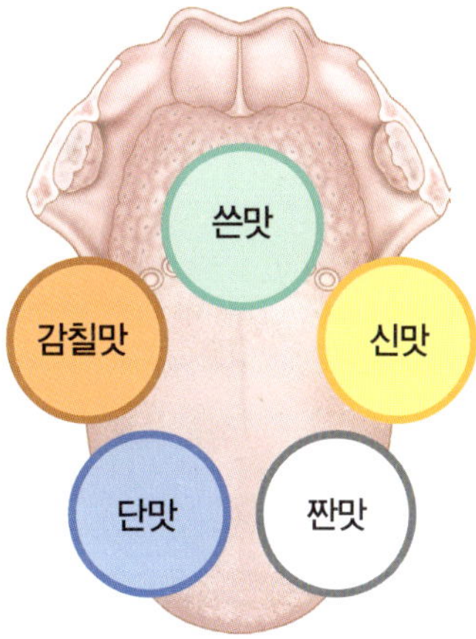

지식 고추냉이나 고추 등의 '매운맛'은 일반적으로 미각의 하나로 생각하는데 사실은 통각으로 분류된다. 매운맛은 혀와 구강 전체에서 느낀다.

구내염

구강의 점막에 생기는 염증의 총칭은 구내염으로 여러 가지가 있다.

•궤양성 구내염(애프더성 구염): 가장 고전적인 구내염으로 구강의 점막에 가장자리가 빨간 원형의 흰 궤양이 생긴다. 발생 원인은 영양부족이나 임신, 생리 등을 들 수 있고 원인을 모르는 때도 있다. 잘 생기는 부위는 입술 안쪽, 잇몸, 혀 등이다. 궤양이 생기면 아프고 짠 것이나 신 것을 먹으면 특히 더 쓰리고 아프다.

•카타루성 구내염: 구강의 점막이 빨갛게 붓는 구내염으로 궤양성 구내염과는 달리 경계가 확실하지 않은 것이 특징이다. 충치나 치주병, 의치 등의 자극으로 생긴다. 타액이 많아지거나 입 안이 뜨거워진다. 또 입 냄새가 심하고 신맛이나 매운맛의 음식을 먹으면 스며들어 아리다.

●구강의 주요 병

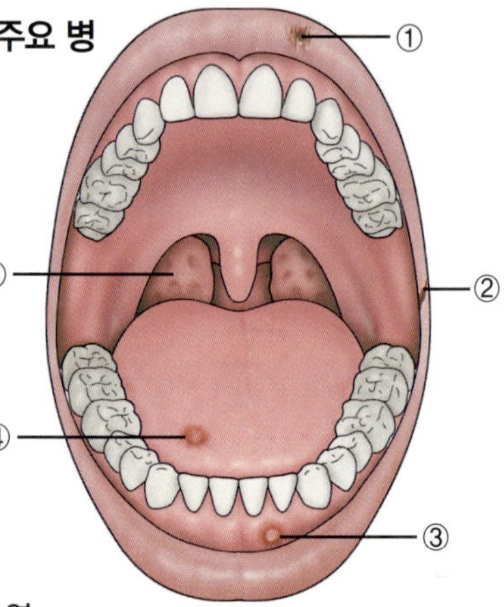

① 구순염
입술에 생기는 염증. 균열이 생기기도 하고 짓무르기도 한다.

② 구각염
입술 양 끝이 찢어져서 아프다. 짓물러서 하얗게 된다.

③ 궤양성 구내염
구강의 점막에 빨간 테두리가 있는 원형의 하얀 궤양이 생긴다.

④ 설염
혀에 생기는 염증. 궤양이 생기거나 열이 있다.

⑤ 구개편도염
세균의 감염 때문에 생기며 발열과 두통을 동반한다.

•구순염: 입술에 생기는 염증이 구순염이다. 립스틱이나 칫솔질 등의 자극으로 생기는데, 건조해서 균열이 생기고 짓무르기도 한다. 아토피성 피부염이 원인인 경우가 많다.

•구각염: 입의 양쪽 구석인 입아귀에 염증이 생기는 병이다. 연쇄구균이나 포도구균, 바이러스 감염이 주요 원인이다. 입아귀가 건조해서 균열이 생기고 피가 나며 장액이 새나오기도 한다. 바이러스 감염은 물집이 생겨 짓무르면 가려움증이 있고 열도 있다.

설염

혀의 염증으로 궤양성 설염, 실질성 설염, 매독성 설염이 있다. 혀가 빨갛게 붓거나 입 냄새가 난다. 중증이 되면 심하게 통증을 느끼고 열이 나서 식사를 할 수 없다.

● 구개편도염

폐렴구균, 황색포도구균 등의 세균 감염으로 구강의 양 끝에 있는 구개편도에 염증이 생기는 병이다. 발열, 두통, 권태가 주요 증상으로 열이 39℃에 이르기도 한다.

● 타석

타액선과 타액관 내에 탄산칼슘이나 인산칼슘 등의 결석이 생기는 병이다. 악하선과 악하선관에 잘 생기며 돌이 작을 때는 증상이 없지만 커지면 통증을 느끼기도 하고, 타액관의 폐색이나 타액선의 염증을 초래하기도 한다.

● 타액선염

세균이나 바이러스로 타액선에 발생하는 염증이다.

이하선에서 염증이 잘 발생하는데 유행성 이하선염은 '항아리손님'으로 잘 알려져 있다.

급성 염증은 타액선이 아프고 열이 난다.

〈타액선의 병〉

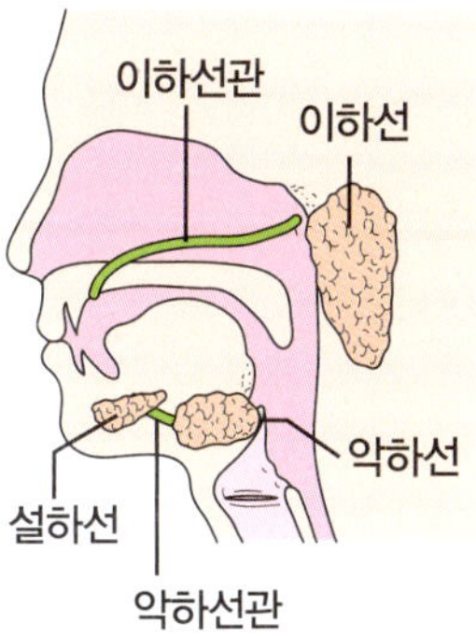

●타석
타액선 내나 타액관 내에 생기는 결석. 타액선의 염증이나 타액의 폐색이 생긴다.

●타액선염
세균이나 바이러스로 타액선에 발생하는 염증. 유행성 이하선염(항아리손님)이 유명하다.

●구강건조증
타액의 분비량이 줄어들어 구강 안이 건조한 병. 자가면역질환인 쇼그렌증후군이나 흡연, 스트레스가 원인이다.

● 구강건조증

타액 분비량의 감소나 점성의 증가로 구강 내가 건조해지는 병이다. 자가면역질환인 쇼그렌증후군이나 흡연, 스트레스 등이 원인이다.

증상이 진행되면 잠을 잘 때 입안이 말라서 잠에서 깨거나 식사를 못한다.

● 설암

40~60대에 많이 발생하는 혀에 생기는 암이다. 혀의 안쪽 가장자리에 많이 생기며 종양이 커지면 표면에 궤양이 생긴다. 혀의 운동장애와 심한 통증 때문에 음식을 삼키지 못한다.

14

치아 구조

음식을 잘게 씹어서 완전히 부수는

치아는 음식을 잘 소화하는 기능이 있다. 표면은 딱딱한 에나멜질로 둘러싸여 있고 밑 부분은 잇몸이 튼튼하게 떠받치고 있다.

● 치관과 치근의 구조

치아는 입안으로 들어온 음식물을 혀와 협조해서 잘게 만들어 소화가 잘 되는 모양으로 바꾸는 역할을 한다. 치아가 맞물리면서 음식을 씹어 으깰 때는 매우 강한 힘이 가해지기 때문에 그것을 견딜 수 있는 튼튼한 구조다.

치아는 잇몸 위로 나온 치관이라는 눈에 보이는 부분과 잇몸에 묻힌 치근이라는 부분으로 나뉜다. 치관 표면의 흰 부분은 몸에서 가장 딱딱한 에나멜질로 이루어져 있다. 에나멜질의 안쪽에는 상아질이라는 조금 부드러운 조직이 있다. 상아질은 치아의 주체가 되는 조직으로 내부에는 상아세관이라는 가는 관이 전체에 퍼져 있다. 상아질의 안쪽에는 신경이나 혈관이 지나는 치수라는 조직이 있다.

치근부는 점막층인 잇몸과 치근막으로 둘러싸여서 악골의 일부인 치조골로 튼튼하게 지탱되고 있다. 또한, 치근부의 상아질은 단단한 에나멜질로 덮여 있다.

● 유치와 영구치

치아에는 유치와 영구치 두 가지가 있다. 유치는 문치 여덟 개, 견치 네 개, 소구치 여덟 개로 합계 20개다. 영구치는 중앙부터 순서대로 절치 네 개, 견치 두 개, 구치 열 개로 위턱과 아래턱을 합해 모두 32개다. 단 가장 안쪽에 있는 제3대구치 네 개는 사랑니로 70%의 사람에게만 있다. 그래서 영구치가 28개인 사람도 있다.

치아의 종류와 역할

영구치는 모양에 따라 네 가지로 나뉘는데 각각 기능이 다르다. 절치는 잎니라고 하며 음식을 물어 끊기에 적당하다. 견치는 육식동물의 엄니에 해당하는 날카로운 이로 주로 음식을 뜯어 먹는 데 이용한다. 소구치, 대구치는 물어 끊은 음식을 갈아 으깨기 위한 절구 같은 모양으로 윗면이 평평하다.

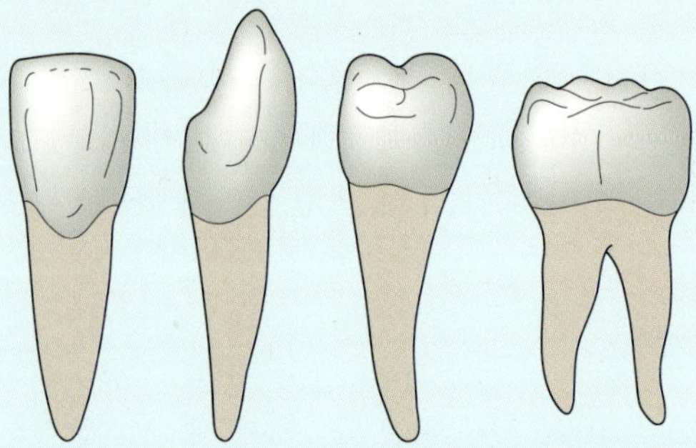

치아의 구조

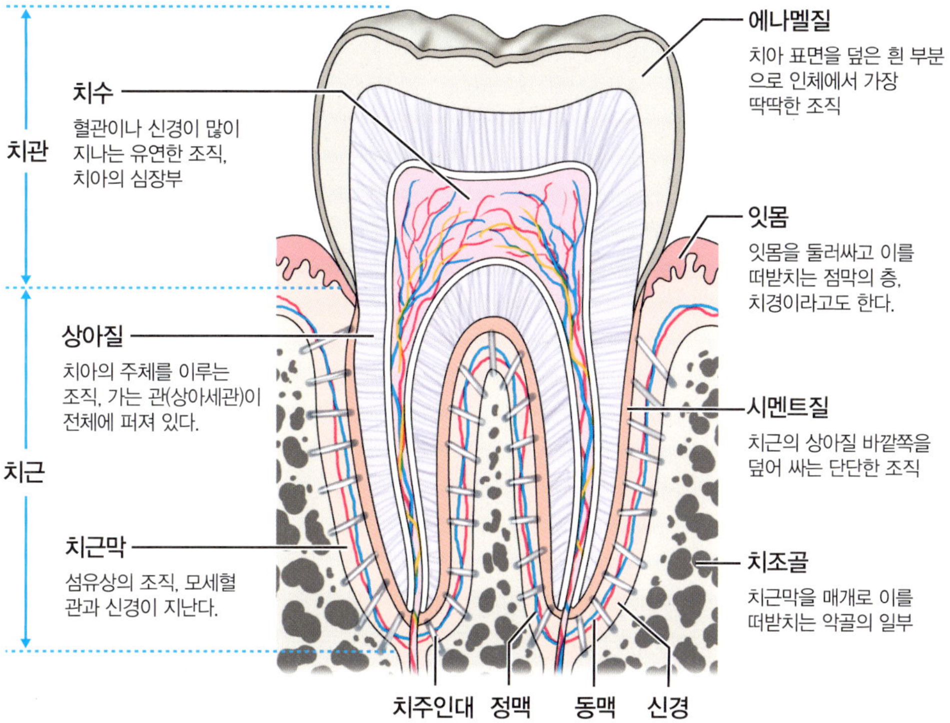

치아의 배열

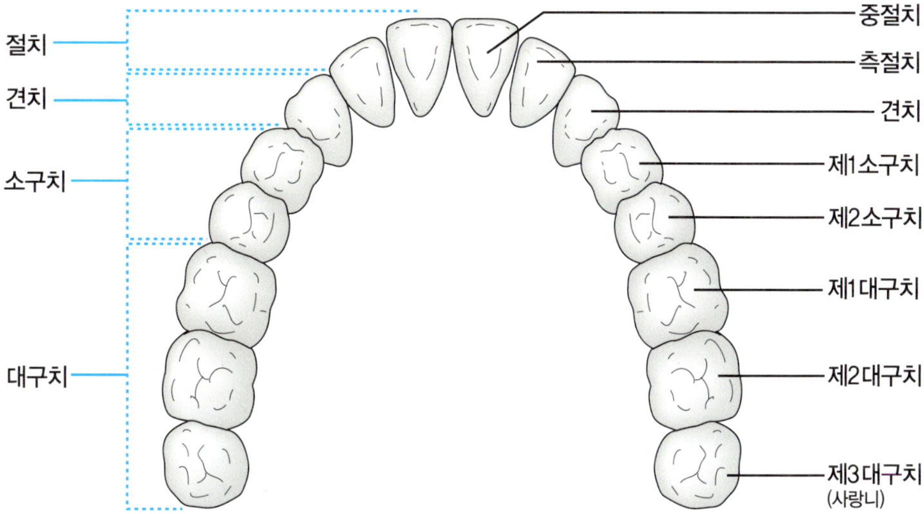

지식 유치가 빠지면 튼튼한 영구치가 날 것을 기원하면서 빠진 이를 지붕이나 마루 밑으로 던지는 습관이 있다. 서양에서는 빠진 이를 베개 밑에 넣고 잔다.

15

치아의 병

성인의 80% 이상이 치주병을 앓고 있다!
충치와 함께 치아를 잃는 주원인이다!

〈충치의 진행〉

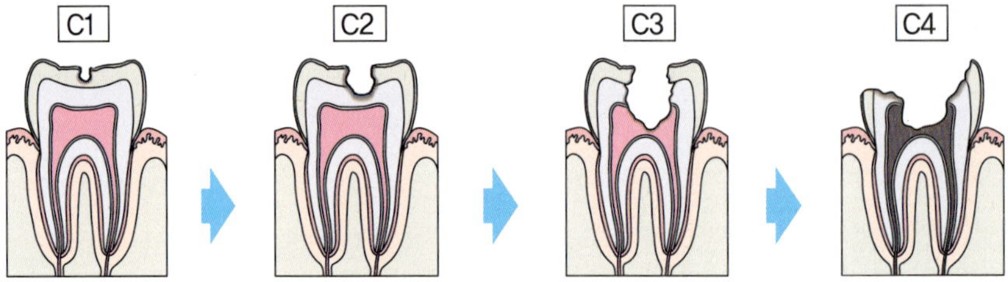

C1 에나멜질에만 구멍이 뚫린 상태. 통증은 없다.

C2 침식이 상아질에 이른 상태. 차가운 것을 마시면 아리다.

C3 침식이 치수에 이른 상태. 치수염이라고 하며 통증이 심하다.

C4 치수가 괴사해서 치아 모양이 크게 망가진 상태.

● 충치

구강에 있는 뮤탄스균 등의 세균이 설탕을 이용해 산을 만들어 치아를 녹이는 병이다. 충치가 잘 생기는 곳은 어금니 위의 패인 부분이나 치아와 치아 사이이다. 충치로 생기는 치수염이나 치근막염은 관절 류머티즘, 신장염 등의 원인이 되기도 한다.

▶주요 증상: 충치가 표면 에나멜질에서 멈추었을 때는 통증이 없다. 산으로 인한 침식이 상아질에 이르면 차가운 물을 마실 때 혹은 치아에 바람이 스칠 때 아리는 자각증상이 있다. 충치가 혈관이나 신경이 밀집한 치수에 다다르면 취침 중에도 욱신욱신 강한 통증을 느끼고, 치아에는 검고 큰 구멍이 생긴다. 이 단계를 치수염이라 한다. 치아의 뿌리 부분인 치근막까지 세균에 감염되면 통증이 있고 결국 치아가 빠진다.

● 치주병

치주병은 치아 주위의 조직에서 일어나는 병의 총칭으로 치내염과 치주염을 말한다. 치내염은 잇몸의 가장자리와 치아 사이의 잇몸이 염증을 일으켜서 빨갛게 붓는 병으로 칫솔질이 충분하지 않으면 치아에 치석이 부착해서 생긴다. 또 비타민C 결핍이나 당뇨병, 백혈병일 때도 생긴다. 치주염은 잇몸만이 아니라 치근막이나 치조골에도 나타나는 만성 염증이다. 정도의 차이는 있지만, 성인의 80% 이상에서 볼 수 있는 병으로 충치와 더불어 치아를 잃는 주요 원인이다.

▶주요 증상: 잇몸이 빨갛게 붓고 칫솔질 등의 작은 자극에도 출혈이 생긴다. 잇몸 염증이

〈치주병의 진행〉

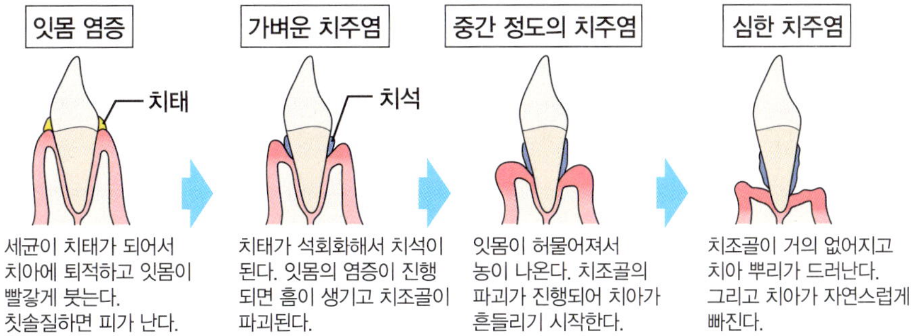

진행되면 홈이 깊어져 치조골이 파괴된다. 더 진행되면 잇몸이 허물어지고 누르면 노란 농이 나온다. 또 치아가 흔들거리고 입안이 끈적끈적해져 입 냄새가 심해지고, 이뿌리가 드러나 결국 이가 빠진다.

● 지치주위염

지치(사랑니)가 날 때 나는 곳이 너무 좁거나 나는 방향이 비뚤어져 있으면 이 조직에 세균이 감염되어 일어나는 염증이다. 어금니에 심한 통증이 있거나 입을 잘 벌리지 못한다.

● 부정교합

치열이 고르지 못한 것이 부정교합이다. 정상 치열은 위턱의 치아가 아래턱의 치아를 덮는 식으로 겹쳐지는 모양이다. 이에 반해 위턱이 튀어나온 것을 상악전돌, 아래턱이 튀어나온 것을 하악전돌이라고 한다. 또 위아래의 치아가 맞물리지 않고 틈이 생기는 것을 개교라고 하고, 아래턱의 앞니가 보이지 않을 정도로 위의 치아가 깊이 덮이는 것을 과개교합이라고 한다. 부정교합은 미용만의 문제가 아니라 턱관절이나 얼굴 근육의 통증, 두통의 원인이 되기도 한다.

〈대표적 부정교합〉

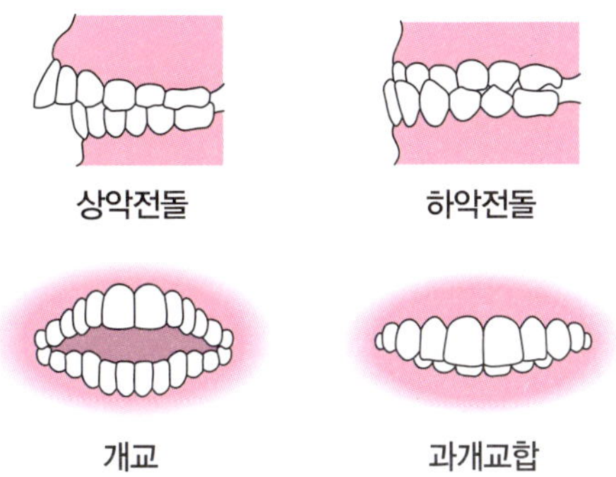

16

피부 구조

몸을 둘러싸고 보호하는 막

피부는 표피, 진피, 피하조직으로 이루어진다. 표피에서는 끊임없이 신진대사가 일어나고 진피에는 땀샘이나 피지선, 감각 수용기 등이 있다.

● 표피 구조

온몸의 표면을 덮는 피부는 더위나 추위, 통증, 압력 등 외부의 자극을 받아들이는 감각기관인 동시에 이런 자극으로부터 몸을 보호하는 기능이 있다. 또 땀을 흘리거나 열 방출을 억제해서 체온을 조절하기도 한다.

피부는 표피, 진피, 피하조직 세 가지로 이루어진다. 표피는 평균 0.1mm 정도로 대단히 얇고 안쪽에서 바깥쪽으로 기저층, 유극층, 과립층, 담명층, 각질층의 다섯 층으로 나뉜다. 기저층에서는 끊임없이 새로운 세포가 만들어지고 성장하면서 피부 표면으로 올라간다. 그리고 각질층의 표면에 달한 세포는 때가 되면 떨어져 나간다. 세포가 만들어지고 떨어져 나갈 때까지 약 4주의 시간이 걸린다. 표피에는 혈관이 지나지 않고 땀샘과 피지선의 출구와 신경의 말단이 있다.

● 진피 구조

진피는 표피보다 두껍고 땀샘, 피지선, 감각의 수용체가 있고 혈관도 지난다. 땀샘은 땀을 배출하여 체온을 조절한다. 피지선은 피지를 분비하는 기관으로 표피의 수분증발을 억제하고 피부의 건조를 막는다.

진피에는 촉각, 압각, 통각, 냉각, 온각이라는 다섯 가지 감각수용체가 있다. 이들은 외부로부터 자극을 받으면 대뇌로 감각의 정보를 보낸다.

진피 아래 피부의 가장 안쪽에는 지방으로 이루어진 피하조직이 있다.

자외선과 피부

피부의 적인 자외선은 A파, B파, C파 세 가지가 있다. 지표에 도달해서 피부에 해를 미치는 것은 A파와 B파다. A파는 진피의 단백질을 변성시킨다. B파는 표피에 작용한다. 피부가 B파를 받으면 방어 기능으로 표피의 기저층에 있는 색소세포에서 멜라닌이라는 색소세포를 만든다. 햇볕에 탄다는 것은 바로 이것을 말한다.

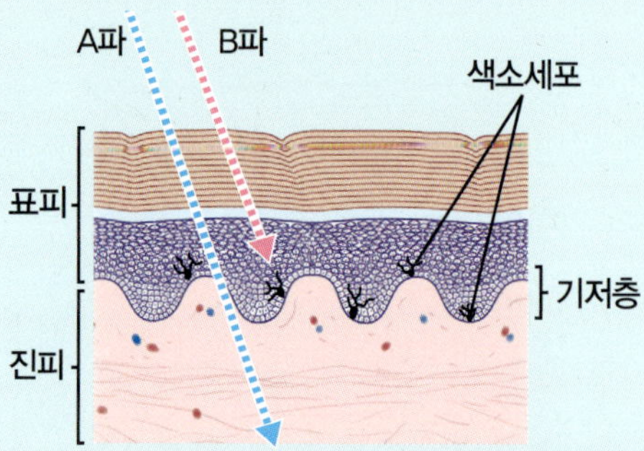

A파는 진피층에 작용해서 단백질을 변성시킨다.
B파는 표피층에 작용해서 멜라닌의 생성을 진행한다.

피부 구조

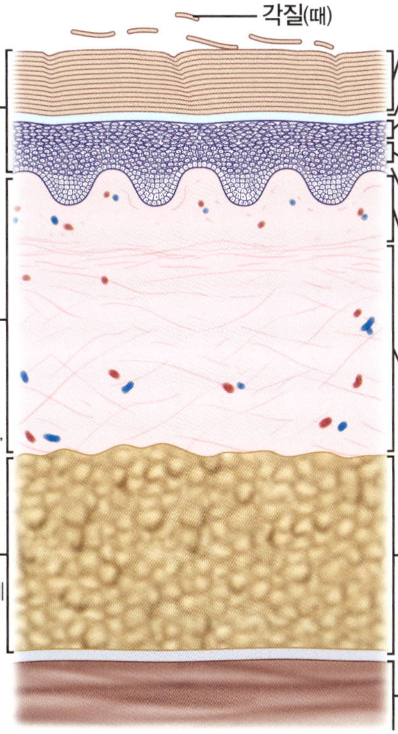

표피 구조

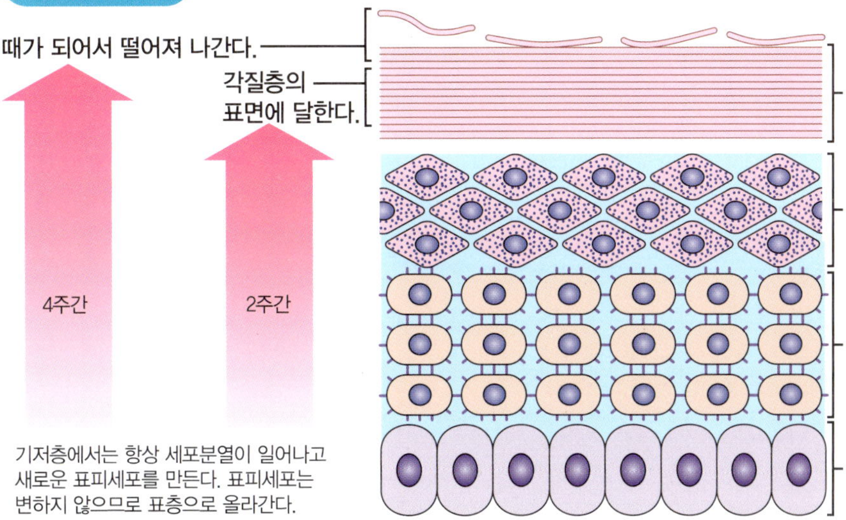

기저층에서는 항상 세포분열이 일어나고 새로운 표피세포를 만든다. 표피세포는 변하지 않으므로 표층으로 올라간다.

지식 피부의 총면적은 약 1.6㎡이다. 피하조직을 포함한 총중량은 체중의 약 6분의 1이다.

17

피부 감각

다섯 가지 자극을 느끼는

자극에는 통증을 느끼는 다섯 가지 수용체가 있다. 위험을 느꼈을 때 몸을 지키기 위해서라도 필요한 구조다.

● 촉각, 압각, 통각

인간의 피부로 느끼는 감각에는 촉각, 압각, 통각, 냉각, 온각이 있는데 이것은 진피 내에 있는 수용체(촉점, 압점, 통점, 냉점, 온점)로 느낀다. 수용체의 수에는 차이가 있으며 가장 적은 것은 온점, 많은 것은 통점이다.

촉각은 사물이 피부에 접했을 때 생기는 감각이다. 촉점이 많은 부위는 입술과 손가락 끝이고 적은 부위는 등이나 허벅지, 엉덩이다. 촉점은 모근 주변에 많이 분포하기 때문에 피부보다 털이 촉감에 더 민감하다.

압각은 손 위에 올린 것의 무게, 피부에 가해지는 압력이나 진동을 느낄 때의 감각이다. 압점에는 약한 압력에 반응하는 것과 강한 압력에 반응하는 것이 있다.

통각은 아픔을 느끼는 감각으로 자극이 일정 수준보다 높으면 반사적으로 자극을 밀어내는 방어 반응이 생긴다.

● 냉각, 온각

냉각은 차가운 것을 접했을 때, 온각은 뜨거운 것을 접했을 때 작용한다. 냉각이나 온각이 잘 작용하는 것은 16~40℃ 사이로 이보다 차갑거나 뜨거울 때는 통각이 더 많이 작용한다. 아주 차가운 것이나 뜨거운 것을 접했을 때 통증을 더 느끼는 것은 그 때문이다. 통각은 몸의 방어 반응과 직결되어 있기 때문에 위험한 차가움이나 뜨거움에 통각이 작용하는 것이 몸을 지키는 데 도움이 된다.

주름, 처짐, 검버섯

나이가 들면 표면의 기저층에서 이루어지는 세포분열의 페이스가 떨어져 피부 표면에는 보습 능력이 떨어진 오래된 각질층이 남고 건조해서 주름이 생기기도 한다. 게다가 진피층에서도 콜라겐 섬유 등이 약해져서 주름이 깊어지기도 하고 피부가 처지기도 한다. 또 과도하게 멜라닌이 만들어져서 검버섯이 잘 생긴다.

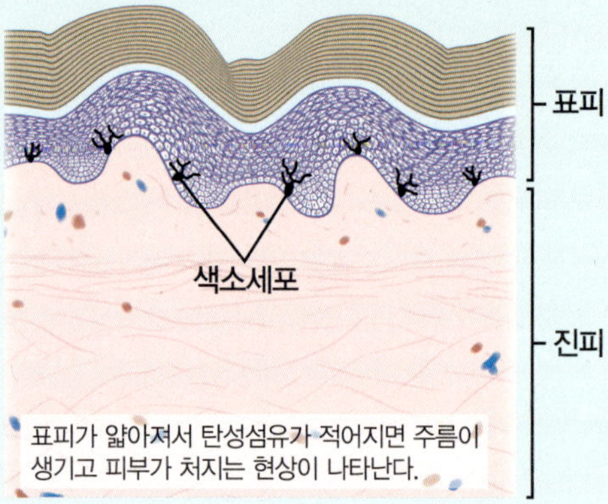

표피가 얇아져서 탄성섬유가 적어지면 주름이 생기고 피부가 처지는 현상이 나타난다.

피부의 다섯 가지 감각과 수용체

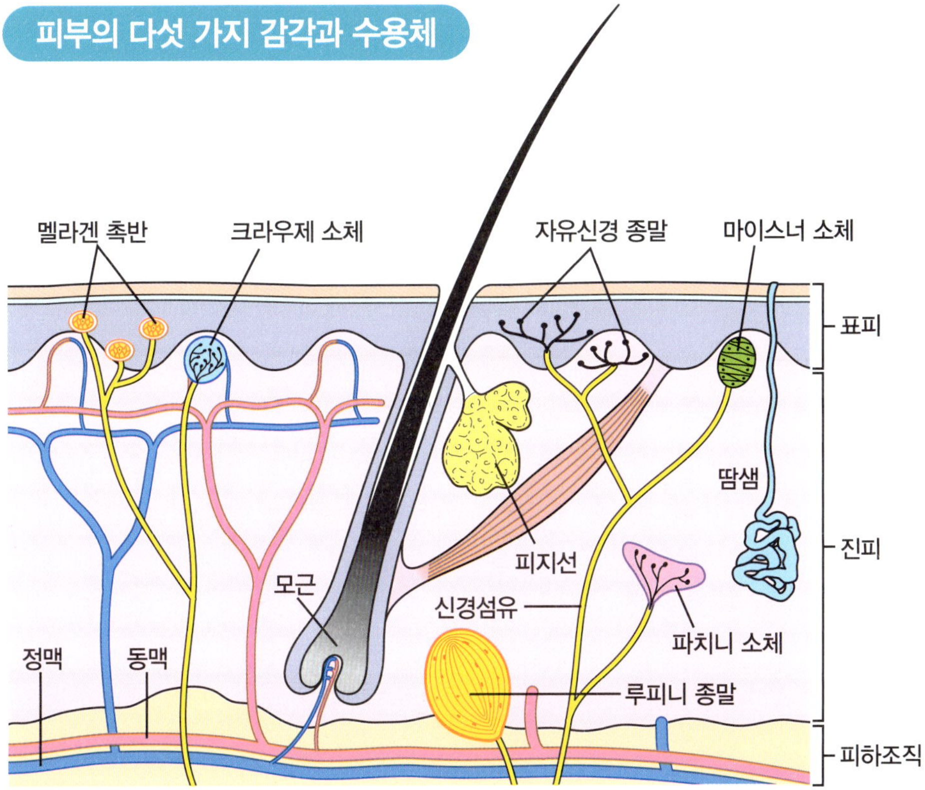

다섯 가지 감각

온각
따뜻하다는 감각
루피니 종말과 자유신경 종말이 감지한다.

압각
압박을 느끼는 감각
멜라겐 촉반, 파치니 소체, 마이스너 소체가 감지한다.

촉각
무언가를 접하고 있는 감각
멜라겐 촉반, 파치니 소체, 마이스너 소체, 루피니 종말이 감지한다.

냉각
차갑다는 감각
크라우제 소체나 자유 신경 종말이 감지한다.

통각
아프다는 감각
자유신경 종말이 감지한다.

지식 가려움은 피부나 점막의 통점이 자극을 받아서 느끼는 통각의 일종이다. 비만세포에서 히스타민이라는 화학전달물질을 방출하여 발생한다.

18

체온조절 구조

열과 땀의 배출 · 억제로 체온조절

체온은 뇌의 지령을 바탕으로 발한 등으로 조정된다. 땀샘은 두 가지가 있으며 아포크린선은 특별한 냄새를 지닌 땀을 분비한다.

● 발한 구조

피부는 체온을 항상 36~37℃로 유지하기 위해서 다양한 작용을 한다. 체온조절을 위해서 가장 중요한 역할을 하는 것은 피부 진피와 그 밑의 피하조직에 있는 땀샘이다.

더울 때나 운동으로 체온이 올랐을 때는 체표 부근을 흐르는 혈액 양이 증가해서 모공이 열리고 열을 방출한다. 동시에 땀샘에서 땀을 분비하여 땀의 증발로 열을 빼앗겨 체온이 내려간다. 한편 추울 때는 체표 부근을 흐르는 혈액 양이 줄어 모공이 닫히고 열의 방출을 억제한다. 또 땀을 분비하기 위한 땀구멍이 닫혀서 발한을 억제한다. 이런 기능은 간뇌의 시상하부에서 제어한다.

땀은 운동 후나 기온이 상승해서 체온이 올랐을 때 흘리는 온열성 발한, 긴장했을 때 흘리는 정신성 발한, 매운 것이나 자극적인 것을 먹었을 때 흘리는 미각성 발한의 세 가지가 있다. 땀의 성분은 99% 이상이 수분이고 그 밖에 식염이나 수용성 단백질, 유산 등을 함유하고 있다.

● 에크린선과 아포크린선

땀샘에는 에크린선과 아포크린선 두 가지가 있다. 에크린선은 온몸에 약 200만 개나 있고 체온조절에 큰 역할을 한다. 특히 손바닥, 이마, 발뒤꿈치에 밀집해 있다.

한편 아포크린선은 겨드랑이 밑, 외음부, 외이도 등에 분포해 있으며 세균의 영향으로 특유한 냄새의 땀을 분비한다.

체온과 각 기관의 기능

몸의 각 기관의 기능은 체온에 따라 크게 영향을 받는다. 36~37℃의 체온은 각 기관이 과부족 없이 작용할 수 있는 온도다. 감기 등 병에 걸리면 열이 나는데 이것은 백혈구의 기능을 높이고 세균이나 바이러스로부터 몸을 지키기 위한 방어반응이다. 단 몸을 구성하는 단백질은 42℃ 이상이 되면 응고하므로 생명을 유지하지 못한다.

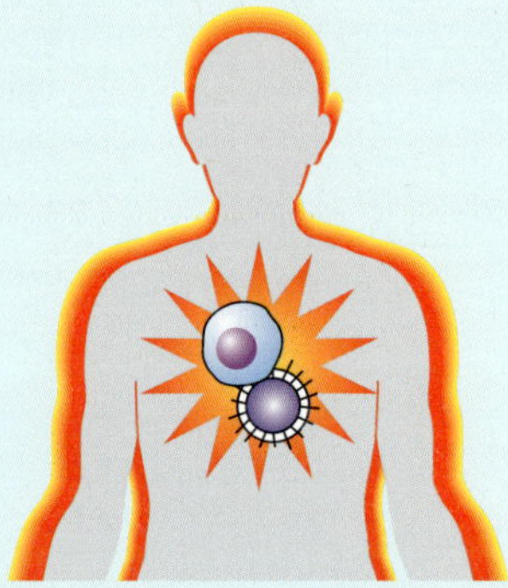

세균이나 바이러스로부터 몸을 지키기 위해서 열을 내어 백혈구의 기능을 높인다.

땀샘 구조

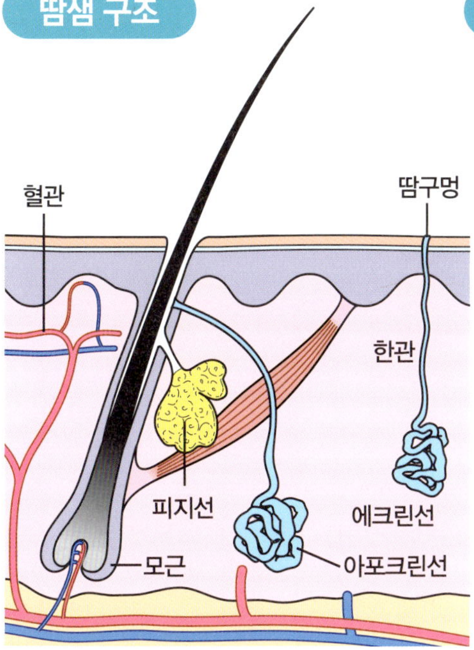

아포크린선의 분포

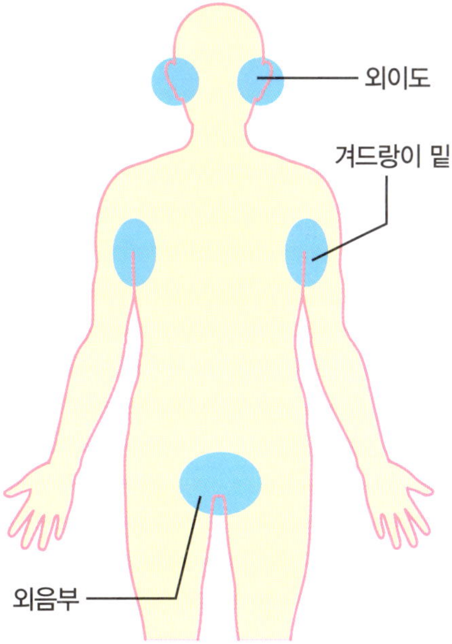

체온조절 구조

〈추울 때〉

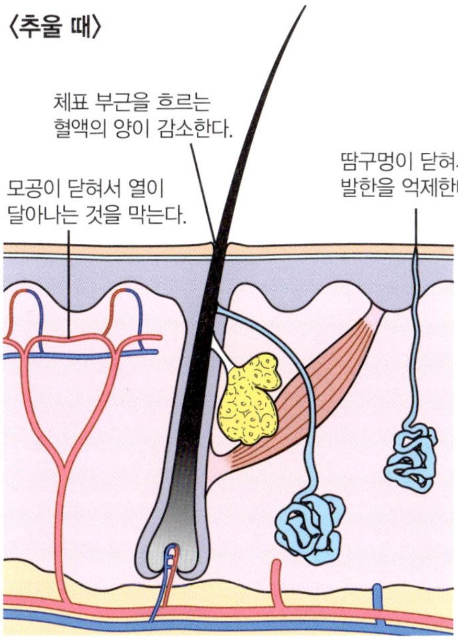

〈더울 때〉

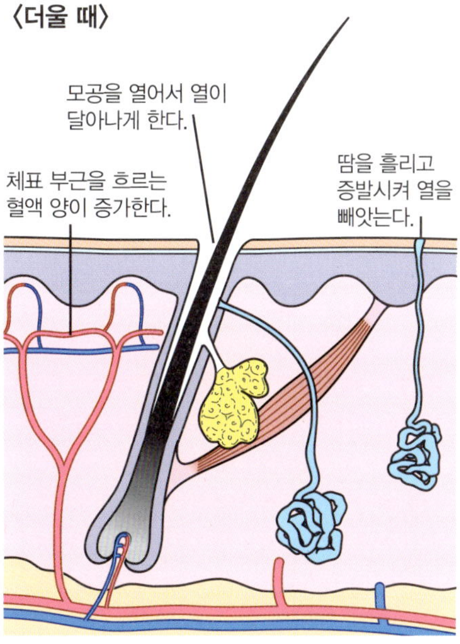

지식 추울 때 돋는 닭살은 땀을 억제하고 열을 내기 위해 입모근이 수축하여 생긴다. 또 공포나 불쾌감으로 닭살이 돋을 수도 있다.

19

모발 구조

몸의 소중한 부분을 보호하는

모발에는 몸을 보호하는 기능과 보온 기능이 있다. 모근 내부에 있는 모모세포가 분열과 증식을 반복하면서 굵고 길게 성장한다.

● 모발의 역할과 구조

머리카락과 체모를 총칭해서 모발이라고 한다. 모발은 피부 표피의 각질이 실처럼 가늘고 긴 모양이 되어 몸을 보호하고 따뜻하게 해준다. 손바닥이나 발바닥 등 아주 일부를 제외하고는 온몸에 나며 특히 머리나 생식기 주변 등 중요한 부위에 많이 난다.

모발은 진피에 생겨서 표피의 밖으로 나오는데 진피 속에 있는 부분을 모근, 표피 밖으로 나온 부분을 모간, 진피 속에서 모근을 싸고 있는 조직을 모포라고 한다. 모포에는 털을 세우거나 눕히는 입모근이 연결되어 있다.

모근 끝의 둥근 부분을 모구라고 하며, 내부에 모모기를 함유하고 있고 모유두를 싸고 있다. 모모기에서는 모모세포가 분열과 증식을 반복하며 털을 만든다. 모모세포에 모발의 성장에 필요한 영양을 보급하는 것이 모유두의 역할이다. 모모세포의 역할로 모발은 하루에 약 0.3mm씩 자란다.

● 모발의 내부 구조

모발은 모소피, 모피질, 모수질의 세 층으로 이루어진다. 가장 바깥에 있는 모소피에는 케라틴이라는 반투명 단백질이 비늘 모양으로 덮여 있다. 모소피의 안쪽에 있는 모피질은 모발 대부분을 차지하는 조직으로 단백질의 섬유가 모여서 이루고 있으며 멜라닌 색소를 풍부하게 함유하고 있다. 또 가장 안쪽에 있는 모수질에는 구멍이 많으며 마치 벌집 같은 모양의 세포로 이루어져 있다.

모발의 주기와 탈모

머리카락은 3~4년 정도의 수명이 끝나면 빠진다. 발모해서 탈모하기까지의 주기를 모주기라고 한다. 건강한 상태라도 하루에 약 50~70개 정도의 머리카락이 빠진다. 남성은 대개 나이를 먹으면서 탈모가 늘어나고 모량이 줄어든다. 이것은 노화 현상일 뿐 병은 아니다.

〈성장기〉

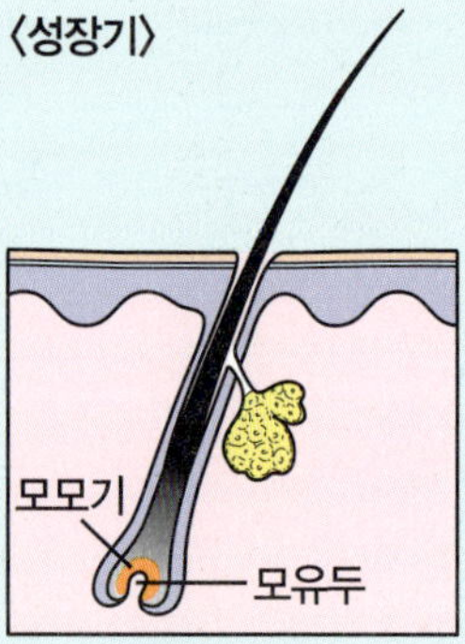

모모기의 분열과 증식의 반복으로 굵고 길게 성장한다.

〈휴지기〉

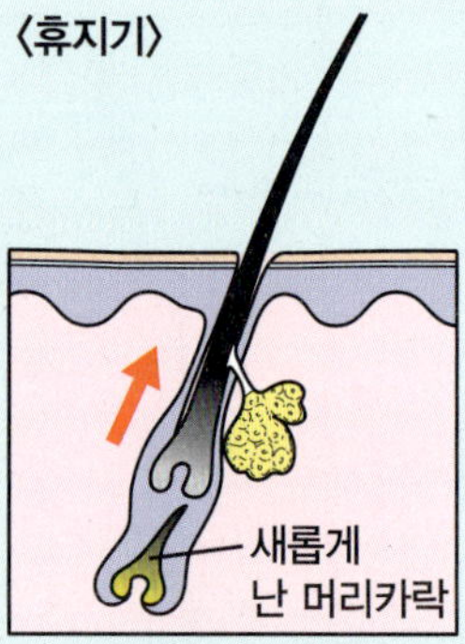

오래된 머리카락이 밀려나고 새로운 머리카락이 성장한다.

모발 단면

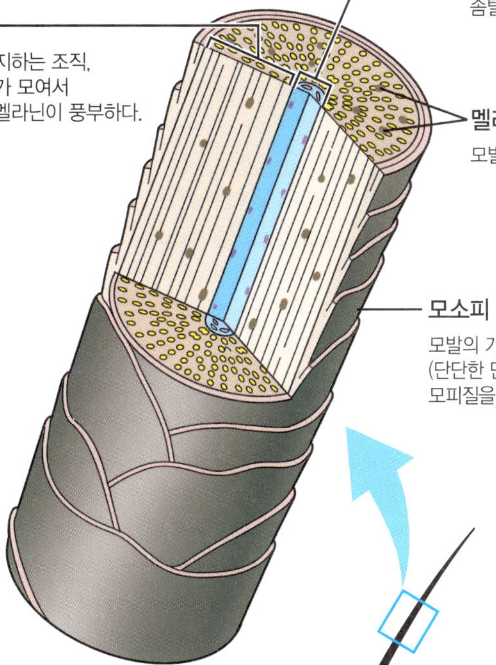

모발 구조

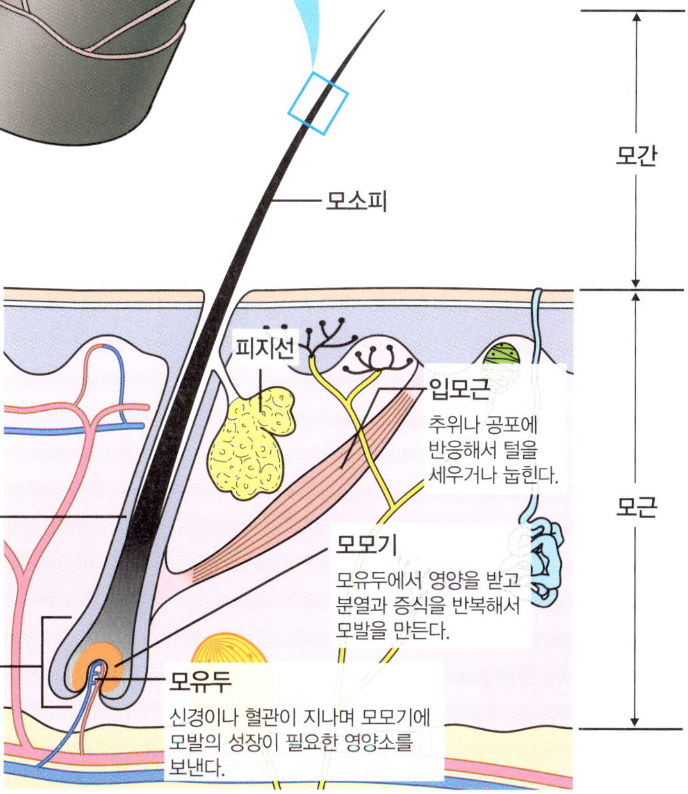

지식 나이를 먹음에 따라 모발 내의 색소세포가 노화해서 색소 양이 줄어들면 백발이 된다. 또 자외선이나 혈액순환의 불량도 영향을 미친다.

20

손톱과 발톱 구조

손가락과 발가락 끝을 지키는

손톱과 발톱은 물건을 잡거나 걸을 때 손가락과 발가락 끝을 보호하는 기능이 있다. 뿌리 부분에 있는 조모가 세포분열해서 자란다.

● 손톱 구조

손톱은 피부 일부가 각질로 변해서 딱딱해진 것으로 사물을 잡거나 걸을 때 충격으로부터 손가락을 보호한다. 주로 케라틴이라는 단백질로 구성되어 있고 내부에는 신경과 혈관이 지나지 않기 때문에 잘라도 아프지 않고 출혈이 없다.

눈에 보이는 손톱 부분을 조갑, 피부에 감춰진 부분을 조근이라고 한다. 조갑 밑에 있는 진피 부분을 조상이라고 하며 아교섬유로 손톱과 강하게 붙어 있다. 조상의 뿌리 부분에는 조모가 있는데 여기서 세포분열이 일어나 손톱이 자란다. 손톱은 하루에 약 1mm 자란다. 조모에서 만들어진 손톱은 3개월마다 손톱 끝까지 자란다. 손톱의 뿌리 부분에 있는 흰색 반달 모양을 조반월이라고 한다. 조반월은 조모에서 만들어져 나온 것이 아직 완전히 각질화가 되지 않아 흰색이다.

● 손톱이 말하는 몸 상태

손톱은 건강 상태에 따라 모양이나 색이 달라진다. 그래서 손톱을 보면 건강 상태를 알 수 있다. 예를 들면 철 결핍 빈혈은 손톱의 중앙부가 움푹 패어서 숟가락 모양이고 심장병이나 폐암이 의심될 때는 북채 모양이다.

영양 상태가 나쁘면 손톱에 가로 선이 생기고 손톱 끝이 쉽게 부서진다. 손톱 자체가 백선균에 감염된 조무좀은 끝이 하얘지고 매끄러움을 잃는다.

굳은살과 티눈

굳은살과 티눈은 피부 표피의 각질이 변한 것으로 피부의 지속적인 마찰이나 압박에 대한 방어 작용으로 만들어진 것이다.
굳은살은 표피 외측을 향해서 각질층이 두꺼워진 것으로 만져도 통증이 없다. 한편 티눈은 각질층이 진피에 파고 들어간 것으로 진피에 있는 통점이 자극을 받아서 만지면 아프다.

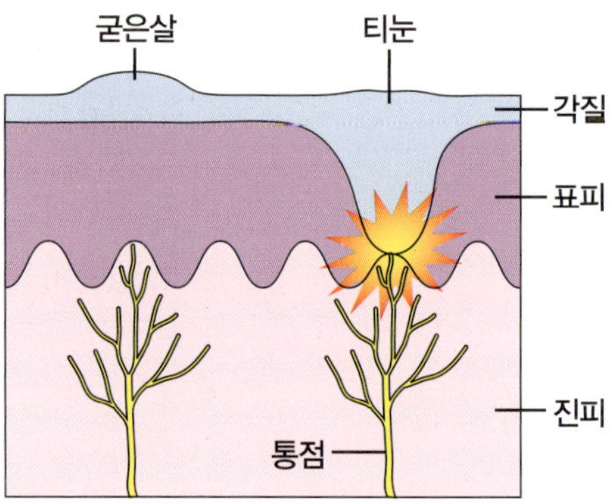

손톱 구조

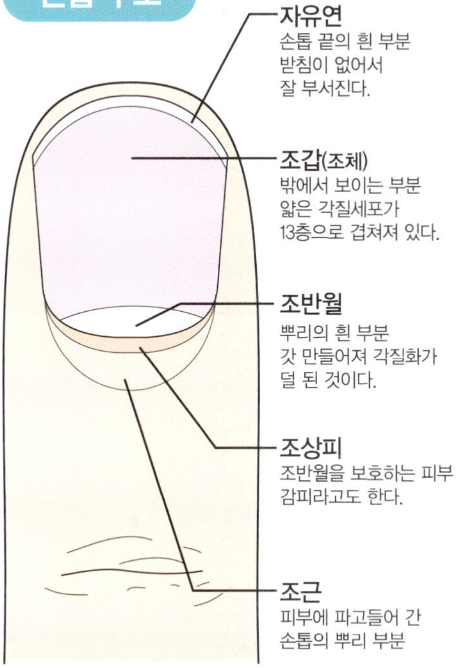

〈손톱의 외관〉

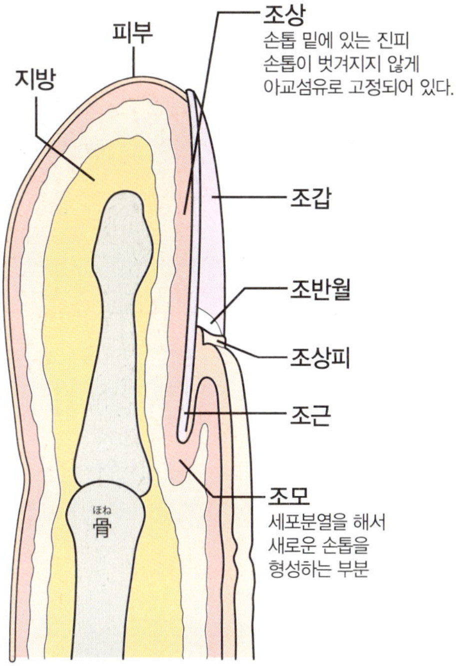

〈손톱의 단면〉

손톱에 나타나는 증상

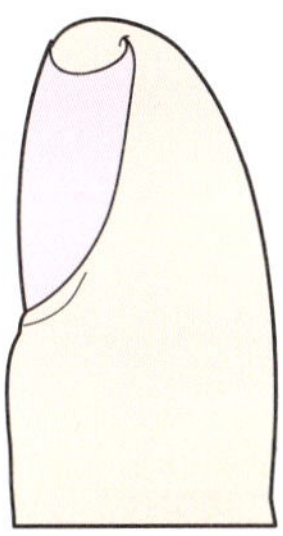

함입조
손톱 양 끝이
살을 파고든다.

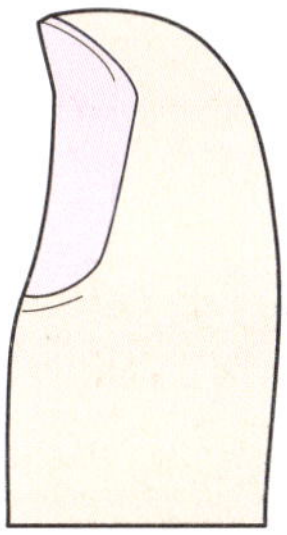

숟가락 모양
철 결핍성 빈혈 상태

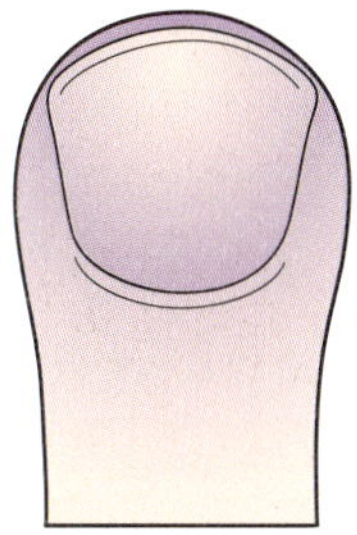

북채 모양
심장병이나 폐암이
의심된다.

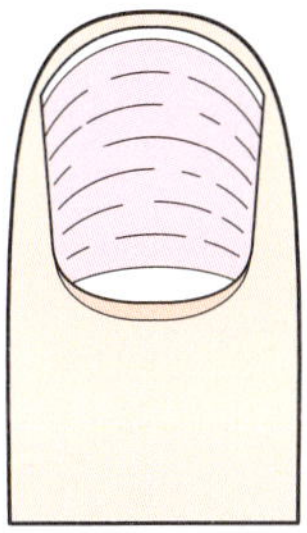

가로선
영양장애가 있다.

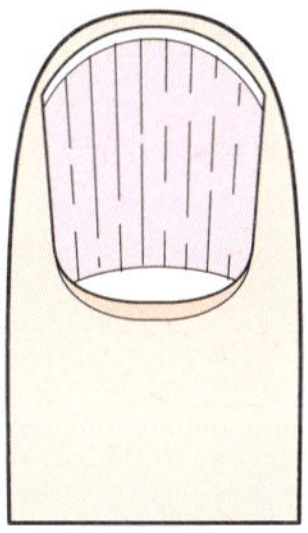

세로선
노화 현상

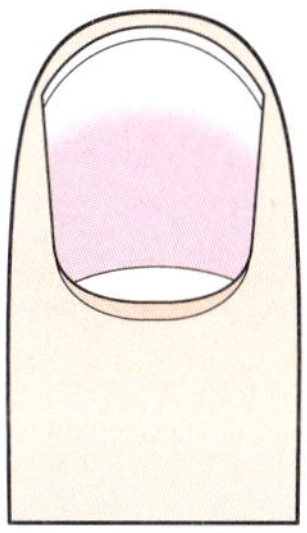

끝이 뿌옇게 흐림
조무좀에 감염

지식 사마귀는 피부에 돌기된 각질 덩어리다. 주로 인체 유두종 바이러스(Human papilloma virus)의 감염으로 생기며 전염될 수도 있다.

● 아토피성 피부염

알레르기 반응이 원인으로 일어나는 만성 피부염이다. 발병의 원인은 불분명하지만 유전적 요인과 관계 있다. 곰팡이나 먼지 때문에 피부염 증상이 발생한다.

▶**주요 증상:** 피부 전체가 건조하고 가려움을 동반한다. 특히 목 주위는 검게 변하고 팔꿈치와 무릎의 피부가 두꺼워진다. 또한, 중증이 되면 온몸의 피부가 빨갛게 변하고 각질이 부슬부슬 떨어진다.

● 대상포진

수두와 같은 바이러스 감염으로 일어나는 발진으로 신경의 주행에 따라 띠 모양으로 발생한다. 가슴, 복부, 얼굴에 잘 생기며 각막에 생겨서 시력 저하를 초래하기도 하고, 귀에 생겨서 청력을 떨어뜨리기도 한다.

▶**주요 증상:** 몸 좌우 한쪽에 신경통 같은 심한 통증이 있고, 쌀알 정도 크기의 수두가 생긴다. 띠 모양으로 늘어선 수두는 딱지를 만들고 심할 때는 궤양이 되기도 한다.

● 무좀(수족백선)

백선균의 감염으로 생기는 피부병이다. 감염 초기에는 아무런 증상이 없지만 균의 증식이 늘어나면 피부가 하얗게 일기도 하고 두껍게 딱딱해져 불쾌한 가려움증을 동반한다.

● 여드름

피지가 다량 분비되어 모공이 막히고 모공 안에서 세균이 번식해서 염증이 생긴다. 성인은 피질의 분비가 적어도 화장이나 스트레스에 따른 호르몬 밸런스의 흐트러짐으로 생기기도 한다. 피지선이 많이 모여 있는 얼굴에 주로 생기며 사춘기 때는 코와 이마, 성인이 되면 턱과 입 주변에 잘 생긴다.

●여드름

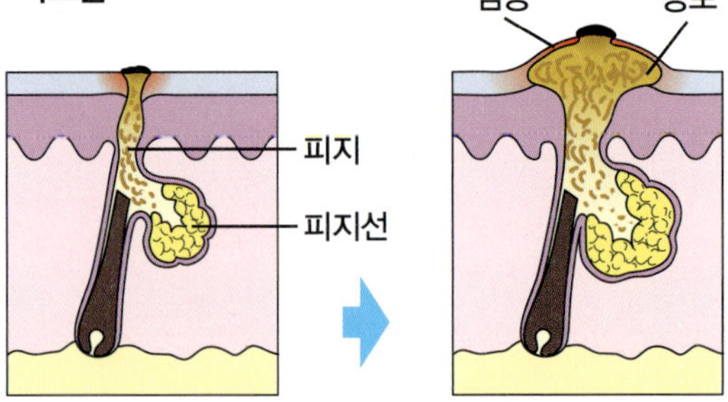

피지선에서 과잉으로 분비된 피지가 검게 모여서 모공을 막는다.

모공 안에서 세포가 증식하고 주변에 염증이 생겨서 농이 모인다.

6장

소화기

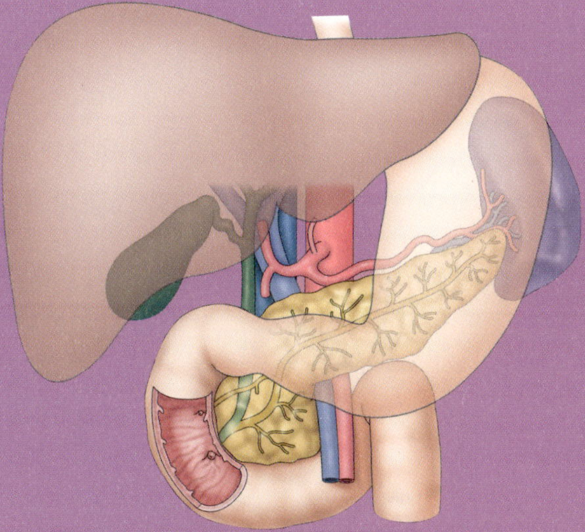

소화기는 음식물을 물리적으로 깨뜨리고 화학적으로 분해해서 세포가 이용할 수 있는 모양으로 변화시키는 기관이다. 입에서 들어온 음식물은 위나 십이지장에서 소화액으로 분해되어 위에서 흡수한다. 흡수한 영양소는 간에서 화학 처리하여 체내에서 이용하기 좋은 모양으로 바뀐다. 소화되지 않은 음식물의 가스는 변으로 배설한다.

01

소화기 구조

입에서 시작해서 항문으로 끝나는 음식물의 통로

소화기는 음식물을 소화하고 흡수하는 기관이다. 입으로 들어간 음식물은 식도, 위, 장에서 소화 흡수하고 항문에서 배설한다.

● 입, 식도, 위

섭취한 음식물의 영양소나 수분을 저장·소화·흡수하는 기관을 소화기관이라고 한다. 각각의 소화기관은 세세하게 역할이 분류되어 있어 식도, 위, 장 등 몇 개의 기관을 통과하면서 섭취한 영양소를 남김없이 거둘 수 있다.

첫 소화기관은 치아와 세 쌍의 타액선(이하선, 악하선, 설하선)이다. 입으로 들어간 음식물은 치아가 씹어서 산산조각이 나고 타액선에서 분비된 침과 섞인다.

소화가 잘 되는 모양으로 바뀐 음식물은 수초 후 식도를 통과해서 분문을 통해 위로 들어간다. 위에서는 강산성 위액과 위 근육의 수축 운동으로 탄수화물이나 단백질 등으로 분해되어 갈쭉한 상태가 된다. 그 후 위의 출구인 유문을 통과해서 십이지장으로 보낸다.

● 십이지장, 소장, 대장

십이지장으로 온 소화물은 간에서 만들어진 담즙과 췌장에서 만들어진 췌액이라는 소화액으로 더욱 잘게 분해되어 소장으로 간다. 소장에서는 음식물에 함유된 영양소 대부분과 수분의 약 80%를 흡수한다. 흡수된 영양소는 간으로 보내져 화학처리 후에 온몸으로 운반된다.

식물섬유나 수분 등의 소화물 찌꺼기는 맹장, 결장, 직장으로 이루어진 대장으로 보낸다. 그곳에서 수분을 흡수하여 고형물이 되고, 직장에서 항문으로 보내 변으로 배설된다.

소화와 흡수에 걸리는 시간

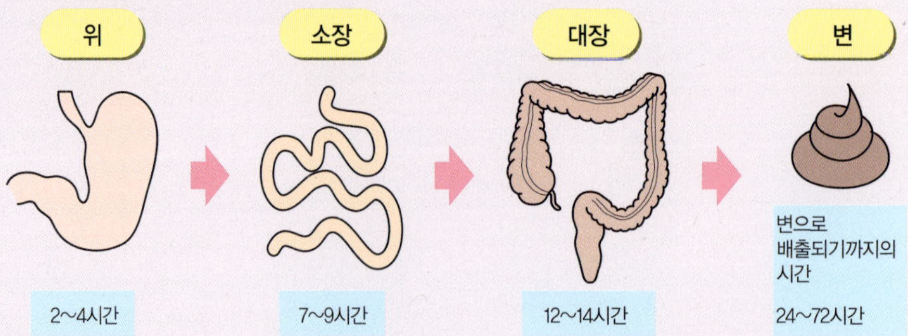

소화기관 구조

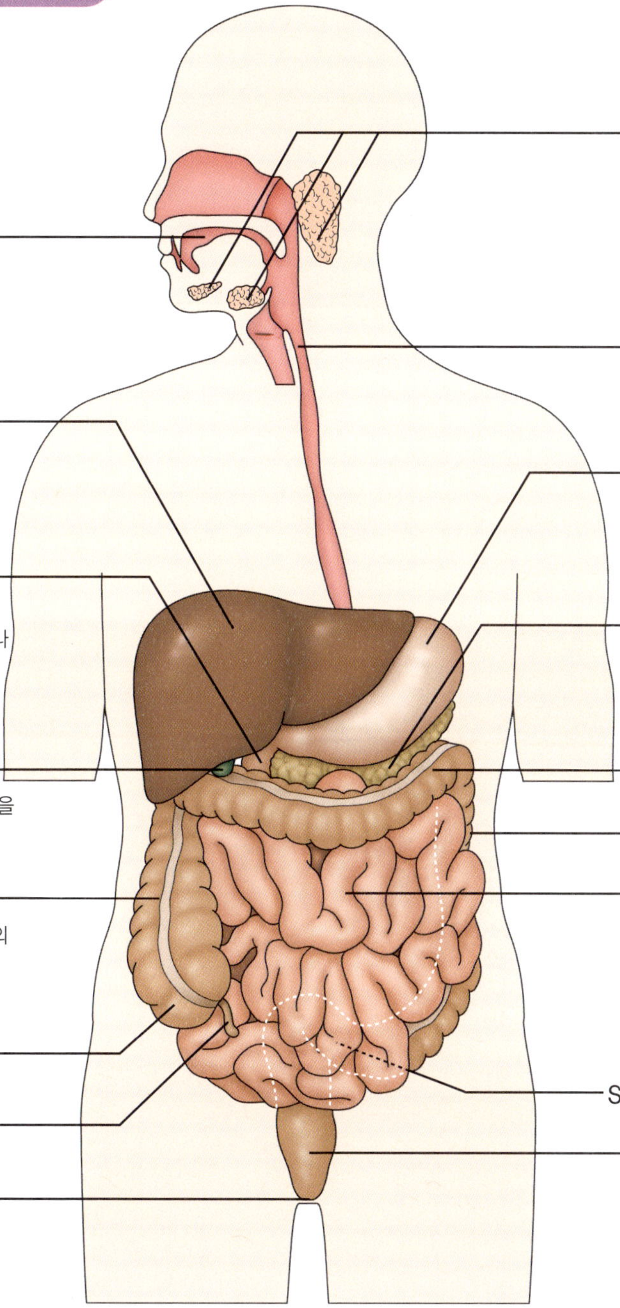

대장은 맹장(충수), 결장(상행, 횡행, 하행, S자 모양), 직장으로 이루어진다.

지식 소화기는 소화관과 소화샘으로 나눈다. 소화관은 음식물을 소화해서 운반하는 관으로 식도, 위, 장 등이다. 소화샘은 소화분비액을 분비하는 샘으로 타액선과 췌장, 간 등이다.

02

식도 구조

음식물을 위에 보내는 관

식도는 인두와 위를 연결하는 관으로 근육의 연동운동으로 음식물의 역류를 막으면서 위에 음식물을 보낸다.

● 식도 내부 구조

식도는 소화기관의 한 부분으로 기관지와 이웃한 인두(목구멍 위의 깔때기 모양의 근육)와 위 사이에 있는 긴 관이다. 지름 약 2cm의 타원형으로 길이는 성인은 약 25cm이다. 음식물이 지나지 않을 때는 앞뒤가 딱 달라붙듯이 평평하고 음식물이 지날 때만 굵게 펼쳐지는 구조다.

식도의 내강은 중층 편평상피라는 유연하고 강한 세포로 덮여 있다. 점막의 바깥에는 점액을 분비하는 점막하조직이 있고 그 바깥층에는 고리 모양의 근섬유인 윤주근과 가로로 뻗어 있는 근섬유인 종주근이라는 근육이 있다. 근육의 바깥층에는 외막이 있어서 식도를 보호한다.

● 음식물이 통과하는 구조

입으로 들어온 음식물이 목을 통과해서 식도에 들어오면 윤주근은 전후좌우로, 종주근은 상하로 동시에 늘어나기도 하고 줄기도 한다. 이것을 연동운동이라고 한다. 연동운동, 음식물의 무게(중력), 목의 삼키는 힘이 합쳐져서 음식물을 위로 보낸다. 음식물이 식도를 통과하는 시간은 약 10초 정도다.

또한, 식도의 점막하조직에 있는 식도선은 점액을 분비해서 음식물이 잘 통과하도록 도와준다. 식도 하단부에 있는 하부 식도 괄약근이라는 평활근은 위 안에 들어온 음식물이 식도로 역류하는 것을 막는다.

음식물이 잘 막히는 부위

식도에는 구조적으로 잘록한 부위가 세군데 있다. 식도 입구 부위(제1협착부), 기관지와 교차하는 부위(제2협착부), 횡격막을 관통하는 부위(제3협착부)다. 음식물을 잘 씹지 않고 삼키면 이런 부위에서 막힌다. 협착부는 식도암이 비교적 잘 생기는 부위다.

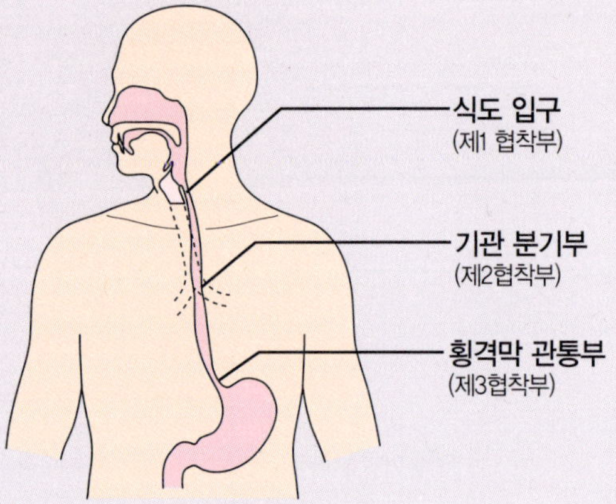

식도와 위의 위치

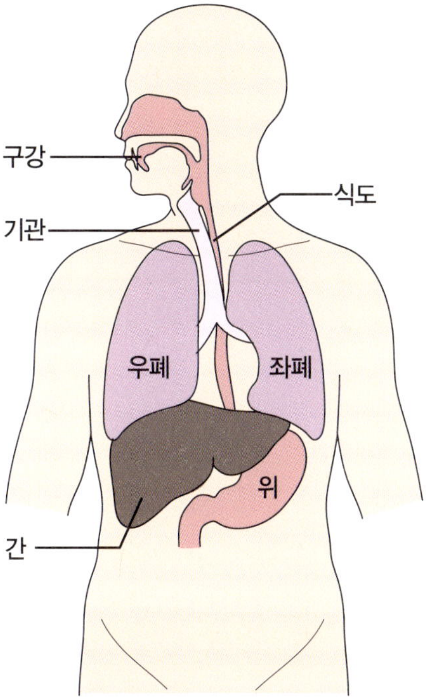

식도 운동

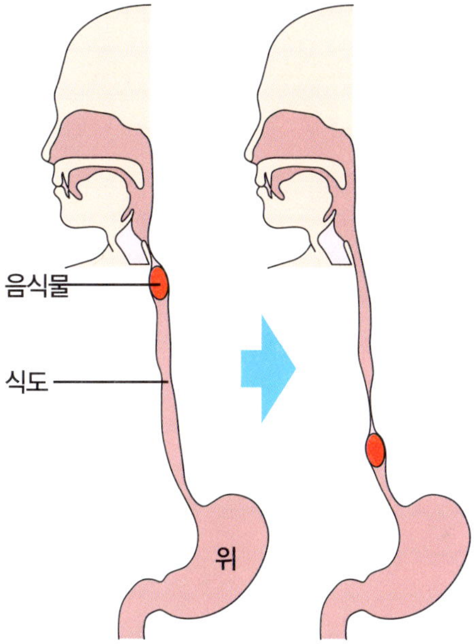

식도의 근육이 수축과 이완을 반복해서 음식물을 위로 보낸다. 음식물은 수초 만에 식도를 통과한다.

식도 구조

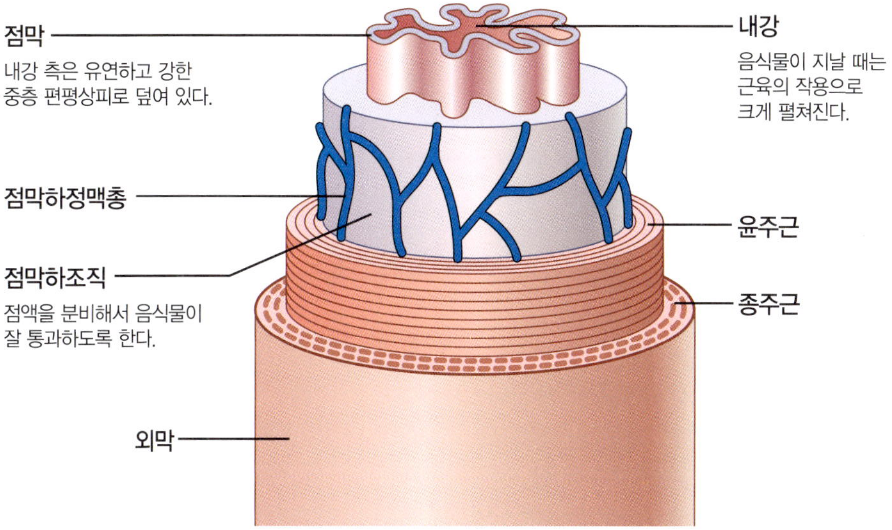

지식 식도의 연동운동은 자율신경의 지배를 받아 의지와 상관없이 움직인다. 이 작용 때문에 누워서 식사해도 음식물이 역류하지 않고 위로 간다.

03

연하 구조

음식물을 삼키는 움직임

삼킨다는 뜻의 '연하'란 입안의 음식물을 위로 보내는 운동이다. 인두에 있는 연구개나 후두개의 기능이 음식물의 역류를 막는다.

● 연하운동 구조

입에 들어온 음식물은 치아의 조작운동으로 적당한 크기가 되면 혀로 후상반 쪽으로 보내 인두로 운반된다.

음식물이 인두 안에 도착하면 인두의 연구개가 올라가서 비강과의 통로를 막고 음식물이 코로 역류하는 것을 막는다. 음식물은 인두를 통과하면 후두개 옆을 지나 식도로 진행한다. 후두개는 기도의 입구를 막는 뚜껑 역할을 하여 음식물이 기도로 흘러 들어가는 것을 막는다. 또 상부 식도 괄약근이 수축해서 식도 상부를 폐쇄하고 후두로 음식물이 역류하는 것을 막는다.

이런 구강→ 인두→ 식도→ 위로 음식물을 삼키는 일련의 움직임을 연하운동이라고 한다.

● 음식물을 위로 보내는 구조

식도에서는 근육의 연동운동으로 음식물을 위로 보낸다. 식도와 위의 경계에는 분문이라는 부위가 있다. 분문은 위를 폐쇄하는 하부 식도 괄약근으로 이루어져 있다.

음식물이 분문 가까이 내려오면 식도 뒤에 있는 근육은 수축하고 하부 식도 괄약근은 이완해서 분문이 열리고 음식물은 위 속으로 들어간다.

분문은 위 속의 것이 역류하거나 유해물이 위 속으로 들어가는 일이 없도록 평상시에는 뚜껑을 닫고 있다. 그러나 위가 소화불량을 일으키면 하부 식도 괄약근이 이완해서 위산과 더불어 위의 내용물이 식도에 역류한다. 그래서 식도의 점막이 염증을 일으키면 명치 언저리가 쓰리고 아픈 증상이 나타난다.

〈음식물을 삼키는 구조〉

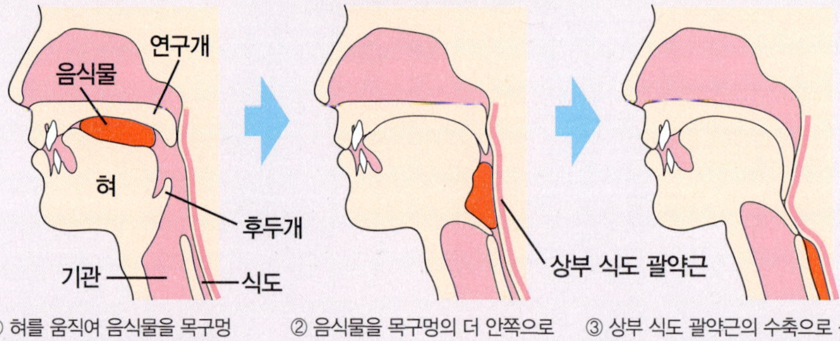

① 혀를 움직여 음식물을 목구멍 안쪽으로 보내고 연구개가 올라가서 비강으로의 통로를 막는다.

② 음식물을 목구멍의 더 안쪽으로 보내면 후두개가 내려가 기관으로의 통로를 막는다.

③ 상부 식도 괄약근의 수축으로 식도가 폐쇄되어 후두로의 역류를 막는다. 음식물은 식도 안쪽으로 보낸다.

04

식도병

식도암은 주로 60대 이상의 남성에게서 많이 발생한다. 술, 담배와 밀접한 관계가 있다!

● 식도염

산이나 알칼리를 잘못 마시거나 대단히 뜨거운 것을 먹었을 때 발생하는 급성 식도염과 위액이나 십이지장액의 역류로 일어나는 역류성 식도염이 있다. 역류성 식도염은 식도와 위의 기능이 나빠졌을 때 생기며 식도열공 헤르니아가 있는 사람에게 잘 발생한다. 점막의 염증이 심해져서 점막 아래까지 이른 상태를 식도 궤양이라고 한다.

▶**주요 증상:** 명치 언저리가 쓰리고 아프며 그 밖에도 흉골 뒤의 통증, 삼킬 때의 통증이 있다. 중증이 되면 궤양 때문에 출혈이 생기고 하혈이나 구토 증상이 발생한다.

● 식도암

식도암은 진행이 빠르고 수술할 수 없는 경우가 많다. 기관과 교차하는 부분보다 흉부식도에서 잘 발생하며 알코올 음료를 많이 마시는 사람이나 흡연자에게 많다.

▶**주요 증상:** 식사 때 가슴이 메는 느낌이나 쓰린 느낌이 있다. 증상은 서서히 심해지고 유동식도 먹기 어려워진다.

● 식도 이완 불능증

하부 식도 괄약근이 잘 이완되지 않아서 음식물이 식도를 통과하기 어려운 병이다. 하부 식도 괄약근을 움직이는 아우어바흐신경총(신경얼기)의 성질이 달라져서 괄약근이 이완되지 않고 닫히는 것이 원인이다.

▶**주요 증상:** 통과 장애가 있어서 식도 안의 음식물이나 침이 입안으로 역류한다. 위액이나 담액은 섞이지 않는다.

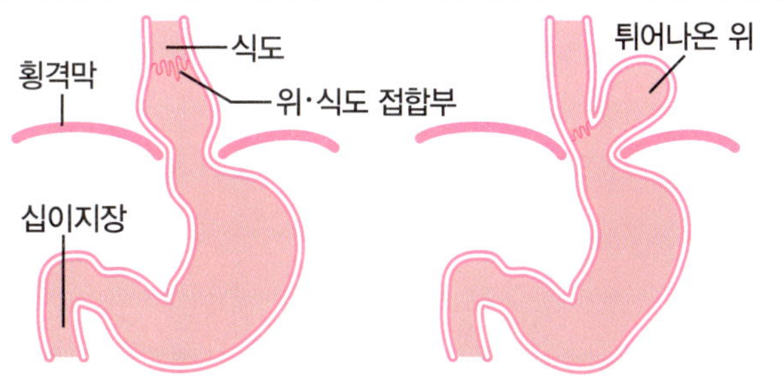

●활탈형 식도열공 헤르니아
식도 하부와 위 상부가 횡격막의 열공 때문에 원래 있어야 할 장소에서 벗어난 상태. 위산이 역류해서 명치 언저리가 쓰리고 아프다.

●방식도형 식도열공 헤르니아
열공으로 위 일부가 원래 있어야 할 장소에서 벗어나 있다. 위염전이 발생할 위험이 있다.

05

위 구조

위액과 연동운동으로 음식물을 휘저어 섞는

위는 음식물을 근본적으로 소화하는 최초의 기관이다. 연동운동으로 음식물과 위액을 섞은 다음 십이지장으로 보낸다.

● 위 구조

위는 식도를 잇는 소화기로 상복부의 왼쪽에서 오른쪽 아래에 걸쳐 있는 J 모양의 기관이다. 주머니 모양으로 신축성이 풍부하고 용적은 속이 비었을 때는 50ml, 가득 찰 때는 1.5l까지 팽창한다.

위의 입구는 분문, 출구는 유문이다. 위는 입구 부근의 분문부, 위저부, 중앙의 위체부, 출구 부근의 유문부 네 가지로 이루어져 있다. 위의 안쪽은 점막으로 덮여 있고 점막의 표면에는 위소와라는 작은 구멍이 있다. 위소와에는 위액을 분비하는 위선이 열려 있다.

위벽의 근층은 안쪽부터 사주근, 윤주근, 종주근의 평활근 세 개로 구성되어 있다. 이 근육이 수축과 이완을 반복하면서 음식물을 위액과 섞는다. 근층의 바깥층에는 장막이 있고 위의 표면을 덮고 있다.

● 위 기능

위의 주요 기능은 음식물을 위액과 섞어서 소화가 잘되도록 죽처럼 만들어 십이지장으로 보내는 것이다.

분문이 열려서 음식물이 위에 모이면 위액이 분비된다. 음식물과 위액이 섞이고 종주근이 세로로, 윤주근이 전후좌우로, 사주근이 비스듬하게 수축하여 휘저어 섞으면 음식물이 죽처럼 된다. 이런 연동운동은 위의 아랫부분에서 활발하게 이루어진다. 연동운동으로 유문 부근까지 운반된 위의 내용물이 유문 괄약근을 자극하면 유문이 열린다. 그리고 위의 내용물을 십이지장까지 보낸다.

위의 연동운동

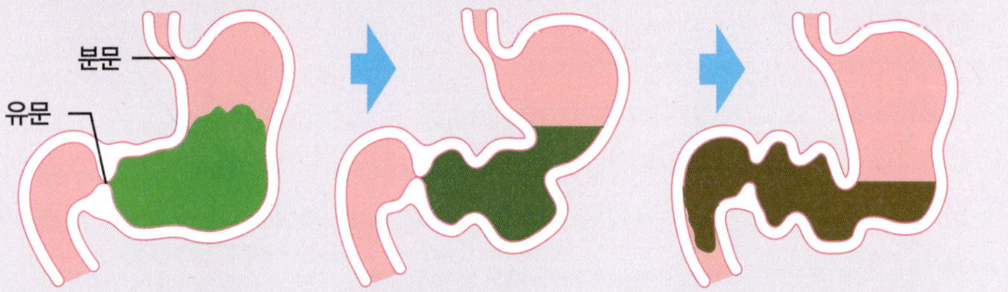

분문이 열려서 위에 음식물을 저장하고 위액을 분비한다.

음식물과 위액이 섞이고 연동운동으로 섞인다.

유문부를 닫고 있는 유문 괄약근이 이완되어 소화물을 십이지장으로 보낸다.

위 구조

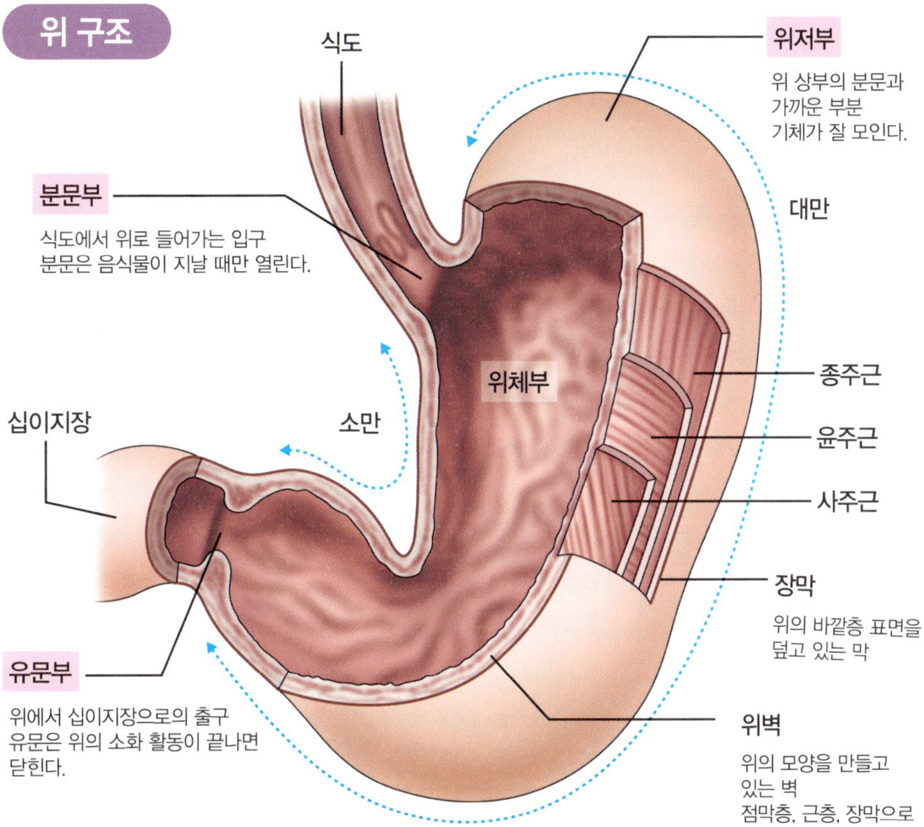

위벽 구조

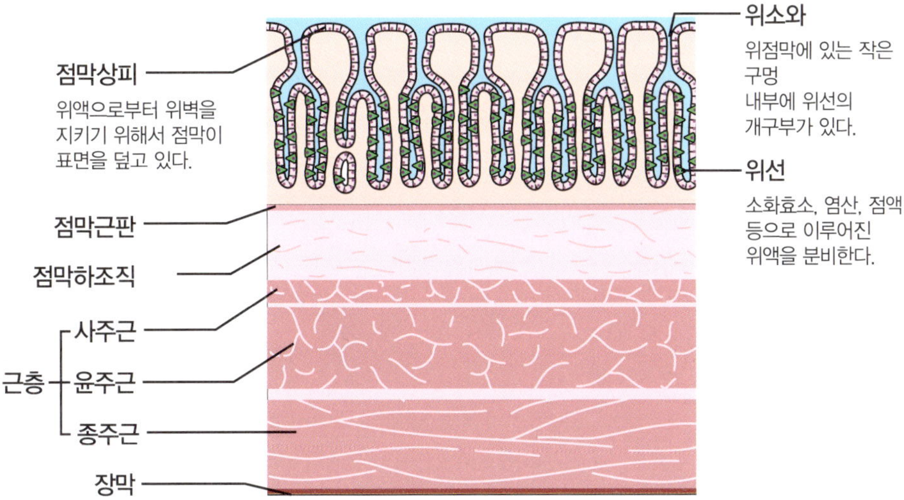

지식 소는 위가 네 개지만 소화 기능이 있는 것은 하나밖에 없다. 다른 세 개의 위는 소화하기 어려운 풀을 되새김질하는데 사용한다.

06

위액의 기능

위를 지키면서 음식물을 살균하고 분해하는

위액의 주성분은 세 가지로 염산은 음식물의 살균, 펩시노겐은 단백질 분해, 점액은 위벽을 보호한다.

● 위액의 세 가지 성분의 기능

위는 위액의 화학적 소화와 연동운동으로 생리적 소화를 하여 음식물을 소화가 잘 되는 상태로 만든다. 위액은 위 내벽의 무수한 구멍(위소와) 안쪽에 있는 위선에서 분비된다. 위액의 분비량은 하루에 약 3*l* 나 된다.

위선에는 부세포, 벽세포, 주세포 세 가지가 있어서 각각 다른 성분의 위액을 분비한다. 위액의 주성분은 염산, 소화효소(펩시노겐), 점액 세 가지다. 벽세포에서 분비하는 염산은 음식물을 살균해서 부패나 발효를 막는다. 또 음식물에 함유된 철이나 칼슘을 산화시켜서 흡수가 잘 되는 상태로 만든다. 펩시노겐은 주세포에서 분비하며 염산과 만나 펩신으로 바뀐다. 펩신은 음식물 속의 단백질을 잘게 분해한다. 점액은 부세포에서 분비하며 위의 내벽을 염산으로부터 보호한다.

● 위액 분비 구조

자율신경과 호르몬이 위액 분비를 조정한다. 음식물을 보거나 음식물의 냄새를 맡으면 부교감신경이 작용해서 신경전달물질인 아세틸콜린을 분비한다. 음식물이 위에 들어가면 위의 G세포가 자극 받아 호르몬 가스트린을 분비한다. 아세틸콜린과 가스트린이 비만세포를 자극하여 히스타민을 분비한다. 그리고 이 세 가지 물질이 작용하여 위액을 분비한다. 또 소화액을 십이지장으로 보내 위액의 분비를 억제한다.

트림과 구토

트림은 위 위쪽의 위저부에 공기가 모이면 그 압력으로 위가 수축하여 분문이 열려 나온다.

구토는 구토중추의 지령으로 위의 유문은 닫히고 분문은 열리는 식도의 수축운동이 더해져서 생기는 반사운동이다.

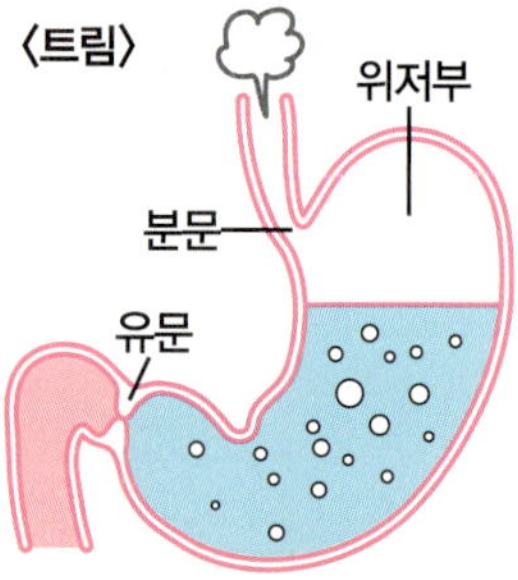

식사를 할 때 삼킨 공기는 위저부에 모여서 배출된다.

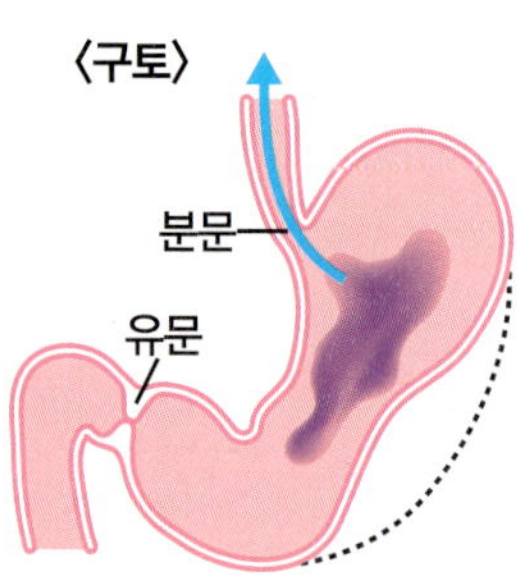

위의 상태가 좋지 않거나 유해물이 위에 들어갔을 때, 위나 장을 지키려는 반사운동.

위선 구조

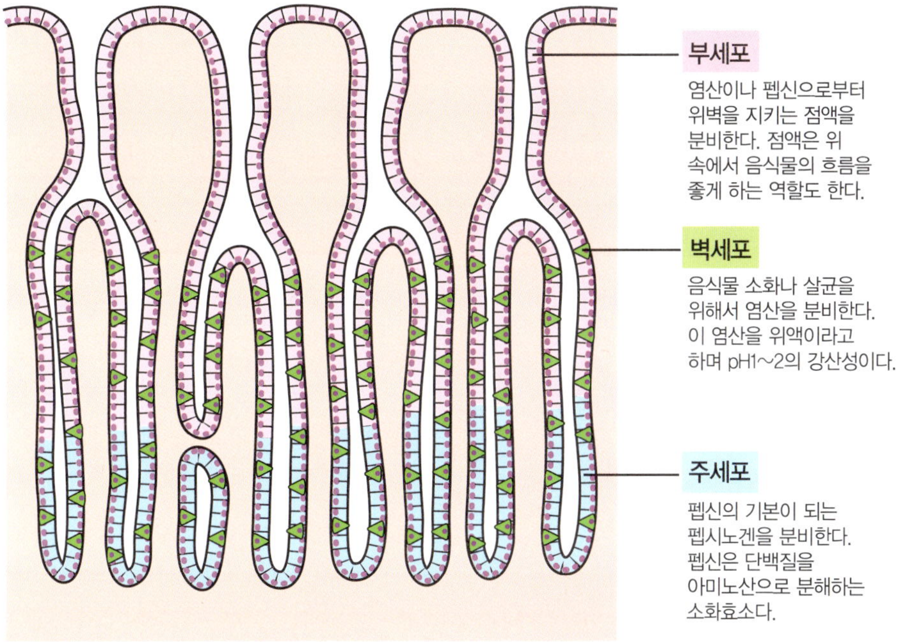

위액을 분비하는 구조

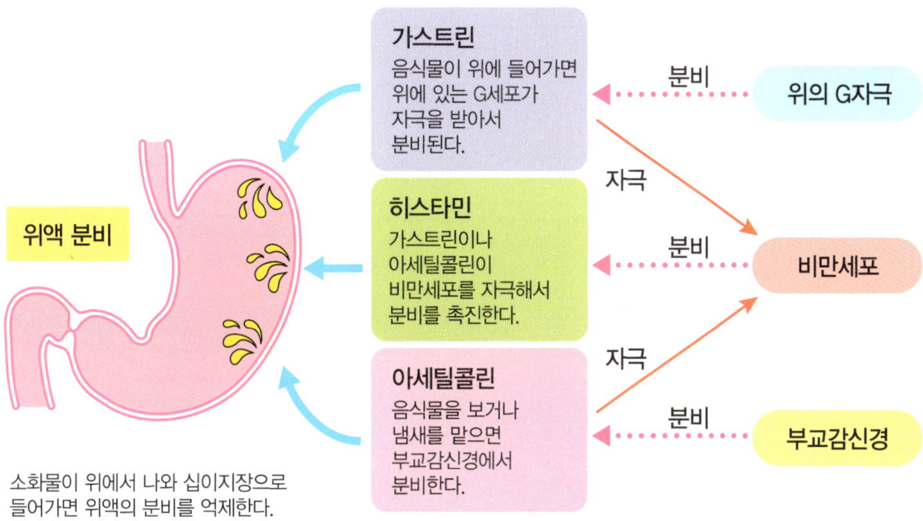

지식 위장의 윗부분을 '위저부'라고 한다. 외과 수술을 할 때 위장이 위치한 부위보다 아랫부분을 개복하기 때문이다. 이 부분이 가장 안쪽에 있는 것처럼 보인다.

● 위암

면학 조사에 따르면 흡연, 과식, 불규칙한 식생활 등이 위험 인자다. 또 강한 위산 속에서도 살아남는 헬리코박터 파일로리균의 감염이 위암 발생과 관계 있다. 위암의 반은 유문을 포함한 위 아랫부분 1/3에 생기고, 다음으로는 소만부에 많이 생긴다.

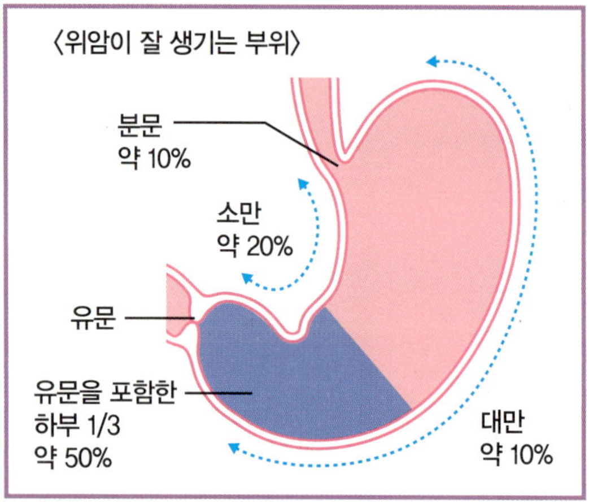

▶**주요 증상:** 초기 증상으로 가장 많은 것은 명치의 통증과 팽만감이다. 식후나 식사 중 위가 거북하고 식욕이 사라진다. 암이 진행되면 구역질, 구토, 명치 언저리가 쓰리고 아픈 증상, 트림, 설사, 변비, 온몸의 권태감, 체중 감소 등의 여러 증상이 점점 심해진다. 토혈, 하혈, 빈혈, 흉통 등을 동반하기도 한다.

● 급성 위염

위 점막에 염증을 일으키는 것으로 가장 흔한 위장병이다. 알코올, 향신료, 약물, 스트레스, 세포 감염 등 다양한 원인이 있다.

▶**주요 원인:** 원인에 따라 다르지만 대개는 상복부를 쥐어짜는 통증, 명치 언저리가 쓰리고 아픈 증상, 구토 등으로 시작한다. 식중독이 원인일 때는 발열과 설사를 동반한다. 점막의 염증이 심할 때는 심한 통증과 동시에 토혈이나 하혈 증상을 보인다.

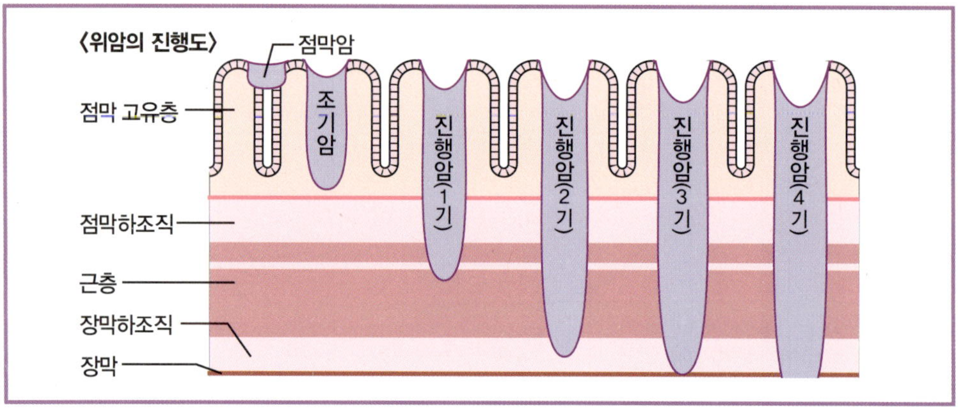

● 만성 위염

위 점막에 있는 위선이 위축되어 위산의 농도가 저하된 상태다. 원인은 파일로리균의 감염이 대부분이다. 또한, 담즙의 역류와 불규칙한 식생활, 흡연과 알코올 등과도 관련 있다. 윗배가 거북하고 불쾌감이 있지만 큰 통증은 없다.

● 위궤양

염산이나 펩신 등 위 점막을 공격하는 인자와 위 점막을 지키는 점액의 균형이 망가져서 위 점막에 궤양이 생기는 병이다. 주요 원인은 스트레스로 최근에는 파일로리균의 감염이 주요 원인이다.

▶**주요 증상:** 궤양이 생긴 부위나 궤양의 크기와 깊이에 따라 다르다. 자각증상 중 가장 많은 것은 윗배의 동통이다. 식사하면 사라지고 공복이 되면 아프기 시작한다. 통증 다음으로 많은 것이 명치 언저리가 쓰리고 아픈 증상과 트림이며 토혈과 하혈 증세도 많다.

● 위 폴립

위의 점막에 생기는 양성종양이다. 점막이 상처를 입으면 그것을 무리하여 복구하려다 생기는 것으로 만성 위염인 사람에게 많이 보인다. 암이 되는 경우도 간혹 있다. 자각증상은 거의 없지만 커지면 출혈이 있고 구역질과 팽만감을 느끼기도 한다.

● 위장 아토니

위가 골반 위치까지 늘어지는 상태를 말한다. 선천적으로 근육이 약하고 야윈 사람이 잘 걸린다고 한다. 자각증상은 상복부가 거북하고 트림, 메슥거림이 있다. 심해지면 두통이나 어지럼증이 있을 수도 있다.

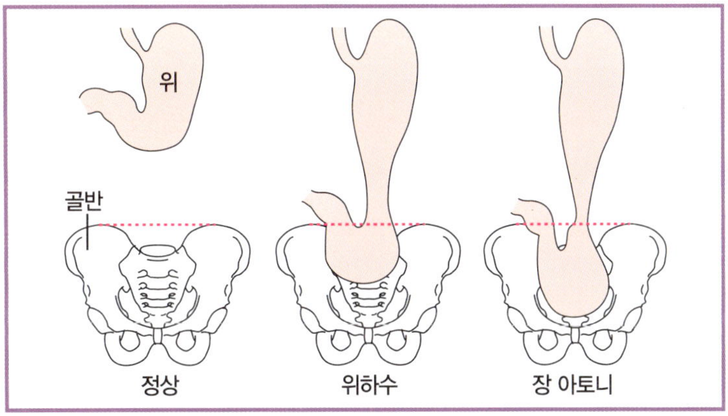

08

십이지장 구조

담즙과 췌장으로 음식물을 소화하는

십이지장은 소장이 시작되는 부분이다. 담낭과 췌장에서 보낸 담즙과 췌액이 위에서 보낸 음식물을 본격적으로 소화한다.

● 십이지장 내부 구조

십이지장은 위를 잇는 소화기로 소장의 시작에 해당한다. 손가락을 가로로 12개 나열했을 때의 길이라서 이런 이름이 붙었지만 사실은 30cm이다. 둥근 구부와 내벽에 고리 모양의 주름이 있는 관부로 구성되어 있다.

십이지장의 중간부(하행부)에는 대십이지장유두(포터유두)와 소십이지장유두가 있다. 대십이지장유두는 담낭에서 이어진 담낭관과 췌장에서 이어진 주췌관의 출구로 소화액인 담즙과 췌액을 배출한다. 소십이지장유두는 부췌장의 출구로 췌액을 배출한다. 대십이지장유두의 개폐는 오디 괄약근이 한다. 십이지장 내벽의 점막은 장융모로 덮여 있고 내부에는 점액과 소화를 돕는 효소, 호르몬 등을 분비하는 십이지장선이 있다.

십이지장의 말단은 소장의 공장으로 이어진다.

● 십이지장의 기능

십이지장은 위장에서 보내온 음식물을 담즙과 췌액으로 소화하는 기능을 담당한다. 담즙은 간장에서 만들어져 담낭에 저장된 분비액으로 지방 분해를 도와준다. 췌액은 췌장에서 만드는 소화액이다. 단백질을 분해하는 트립신과 키모트립신, 탄수화물을 분해하는 아밀라아제, 지방을 분해하는 리파아제 등의 소화효소를 함유한다. 또한, 십이지장선에서는 소화효소인 엔테로키나아제와 췌장의 분비를 촉진하는 호르몬을 분비한다.

십이지장 궤양

위액에 함유된 강한 염산이 십이지장에 흘러 들어가 십이지장의 점막이 짓무르거나 이지러져서 궤양이 생기는 병이다. 위액의 균형이 망가지는 원인으로 스트레스, 폭음폭식, 알코올, 피로, 파일로리균의 감염 등이 있다. 주요 증상으로는 명치의 통증, 공복 시나 야간에 통증이 생기는 경우가 많다. 심해지면 위궤양보다 구멍이 더 잘 생긴다.

〈궤양이 잘 생기는 부위〉

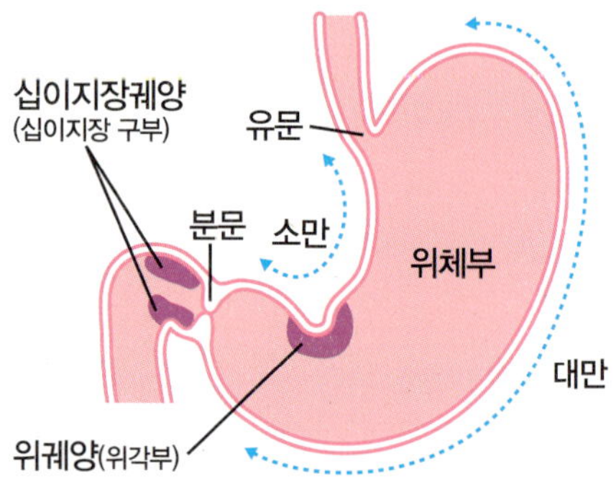

십이지장 구조

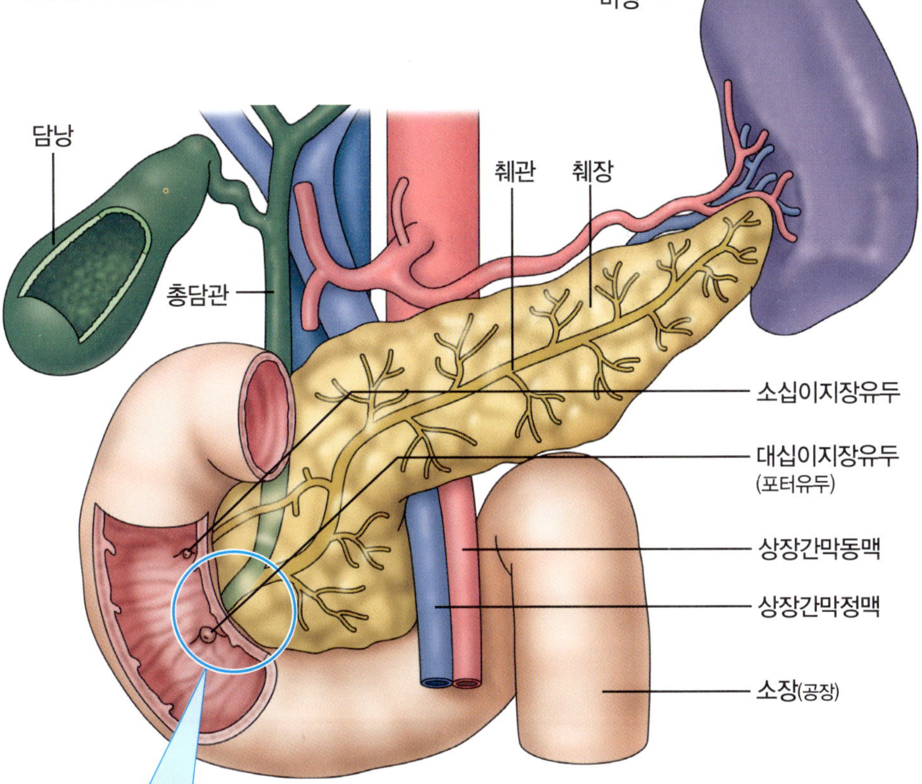

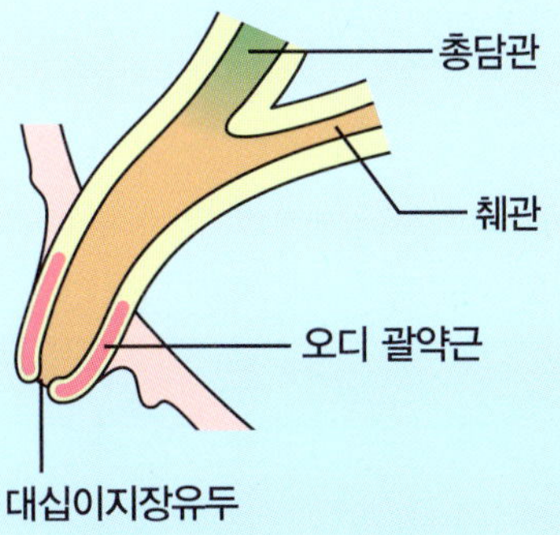

대십이지장유두는 총담관과 췌관이 합류한 출구로 담즙과 췌액을 모두 내보낸다. 소십이지장유두에서도 췌액을 보낸다.

십이지장의 내벽

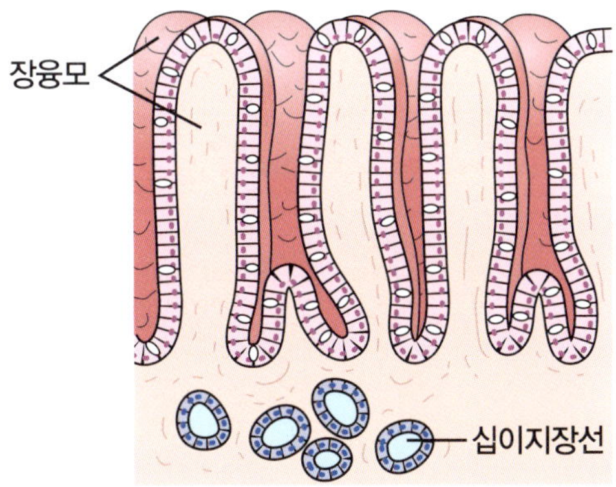

십이지장선이나 십이지장의 점막에서는 알칼리성 점막과 소화효소 엔테로키나아제를 분비한다.

지식 위궤양이나 십이지장궤양의 원인이 되는 헬리코박터 파일로리균이 위산 속에서도 살아남을 수 있는 것은 우레아제라는 효소를 생산해서 위산을 중화하기 때문이다.

09

소장 구조

음식물을 소화하고 영양분을 흡수하는

소장은 십이지장, 공장, 회장 세 가지로 이루어진다. 융모와 장액이 음식물을 최종적으로 분해하고 소화해서 영양분을 혈관이나 림프관으로 흡수한다.

● 소장 내부 구조

소장은 십이지장, 공장, 회장의 세 부분으로 이루어진다. 성인은 지름 4cm, 전체 길이 약 6m의 가는 관상 기관이다. 공장과 회장은 해부학적으로 두 개로 나눠지지만 기능에는 큰 차이가 없다. 대개 전반의 2/5를 공장, 나머지 3/5을 회장이라고 한다. 공장과 회장의 내부는 혈관과 신경, 림프관의 길이 지나는 장간막으로 싸여 있다.

소장의 내벽에는 윤상주름이라는 고리 모양의 주름이 있고 표면에는 융모라는 길이 1mm 정도의 돌기가 500만 개 정도 있다. 융모의 표면에는 영양소를 흡수하는 흡수세포와 점액을 분비하는 배세포가 있고 내부에는 흡수한 영양소를 운반하기 위한 모세혈관과 림프관이 지난다. 융모가 있어서 소장 전체의 표면적은 약 200㎡에 달하기 때문에 음식물의 영양소를 효율적으로 흡수할 수 있다.

점막층 아래에는 윤주근과 종주근으로 이루어진 근층이 있고, 바깥은 장막으로 덮여 있다.

● 소장의 기능

위, 십이지장을 지나 걸쭉해진 음식물은 소장에서 장액과 섞인다. 장의 점막에서 분비한 장액은 각종 영양소를 분비하는 소화효소를 함유하고 있다. 소장은 이 장액과 종주근과 윤주근 두 개의 근육이 연동운동을 해서 음식물의 영양소를 더욱 잘게 분해한다. 잘게 분해된 영양소는 융모의 모세혈관이나 림프관에 흡수된다.

소장의 영양소 흡수

탄수화물은 소장에서 포도당으로 분해되고, 모세혈관에 흡수된다. 단백질은 장액과 미융모로 아미노산으로 분해되고 모세혈관에 흡수된다. 지방은 소장에서 지방산과 글리세린으로 분해되고 림프관에 흡수된다.

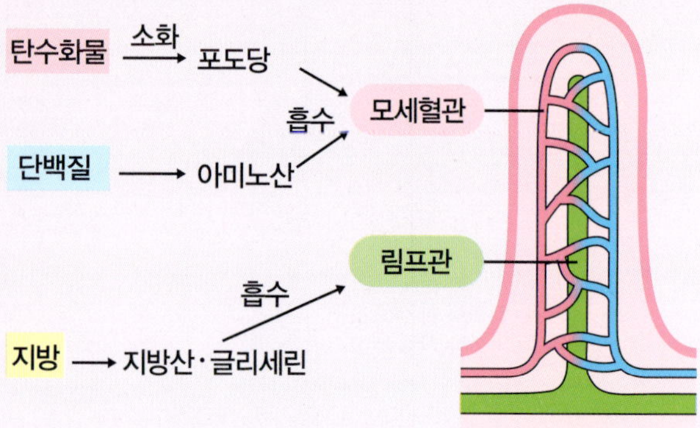

소장의 융모

소장 내벽 구조

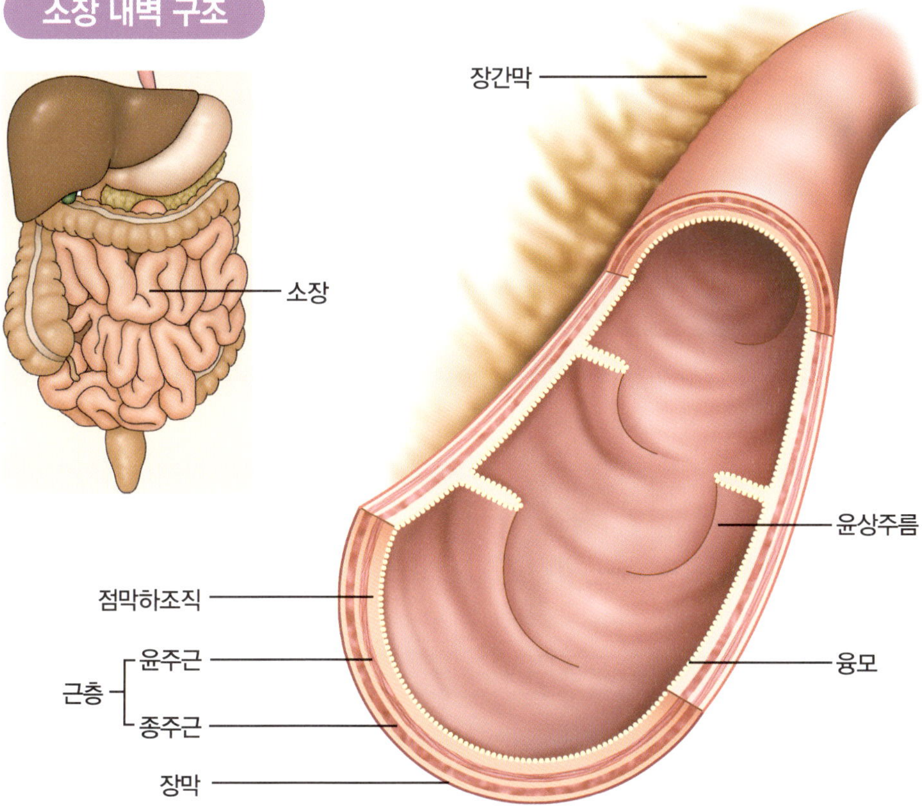

융모 구조

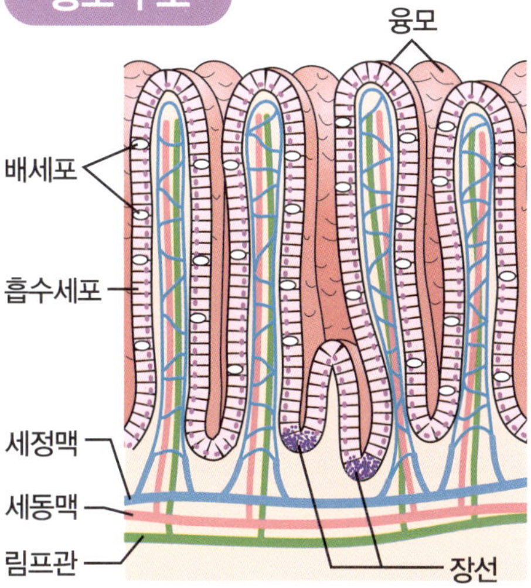

융모 확대도

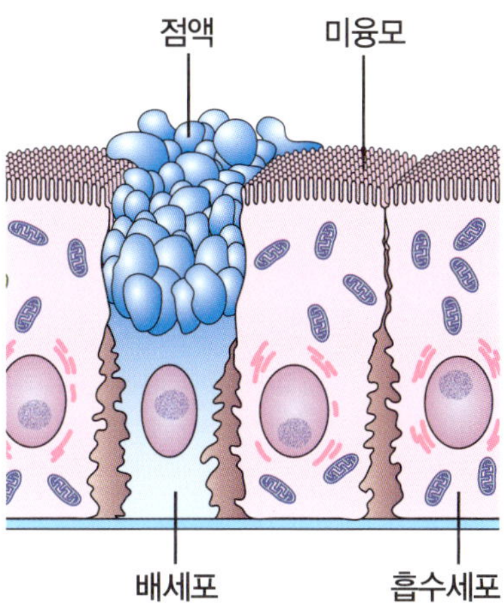

지식 소장이나 대장에는 약 100여 가지, 100여조 개의 장내 세균이 살고 있다. 비피더스균이나 대장균이 대표적이며, 세균의 구성 균형이 망가지면 병의 원인이 된다.

10

대장 구조

수분을 흡수해서 변으로 만드는

대장은 맹장, 결장, 직장으로 이루어지며 소장에서 흡수되지 않은 소화액의 수분을 흡수해서 고체로 만들어 변으로 만든다.

● 대장의 구조와 기능

대장은 맹장, 결장, 직장으로 이루어진 길이 약 1.5m의 관으로 소장 주변을 에워싸고 있다. 대장에서는 소장에서 보내온 내용물의 수분을 전해질로 흡수해서 변으로 만든다.

• **맹장:** 소장에서 대장으로 이르는 부분에 회맹변이 있다. 이 회맹변보다 아래에 있는 대장을 맹장이라고 하며 말단에 충수라는 돌기가 있다. 충수는 특별한 기능이 없다.

• **결장:** 대장의 대부분을 차지하는 결장은 상행결장, 횡행결장, 하행결장, S상결장의 네 가지다. 결장의 내벽에는 종주근과 윤주근으로 이루어진 근층이 있고, 안은 점막으로 덮여 있다. 점막에서는 점액을 분비하여 내용물을 잘 통하게 한다. 또한, 결장의 바깥층에는 종주근이 모인 결장끈과 지방이 들어간 복막수가 있다.

회맹변을 통과한 회장에서 보내온 소화물은 결장의 근육이 연동운동을 해서 앞으로 보내져 직장으로 나간다. 그 사이 소장에서 소화되지 않은 식물섬유를 분해·흡수하면서 수분도 흡수한다.

• **직장:** S상결장과 항문을 잇는 약 20cm 길이의 관으로 윗부분은 앞부분만 복막으로 싸여 있다. 소화물은 직장에 이르기 전에 변하므로 직장에는 소화 및 흡수의 기능이 없다. 변이 직장에 도착하면 골반에 있는 자율신경과 척수를 거쳐서 대뇌에 자극을 전해 변의를 불러일으킨다.

대장에서의 수분 흡수

대장에 도착한 소화물은 연동운동으로 대장 안에서 움직인다. 대장의 벽면에는 일정한 간격으로 굴곡이 있으며 수축과 이완을 반복하는 분절운동으로 짜내듯이 수분을 흡수한다. S상결장에 이르면 변이 고체가 된다.

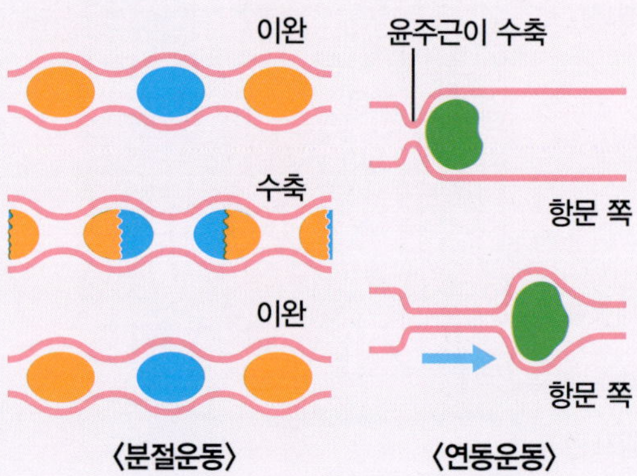

대장 구조

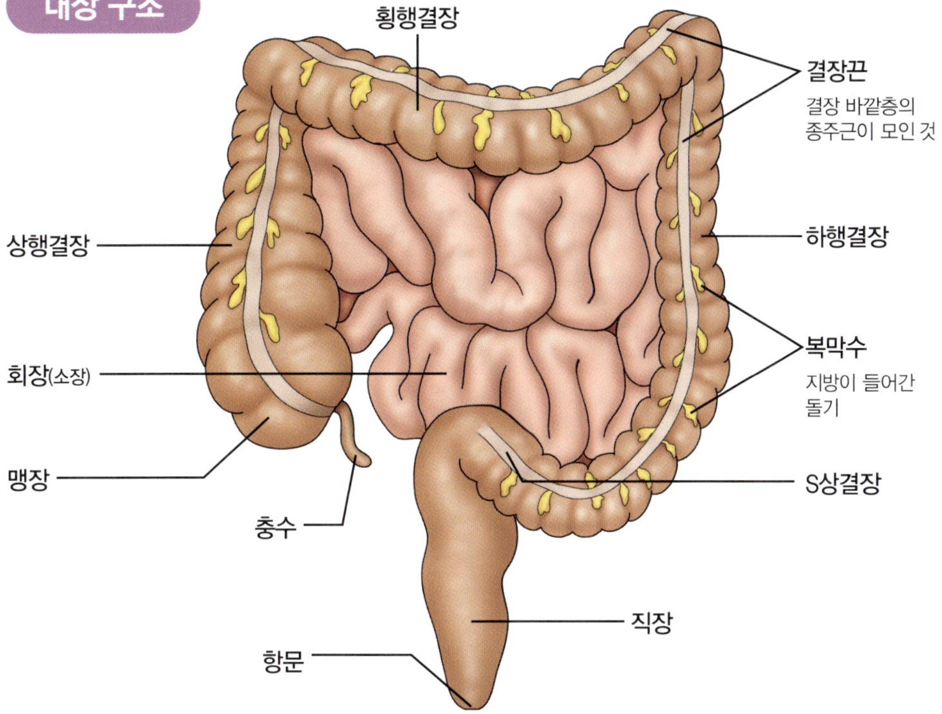

맹장 구조

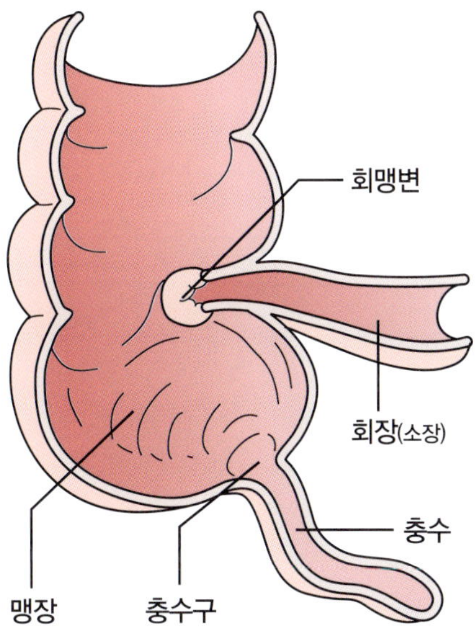

직장 구조

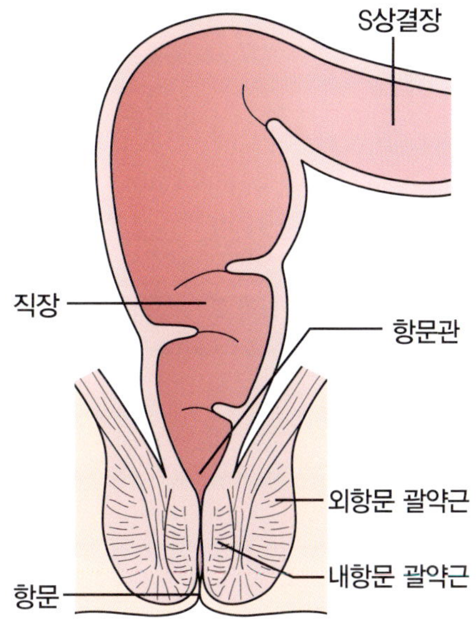

지식 방귀는 소장에서 소화되지 않은 음식물의 나머지를 장내 세균이 발효 · 분해할 때 발생하는 가스가 대장 내에서 흡수되지 않고 항문에서 배출된 것이다.

11

배변 구조

반사로 변을 배설하는

항문은 배설 시 이외는 닫혀 있다. 직장에 변이 모여서 내압이 올라가면 배변 반응이 생겨 두 개의 괄약근이 변을 배설한다.

● 항문 구조

항문은 소화관의 끝 부분이다. 소화물은 연동운동으로 대장 안을 이동하고 직장에 이르기까지 서서히 수분을 흡수한다. 대장에 들어갈 때는 액상이지만 걸쭉해져서 직장에 이르기 전까지 변이 되어 항문에서 배설된다.

항문은 변 배설 시 이외는 두 개의 괄약근으로 닫혀 있어서 변이 새는 것을 방지한다. 하나는 자율신경이 지배하는 내항문 괄약근이라는 불수의근이고, 다른 하나는 대장이 지배하는 외항문 괄약근이라는 수의근이다.

● 배변 구조

직장에 변이 모여서 내압이 일정 이상으로 올라가면 배변 중추에 있는 척수하단의 천수에 자극이 전달되어 배변 반응이 일어난다. 이 반응으로 자율신경이 지배하는 내항문 괄약근이 자연히 이완된다. 또 직장의 자극은 대뇌에도 전달되어 변의를 느끼게 된다. 변의가 있어도 참을 수 있는 것은 외항문 괄약근을 자신의 의지로 닫아둘 수 있기 때문이다.

배변 시에는 의식적으로 외항문 괄약근을 이완한다. 동시에 복근을 수축시키는 복압을 올리면 항문이 열려서 변을 배설한다.

변의를 참으면 장 안에서 수분의 흡수가 진행되어 변이 딱딱해지고 변비가 된다. 반대로 변에 함유된 수분이 너무 많으면 설사 같은 변이 된다.

배변 반응

배변은 오른쪽 그림의 구조로 이루이진다.
항문의 주름은 특수한 점액을 분비하여 대변이 잘 나오도록 돕는다. 배변 후 변이 남지 않는 것은 점액 때문이다.

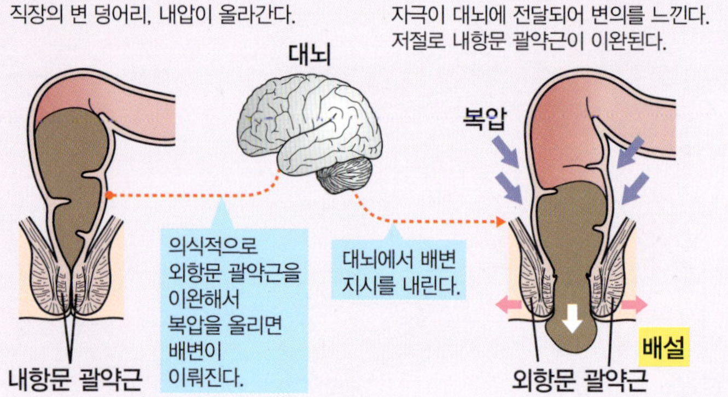

변의 형성

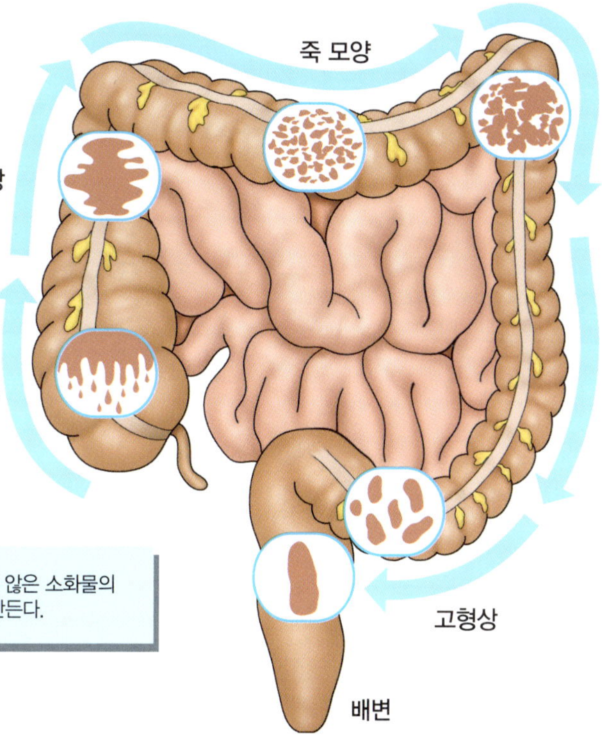

대장은 소장에서 흡수되지 않은 소화물의 수분을 흡수해서 변으로 만든다.

항문 구조

〈열려 있을 때〉 〈닫혀 있을 때〉

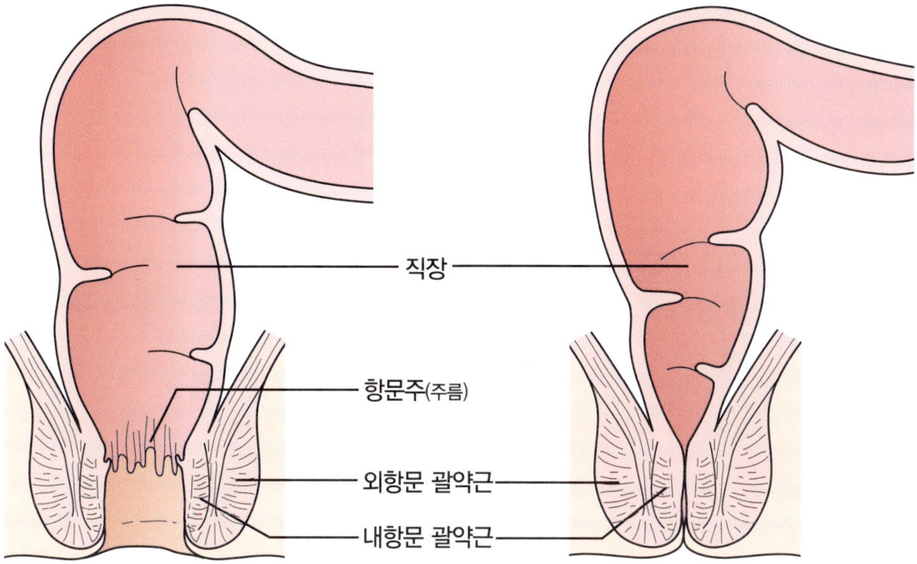

지식 하루 변의 양은 약 150g 정도다. 그 중 약 80%는 수분이고 나머지 고형 성분은 음식물 찌꺼기, 장내 세균의 사해, 장내 세포가 탈락한 것이다.

● 충수염

맹장 끝에 붙어 있는 충수에 염증이 생기는 병으로 '맹장'이라고도 한다. 원인은 알려지지 않았는데 피로와 관련 있다고 한다. 10~30대에게 가장 많이 발생한다.

▶**주요 증상:** 갑자기 심한 복통을 일으킨다. 처음부터 배꼽의 오른쪽 아래에 복통이 있는 경우와 윗배, 배꼽, 배꼽 아랫배 등이 아프다가 시간이 지나면 오른쪽 아랫배로 옮겨가기도 한다. 복통과 동시에 구역질, 구토를 동반한다. 또 37~37.5℃ 정도의 발열이 있다.

〈맹장 위치〉

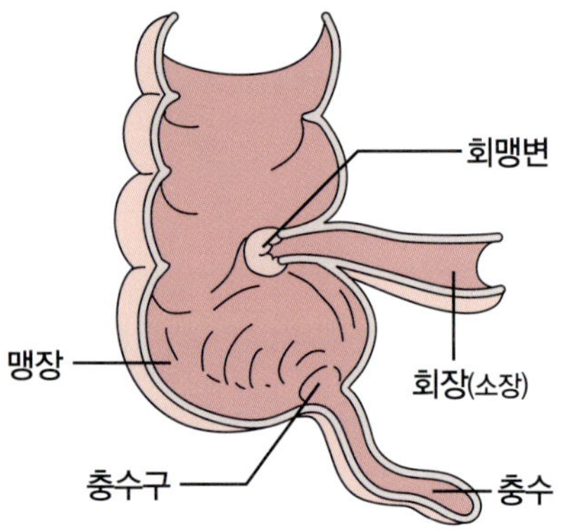

● 대장암

대장의 대부분을 차지하는 결장에 생기는 결장암과 직장에 생기는 직장암으로 분류한다.

▶**주요 증상**

- **결장암:** 초기 증상은 복통이 가장 많다. 구토를 동반하며 변이 암적색으로 변하거나 검은 혈괴가 변에 섞여 나온다. 하행결장에서는 암 때문에 장이 협착을 일으키는 일이 많고 변비와 설사를 반복한다. 장폐색이 생기기도 한다.

- **직장암:** 항문의 출혈이 가장 특징적인 자각증상이다. 암이 진행되면 악취가 있는 부패성 물질을 배변과 함께 배출한다. 직장에 염증도 생기기 때문에 설사와 쉴 새 없는 변의를 느낀다. 궤양이 커지거나 직장의 협착이 강해지면 복부팽만과 복통, 항문과 둔부에 통증이 있다.

〈대장의 주요 병〉

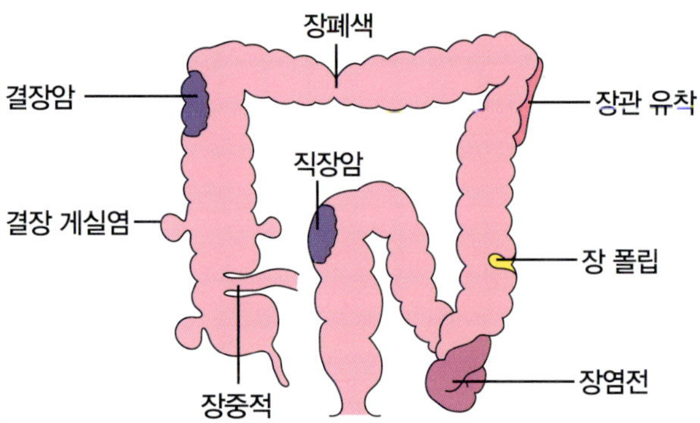

● 장 폴립

장에 생기는 폴립은 위 폴립과 달리 암이 될 확률이 높고, 암이 되지 않아도 출혈이 이어져서 빈혈을 비롯한 다양한 장애를 일으킨다.

▶주요 증상

• **소장 폴립:** 초기는 증상이 없지만 커지면 장중적이 생겨서 장폐색의 원인이 되고 출혈을 일으키기도 한다.

• **대장 폴립:** 초기에는 증상이 없지만 커지면 자극을 받아서 출혈이 생기거나 점액변이 나온다. 변통 이상이나 복통이 있고 항문 가까이 있는 폴립은 배설 시 바깥으로 빠져나오기도 한다.

● 결장 게실염

장벽이 바깥층으로 주머니처럼 튀어나와 염증이 생기는 병이다. 오른쪽 아래 복부의 복통과 발열 등 급성 충수염과 비슷한 증상을 보이는데 구역질과 구토는 거의 없다. 출혈이나 장의 협착이 일어나기도 한다.

● 장폐색

장관의 일부가 막히는 병이다. 장이 꼬이는 장염전이나 장중적처럼 장관의 혈행 장애 때문에 발생하는 것, 장관의 유착이나 장암으로 장의 내벽이 막히는 것, 장의 마비와 경련으로 발생하는 것 등으로 나눌 수 있다. 증상으로는 복통과 구토가 있으며 폐색이 진행되면 구토물에서 변 냄새가 난다.

● 치질

종류에는 치핵, 항문열창, 치루 등이 있다. 치핵은 항문 주변에 생기는 정맥류로 항문 안에 생기는 것을 내치핵, 항문 주변에 생기는 것을 외치핵이라고 한다. 배변 시 출혈이 있고, 반복되면 바깥으로 빠져나오기도 한다. 열항은 항문부의 피부나 점막으로 생긴 상처로 배변 시 심한 통증이 있다. 치루는 항문 주변에 생긴 농양이 자연히 찢어져서 농이 나오는 것이다.

〈항문 주변의 주요 병〉

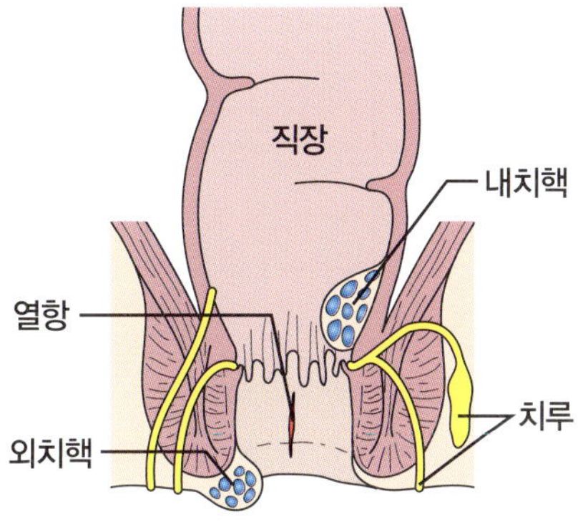

13

간 구조

영양소를 화학 처리 하는 최대 장기

간은 인체에서 가장 큰 장기로 음식물의 영양소를 받아들여 분해하고 합성해서 몸에 도움이 되는 모양으로 만들고 온몸으로 보낸다.

● 간의 외부 구조

간은 횡격막 바로 아래에 있으며 복강의 우상부에 위치한다. 성인의 간 무게는 1,000~1,400g이나 된다. 인체 내에서 가장 큰 장기다. 간은 음식물의 영양소를 화학적으로 분해하고 합성하여 체내의 필요한 장소로 보낸다. 간은 화학처리에 필요한 많은 혈액을 함유하고 있어 체내에서 가장 온도가 높은 장기다.

간은 우엽과 좌엽으로 분류한다. 좌엽은 우엽보다 작고 전체의 1/4밖에 되지 않는다. 간에서 만든 담즙을 담낭으로 운반한다. 간의 윗면은 횡격막에 대응해서 둥글고 아랫면에는 얕게 파인 곳이 있다. 또한, 아랫면에는 문맥, 간동맥, 총담관, 림프관, 신경이 출입하는 간문이 있다.

● 간소엽 구조

간의 내부는 간소엽이라는 간세포의 집합체로 이루어져 있다. 간소엽은 지름 약 1mm, 높이 약 2mm 정도의 크기로 간 전체에 약 수만 개가 있고, 그 틈을 무수한 모세혈관이 지나고 있다.

간소엽에는 간세포에 필요한 영양소와 산소를 보내는 소엽간동맥, 위와 장, 췌장에서 흡수한 영양소를 함유한 혈액(문맥혈)을 간세포에 보내는 소엽간정맥, 간세포가 만든 담즙을 모으는 소엽간담관이 지난다. 동맥의 혈액이나 문맥혈은 간소엽 안을 지날 때 간세포에서 거둔다. 이때 화학적 분해와 합성을 해서 혈액을 온몸으로 보낸다.

지방간과 알코올성 간 장애

비만이나 당뇨병 등으로 대사 기능에 이상이 있으면 간에 지방이 다량 저장되어 지방간이 된다. 다량의 알코올을 섭취해서 간이 장애를 일으키는 것을 알코올성 간 장애라고 한다. 간에 중성지방이 저장되는 알코올성 지방간, 줄기세포의 괴사나 변성이 일어나는 알코올성 간염 등이 있다.

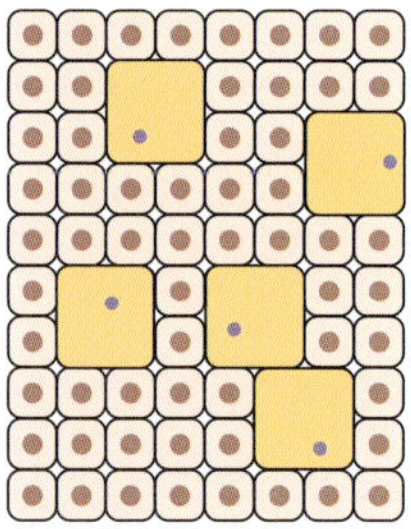

●지방간

줄기세포 안에 지방이 저장되어 간이 비대해진다.

●알코올성 간 장애

간세포가 염증을 일으켜서 간 기능이 저하된다.

간 구조

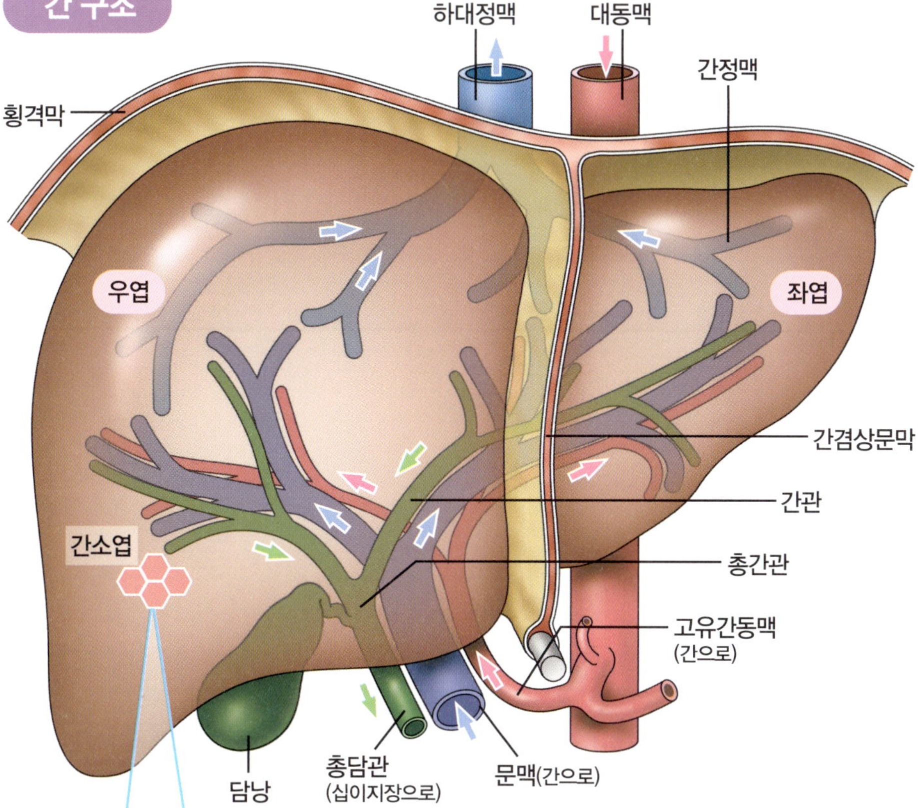

간소엽 구조

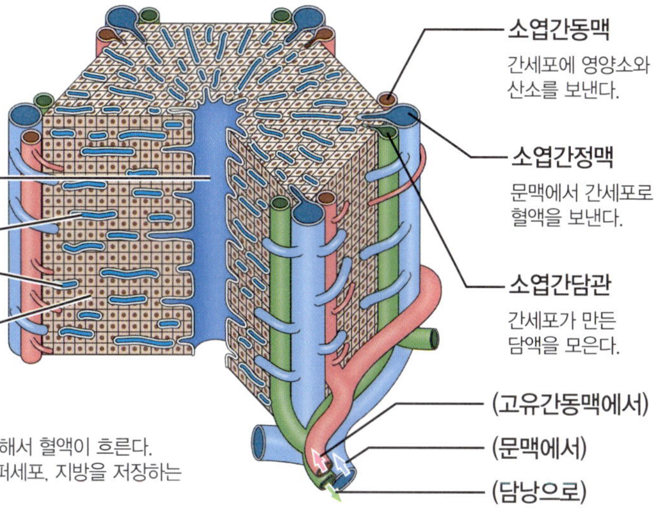

유동 안에서는 중심 정맥을 향해서 혈액이 흐른다. 유동벽은 백혈구의 일종인 쿠퍼세포, 지방을 저장하는 별세포 등으로 구성되어 있다.

지식 간은 재생 능력이 뛰어나서 수술로 일부를 절제해도 원래의 크기로 돌아간다. 그러나 간경변으로 간세포가 많이 죽으면 재생할 수 없다.

14

간 기능

영양소의 대사 작용과 저장 작용을 하고, 해독하는

간은 영양소의 대사 작용과 저장 작용을 하고, 적혈구와 알코올의 분해, 해독 작용을 담당하는 생명 유지에 꼭 필요한 화학 처리 공장

● 간의 주요 기능

간의 가장 중요한 기능은 장에서 흡수한 음식물의 영양소를 체내에서 필요한 모양으로 만드는 화학 처리다. 그래서 간을 화학 공장에 비유한다. 또 간은 생명 유지에 꼭 필요한 많은 기능이 있다.

• **영양소의 대사 작용:** 장에서 분해되어 간으로 운반된 탄수화물, 지질, 단백질을 포도당이나 콜레스테롤 등으로 재합성하고 온몸의 조직에 공급한다.

• **담즙 생산:** 장에서의 소화와 흡수를 돕는 담즙을 만든다. 담즙은 간소엽의 소엽간 담관을 통해서 모아 담낭에 농축 저장한다. 필요에 따라 십이지장으로 보낸다.

• **해독 작용:** 암모니아 같은 유해 물질이나 세포의 독을 해독하여 혈액 중에 방출하는 해독 작용이 있다. 독이 빠진 물질은 소변으로 배출되거나 담즙의 재료가 된다.

• **적혈구 분해:** 오래된 적혈구의 헤모글로빈을 분해하고 담즙의 재료가 되는 빌리루빈이나 철을 만든다.

• **영양소 저장:** 조혈에 필요한 철이나 비타민, 아미노산이나 글리코겐을 저장해서 필요할 때 혈액 중으로 방출하여 온몸에 공급한다.

• **알코올 분해:** 산소의 기능으로 알코올을 분해하고 체외로 배출할 수 있는 모양으로 바꾼다.

알코올 분해

알코올은 간에서 효소 작용으로 아세트알데하이드와 초신으로 분해된다. 초신은 혈액을 따라 온몸을 돌고 이산화탄소와 물로 분해되어 소변과 함께 체외로 배출된다. 음주량이 많거나 마시는 속도가 빠르면 분해되지 못한 아세트알데하이드가 남아서 악취나 숙취의 원인이 된다.

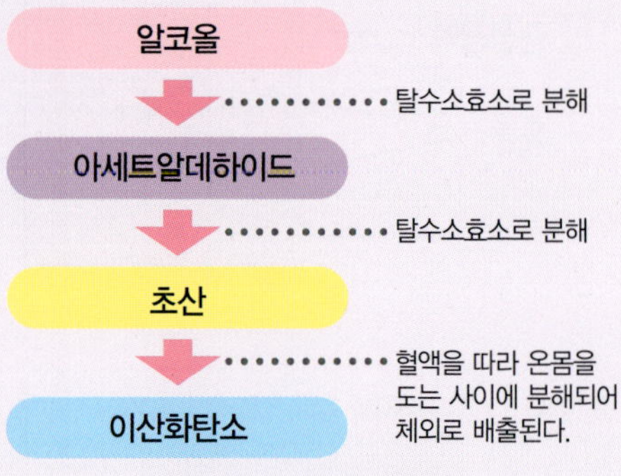

〈알코올의 분해 과정〉

간의 주요 기능

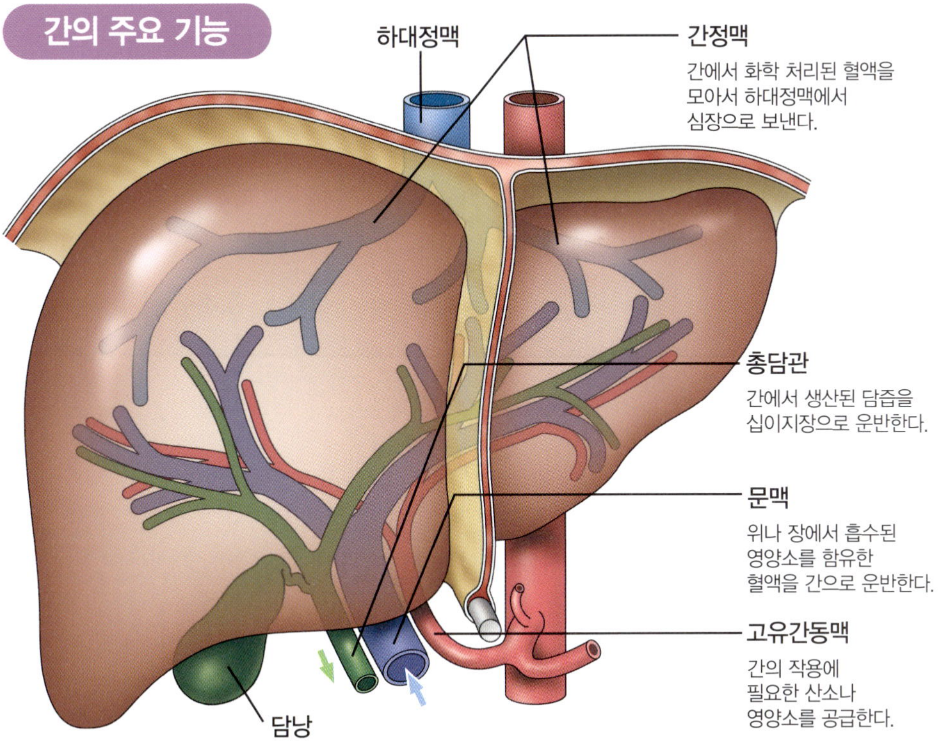

담즙 생산
빌리루빈이나 콜레스테롤을 이용하여 장 안에서 지방의 소화와 흡수를 돕는 담즙을 생산한다.

탄수화물의 대사 작용
장에서 단당으로 분해된 탄수화물은 간에서 포도당과 합성되어 온몸의 에너지원으로 공급된다. 여분의 포도당은 글리코겐으로 저장한다.

지질의 대사 작용
지질은 소장에서 담즙의 도움으로 지방산과 글리세린으로 분해된 다음 간으로 운반되어 콜레스테롤이나 중성지방, 인지질과 합성된다.

단백질의 대사 작용
단백질은 장에서 아미노산으로 분해되어 간으로 운반된다. 간에서 단백질로 합성하여 온몸의 조직에 공급한다.

적혈구 분해
오래된 적혈구 안의 헤모글로빈을 분해하고 담즙의 색소인 빌리루빈이나 철을 생성한다.

영양소 저장
아미노산이나 글리코겐, 철, 비타민류를 저장하고 필요할 때 혈액 속으로 방출하여 온몸에 공급한다.

해독 작용
단백질의 합성, 분해로 생기는 해로운 암모니아를 요소로 분해해서 혈액 중에 방출한다. 해독이나 세포, 유해물질을 분해해서 해롭지 않게 한다.

알코올 분해
효소의 기능으로 알코올을 분해하여 체외로 배출할 수 있는 모양으로 바꾼다.

지식 간의 알코올 처리 능력에는 개인차가 있다. 일반적으로 몸무게가 70kg인 사람은 맥주 한 병의 알코올 처리에 약 세 시간이 걸린다.

15

영양소 화학 처리

분해된 영양소를 다시 만드는

탄수화물, 단백질, 지질 영양소는 각 소화기관에서 분해되어 간으로 운반되고 체내에서 잘 이용할 수 있는 모양으로 다시 만들어진다.

● 영양소의 변화

음식물에서 얻은 영양소는 입, 위, 십이지장, 소장 등의 각 소화기에서 소화 흡수하여 간으로 운반한다. 각각의 영양소마다 처리하는 소화기관이나 과정이 다르다.

•탄수화물: 밥이나 빵에 함유된 탄수화물은 전분과 당류로 분류한다. 전분은 구강에서 타액의 효소인 아밀라아제에 의해 덱스트린이라는 물질로 바뀌고, 십이지장에서는 췌액에 함유된 아밀라아제에 의해 맥아당(말토스)으로 바뀌고, 소장에서는 효소인 마루타제에 의해 포도당(글루코스)으로 바뀐다.

한편 당류는 소장에서 수크레이스(설탕 분해 효소)나 락타아제(젖당 분해 효소)라는 효소에 의해 과당이나 갈락토스 등의 단당류로 바뀐다. 단당류는 간 안에서 포도당으로 합성되어 온몸의 에너지원으로 공급된다. 여분의 포도당은 글리코겐이라는 모양으로 간에 저장되고 필요할 때 포도당으로 재합성하여 혈액으로 보낸다.

•단백질: 대두나 생선, 육류 등에 함유된 단백질을 위에서 펩신이라는 효소가 아미노산 덩어리로 분해한다. 그리고 십이지장에서 췌장에 함유된 트립신이나 키모트립신이라는 효소가 아미노산이 몇 개가 이어진 펩타이드라는 모양으로 분해되고, 소장에서는 효소인 올리고 펩티다아제가 아미노산으로 분해한다.

분해된 아미노산은 혈관에 흡수되어 문맥을 통해 간으로 간다. 간에서는 아미노산을 단백질로 재합성하여 온몸의 조직으로 공급한다.

•지방: 지질은 십이지장에서 물과 잘 어울리도록 담즙을 이용하여 변한 후, 췌장에 함유된 리파아제라는 효소에 의해 글리세린과 지방산으로 분해된다. 일부는 간으로 가지만 대부분은 림프관에서 흡수하여 혈관을 통해 온몸으로 운반되어 각 세포조직에 저장된다.

지질은 간세포에서 콜레스테롤이나 중성지방, 인지질 등으로 합성된다. 콜레스테롤은 세포막이나 호르몬을 만드는 재료가 되기도 하고 혈류를 촉진하는 작용을 한다.

또한, 비타민류도 소장에서 흡수해서 간장에 저장하고 체내에서 이용하기 쉬운 모양으로 만들어 온몸으로 공급한다. 소장에서 소화되지 않은 식물섬유 등은 대장으로 보내고 수분을 흡수하여 변으로 배출한다.

영양소의 화학 처리 구조

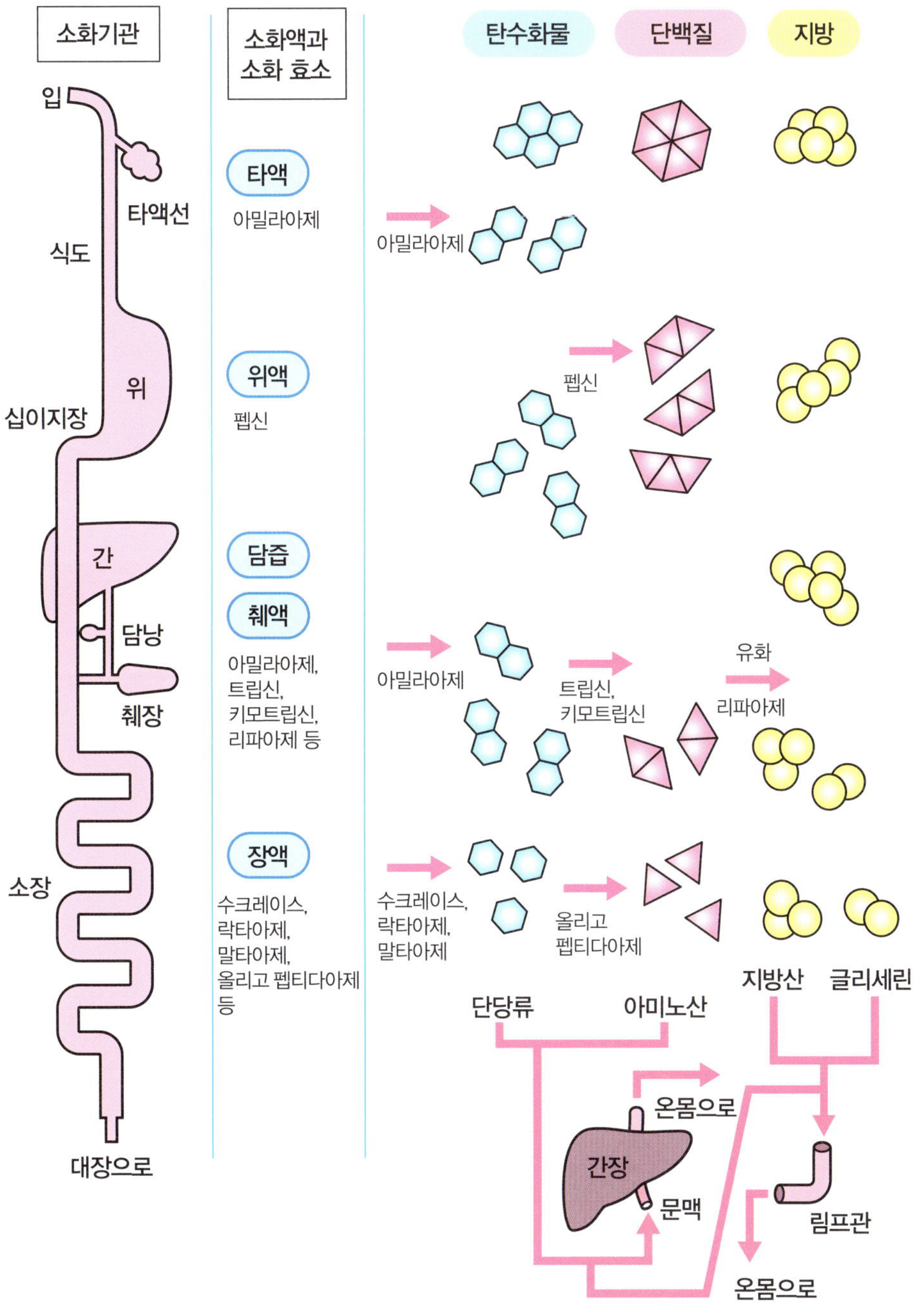

지식 간은 부위에 따라 기능이 나눠지지 않고 재생 능력도 높아서 병에 걸려도 중증이 될 때까지 증상이 잘 나타나지 않아서 '침묵의 장기'라고 부른다.

● 급성 간염

일반적으로 간염바이러스에 의한 급격한 간세포 장애를 말한다. 급성 바이러스성 간염의 원인으로는 A형, B형, C형, D형, E형 간염의 바이러스 감염이 알려져 있다.

▶주요 증상: 급성 간염의 증상은 전신 권태감, 발열, 식욕부진, 구역질, 구토 등이지만 각각의 바이러스형에 따라 증상이 다르다.

•A형 간염: 잠복기는 2~6주이다. 주로 분변 경구감염이며 굴 같은 생선 어패류와 관련 있다.

대부분 만성화하지 않고 발병 후 2개월 정도 지나면 간 기능이 정상으로 돌아온다. 그러나 급속히 간 기능장애가 일어나는 전격성 간염으로 옮겨가는 때도 있다.

간염 바이러스

바이러스 형	A형	B형	C형
감염 경로	경구	혈액	혈액
잠복기	2~6주	1~6개월	2~16주
발생하는 나이	젊은이	전체(20~30세)	전체(40세 이상)
모자 감염	없다	있다	있다
만성화	거의 없다	있다	많다
주요 증상	발열, 전신 권태감, 식욕부진, 구토, 황달 등	전신 권태감, 식욕부진, 구토, 황달 등	전신 권태감, 식욕부진, 구토, 황달 등

•B형 간염: 혈액이나 정액 등이 감염원이다. 성행위에 의한 감염이 주를 이루기 때문에 허니문 간염이라고도 한다. 잠복 기간은 1~6개월이고 황달이나 식욕부진 등의 증상이 나타난다. A형 간염에 비해 발열이 많지 않다. 대개는 발병 후 2~3개월이 지나면 간 기능이 좋아지지만 5% 정도는 만성화된다.

•C형 간염: 잠복 기간은 2~16주이다. 간 기능 장애의 정도는 A형, B형보다 가볍지만 만성간염이 될 확률이 높다. 만성 간염은 시간을 두고 간경변, 간암으로 진행된다.

● 간경변

간에 염증이 생긴 결과 장해를 받은 간이 섬유화되어 딱딱해진 상태를 말한다. 만성 간염이나 알코올성 간 장애가 진행되서 생기며 특히 바이러스 간염이 진행된 결과 만성 간염에서 간경변에 이르는 경우가 많다. C형 간염에서 간경변으로 진행되는데 10~30년 걸리기 때문에 고령자에게 간경변이 많다.

▶**주요 증상:** 초기 간경변에서는 특별한 증상이 없지만 진행되어 간 기능이 나빠지면 복수, 하지부종, 황달, 의식장애, 하지경련 등이 발생한다. 또 남성 유방의 여성화, 배꼽 주변 정맥이 방사상으로 부풀어 오르는 복벽정맥의 노장, 손바닥의 볼록 올라온 부분에 빨간 얼룩이 생기는 수장홍반 등이 생긴다.

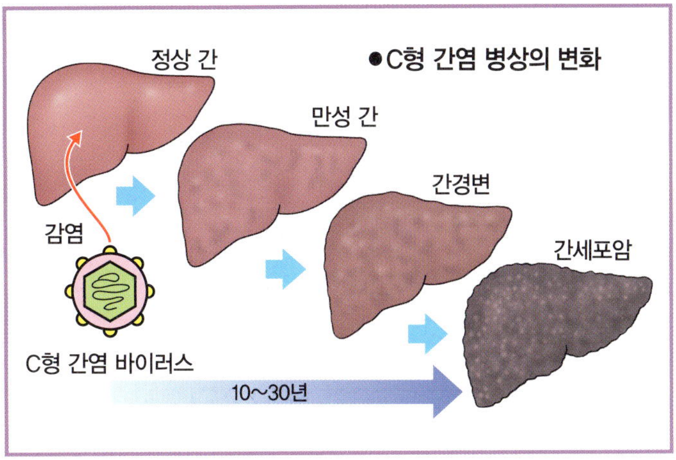

● 간암

간세포에서 생기는 원발성 간암과 다른 장기에서 생긴 암이 전이해서 생기는 전이성 간암이 있다.

원발성 간암에는 간세포에서 생기는 간세포암과 간 안의 담관 세포에서 생기는 담관 세포암이 있다. 담관 세포암은 그 수가 적어서 일반적으로 간암이라고 하면 원발성 암세포암이다.

환자 대부분은 만성 간염이나 간경변 등의 간 장애가 있고 그 원인은 B형, C형 간염 바이러스다. 바이러스로 간세포가 염증을 반복하는 사이에 암세포가 생긴다.

▶**주요 증상:** 초기에는 증상이 전혀 없다. 나른함, 피로, 식욕부진 등의 증상을 보일 때는 대개 만성 간염과 간경변 증상이다. 병이 진행되면 윗배 오른쪽과 등에 통증, 황달 등이 생긴다.

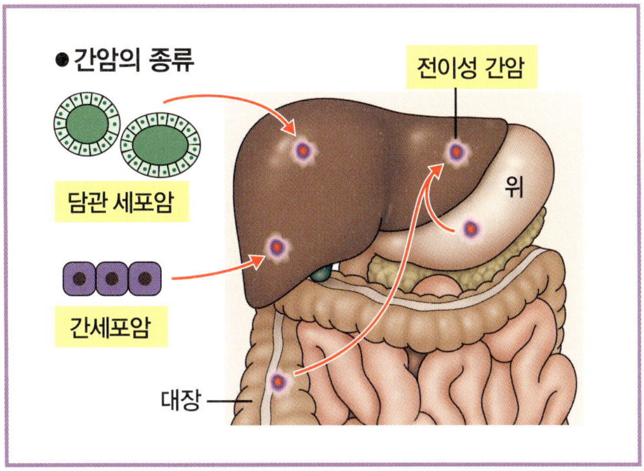

● 통풍

요산이 체내에 축적되어 생기는 병으로 남성에게 많이 나타난다.

▶주요 증상: 갑자기 맹렬한 관절통 발작이 일어난다. 환부가 빨갛게 붓고, 압통도 상당히 심하다. 그냥 두면 3일~1주일 정도 지속되다가 낫는다. 처음 발작이 일어나는 곳은 대개 엄지발가락이나 발뒤꿈치지만 나중에는 모든 관절이나 힘줄에서 발생한다. 발작은 반복될 때마다 간격이 짧아지고 통증 지속 시간은 길어진다. 또 치유하지 않고 만성화되면 심장이나 뇌혈관, 신장에 장애가 생길 수도 있다.

● 갑상샘항진증

갑상샘이 부어서 갑상샘호르몬이 과잉 분비되어 온몸의 대사를 촉진하는 상태다. 자기 면역 이상으로 생기며 20~30대 여성에게 많이 나타난다.

▶주요 증상: 안구 돌출, 숨참, 불면, 월경불순, 빈맥, 심장 두근거림, 손 떨림, 피로감 등이 주요 증상이다. 이런 증상은 한 번에 나타나는 것이 아니라 초기에는 심장의 두근거림이나 손 떨림만 나타난다.

● 비만

소비하는 에너지 이상의 에너지를 섭취해서 체지방이 과잉으로 축적된 상태가 비만이다. 국제적으로 사용하는 비만 지수를 BMI라고 하는데 몸무게(kg)를 신장(m)의 2승으로 나눈

●비만 종류

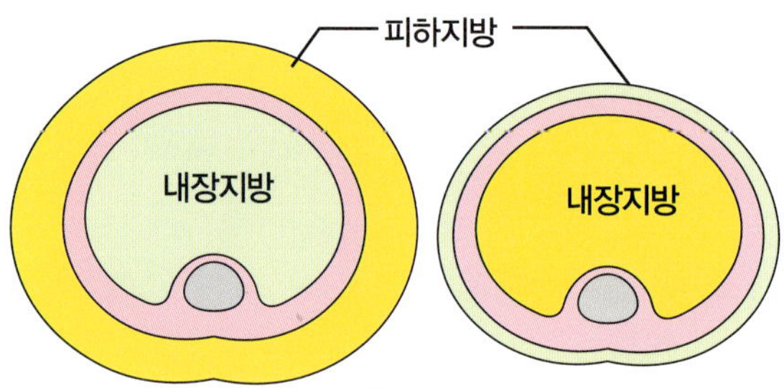

피하지방형 (서양배형)　　내장지방형 (사과형)

[비만 지수]

$$BMI = \frac{몸무게(kg)}{키(m)^2}$$

BMI	판정
18.5 미만	마름
18.5~25 미만	정상
25~30 미만	비만1
30~35 미만	비만2
35~40 미만	비만3
40 이상	비만4

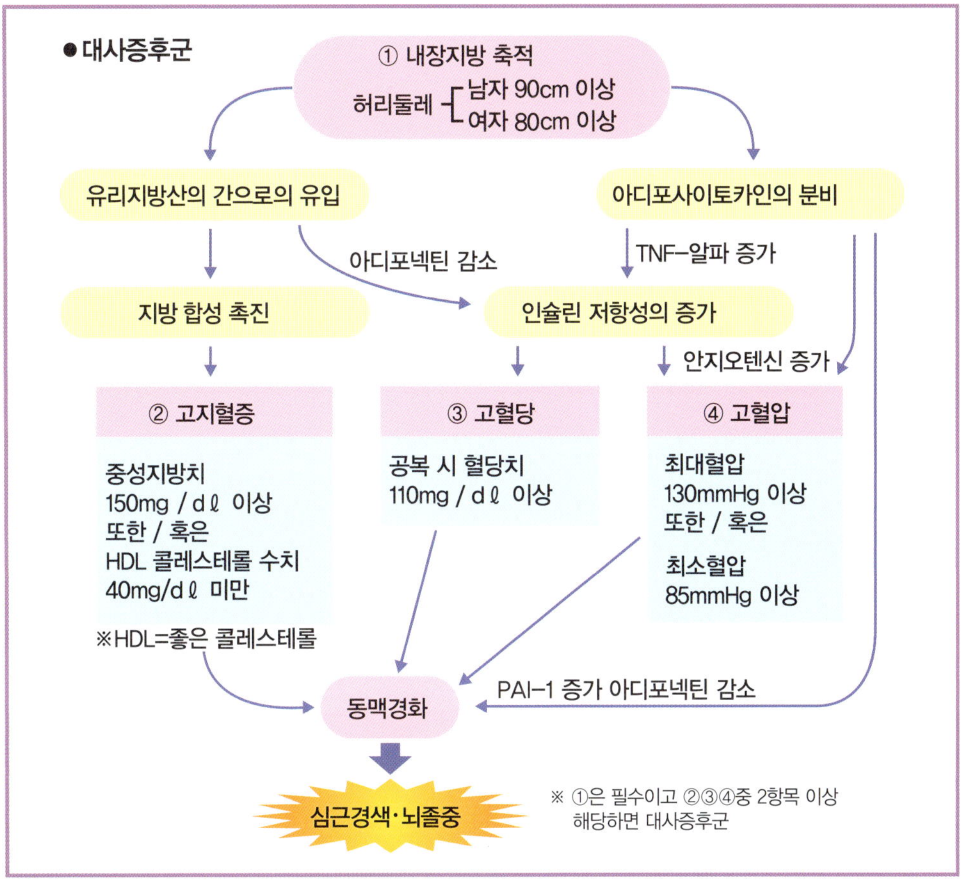

수치로 나타낸다. BMI는 22가 가장 적당하고 25 이상을 비만이라고 한다.

최근에는 지방이 축적되는 부위에 따라 피하지방형과 내장지방형으로 나눈다. 지방은 지질이상증(고지혈증)이나 고혈압, 동맥경화, 당뇨병 등의 원인이 되고 특히 내장지방형 비만은 여러 가지 합병증을 초래한다.

● 대사증후군

내장지방형 비만, 고혈압, 고지혈증, 고혈당 중 두 가지 이상이 합병된 상태이다. 이런 요소가 합병하면 동맥경화의 발생 빈도가 비약적으로 높아져 심근경색, 뇌경색 등의 병이 잘 생긴다는 사실이 알려져 주목받고 있다.

축적된 내장지방으로 아디포넥틴이나 TNF-알파, PAI-1 등의 사이토카인(특정한 세포에 정보를 전달하는 단백질)의 산생 이상이 일어나 대사 균형이 망가지면 고혈압, 고지혈, 고혈당이 합병되어 동맥경화로 이어진다.

주: 우리나라의 대사증후군의 허리둘레 기준은 남성은 90cm, 여성은 85cm이다.

18

담낭 구조

담즙을 농축하고 저장해서 십이지장으로 보내는

간에서 만들어진 담즙은 지방의 소화와 흡수를 돕는다. 담즙은 담낭에서 농축하여 저장하고, 십이지장으로 보내서 이용한다.

● 담낭 구조

담낭은 길이 약 10cm, 부피 30~50ml의 서양 배를 닮은 주머니 모양의 기관이다. 담낭의 표면은 섬유조직이고 담낭벽은 근층과 안쪽의 주름 모양의 점막으로 이루어져 있다. 담낭에는 담낭관이 나와 있고 간의 우간관과 좌간관이 합류해서 총간관으로 이어진다. 담낭관과 합류해서 십이지장으로 이어진 부분을 총담관이라고 한다. 총담관은 췌장의 췌액을 운반하는 주췌관과 합류해서 대십이지장유두로 이어진다. 이렇게 담즙을 운반하는 관을 총칭해서 담도라고 한다.

간의 간소엽에서 만들어진 담즙은 총간관과 담낭관을 거쳐서 담낭으로 보내지만 필요에 따라서는 담낭관과 총담관을 지나 십이지장으로 보낸다.

● 담도 구조

담즙은 담즙산과 빌리루빈(담즙 색소)을 주성분으로 하는 초록빛을 띤 갈색 액체다. 담즙 자체는 소화효소를 함유하지 않지만, 담즙산에는 췌장에서 만들어진 소화효소를 활성화하는 기능이 있다. 물에 녹지 않는 지방산을 물과 잘 섞어 장 안에서 흡수가 잘 되는 모양으로 바꿔주는 유화 기능도 있다. 빌리루빈은 적혈구 색소 성분이 분해된 것으로 담즙이나 변의 색의 원천이다.

간에서 만든 담즙은 90% 이상이 수분으로 담낭에서 5~10배로 농축되어 저장된다. 음식물이 십이지장에 들어오면 십이지장으로 보내 소화 활동을 돕는다.

담석과 담낭염

담석은 담즙이 응축해서 콜레스테롤이나 빌리루빈이 굳어서 만들어지는 결석이다. 담석이 담낭관이나 총담관을 막으면 심한 상복부통이 일어난다. 또 담석이 있으면 담즙의 흐름이 정체되기 때문에 담도의 점막이 자극을 받아서 세균 감염이 잘 일어난다. 그래서 담낭염이 생기는 경우가 많다. 담낭염의 증상은 발열이나 상복부통으로 어깨와 등에도 통증이 생길 수 있다.

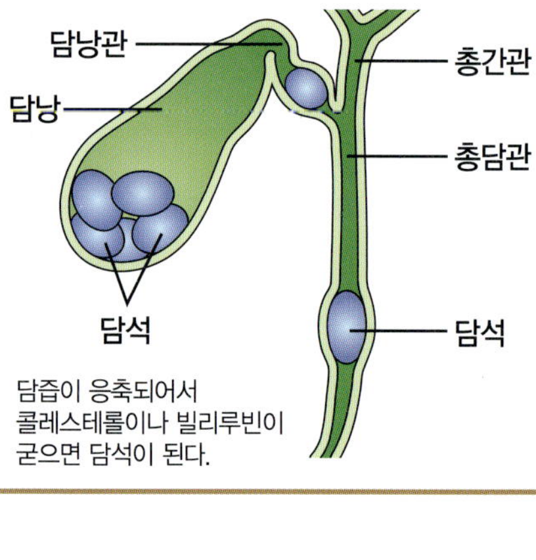

담즙이 응축되어서 콜레스테롤이나 빌리루빈이 굳으면 담석이 된다.

담낭 구조

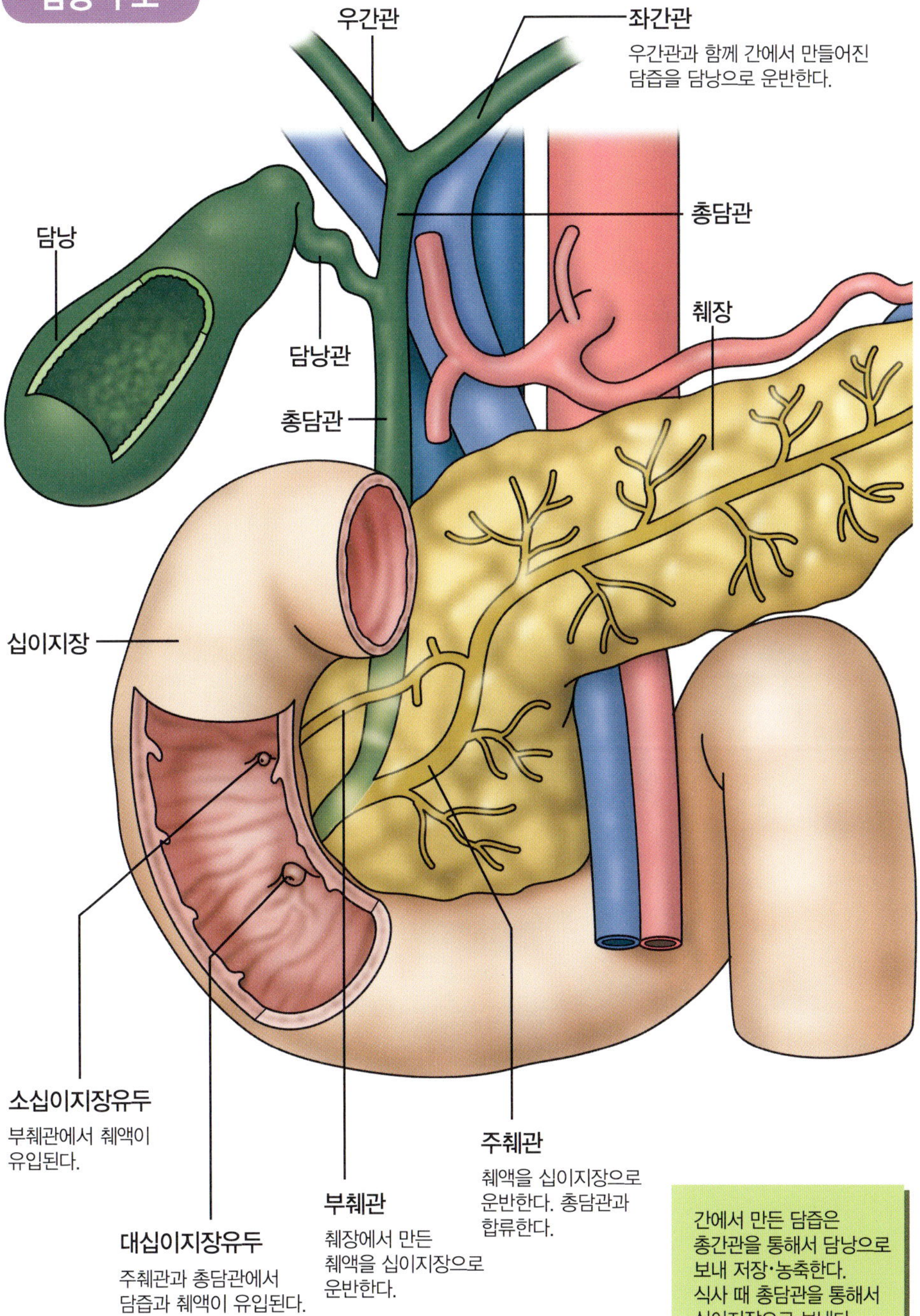

간에서 만든 담즙은 총간관을 통해서 담낭으로 보내 저장·농축한다. 식사 때 총담관을 통해서 십이지장으로 보낸다.

지식 대변의 황갈색은 스테르코빌린이라는 색소 때문이다. 이것은 담즙 안에 함유된 빌리루빈이라는 색소가 장내 세균에 의해 산화된 것이다.

19

췌장 구조

췌액을 만들고 혈당량을 조절하는

췌장은 십이지장에서 비장에 걸쳐 늘어져 있는 황색 장기로 췌액을 외분비하는 기능과 호르몬을 내분비하는 기능이 있다.

● 췌장 구조

췌장은 위 뒤에 있는 십이지장의 파인 곳을 채우는 소화기다. 길이는 약 15cm, 무게는 약 100g이고 황색의 삼각형이다. 십이지장과 접한 부분을 췌두부, 중간을 췌체부, 비장과 접한 부분을 췌미부라고 한다. 췌두부에서 췌미부를 향하면서 폭이 좁아진다.

췌장의 내부에는 췌장에서 만들어진 소화액의 췌액을 십이지장으로 운반하는 췌관이 지난다. 췌관은 췌두부에서 주췌관과 부췌관으로 나뉜다. 주췌관은 담낭에서 뻗은 총담관과 합류해서 대십이지장유두를 매개로 십이지장과 이어져 있다. 부췌장은 십이지장유두 위에 있는 소십이지장유두에서 십이지장과 이어져 있다.

● 췌장의 기능

췌장은 소화액을 소화관으로 분비하는 외분비 기능과 호르몬을 혈액 중에 분비하는 내분비 기능을 모두 갖고 있다.

췌장이 분비하는 췌액은 탄수화물을 분해하는 아밀라아제, 단백질을 분해하는 트립신, 지질을 분해하는 리파아제 등의 소화효소를 함유한다. 췌장은 간에서 분비하여 담낭으로 보내는 담즙의 도움으로 십이지장 안에서 소화 활동에 사용한다.

또한, 췌장에 있는 랑게르한스섬이라는 특수한 조직은 인슐린과 글루카곤이라는 정반대 기능을 가진 두 개의 호르몬을 분비한다. 이 호르몬은 혈당치를 조절한다.

췌장암

췌장암은 증상이 잘 나타나지 않기 때문에 조기 발견이 어렵고 진행되면 접촉한 위나 간, 십이지장 등으로 잘 전이되기 때문에 난치성 암 중의 하나다. 암이 생기는 부위는 췌두부가 가장 많고 여성보다 남성에게 많이 생긴다. 발병의 원인으로는 지방이 많은 음식물과다 섭취, 과도한 음주, 흡연 등이 있다.

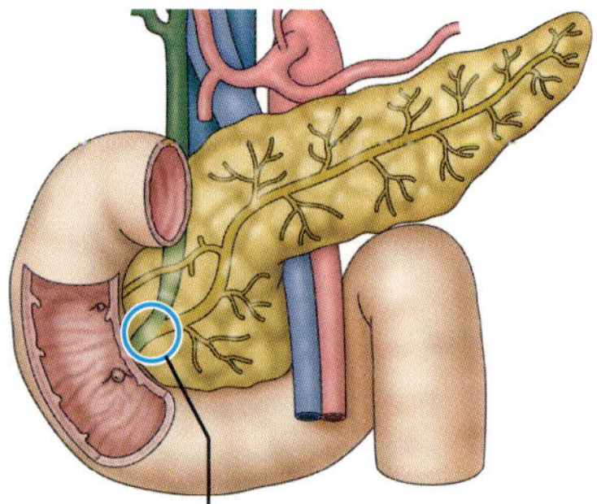

췌장암은 십이지장유두 주변에 많다.

췌장 구조

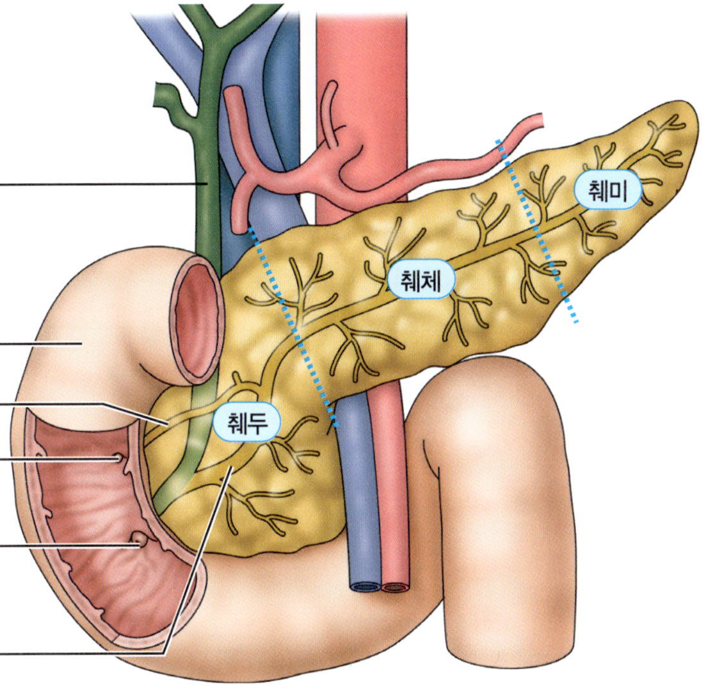

췌장 위치

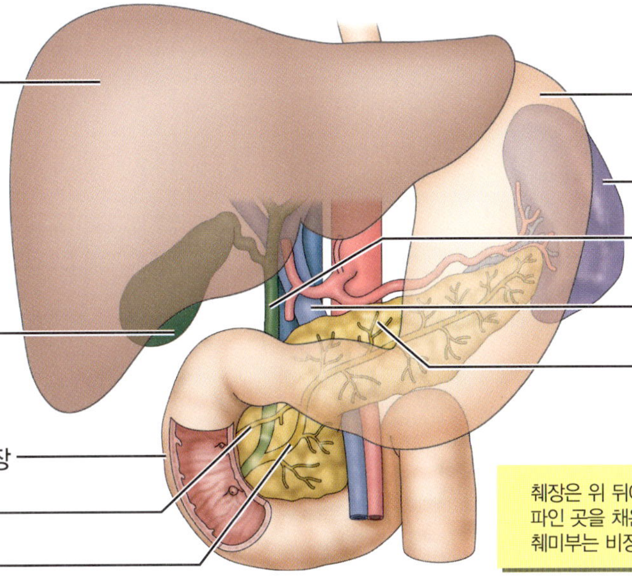

췌장은 위 뒤에 있으며 십이지장의 파인 곳을 채운다.
췌미부는 비장과 접해 있다.

지식 췌장의 '랑게르한스섬'은 발견자인 독일의 병리학자 이름에서 따왔다. 호르몬을 분비하는 조직이 섬처럼 보이기 때문에 섬이라는 이름을 붙였다.

20

췌액 분비 구조

자율신경과 호르몬에 의해 분비되는

췌액은 자율신경과 두 개의 호르몬 작용으로 췌장의 선방 세포와 도관에서 분비되어 십이지장에서 소화 활동에 이용된다.

● 외분비부의 구조

췌장 내부는 췌액을 분비하는 외분비부와 호르몬을 분비하는 내분비부로 나뉜다. 그 중 약 90퍼센트가 외분비부다.

췌액을 분비하는 외분비부는 포도당 알갱이 모양의 선방세포와 도관이라는 조직으로 구성되어 있다. 선방세포에서 분비한 소화효소는 도관 상피세포에서 분비된 물과 섞여서 췌액이 된다. 도관에서 췌관으로 보낸 췌액은 크고 작은 십이지장유두를 매개로 십이지장으로 흘러 들어간다. 또 선방세포에 둘러싸인 랑게르한스섬에는 글루카곤을 분비하는 A세포와 인슐린을 분비하는 B세포가 있다.

췌장은 탄수화물, 단백질, 지방을 분해하는 소화효소를 함유하고 있다. 췌장은 십이지장의 소화 활동을 돕고, 탄산수소나트륨을 함유하고 있어 위산으로 산성이 많은 소화물을 중화하는 작용을 한다.

● 췌액 분비

췌액 분비에는 자율신경과 호르몬이 영향을 준다. 음식물을 보거나 냄새를 맡으면 자율신경의 기능으로 췌액이 분비된다. 위에서 십이지장으로 흘려보낸 소화물이 십이지장의 점막을 자극하면 십이지장이나 소장에서 콜레사이스토키닌과 세크레틴이라는 소화관 호르몬을 분비한다. 이런 호르몬은 선방세포나 도관세포를 자극해서 타액 분비를 촉진한다.

췌장염

급성 췌장염은 췌장이 소화효소 때문에 염증을 일으키는 것으로 담도의 출구가 막혀 담즙이 췌관으로 역류했을 때 발생한다. 만성 췌장염은 췌장이 어떤 원인으로 파괴되어 췌장이 섬유화된 것이다. 주요 원인으로는 과도한 알코올 섭취와 담석을 생각할 수 있다. 급성 · 만성 췌장염은 모두 상복부에 통증이 있고 구토와 설사 증상이 있다.

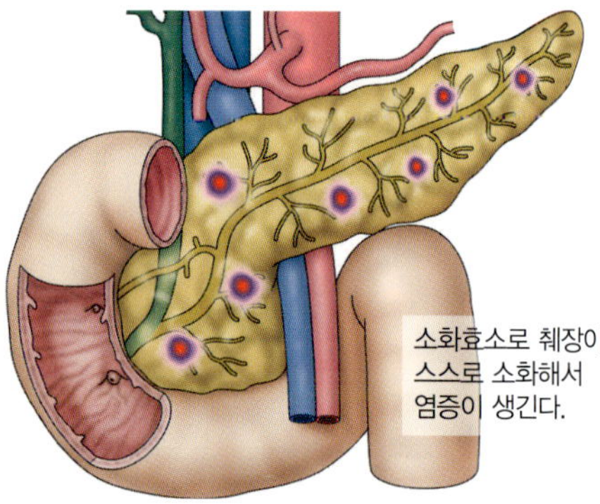

소화효소로 췌장이 스스로 소화해서 염증이 생긴다.

선방세포와 랑게르한스섬

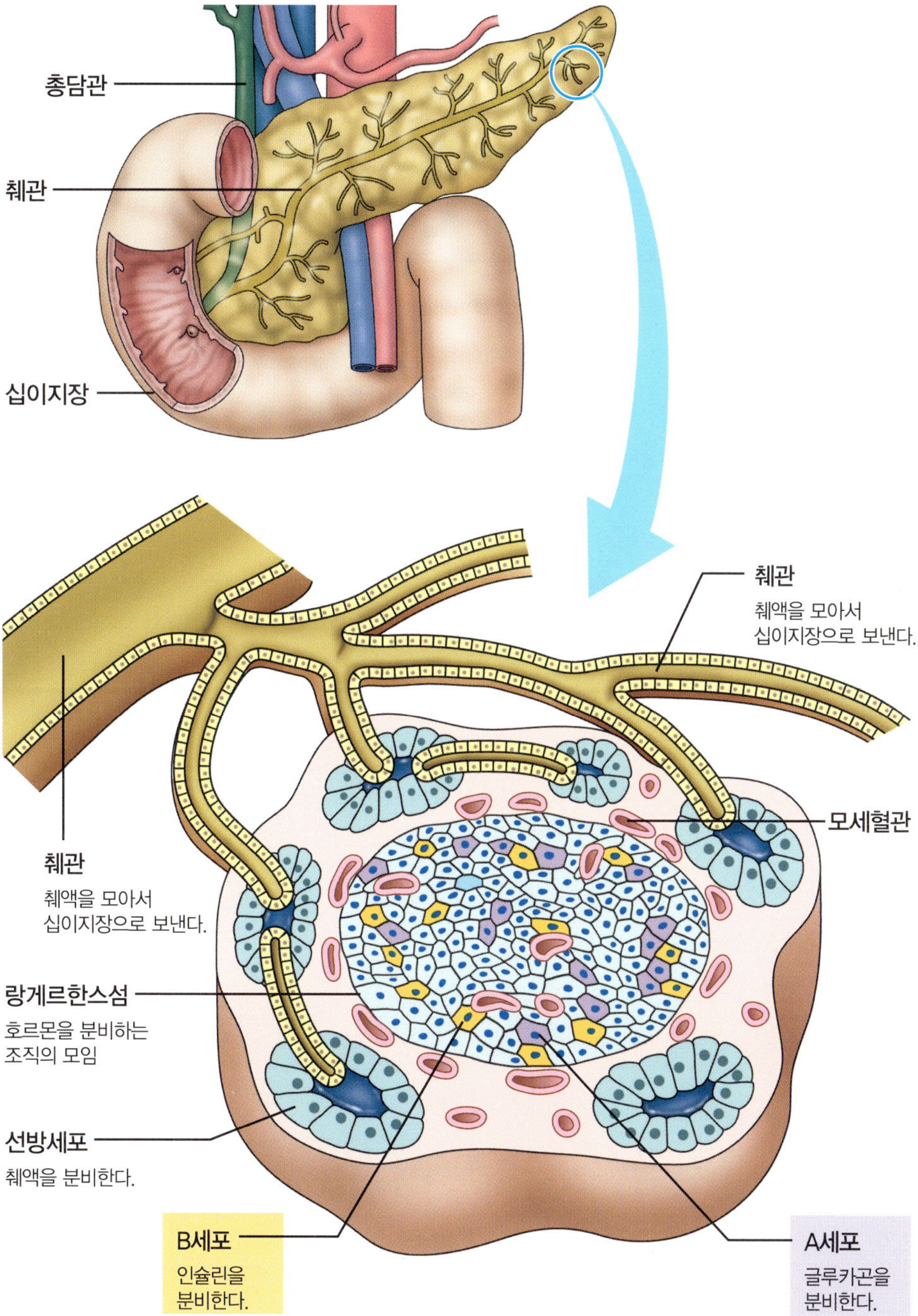

지식 췌장의 '췌'는 라틴어의 '팡 클레아스(모든 고기)'라는 의미로 일본에서 만든 말이다. 췌장은 보기에는 고깃덩어리처럼 보인다.

21

혈당량 조절 구조

췌장의 여덟 가지 호르몬으로 조절하는

혈당량은 췌장의 랑게르한스섬에서 분비한 두 가지 호르몬 인슐린과 글루카곤이 조절한다.

● 혈당을 조절하는 호르몬

우리가 몸을 움직이는 에너지원은 포도당(글루코스)이다. 혈액 안에 함유된 포도당의 농도는 혈당치로 표시한다. 혈당치는 주로 췌장의 랑게르한스섬에서 분비하는 글루카곤과 인슐린의 두 가지 호르몬으로 조절한다.

랑게르한스섬은 섬처럼 보이는 조직으로 췌장 전체에 100만 개 이상 있다. 내부에는 글루카곤을 분비하는 A세포와 인슐린을 분비하는 B세포가 있다.

글루카곤은 간에 축적된 글리코겐을 분해하여 포도당 만들기를 촉진한다. 이것은 혈액 중에 포도당을 늘리고 혈당치를 상승시킨다.

한편 인슐린은 간에 작용하여 포도당에서 글리코겐 합성을 촉진하여 혈액 중의 포도당을 줄이고 혈당치를 감소시킨다.

인슐린 분비량이 줄어들거나 효과가 나빠져서 고혈당 상태가 되는 것이 당뇨병이다. 반대로 혈액 중의 포도당이 부족한 상태가 이어지는 것을 저혈당이라고 한다.

● 혈당치 조절

식사를 하고 당질이 체내에 흡수되어 포도당이 혈액 중에 증가하면 랑게르한스섬의 B세포가 인슐린을 분비해서 혈액 중으로 방출하고 혈당치가 지나치게 상승하지 않도록 작용한다. 혈액 중에 포도당이 줄고 동시에 인슐린의 양도 감소한다.

반대로 공복 시에는 혈액 중의 포도당이 감소한다. 그러면 랑게르한스섬의 A세포에서 글루카곤을 분비하여 혈액 중으로 방출하고 혈액치가 지나치게 떨어지지 않도록 돕는다. 이렇게 글루카곤과 인슐린이 상호작용해서 혈액 중의 포도당량을 조절하고 혈당치를 적절하게 유지한다.

또한, 혈당량 조절은 간뇌의 시상하부와 관련 있다. 인슐린과 글루카곤을 분비하는 랑게르한스섬의 A세포와 B세포는 시상하부에서 자율신경의 지배를 받는다. 또 시상하부의 명령으로 부신수질에서 분비하는 아드레날린, 부신피질에서 분비하는 당질 코르티코이드, 뇌의 하수체전엽에서 분비하는 성장 호르몬 등의 호르몬은 글리코겐의 분해나 포도당의 신생을 촉진해서 혈당치를 상승시킨다.

혈당량을 조절하는 구조

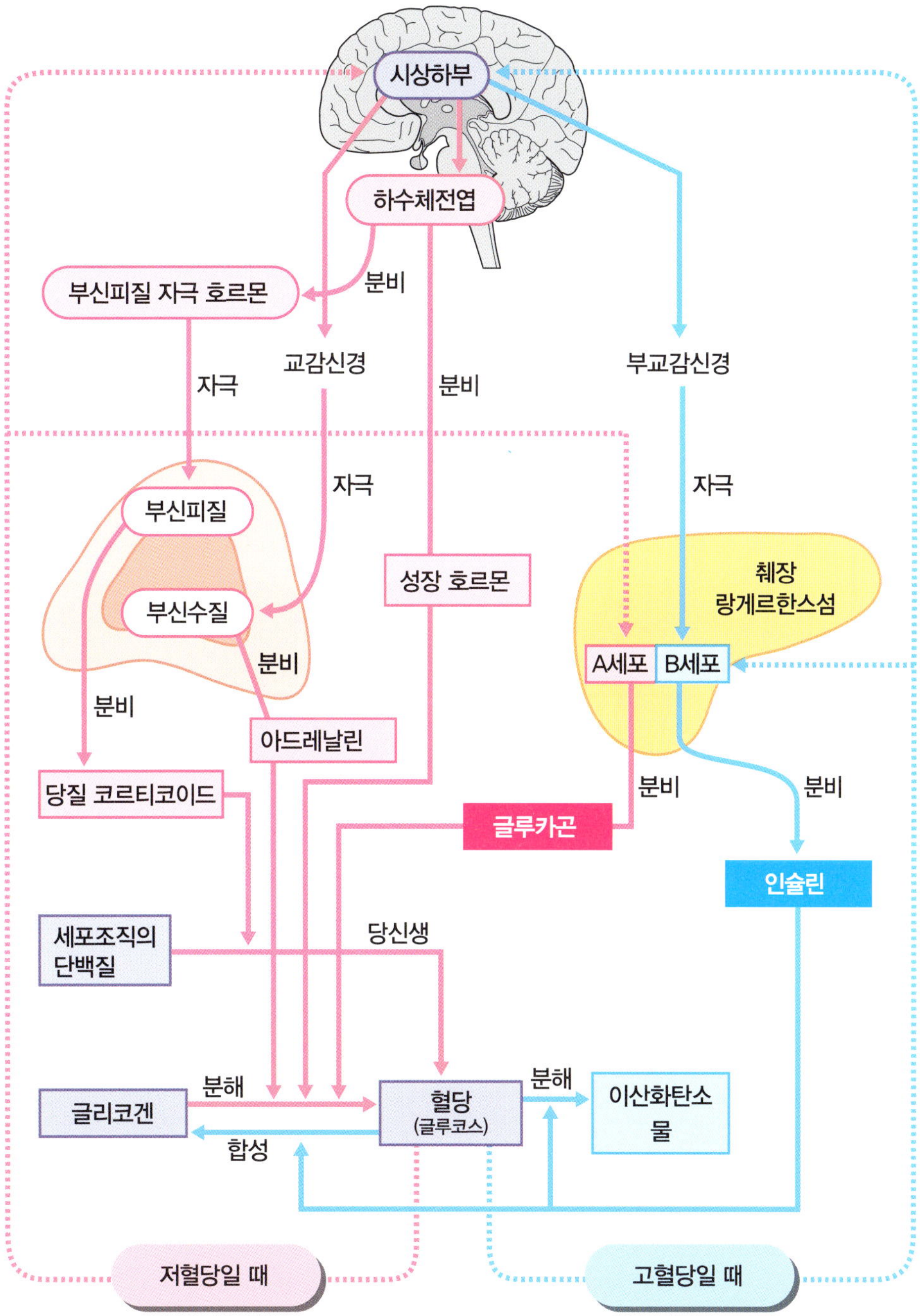

지식 건강한 사람의 혈당치는 공복 시 80~100mg/dℓ이다. 110 미만이면 정상, 110~125은 경계, 126 이상은 당뇨병이라고 한다.

22 당뇨병

대사이상과 혈관 장애로 많은 장기에 여러 합병증을 가져온다!

인슐린 분비량과 기능이 저하해서 혈당치가 만성적으로 높은 상태가 되는 병이다. 1형과 2형 두 가지가 있다.

•1형 당뇨병: 면역 이상이나 바이러스 감염으로 췌장 랑게르한스섬의 B세포가 죽어서 인슐린의 분비가 대폭으로 줄어 발병한다. 당뇨병 전체의 5%를 차지하고 일반적으로 15세 이하의 아이들에게 많이 보인다. 증상으로는 갈증, 체중 감소, 피로감, 복통 등이 있다. 치료에 인슐린 주사를 사용한다. 급속히 나빠져 수일 후 사망하는 극증 1형 당뇨병도 있다.

•2형 당뇨병: 당뇨병 전체의 95퍼센트를 차지하고 40세 이상의 비만인 사람에게 많이 보인다. 인슐린의 분비와 기능이 저하해서 발생하는 것으로 비만, 노화, 간 장애, 고혈압, 유전 등이 발병의 원인이다. 또 만성 췌장염이나 임신, 스트레스 등도 발병의 원인이다.

증상은 1형과 마찬가지로 갈증, 피로감, 체중 감소 등이다. 2형 당뇨병은 고혈압이나 고지혈증, 심혈관 장애가 합병증으로 발병하는 일이 많다. 치료법으로는 식사요법이나 운동요법, 혈당강하제 복용 등이 있다.

▶당뇨병의 합병증

당뇨병의 삼대 합병증은 망막증, 신증, 신경 장애다. 당뇨병 망막증은 망막의 혈관에 장애가 생겨 악화되면 실명한다. 당뇨병성 신증은 신장의 사구체에 혈관 장애가 일어나 중증이 되면 신부전으로 요당증이 발생한다. 당뇨병성 신경 장애로 하지의 신경통, 배뇨장애, ED(발기부전) 등이 발병한다. 그 외에도 백내장, 폐렴, 결막, 치주병, 뇌경색, 심근경색 등의 합병증이 나타나기도 한다.

당뇨병 종류

A형	인슐린 의존형(1형)	인슐린 비의존형(2형)
발병 빈도	전체의 5%	전체의 90%
발병 인자	면역 이상, 바이러스 감염	유전, 비만, 스트레스 등
발병	빨리 진행	서서히 진행
병 상태	인슐린을 분비하는 췌장의 랑게르한스섬의 B세포 사멸	인슐린의 분비저하와 인슐린의 감수성 저하
발병 나이	15세 이하의 아이들에게 많다. 중년 이후에도 보인다.	40세 이상에게 많다. 최근에는 젊은 층에도 증가
주요 치료법	인슐린 주사	식사요법, 운동요법, 경구 혈당강하제 복용

7장

비뇨기

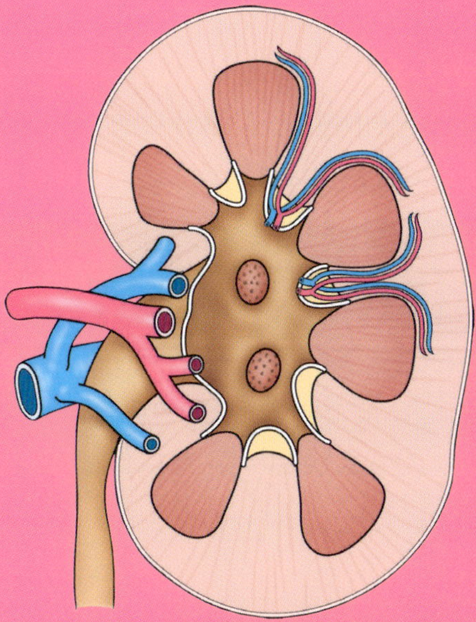

온몸의 세포는 영양소와 산소를 이용해서 신진대사를 하고 활동을 위한 에너지를 만든다. 신진대사 과정에서 생긴 불필요한 노폐물을 소변으로 배출하는 것이 비뇨기의 기능이다. 비뇨기는 두 개의 신장과 두 개의 요관, 방관, 요도로 이루어진다. 체내에 있는 액체의 양과 조성을 조절하는 기능도 있다.

01

비뇨기 구조

체내의 노폐물을 배출하는 시스템

비뇨기는 신진대사 과정에서 생기는 노폐물을 소변으로 배출하는 기관이다. 두 개의 신장, 두 개의 요관, 방광, 요도로 구성되어 있다.

● 비뇨기계 기능

우리가 먹은 음식물은 위나 소장 등 소화기관에서 소화 흡수되고, 영양소는 간으로 운반된다. 간은 영양소를 몸이 잘 이용할 수 있는 모양으로 만들어 혈액을 통해서 온몸으로 보낸다. 온몸의 세포에서는 영양소와 산소를 이용해서 신진대사를 하고 활동을 위한 에너지를 만든다. 신진대사 과정에서 불필요한 노폐물이 많이 나온다.

노폐물은 다시 혈액으로 들어가지만 체내를 순환하지 않고 소변으로 배출된다. 혈액 중의 노폐물을 걸러서 소변으로 배출하는 것이 배뇨기관계의 역할이다. 또 비뇨기계는 체내의 액체 양과 조성을 조절하는 기능도 있다.

● 비뇨기계 구조

비뇨기계는 두 개의 신장과 두 개의 요관, 방광, 요도로 구성되어 있고 요로라고 부른다.

신장은 혈액 중의 노폐물을 걸러서 소변으로 생성하는 기관으로 좌우 한 쌍이 있다. 신장에서 만든 소변은 두 개의 요관(윤뇨관)을 지나 방광으로 들어간다.

방광은 소변을 잠시 모아두는 기관으로 소변은 방광에 머물다가 요도를 통해서 체외로 배출된다.

또 비뇨기는 생식기와 근접해 있어 발생학적으로도 밀접한 관계에 있다. 특히 남성의 요도는 정액의 배출기관을 겸한다. 정액 일부를 분비하는 전립선은 방광의 바로 아래에서 요도와 이어진다.

요로결석

비뇨기(요로)에 만들어진 결석은 부위에 따라 신장결석, 요관결석, 방광결석, 요도결석으로 분류한다. 작은 것은 소변으로 배출되지만 커지면 요로를 막아서 요통이나 측복부통, 혈뇨 등의 증상이 나타난다. 통증과 더불어 구역질, 구토를 동반하는 일도 있다. 또 방광 부근에 결석이 있으면 배뇨통, 야간 빈뇨 증상이 생긴다.

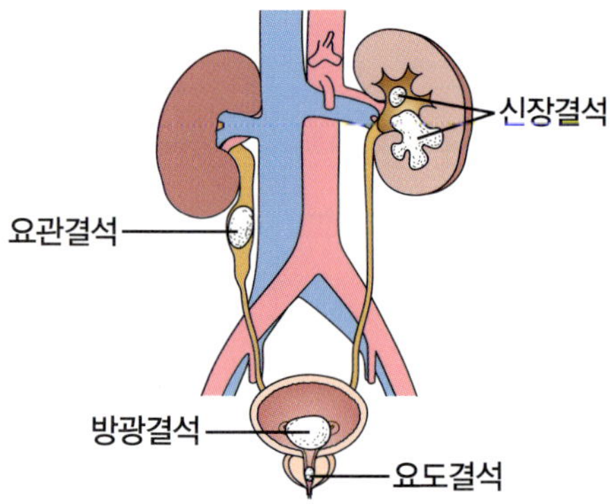

비뇨기관 구조

〈남성〉

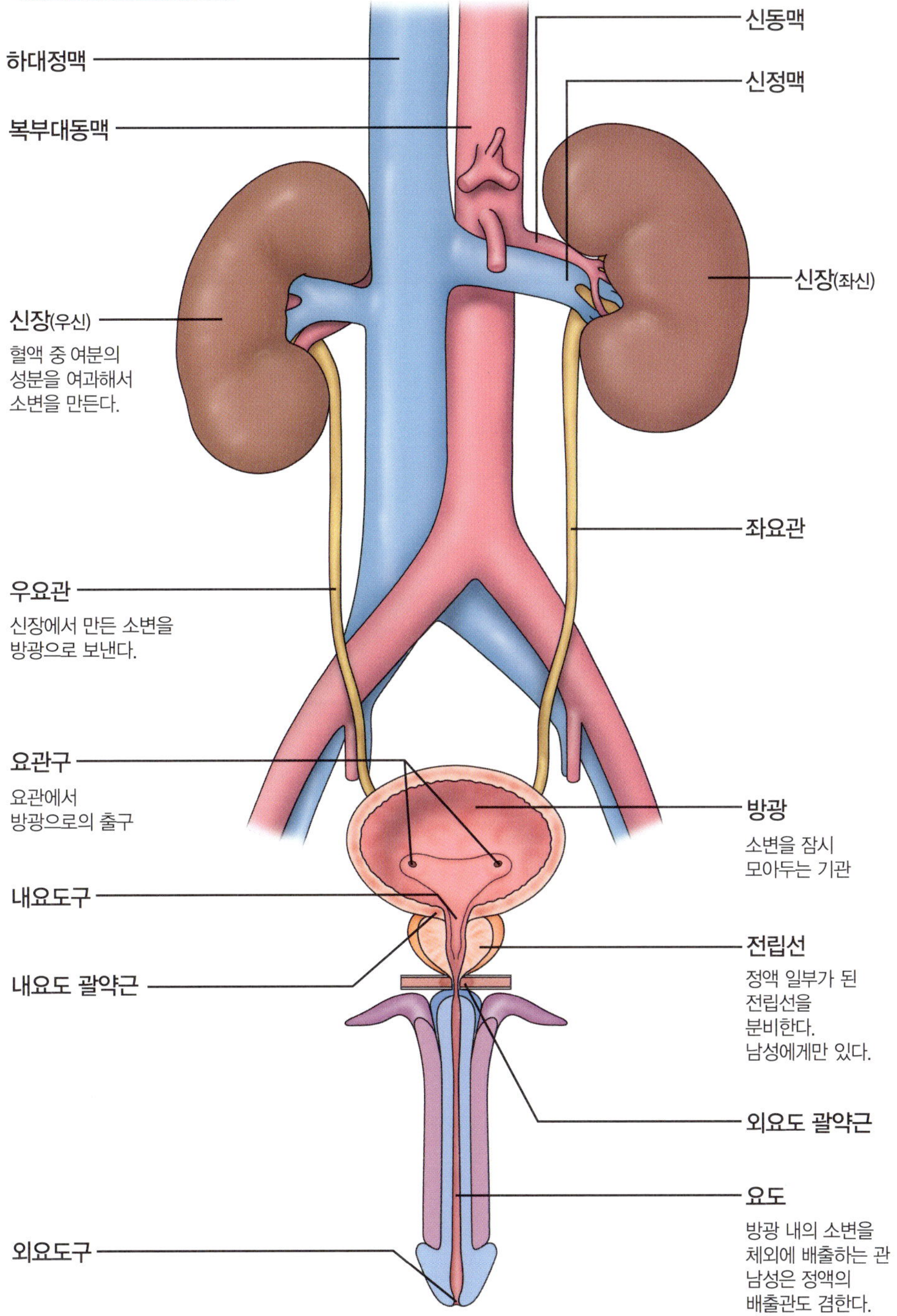

지식 요로결석은 소변 성분이 결정으로 변한 것이다. 인산칼슘, 탄산칼슘, 콜레스테롤, 구연산 등을 포함하고 있다.

02

신장 구조

소변을 만들고 체내의 수분량을 조절하는

신장은 좌우에 한 쌍이 있다. 혈액을 여과해서 소변을 만들고 체내의 수분을 일정하게 유지해서 혈압을 조절한다.

● 신장 내부 구조

신장은 횡격막 바로 아래에 좌우 한 개씩 있다. 크기는 세로 12cm, 가로 6cm 정도이며 무게는 약 150g이고 누에콩 모양이다.

신장의 바깥쪽 층을 신피질, 안쪽 층을 신수질이라고 한다. 신피질에는 혈액을 여과하는 신소체라는 부분이 있다. 신소체는 사구체라는 모세혈관 다발과 그것을 싸는 보먼주머니라는 주머니 모양의 막이 합쳐진 것이다.

신수질에는 신추체라는 피라미드 모양의 조직이 있어 신소체에서 만들어진 소변을 모으는 요세포와 소변을 신배로 보내는 집합관이 내부를 지난다. 신배로 보낸 소변은 신우에 모이고 요관을 통해 방광으로 보낸다.

신장에는 대정맥, 대동맥에서 직접 갈라져 나온 신정맥과 신동맥이 신문이라는 파인 곳에 깊이 있다. 신동맥과 신정맥은 갈라져 나와 궁상동맥, 궁상정맥이 되고 더 나아가 무수의 모세혈관이 되어 신장 전체에 분포한다.

● 신장의 기능

신장이 만드는 소변은 노폐물을 배출할 뿐만 아니라 여분의 수분이나 염분도 배출한다. 이 기능으로 우리는 체내의 수분량을 일정하게 유지할 수 있다.

또 신장은 각종 효소를 만들어 혈압을 조정하거나 골수로 조혈을 촉진하는 에리스로포이에틴이라는 호르몬을 분비하는 일 외에도 비타민D를 활성화한다.

신장의 혈압 조절

신장은 염분과 수분의 배출량을 증감시켜서 혈압을 정상으로 유지하는 기능이 있다. 신장에서는 승압 작용이 있는 안지오텐신을 만들어내는 레닌이라는 효소를 분비한다. 부신에서도 승압 작용이 있는 알도스테론을 분비한다.

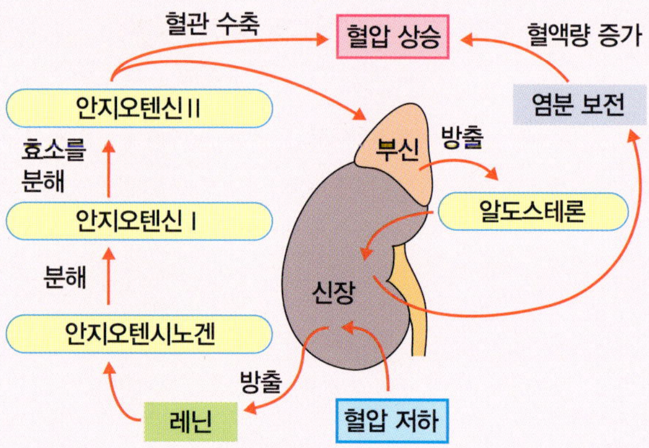

신장 구조

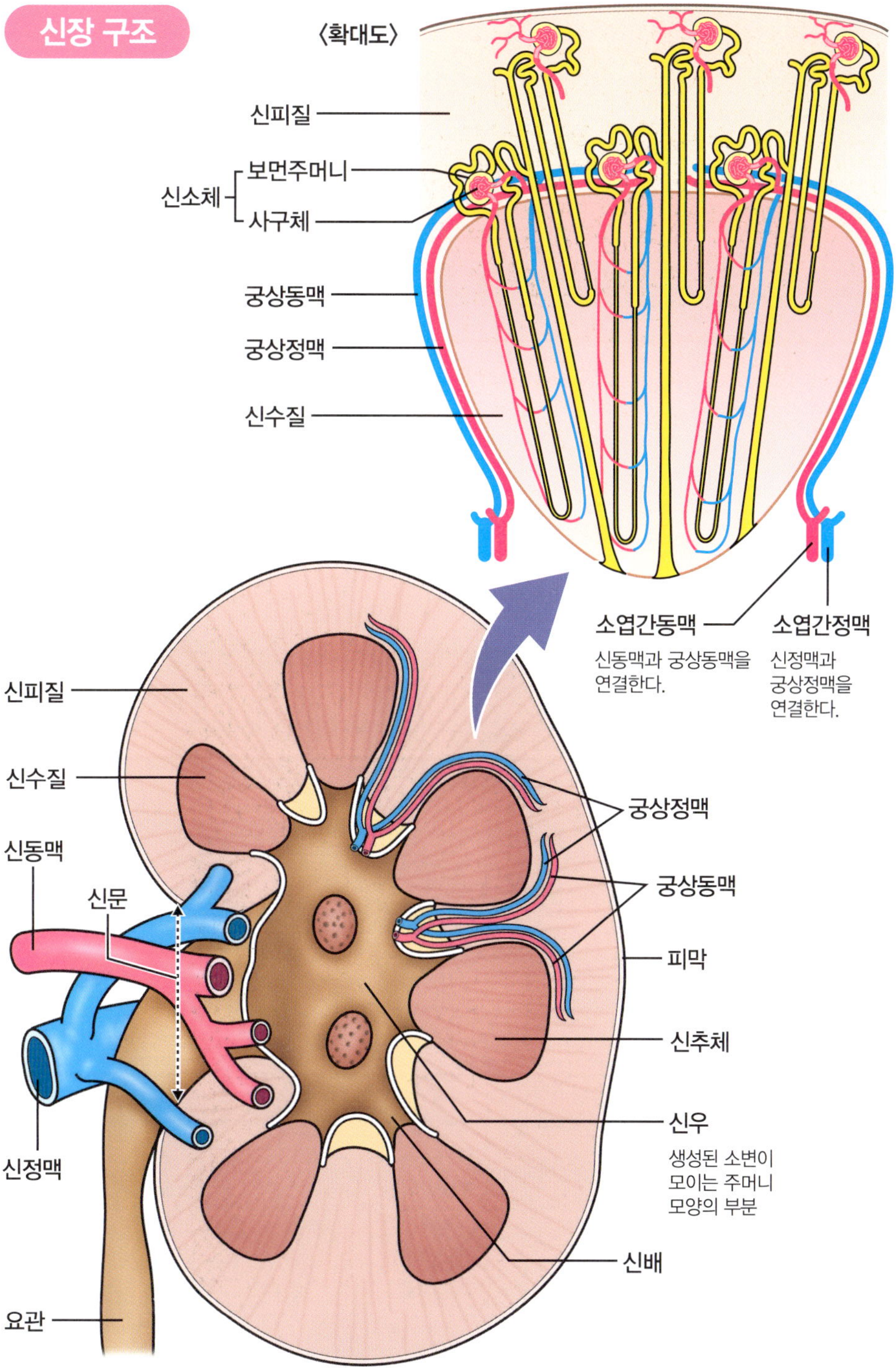

지식 신장은 좌우 한 쌍의 장기지만 오른쪽의 신장 바로 위에 간이 있기 때문에 왼쪽보다 낮은 부위에 있다. 이식이나 사고 등으로 한쪽 신장을 잃어도 기능에는 문제가 없다.

03

소변을 만드는 구조

혈액에서 노폐물을 걸러

사구체에서 혈액으로 원뇨를 만들고 요세포에서 원뇨가 수분과 영양소를 재흡수하여 소변을 만든다.

● 네프론 구조

신장은 심장에서 보낸 대량의 혈액을 여과해서 소변을 만든다. 이 소변을 만드는 기능 장치를 네프론이라고 한다. 네프론은 보먼주머니와 사구체를 합한 신소체 하나와 요세관 하나로 이루어진다.

신소체의 사구체는 혈액을 여과해서 원뇨를 만드는 모세혈관 덩어리다. 보먼주머니는 사구체가 거른 원뇨를 소변으로 바꾸는 요세포로 이어져 있다. 네프론은 좌우 각각의 신장에 100만 개 이상 있다.

● 소변 생산의 메커니즘

심장에서 보낸 혈액은 신동맥과 궁상동맥을 거쳐서 수입세포맥에서 사구체로 흘러 들어간다. 사구체의 모세혈관에서는 압력으로 혈액이 여과되어 혈장 성분이나 노폐물로 이루어진 원뇨가 보먼주머니로 새어 나온다. 이때 모세혈관의 벽이 필터 역할을 해 질량이 큰 혈구 성분이나 단백질은 혈액에서 걸러져 나온다.

보먼주머니에 새어 나온 원뇨는 요세관으로 보낸다. 요세관에서는 원뇨에 함유된 포도당이나 아미노산, 미네랄 등의 유용한 성분과 수분을 혈액 속으로 재흡수한다. 재흡수하지 않은 나머지 수분이나 염분, 노폐물 등은 소변이 되어 집합관을 통과해서 신우로 보낸다.

하루에 만들어지는 원뇨는 약 150 *l* 에 달한다. 대부분은 요세관에 재흡수되기 때문에 실제로 소변이 되는 것은 원뇨의 약 1%(약 1.5 *l*) 정도다.

소변 성분에 대해서

소변 성분의 약 95%는 수분이고 나머지는 고형 성분이다. 고형 성분 중에서 가장 많은 것은 단백질이 대사할 때 만들어지는 요소다. 이 밖에도 요산, 크레아티닌, 나트륨, 칼륨, 암모니아, 마그네슘 등도 있다. 또 소변의 황색은 우로크롬이라는 색소 성분 때문이다.

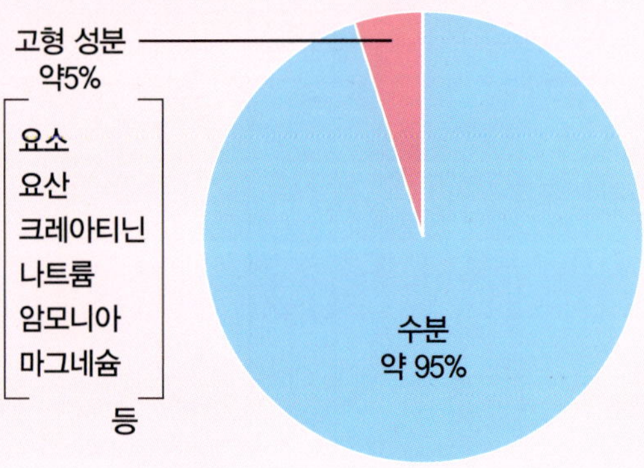

네프론 구조

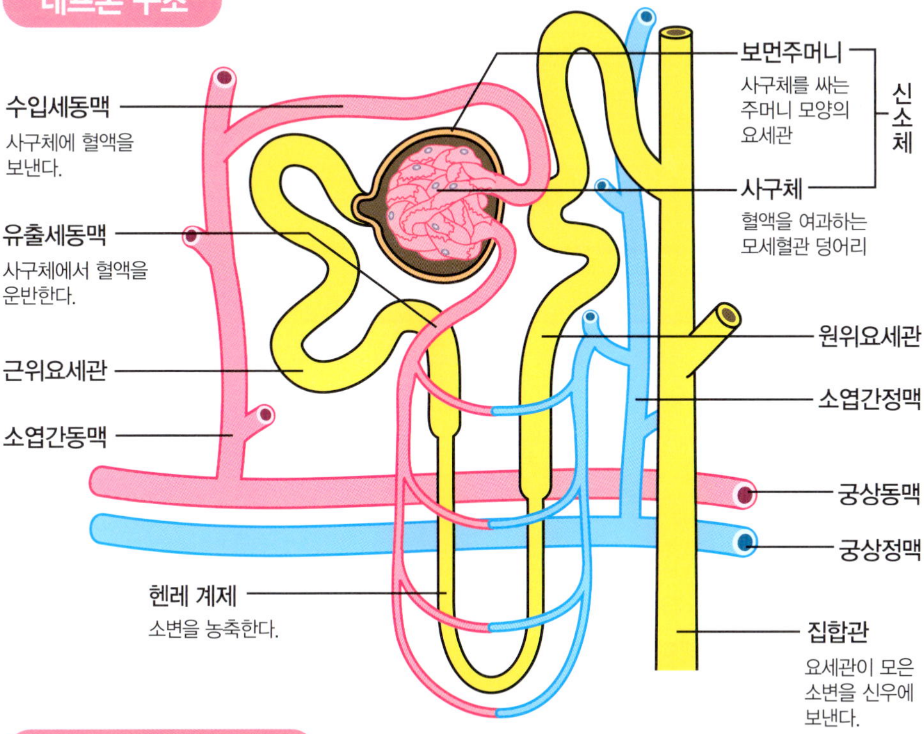

소변을 만드는 구조

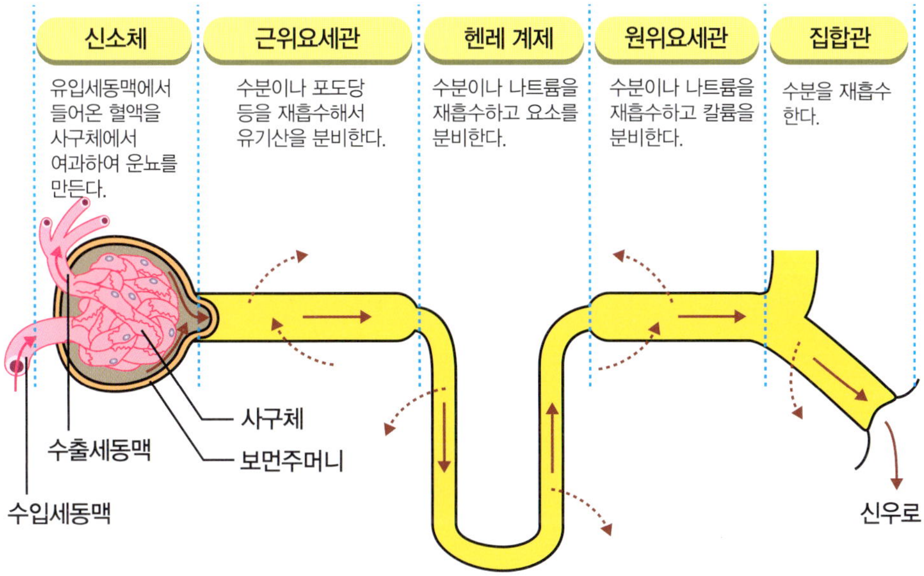

지식 네프론은 수가 매우 많아서 신장 기능에는 큰 여유가 있다. 그러나 혈액검사에서 신장 기능의 이상을 발견했을 때는 대부분의 네프론이 기능을 잃고 신부전이 진행된 상태다.

● 신장염

신장의 사구체에 염증이 생기는 병이다. 편도염이나 인두염, 폐렴, 인플루엔자 등의 병에 걸린 다음 1~3주의 잠복기 후 발병한다. 증상이 1년 이상 이어지는 것을 만성 신장염이라고 하며 그 이외는 급성 신장염이라고 한다.

▶**주요 증상:** 혈뇨, 단백뇨, 부종, 혈압 상승이다. 혈뇨는 염증에 따른 사구체 파열로 생긴다. 눈 주변의 부종은 신장염의 특징으로 점차 다리 사이나 음낭에도 나타나 때로는 흉수나 복수가 차기도 한다.

● 신우염·신우신장염

신우 혹은 신장 전체에 세균 감염이 있어서 염증을 일으키는 상태다. 전자를 신우염, 후자를 신우신장염이라고 한다. 여성에게 많고 월경이나 임신 때 심해지는 경향이 있다.

▶**주요 증상:** 급성일 때는 고열, 동통, 식욕부진, 구역질이 나타나고 만성일 때는 권태감과 식욕부진, 두통이 나타난다.

● 신증후군

신장의 사구체가 망가져서 고도의 단백뇨, 부종, 저단백혈증, 고지혈증 등의 증상이 나타난다. 신장염에 이어서 많이 발생한다. 부종은 눈꺼풀과 얼굴 외에 하지에도 나타나 복수와 흉수가 차면 기침과 담이 늘어 호흡이 어려워지고 식욕도 감소한다.

●신부전의 진행

병기	정상	보존기 신부전		말기 신부전
	증상 없음		증상 있음	
혈청 크레아티닌 수치(mg / dℓ)	0.5~1.0	2~3	5~	8 이상
신장 기능의 정도	100% 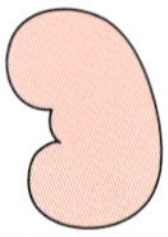	30~50% 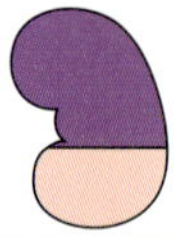	15% 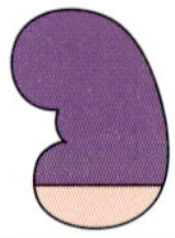	10% 이하 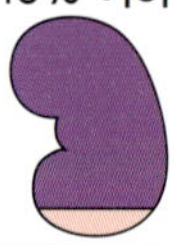
치료법		식사요법, 약물요법		인공투석, 신장이식

● 신부전

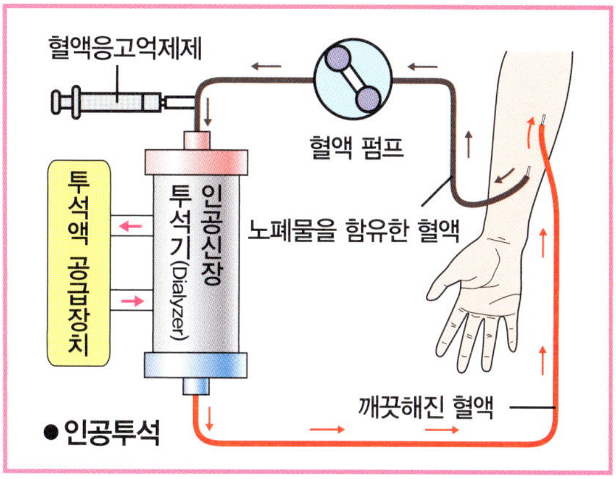

•급성 신부전: 정상이던 신장이 갑자기 기능이 정지된 상태를 급성 신부전이라고 한다. 원인으로는 첫 번째는 수술이나 외상에 따른 쇼크로 혈압이 내려가 신장으로 혈류가 흐르지 않는 경우, 두 번째는 급성 신장염이나 수은 등의 유해 물질로 신장이 한때 움직이지 않는 경우, 세 번째는 결석이나 전립선 비만 등으로 요로의 통로 장애가 일어나는 경우 등 세 가지가 있다.

주요 증상은 하루 소변량이 급격히 줄어서 식욕부진, 구역질 등의 소화기 증상, 두통, 불안감 등의 정신 증상 등이 있다.

•만성 신부전: 신장의 병이 만성이 되고 나빠져서 신장이 위축해서 생긴다. 가장 많은 원인은 당뇨병이고 이어서 급성 신장염, 신경화증, 만성 신우신장염 등도 원인이다.

만성적으로 신장 기능이 저하하여 소변이 잘 나오지 않는다. 배출해야 할 유해 성분이 체내에 쌓여서 여러 장기에 증상이 나타난다. 이것을 요독증이라고 한다.

주요 증상으로는 구역질과 변통 이상 등의 위장 증상, 두통과 근육통 등의 신경 증상, 고혈압이나 심장 비대 등의 심혈관질환 증상, 부정맥이나 심정지를 초래하는 고칼륨 혈장 등이 있다.

▶인공투석과 신장이식: 만성 신부전으로 소변 독소의 증상이 진행되면 인공투석이나 신장이식을 한다. 인공투석은 혈액을 인공신장으로 여과해서 노폐물을 체외로 배출하는 방법이다.

신장이식은 주로 건강한 가족의 신장을 환자에게 이식하여 기능을 잃은 신장의 기능을 보완한다. 이식할 때는 골반 위치에 이식하고 원래의 신장은 제거하지 않고 남겨둔다.

〈신장이식〉

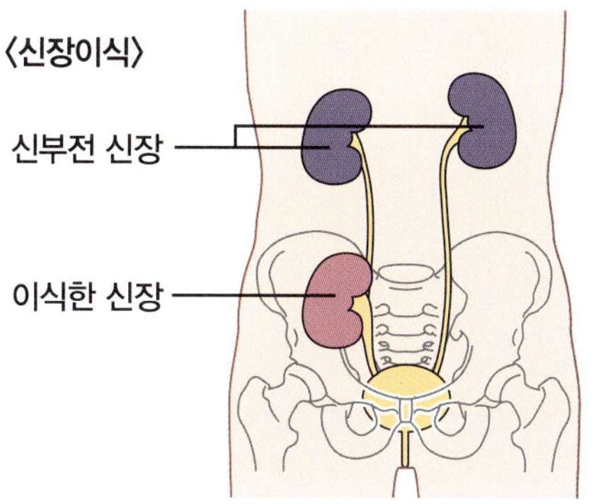

복부를 절개해서 골반 안에 신장을 이식하고 요관을 방광에 잇는다. 신부전인 신장은 제거하지 않는다.

05

요관과 방광의 구조

신장에서 만든 소변을 모으는

좌우의 신장에서 만든 소변은 요관을 통해서 방광으로 보낸다. 소변은 방광에서 모였다가 요도를 통해 배설된다.

● 요관 구조

요로는 신장, 요관, 방광, 요도의 각 기관으로 구성된다. 신장 안의 네프론에서 만든 소변은 신배를 거쳐서 신우에 모이고, 요관을 거쳐서 방광으로 나간다.

요관은 좌우의 신장에서 하나씩 나와 있고 뒤쪽은 비스듬하게 방광으로 이어져 있다. 성인의 요관은 길이 약 30cm, 지름 약 6mm로 벽은 외막, 근층, 점막층으로 이루어져 있다. 외막은 지방을 함유한 결합조직이며 근층은 소변을 방광으로 보낸다. 안쪽의 점막층은 주름 모양이어서 소변에 포함된 산으로부터 요관을 지킨다. 소변은 요관 주름 사이를 천천히 지나 약 5초에 한 번 방광으로 한 방울씩 떨어진다.

● 방광 구조

방광은 치골 바로 뒤쪽에 있는 주머니 모양의 기관으로 요관에서 보낸 소변을 잠시 모아 둔다.

방광의 벽은 배뇨근이라고 부르는 세 층의 평활근으로 이루어져 있다. 안쪽은 주름 모양의 점막으로 싸여 있다. 비어 있을 때는 수축하지만, 소변이 모이면 부풀어서 두께 1cm 정도의 벽이 늘어나 3mm 정도까지 얇아진다.

방광의 출구는 보통 두 개의 괄약근으로 조이는데 요의를 느껴 괄약근이 느슨해졌을 때만 요도를 통해 소변을 배설한다. 방광은 최대 약 1l의 소변을 모을 수 있지만, 보통 300ml 정도 차면 요의를 느낀다.

요실금

여성에게 많은 비뇨기 병으로 소변이 새는 것이다. 몇 가지 유형이 있으며 특히 많은 것은 웃거나 기침할 때 복부에 압력이 가해져서 소변이 새어 나오는 복압성 요실금이다. 복압성 요실금은 골반 밑에 있는 근육이 약해져 요도나 방광이 처져 소변을 모으는 힘이 떨어져 발생한다. 그래서 출산 후나 폐경 후의 여성에게 많다.

●복압성 요실금

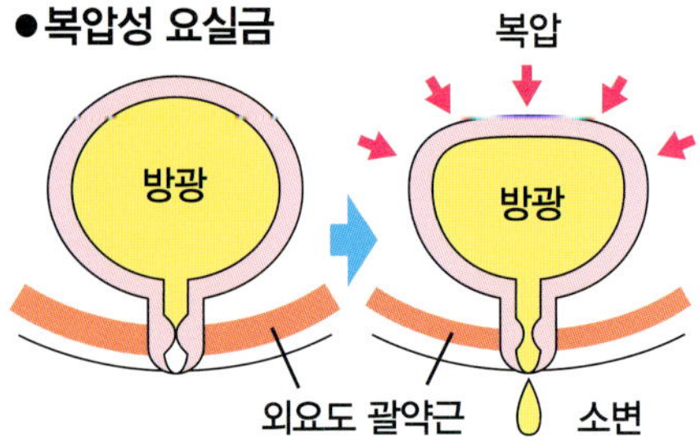

외요도 괄약근이 수축하면 방광이나 요도가 내려가 복압이 더해지면 소변이 새어 나온다.

요관과 방광의 위치

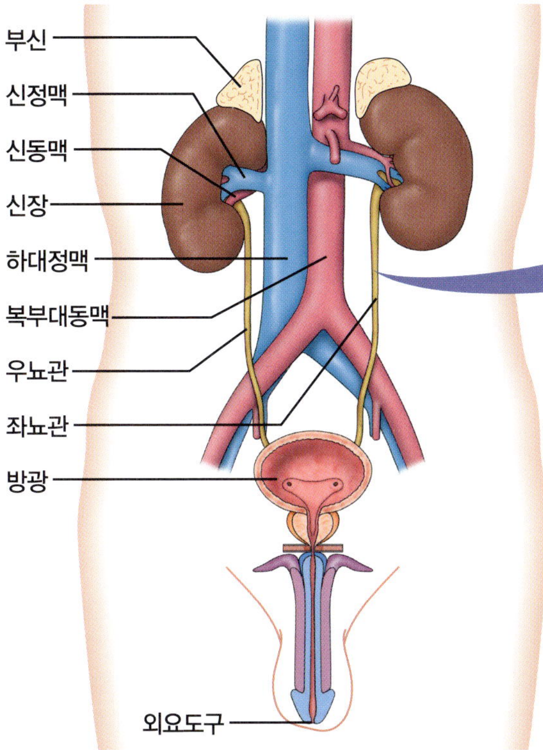

요관 구조

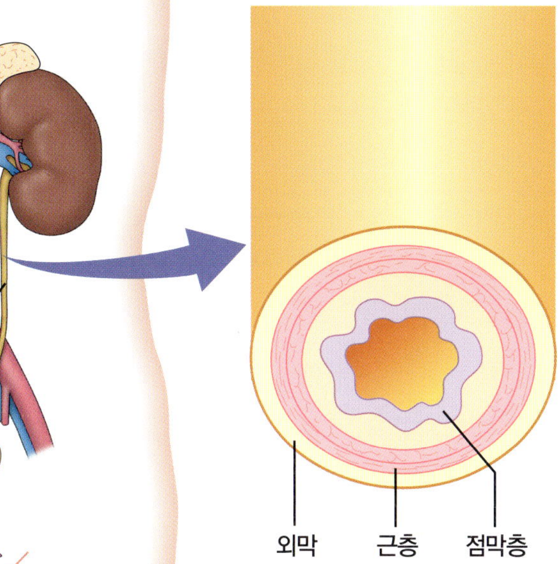

방광 구조

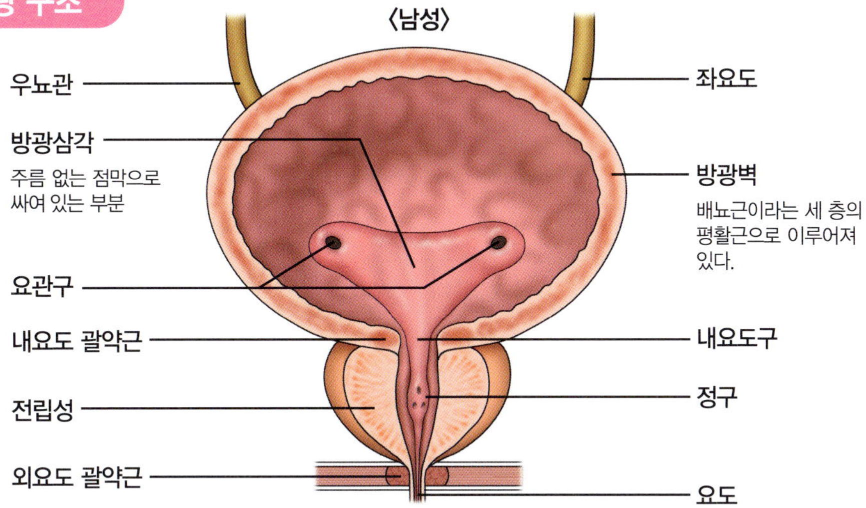

지식 요관은 수뇨관이라고 한다. 요관에서 방광으로의 수뇨는 요관의 내벽에 있는 평활근이 소장처럼 정기적으로 연동운동을 하여 이루어진다.

06

요도 구조

방광에 모인 소변을 체외로 배출하는

소변 출구인 요도는 길이나 모양이 남녀가 크게 다르다. 남성의 요도는 길고 굽었지만 여성의 요도는 짧고 곧다.

● 남녀의 요도 차이

요도는 방광에 모인 소변을 체외로 배출하기 위한 관이다. 요도의 길이나 모양은 남녀가 크게 다르다.

남성은 방광이 여성보다 높은 위치에 있고 요도의 길이가 약 20cm로 길고 옆에서 보면 S자 모양으로 굽어있다. 요도는 음경의 해면체 내부를 관통해서 음경 끝의 외요도구로 이어져 있다.

한편 여성은 방광 위에 자궁이 있기 때문에 요도가 곧고 길이는 약 4cm밖에 되지 않는다. 단, 요도의 폭은 여성이 남성보다 넓다. 외요도구는 질구의 바로 앞에 있다.

남녀의 요도는 기능 면에서도 차이가 있다. 여성의 요도는 배뇨만 하지만 남성의 요도는 소변을 배설하면서 동시에 사정 시 정액의 통로 역할도 한다.

● 두 개의 요도 괄약근

남녀 모두 방광 아래쪽에 내요도 괄약근과 외요도 괄약근이 있다. 내요도 괄약근은 의지와 상관없이 움직이고 외요도 괄약근은 의지에 따라 움직인다. 양쪽이 느슨해지면 소변은 방광에서 요도로 흘러 들어가 배출된다.

남성은 내요도 괄약근과 외요도 괄약근 사이에 전립선이라는 밤 크기 정도의 샘이 있다. 정소에서 정자를 운반하는 정관과 정액 대부분을 차지하는 점액을 분비하는 정낭이 이어져서 사정관을 형성하고 전립선 안을 지난다. 여성은 방광 출구 바로 옆에 외요도 괄약근이 있다.

배뇨 반사

방광에 소변이 차면 신경의 자극을 대뇌로 전달하여 대뇌는 배뇨 지령을 내린다. 이것을 배뇨 반사라고 한다. 배뇨 반사가 일어나면 의지와 상관없이 내요도 괄약근이 이완된다. 단, 자신의 의지에 따라 움직일 수 있는 외요도 괄약근이 있기 때문에 요의가 있어도 참을 수 있다. 외요도 괄약근을 의식적으로 이완시키면 소변은 체외로 배설된다.

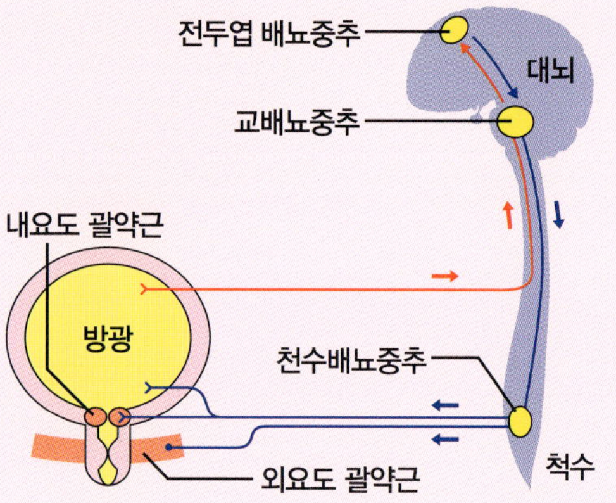

요도 구조

〈남성〉

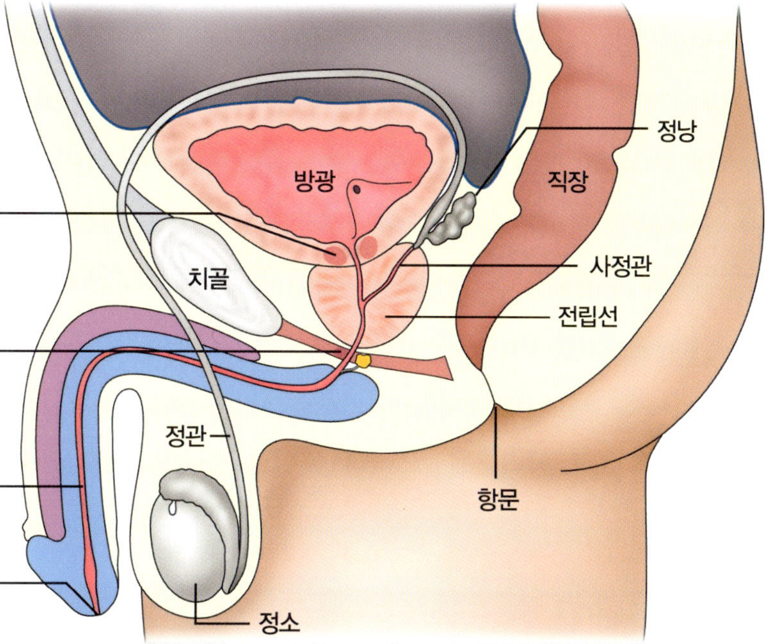

〈여성〉

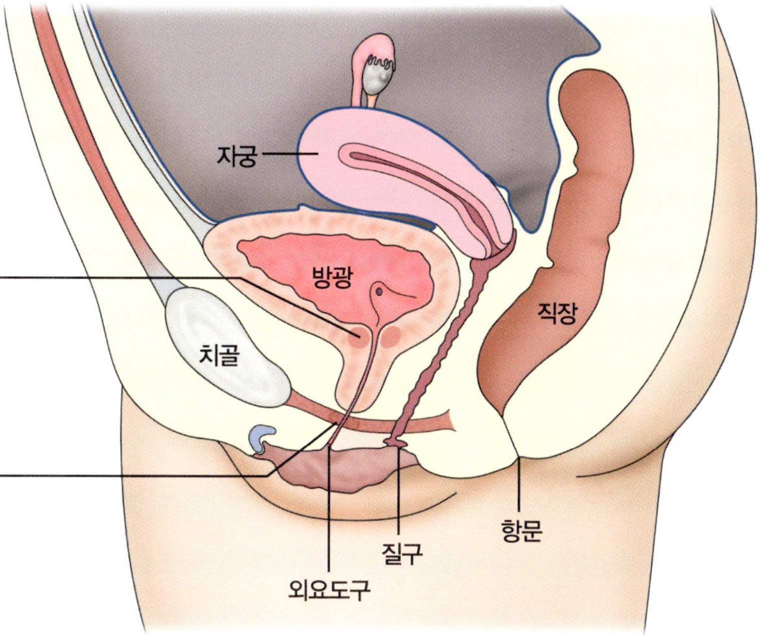

지식 만 2세까지는 외요도 괄약근으로의 신경 경로가 아직 발달하지 않아서 스스로 배뇨를 억제할 수 없다. 배뇨 반사가 있으면 그대로 배뇨한다.

● 방광염

요도에서 세균이 들어가 방광에 염증이 생기는 병이다. 여성은 남성보다 요도가 짧고 폭이 넓어서 세균이 잘 들어가고 방광염에 잘 걸린다. 냉기, 소변 참기, 성교, 과로 등이 발병 원인이다. 급성과 만성이 있다.

▶주요 증상: 소변이 자주 마렵고, 배뇨 시에 통증이 있다. 특히 배뇨를 마친 후 통증이 심하고 잔뇨감을 동반한다. 또 소변이 탁해서 피가 섞여 나오기도 한다. 만성일 때는 빈뇨와 가벼운 배뇨통이 있다. 고름뇨만 나오고 자각증상이 전혀 없는 경우도 있다.

● 요도염

세균 감염으로 요도에 염증이 생기는 병으로 대부분 성 감염증과 함께 발생한다. 임균에 의한 임균성 요도염과 그 밖의 세균으로 인한 비임균성 요도염으로 분류한다. 비임균성 요도염의 원인은 클라미디아, 트리코모나스, 포도상구균 등이다.

▶주요 증상: 비임균성 요도염은 요도 입구에서 백색이나 황색 농이 나온다. 배뇨 시 불쾌감이나 가벼운 배뇨통을 동반한다. 임균성 요도염은 요도 입구에서 짙은 농이 나오고 요도 입구가 빨갛게 붓고 통증이 있다.

● 방광암

방광 표면의 점막에 만들어진 표재성과 근층이나 방광 밖에서도 발육하는 침윤성이 있다.

갑자기 혈뇨가 나오고 소변이 1~2주 정도 투명해진다. 이런 현상이 수개월 간격으로 반복된다. 또 방광염과 함께 나타나는 경우도 자주 있다. 종양이 요도를 막으면 배뇨 중단 등의 배뇨 이상이 일어나서 빈뇨, 배뇨통이 있을 수도 있다. 요관이나 신우에 암이 생겼을 때도 혈뇨가 나온다.

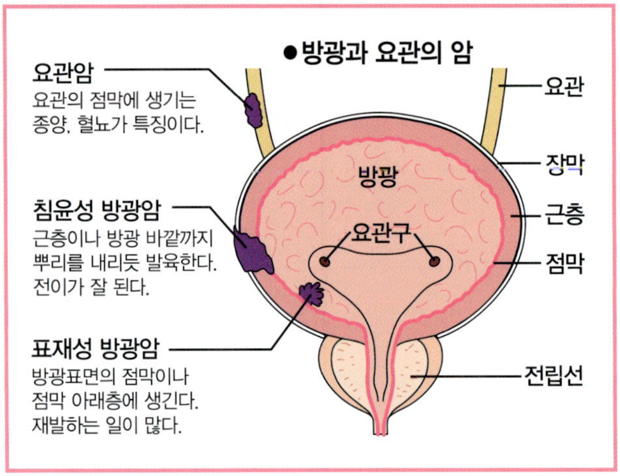

8장

생식기

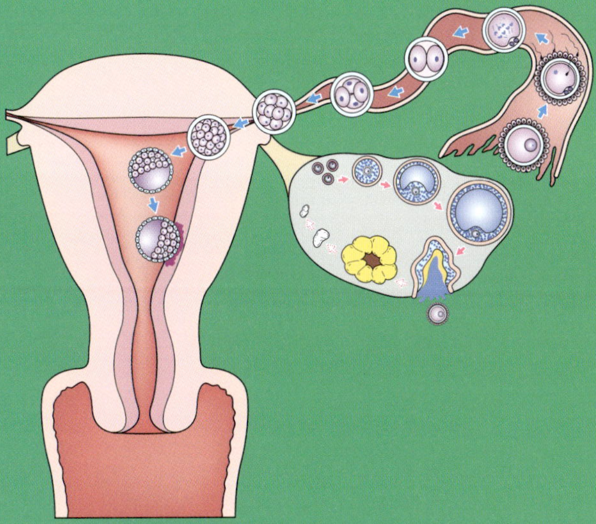

생식기는 남성과 여성의 성세포를 만들고 수정해서 자손을 만든다. 남성의 생식기는 정자를 만드는 정소가 있는 음낭, 음경, 정낭, 전립선 등으로 이루어진다. 여성의 생식기는 난자를 만드는 난소 외에 질, 자궁 등으로 구성된다. 수정란은 자궁내막에 착상해서 성장하고 약 40주 후에 출산한다.

01

남성 생식기 구조

정자를 만들고 생식하는

남성의 생식기는 정자를 만드는 정소를 담아두는 음낭과 정액을 사출하는 음경, 정액 대부분을 분비하는 정낭, 전립선 등으로 이루어진다.

● 음낭과 내생식기 구조

생식기는 남성은 정자, 여성은 난자를 만든다. 정자와 난자가 수정해서 자손을 만든다. 남성과 여성은 생식할 때 역할이 달라서 생식기의 구조와 기능이 많이 다르다.

남성의 생식기는 음경과 음낭으로 이루어진 외생식기와 정소(고환), 정소상체(부고환), 정관, 정낭, 전립선 등의 내생식기로 분류한다. 음낭은 음경의 뿌리 부분부터 매달려 있는 주머니 모양의 기관으로 안에는 정소와 정소상체, 정관 일부가 있다. 정소에는 정세관이라는 가늘고 긴 관이 꽉 차 있고 여기서 정자와 남성 호르몬을 만든다.

정소에서 만들어진 정자는 정소상체로 이동해 10~20일간 성숙해진 후 비축된다. 사정 시에는 정자가 정소상체를 나와 정관을 통과해서 사정관에 도달한다. 정자는 사정관 내에서 정낭이 분비하는 정장이라는 점액이나 전립선이 분비하는 액체와 섞여서 정액이 된다. 정액은 전립선이 수축하면 요도로 나가 요도구선이 분비하는 점액과 섞인 다음 음경의 끝에서 분출된다.

● 음경 구조

음경은 소변과 정액의 배출을 위한 기관으로 음경체와 끝의 귀두로 이루어진다. 음경체는 요도해면체와 음경해면체로 구성되어 있는데 요도해면체의 중심을 요도가 관통한다. 해면체에는 수많은 가는 공동이 있고, 이곳이 혈액으로 차면 팽창해서 음경이 발기한다.

전립선 비대

방광의 출구를 둘러싸고 있는 전립선의 내선이 비대해져 요도가 압박을 받아 좁아지는 병이다. 그 결과 소변의 흐름이 나빠지고 배뇨곤란이나 잔뇨, 그에 따른 빈뇨 등의 증상이 나타난다. 50세 이상의 남성은 정도의 차이는 있지만 누구나 전립선 비대가 있다. 원인은 아직 알려지지 않았지만 나이를 먹으면 호르몬 균형이 무너지는데 그것이 원인 중의 하나일 것이라고 추측한다.

〈정상적인 전립선〉

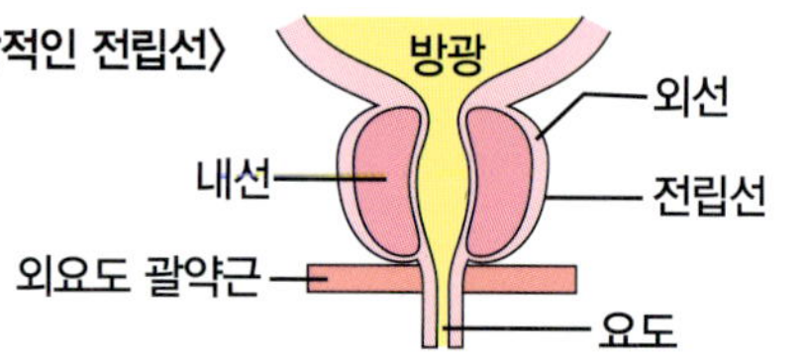

〈전립선 비대〉

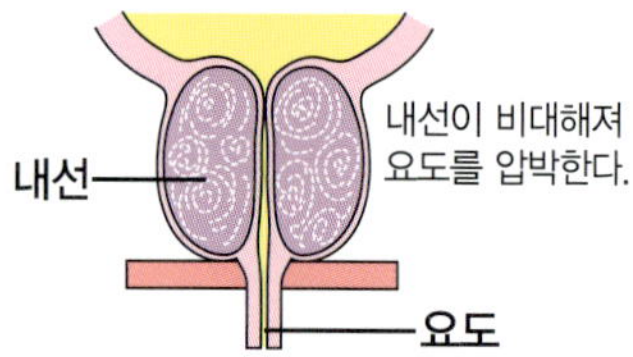

남성 생식기 구조

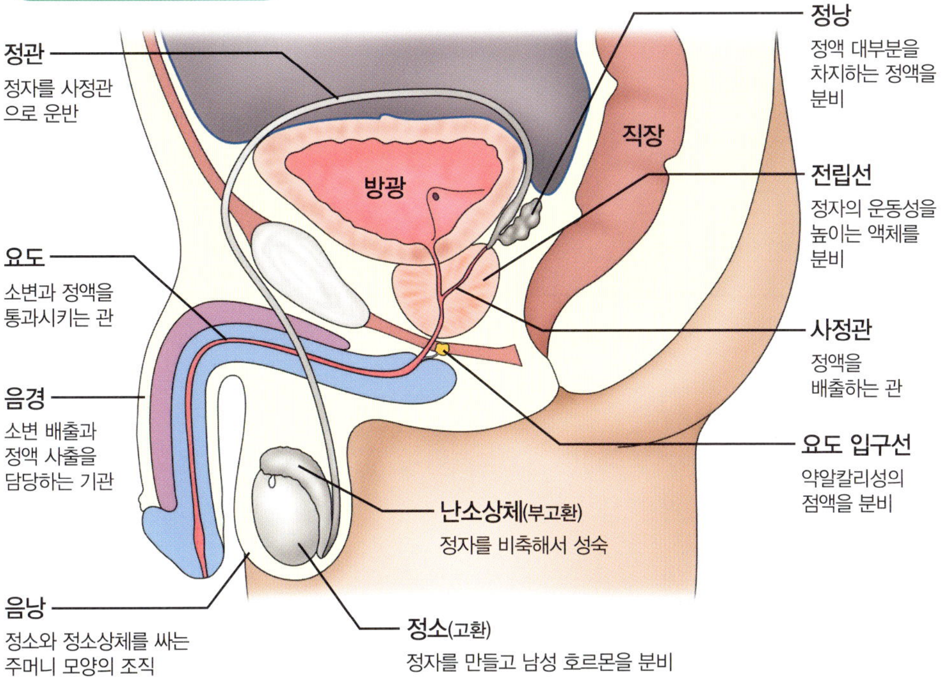

음경 구조

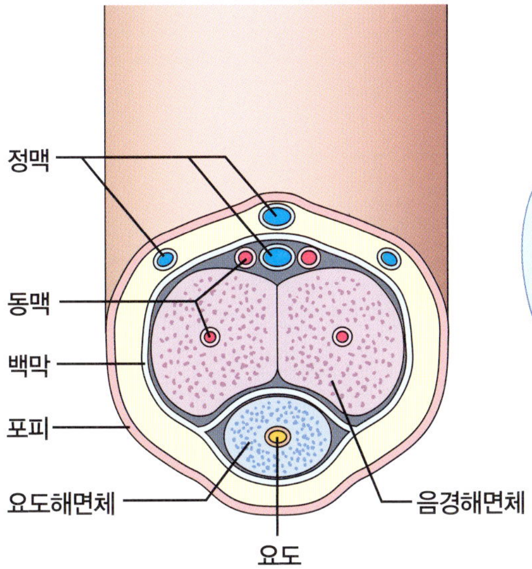

정소 구조

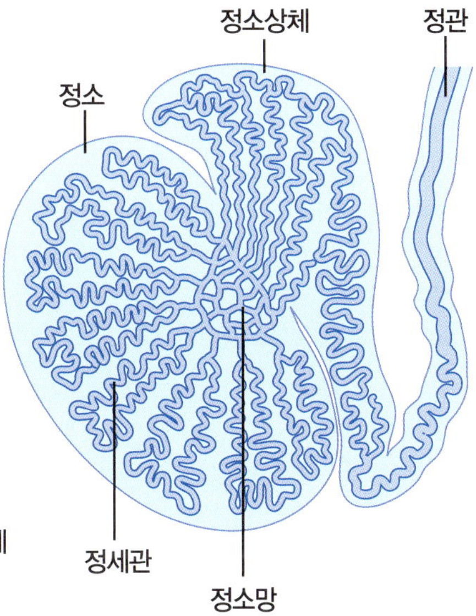

지식 정자를 형성하기 위해서는 체온보다 약 3℃ 낮은 환경이 필요하다. 그래서 음낭은 근육의 수축과 이완으로 온도를 조절한다. 음낭의 주름은 표면적을 펴서 냉각 효과를 높이기 위한 것이다.

02

정자 구조

몸속에서 가장 작은 세포

정자는 아버지의 유전자를 전하는 염색체가 든 인체의 가장 작은 세포다. 정소 내의 정세관에서 정조세포의 세포분열로 완성된다.

● 정자의 형성

정자는 정소에 가득 찬 정세관이라는 굽은 관 속에서 만들어진다. 사춘기가 되면 정세관의 기저막에 나열된 정조세포가 분열을 반복해서 1차 정모세포, 이어서 2차 정모세포가 된다.

2차 정모세포는 23쌍 46개의 염색체를 가지고 있지만 염색체의 수를 반으로 줄이는 감수분열로 정자세포가 되고, 정자세포는 모양을 바꿔 정자가 된다.

정조세포에서 정자가 되기까지 약 2개월이 걸린다. 정세관 안에 있는 세르톨리세포는 정자가 되는 세포에 영양을 공급하고 세포분열을 돕는다.

● 정자 구조

정자는 몸속에서 가장 작은 세포로 크기는 약 0.05mm이다. 올챙이 같은 모양으로 머리 부분, 중간 부분, 꼬리 부분으로 구성되어 있다.

머리 부분의 대부분을 차지하는 핵에는 아버지의 유전자 정보를 전하는 23개의 염색체가 들어 있다. 핵을 싸고 있는 선체는 난자에 돌입하기 위한 세포로 난자의 표면 막을 녹이는 효소를 갖고 있다.

중간 부분에는 정자가 움직이기 위한 에너지를 공급하는 미토콘드리아가 감싸고 있다. 미토콘드리아는 정액 속의 당분에서 에너지를 만든다. 정자는 이 에너지를 가지고 꼬리 부분(편모)을 회전시켜서 난자에 다가간다.

정자와 난자

정자와 난자가 만들어지는 것은 사춘기 이후지만 기본이 되는 원시생식세포는 수정 후 바로 만들어지기 시작해서 임신 3주 후에는 완성된다. 원시생식세포는 태아기에 세포분열을 몇 번 반복하고 휴면기에 들어간다. 사춘기가 되면 성호르몬의 자극으로 다시 활동을 시작한다.

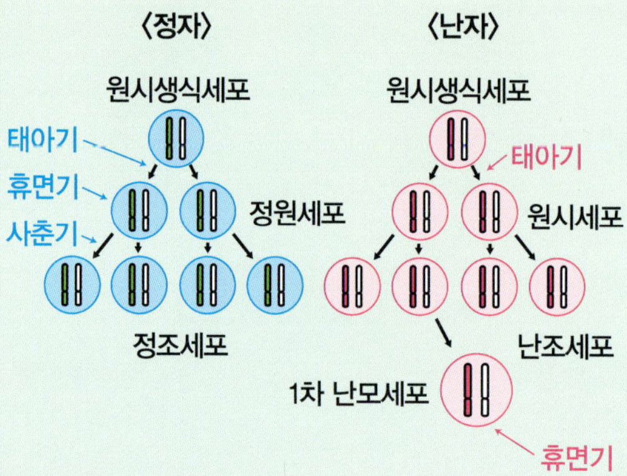

정자가 만들어지는 곳

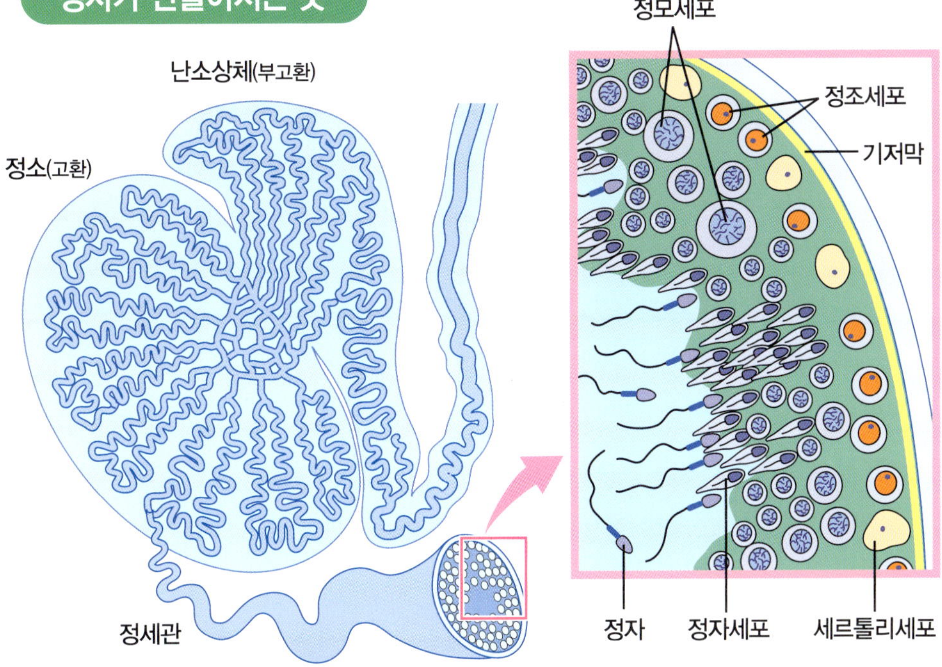

정자 형성

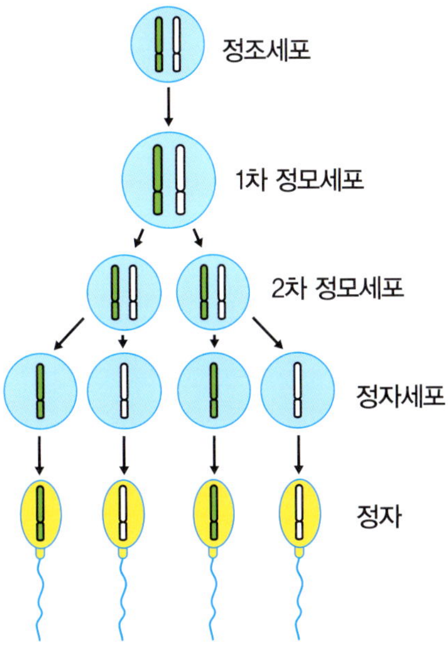

정자 구조

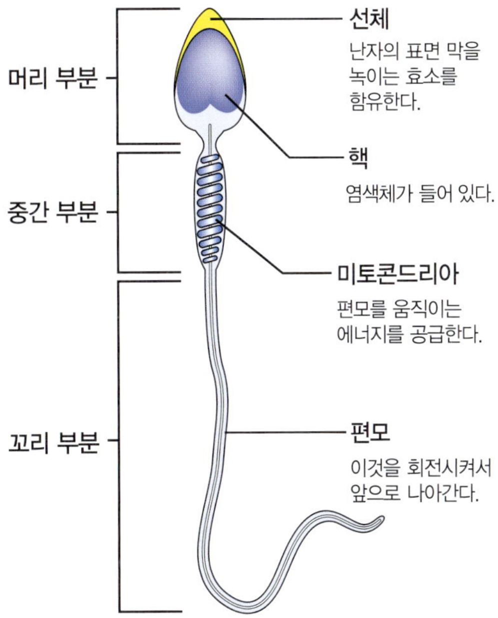

지식 남성호르몬(안드로겐)은 난소 정세관의 틈에 있는 레이디히 세포에서 분비된다. 분비된 남성호르몬은 혈액을 타고 온몸으로 운반된다.

03

발기와 사정 구조

정액을 체외로 사출하는 메커니즘

성적 흥분으로 음경의 해면체에 혈액이 충만해서 발기한다. 흥분이 정점에 달하면 척수가 반응해서 사정한다.

● 발기 구조

음경 내부의 음경해면체와 요도해면체는 수많은 모세혈관이 모인 스펀지 구조다. 성적 흥분이 고조되면 해면체의 모세혈관에 음경동맥으로부터 대량의 혈액이 흘러 들어가 크게 팽창한다. 해면체는 백막이라는 튼튼한 막으로 싸여 있기 때문에 일정 크기 이상으로 팽창하지 않고 혈액의 압력으로 딱딱해진다. 이 상태를 발기라고 한다. 발기하면 부푼 해면체 때문에 혈관이 눌려 음경 밖으로 혈액이 유출되는 것을 차단한다. 이렇게 발기를 유지한다.

발기하면 음경은 평상시의 1.5~2배 크기가 된다. 사정 등으로 성적 흥분이 진정되면 해면체의 혈액량이 감소해서 발기 상태가 진정된다.

● 사정 구조

성적 흥분이 고조되면 정소상체에 비축된 정자가 연동운동으로 정관의 말단(정관팽대부)까지 운반된다.

성적 흥분이 정점에 달하면 척수의 사정중추가 반응해서 사정반사가 일어나고 정낭이나 전립선에서 분비된 점액과 정자가 혼합되어 정액이 된다. 이때 방광의 출구에 있는 내요도 괄약근은 수축해서 방광으로의 정액 역류를 막는다. 또한, 전립선보다 아래에 있는 외요도 괄약근도 수축해서 정액이 모인 전립선 안의 요도 내압이 올라간다.

이 상태에서 외요도 괄약근이 이완하면 전립선 안의 정액이 내압으로 밀려나와 외요도 입구에서 한꺼번에 사출된다.

발기의 종류와 ED

발기에는 성적 상상 등으로 대뇌피질이 흥분해서 일어나는 중추성 발기와 생식기의 물리적 자극에 따른 반사성 발기 두 가지가 있다. 발기를 담당하는 신경은 방광이나 전립선 부근을 지나기 때문에 자극을 받으면 반사성 발기를 일으키기도 한다. 발기가 정상으로 일어나지 않는 ED(발기부전)는 당뇨병이나 정신적 이유 때문이다.

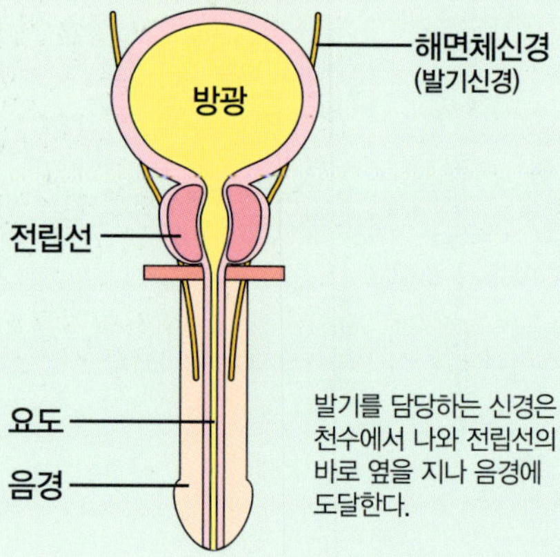

발기를 담당하는 신경은 천수에서 나와 전립선의 바로 옆을 지나 음경에 도달한다.

발기 구조

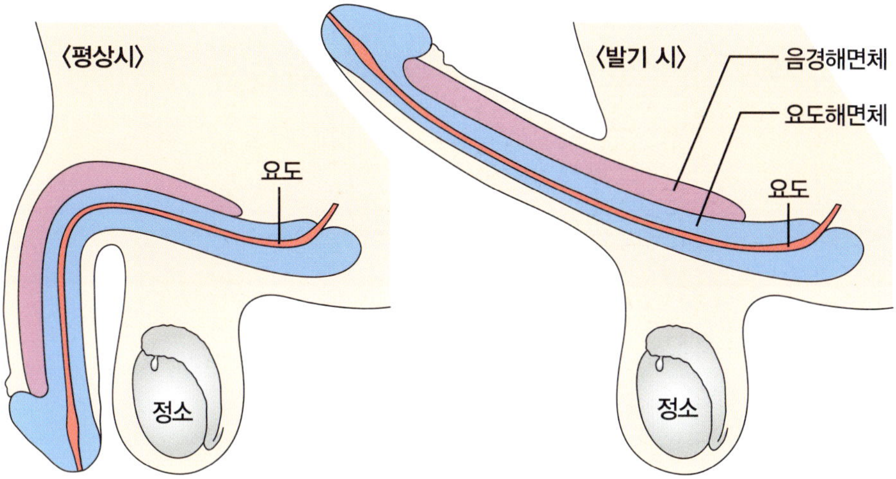

성적 흥분이 고조되면 여러 신경의 움직임으로 음경해면체와 요도해면체에 다량의 혈액이 흘러 들어간다. 그러면 해면체가 크게 팽창해서 해면체를 싸고 있는 백막(221페이지 아래 그림 참조) 안이 혈액의 압력으로 딱딱해진다.

사정 구조

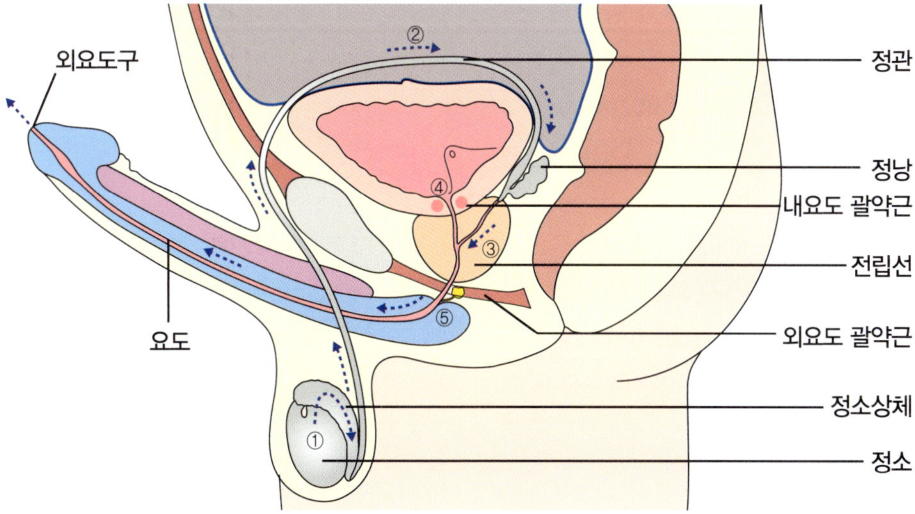

① 성적 흥분이 고조되면 정소에서 만들어진 정소상체에 비축된 정자가 정관으로 나온다.
② 정자는 연동운동으로 정관의 말단까지 운반된다.
③ 전립선액이 분비되고 밀려 나온 정낭의 분비액과 정자가 혼합되어 정액이 된다.
④ 내요도 괄약근이 수축하여 방광 안으로의 정액 역류를 막는다.
⑤ 외요도 괄약근이 수축하고 이완해서 한꺼번에 정액을 사출한다.

지식 한 번의 사정으로 사출하는 정액의 양은 2~6mℓ 다. 정액 대부분은 액체 성분으로 고체 성분의 정자는 전체의 약 1%이다. 그중에 1억~6억 개의 정자가 있다.

04

여성 생식기 구조

난자를 만들고 태아를 낳아서 기르는

여성의 생식기는 난자를 만들고 동시에 수정한 난자를 보호해서 성장시키며 새로운 생명을 내보낸다.

● 외생식기 구조

여성의 생식기는 대음순, 소음순, 음핵(클리토리스), 질전정으로 이루어진 외생식기(외음부)와 질, 자궁, 난관, 난소로 이루어진 내생식기로 분류한다.

외음부의 질전정에는 외요도구와 질구가 열려 있다. 질구의 좌우에는 성교를 원활하게 하는 점액을 분비하는 바르톨린선이 있다. 외요도구의 전방에는 남성의 음경에 해당하는 음핵이 있다. 음핵 내부에는 해면체가 있고 성적 흥분이 고조되면 충혈해서 발기한다.

음핵에는 질전정을 둘러싸듯이 소음순이라는 얇은 주름이 펴져 있다. 또 소음순의 바깥쪽에는 두꺼운 대음순이 있다.

● 내생식기 구조

질은 외부와 자궁을 잇는 관 모양의 기관으로 성교 시에는 생식기, 출산 시에는 산도가 된다.

질 안의 방광 위에 있는 자궁은 서양배처럼 생긴 주머니 모양의 기관이다. 자궁은 수정한 난자를 성숙시켜서 태아를 기르는 장소다.

자궁의 좌우에 한 쌍씩 있는 난소는 낭자를 키워서 배란하거나 여성 호르몬을 분비하는 기관이다. 난소에서 배란된 난자는 난관채라는 방상 부분에서 난관이라는 가는 관으로 들어가 자궁으로 운반된다.

난관의 굵은 부분은 난관팽대부이며 이곳에서 정자와 난자가 합체해서 수정이 이루어진다.

자궁내막증

자궁 내면을 싸는 자궁내막은 대개 자궁에만 있으며 매월 월경으로 배출되고 다시 증식하는 사이클을 반복한다. 이 자궁내막이 난관이나 난소 복막 등 자궁 이외의 장소에 증식하는 병이 자궁내막증이다. 진통제로 억제할 수 없을 정도로 무거운 생리통이 특징으로 발생하는 장소에 따라 성교통이나 배변통을 동반할 수도 있다.

●자궁내막증이 잘 발생하는 부위

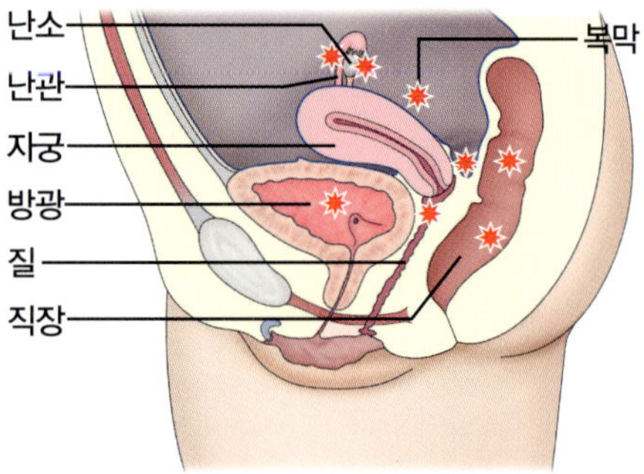

여성 생식기 구조

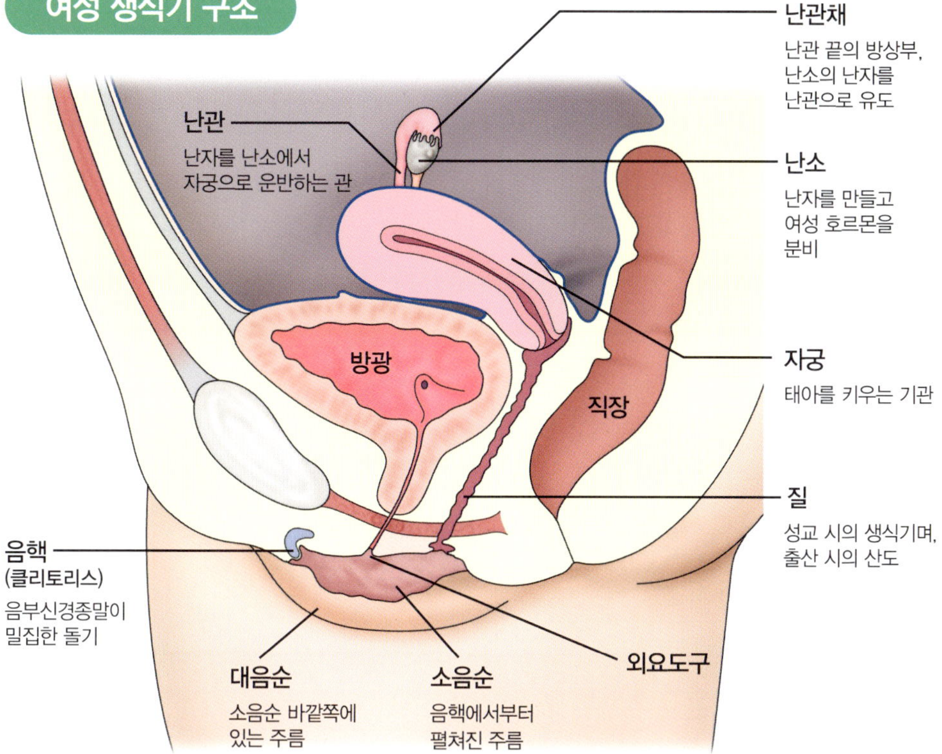

외성기 구조

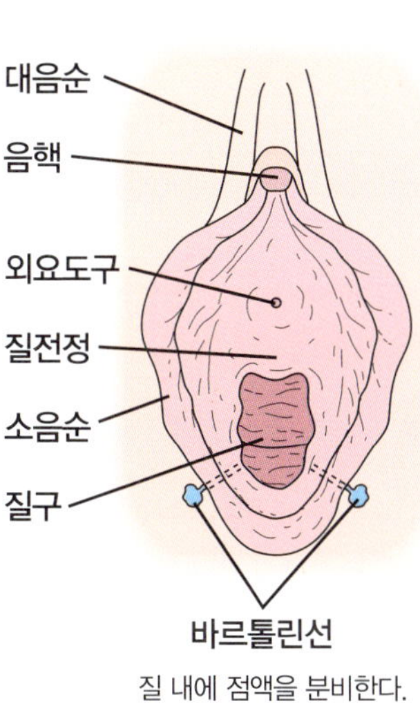

자궁 구조

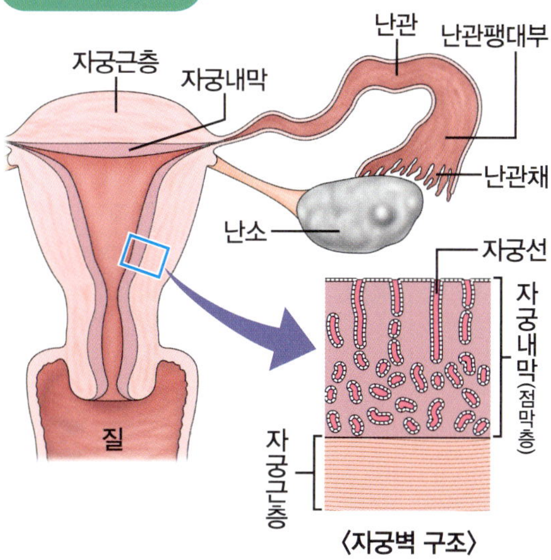

지식 처녀막은 질 개구부를 부분적으로 막고 있는 얇은 막 조직이다. 첫 성교 시 발생하는 통증이나 출혈 대부분은 질 점막의 마찰이 원인이다. 처녀막의 손상으로 발생하는 경우는 많지 않다.

05

난자 구조

몸속에서 가장 큰 세포

난자는 어머니의 유전 정보를 전하는 염색체가 든 인체 최대의 세포다. 난소 안에서 난모세포의 감수분열로 완성된다.

● 난자 형성

난자는 자궁 옆 좌우 한 쌍씩 있는 난소로 만든다. 정자와 마찬가지로 원시생식세포가 기본이다. 난자는 태아기에 난원세포, 난조세포로 분열을 반복해서 1차 난모세포까지 분열을 마치고 휴면기에 들어간다. 휴면기의 난모세포는 난소 내벽에서 난포라는 작은 주머니에 싸여 있다. 이것을 원시난세포라고 한다.

사춘기가 되면 뇌의 하수체에서 분비하는 난포자극 호르몬의 작용으로 1차 난모세포는 크기가 다른 두 개의 세포로 분열한다. 큰 것을 2차 난모세포, 작은 것을 1차 극체라고 하는데 어느 세포나 23쌍 46개의 염색체를 갖고 있다.

2차 난모세포는 염색체의 수가 반으로 주는 감수분열을 하고 생식능력을 갖춘 세포 하나만 난자가 된다. 난자가 되지 않은 세포는 극체가 되어서 퇴화하고 소멸한다.

● 난자 구조

난자는 인체에서 가장 큰 세포다. 지름 0.1~0.2mm로 육안으로도 볼 수 있다.

가장 바깥쪽에는 난자를 방사상으로 둘러싼 과립막세포가 있고, 안쪽에는 단백질로 이루어진 투명대가 난세포질을 둘러싸고 있다. 난세포질의 내부에는 핵이 있고 핵 안에는 정자처럼 모계 유전 정보를 전하는 23개의 염색체가 들어 있다.

난포의 성장

난자를 둘러싼 난포는 난자의 성숙과 함께 변한다. 성숙한 난포는 배란한 다음 황체가 되어 퇴화한다. 배란 전의 난포에서는 에스트로겐(난포 호르몬), 배란 후에 생긴 황체에서는 에스트로겐과 프로게스테론(황체 호르몬)을 분비한다. 수정이 성립하지 않으면 황체는 퇴화해서 백체가 된다.

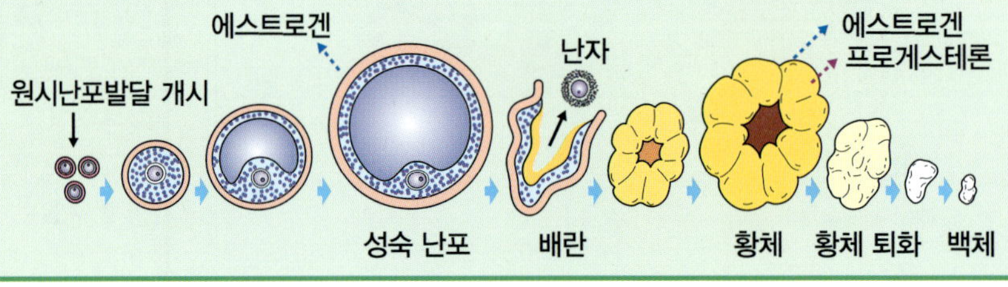

난소 구조

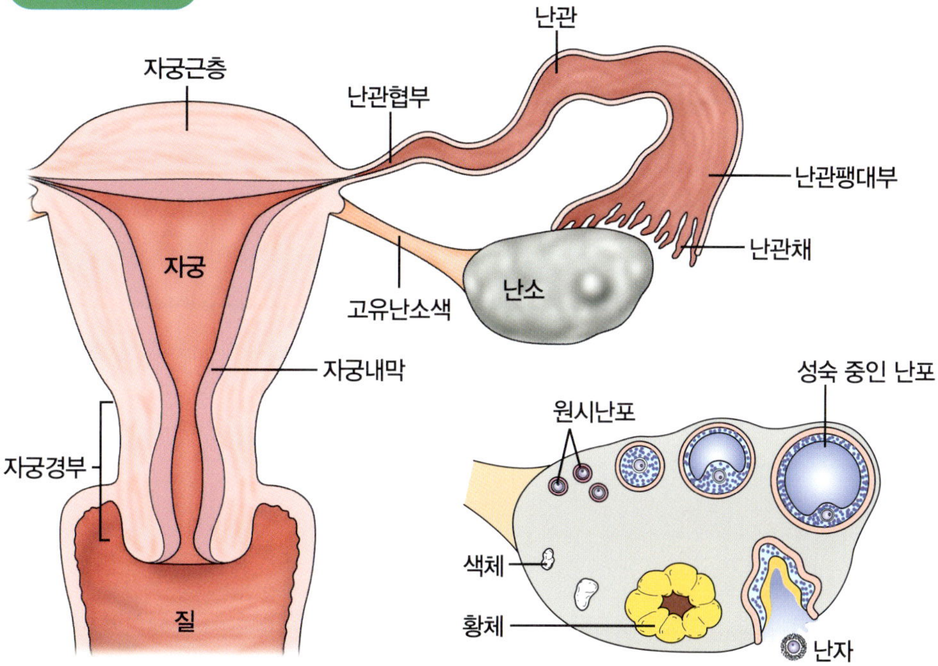

난자 구조

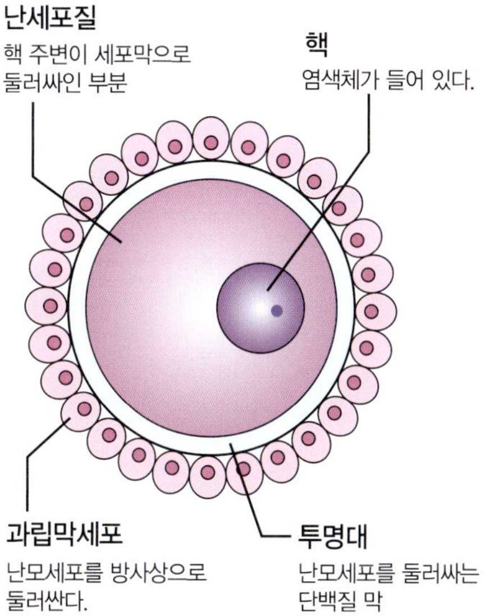

난자 형성

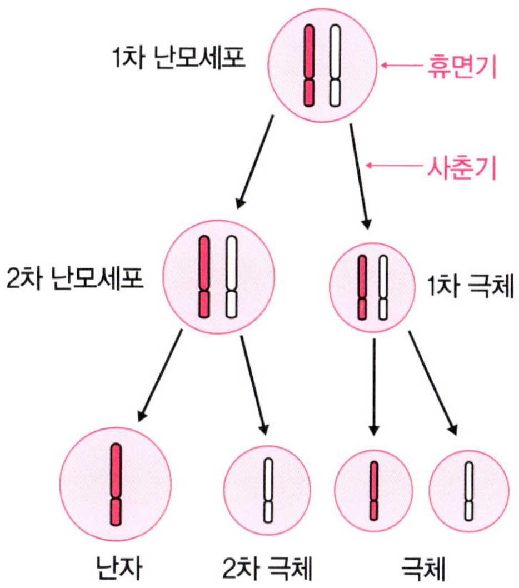

지식 사춘기 여성의 난소에는 약 40만 개의 원시난포가 있다. 그러나 여성이 일생 배란하는 개수는 400~500개 정도고, 나머지는 망가져서 폐경기를 맞이할 무렵에는 사라진다.

06

배란과 월경의 구조

임신을 위한 주기적 생리 현상

약 28일 주기로 난소에서 난자를 배출하는 것을 배란이라고 한다. 수정하지 않은 난자는 자궁내막과 함께 체외로 배출하고 월경이 시작된다.

● 배란 구조

사춘기를 맞이하면 뇌의 하수체에서 분비한 난포자극 호르몬과 황체형성 호르몬의 기능으로 난소 내벽에 있는 몇 개의 원시난포가 발달한다. 가장 빨리 성숙한 난포의 막이 파열해서 안에 들어있던 난자를 난소 밖으로 방출한다. 이것을 배란이라고 한다.

방출된 난자는 선단이 방상인 난관채에서 난관으로 들어와 천천히 자궁 쪽으로 이동한다. 이때 난관팽대부에서 장자를 만나면 수정이 성립하여 수정란이 되고 자궁 내벽에 안착한다. 수정하지 않은 난자는 자궁을 지나 체외로 배출된다.

28일 주기로 반복되는 월경의 배란은 다음 월경의 14일 전에 시작한다.

● 월경 구조

배란 전 난자를 싸고 있는 난포는 에스트로겐을 분비하고 배란 후의 난포는 프로게스테론을 분비하기 시작한다.

자궁 내벽을 둘러싼 자궁내막은 이 두 가지 호르몬의 자극을 받아서 두꺼워지고 수정이 됐을 때 수정란이 착상하기 좋도록 준비한다.

수정이 성립하지 않으면 두꺼워진 자궁내막은 필요 없어져 자궁에서 떨어져 나온다. 떨어져 나온 자궁 내벽은 수정하지 않은 난자나 혈액과 함께 질구에서 체외로 배출된다. 이것이 월경(생리)으로 약 28일 주기로 반복된다. 월경은 평균 5일 만에 진정되고 다음 배란 준비를 시작한다.

갱년기 장애

월경 주기가 불규칙해지면서 월경이 멈출 때까지의 40~55세 시기를 갱년기라고 한다. 갱년기에는 여성 호르몬(에스트로겐)의 분비량이 급격하게 줄어서 여러 정신적, 신체적 증상이 나타난다. 갱년기에 보이는 원인을 알 수 없는 여러 증상을 총칭하여 갱년기 장애라고 한다. 주요 증상으로는 머리에 피가 몰림, 두통, 불면, 냉기 등이 있다.

〈에스트로겐 분비량 변화〉

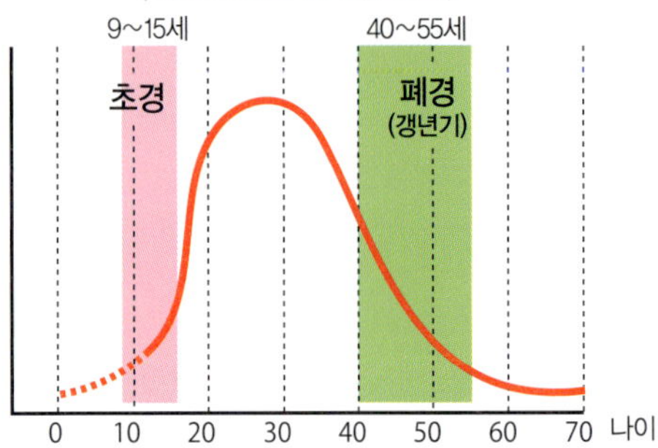

배란과 월경 주기

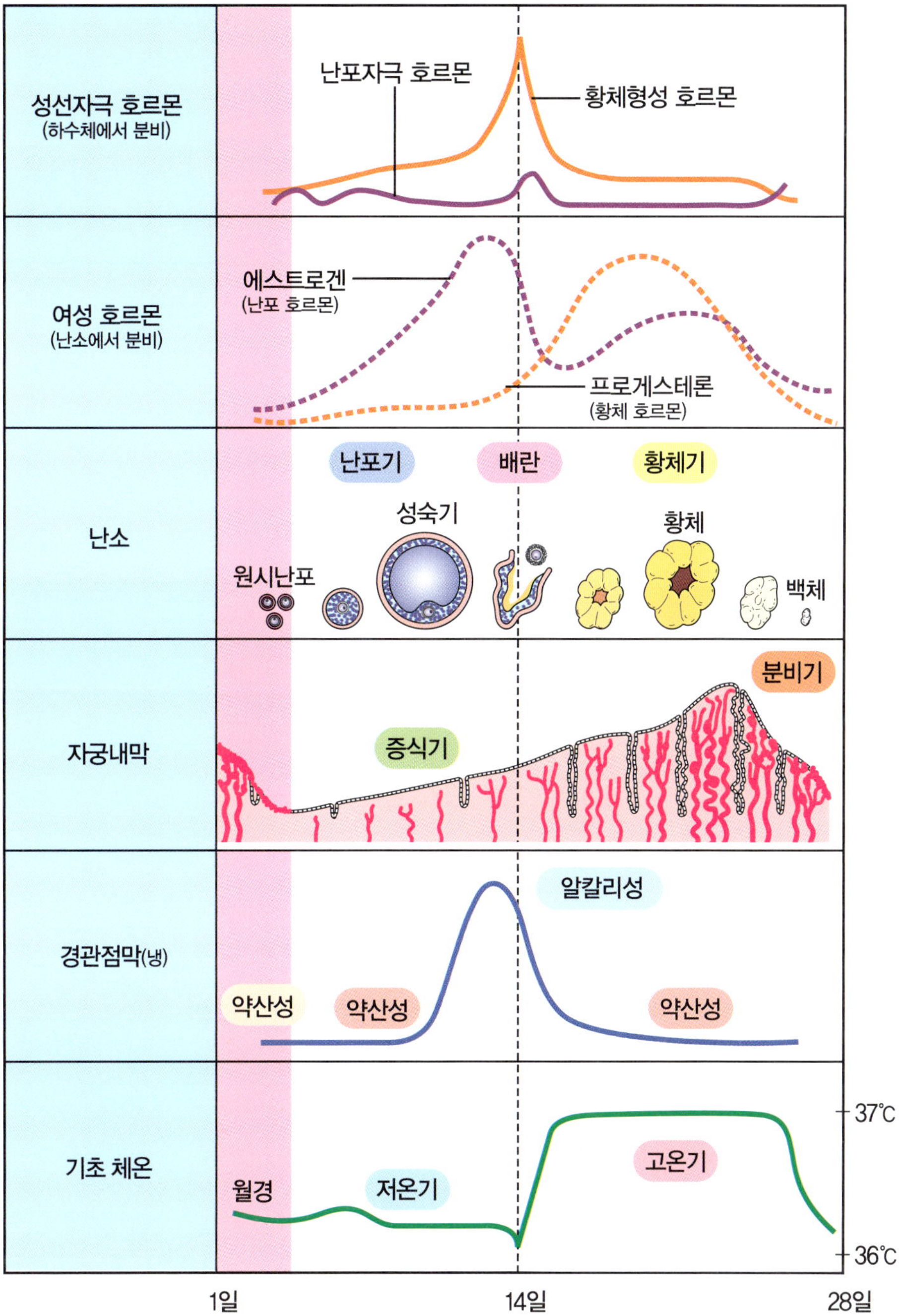

지식 보통 배란은 자궁의 좌우에 있는 난소에서 매월 교대로 한다. 병으로 한쪽 난소를 잃어도 남은 난소가 배란하기 때문에 수정에는 지장이 없다.

07

유방의 기능

육아를 위한 젖을 분비하는

유방은 젖을 만드는 유선조직과 대부분을 차지하는 지방조직으로 이루어진다. 출산 후 호르몬이 젖을 만든다.

● 유방 구조

가슴에 좌우 한 쌍씩 있는 유방은 젖을 만드는 유선조직과 그것을 둘러싼 지방조직으로 이루어져 있다. 성인은 지방조직이 약 90퍼센트를 차지하고 나머지는 유선조직이다.

젖은 유선조직의 선방세포로 만든다. 이 세포의 모임은 선방이며 선방이 모인 것은 유선소엽이다. 유선소엽에는 모세혈관이 있는데 그곳을 흐르는 혈액에서 젖을 만든다.

또 유선소엽에서는 유선조직으로 만든 젖을 운반하는 유관이 뻗어 나와 유두로 이어져 있다. 유두 주변의 유관이 부푼 부분을 유관동이라고 하며 젖을 비축한다.

반구 상의 유방 표면에는 주위의 피부보다 색이 짙은 유륜이 있고 그 중심부에 유두가 돌출해 있다. 유두에는 약 20개의 유관이 열려 있다.

● 젖이 나오는 구조

여성이 임신하면 난소 대신 자궁 내의 태반이 활동을 시작해서 에스트로겐(난포 호르몬)이나 프로게스테론(황체 호르몬)을 다량 분비한다. 그래서 유선소엽이 발달해서 유방이 커진다.

출산하면 뇌의 하수체에서 프로락틴이라는 젖을 만드는 호르몬을 분비한다. 갓난아기가 유두를 빨면 그 자극으로 옥시토신이라는 유선 주위의 근조직을 수축시키는 호르몬이 분비되어 젖이 나온다.

유두의 발달

사춘기가 되면 황체형성 호르몬과 난포자극 호르몬의 기능으로 여성의 유방이 발달하기 시작한다. 먼저 유관이나 유선이 발달해서 주위에 지방조직이 축적되고 유방이 커진다. 성인이 되면 유선이나 유관이 더 발달해서 수유 준비를 위해 유륜이나 유두가 커지고 유두가 돌출한다. 임신하면 유두는 더 커진다.

〈사춘기〉

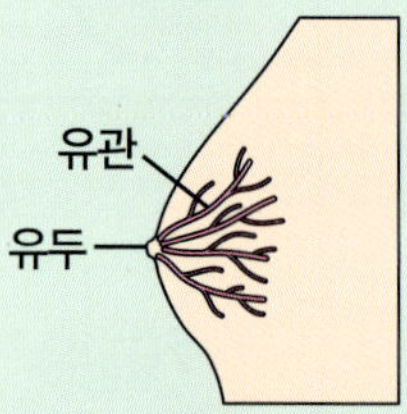

황체형성 호르몬, 난포자극 호르몬의 기능으로 유관이나 유선소엽이 발달하고 주위에 지방조직이 축적된다.

〈성인기〉

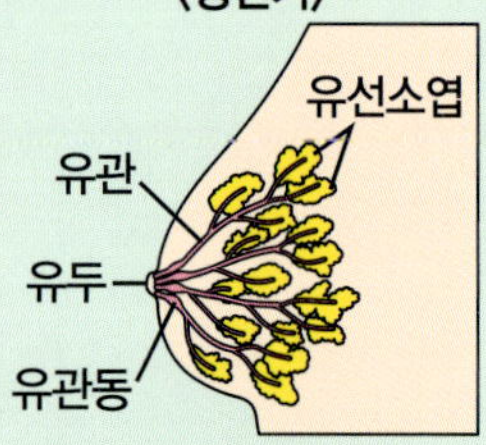

유관이나 유선소엽이 발달하고 지방 축적도 진행된다. 유륜과 유두가 커지고 유두가 돌출한다.

유방 구조

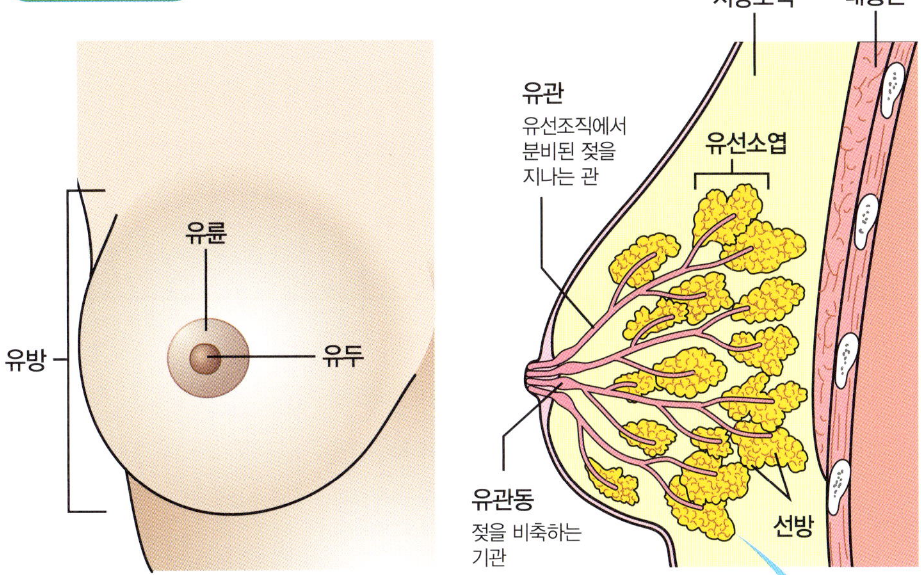

젖이 나오는 구조

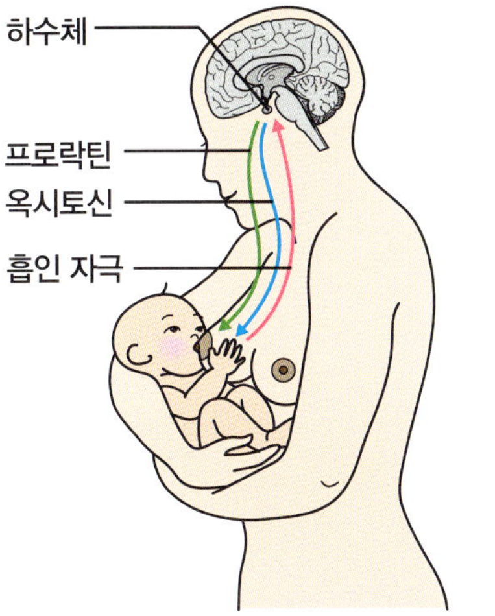

출산하면 프로락틴이라는 젖을 만드는 호르몬이 분비된다. 갓난아이가 유두를 빨면 그 자극으로 젖이 나오는 옥시토신이라는 호르몬이 분비된다.

유선조직 구조

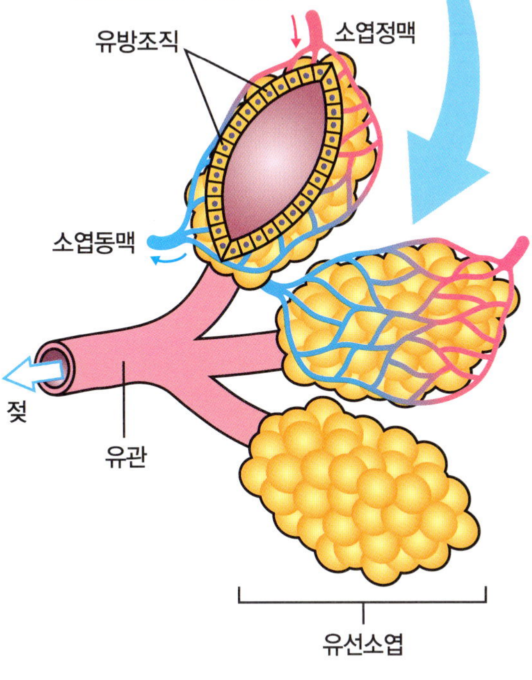

지식 포유동물 젖의 조성은 동물에 따라 다르다. 사람의 젖은 유고형분 11~22%, 유단백질 1~2%, 유당 6~7%를 함유하고 있다.

08

성호르몬 기능

성적 발달이나 생식에 필요한 물질

● 호르몬 분비 구조

혈액과 함께 몸속을 순환하고 특정 조직이나 기관의 기능에 변화를 주는 물질이 호르몬이다. 호르몬을 분비하는 기관은 내분비선이라고 한다.

내분비계를 조절하는 것은 뇌의 시상하부다. 시상하부는 체내에서 필요한 호르몬 종류와 양을 판단해서 온몸의 내분비선을 향해 지령을 내린다. 이 지령은 신경과 방출 호르몬으로 이루어진다.

호르몬에 의한 지령은 먼저 뇌의 하수체로 보낸다. 하수체는 스스로 호르몬을 분비하면서 부신이나 갑상샘 등의 내분비선을 자극해서 호르몬을 분비시키는 호르몬을 만든다.

이런 호르몬 중 난세포자극 호르몬과 황체형성 호르몬은 성선(정소나 난소)을 자극하는 기능이 있어 성선 자극 호르몬이라 한다.

● 남녀의 성호르몬

제2차 성징의 발달과 생식의 준비는 정소와 난소의 성호르몬으로 이루어진다. 이런 호르몬은 뇌의 시상하부에서 자극을 받는다.

남성은 하수체에서 분비한 황체형성 호르몬 때문에 정소의 간질세포가 테스토스테론을 분비한다. 사춘기가 되면 테스토스테론이 온몸에 작용해서 성기를 성숙시키고 수염이나 변성 등 제2차 성징을 불러온다. 또 난포 자극 호르몬은 정자를 만든다.

한편 여성은 난소 안에서의 난세포와 황체의 발달에 따라 에스트로겐과 프로게스테론이라는 성적 발달과 생식에 필요한 호르몬을 분비한다.

주요 내분비기관

호르몬을 산생하는 내분비기관에서는 시상히부, 히수체, 갑상샘, 흉선, 부신, 췌장, 난소 또는 정소 등이 있다. 갑상샘은 주로 대사를 조절하는 호르몬을 분비한다. 신장 위에 있는 부신은 혈압을 조절하는 호르몬을 분비하고 췌장은 혈당치를 조절하는 호르몬을 분비한다.

〈주요 내분비선〉

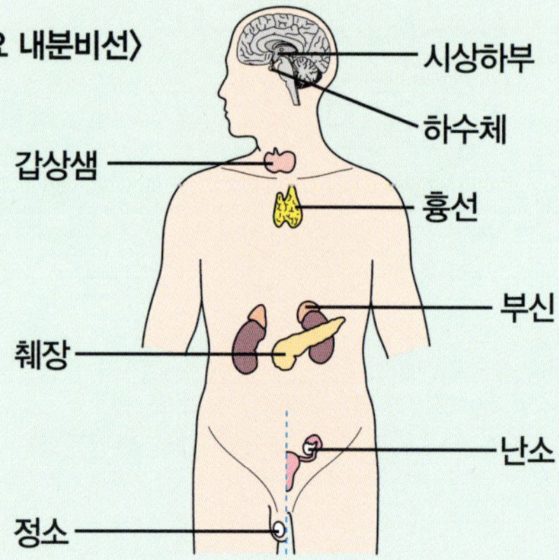

남성호르몬 분비 구조

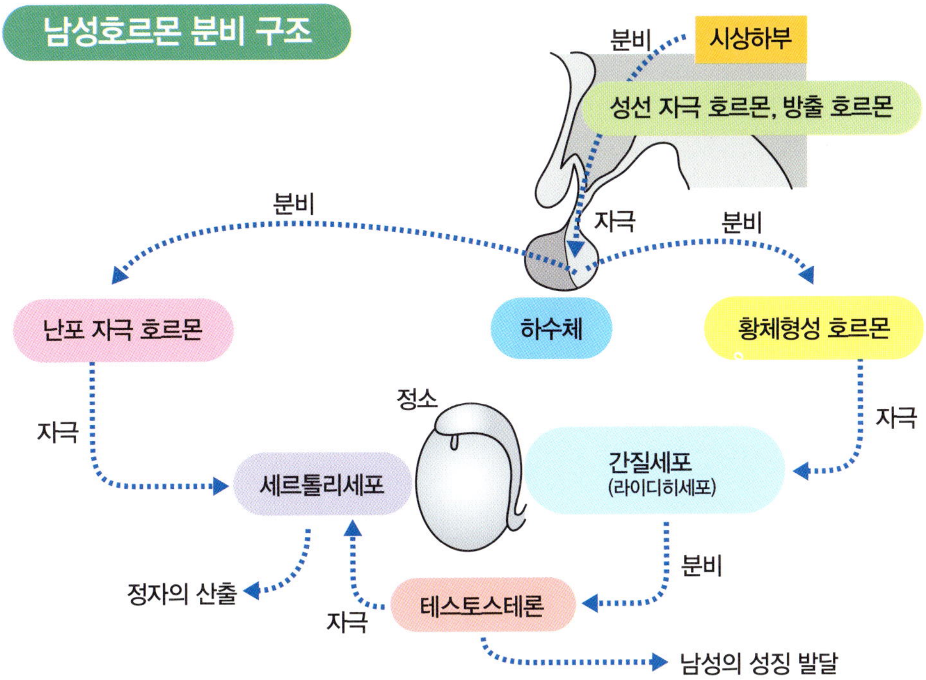

여성호르몬 분비 구조

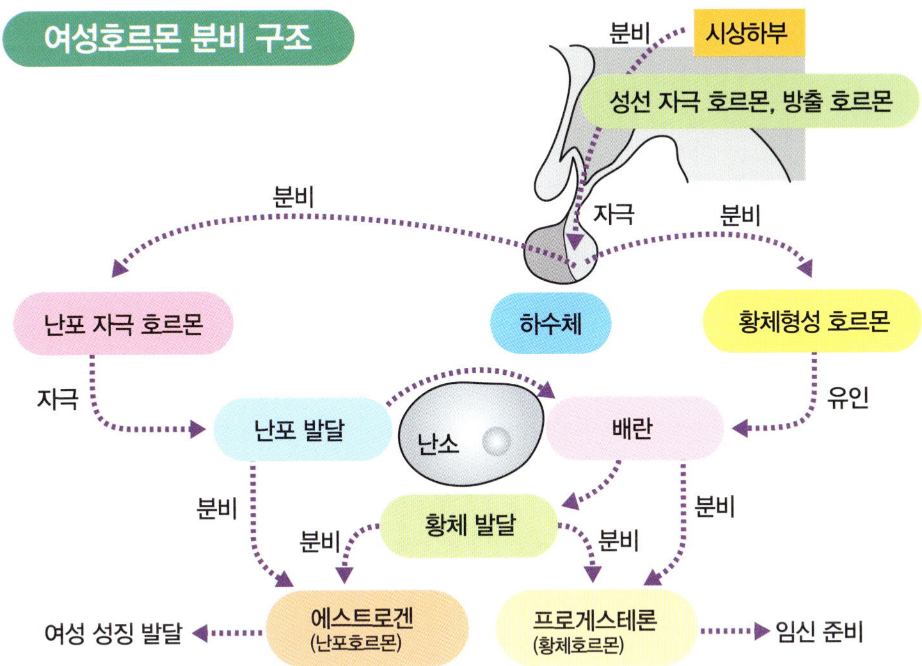

지식 체액이나 혈액 안의 호르몬을 분비하는 기관을 내분비선이라 하고, 체외 또는 소화기 내에 땀이나 소화액을 분비하는 기관을 외분비선이라고 한다. 땀샘이나 눈물샘이 여기에 해당한다.

09

수정과 임신의 구조

수정란이 자궁내막에 착상해야 임신이 되는

난관에서 정자와 난자가 만나서 수정이 된다. 수정란은 분열을 반복하면서 난관 안에서 자궁으로 나아가고 자궁내막에 착상한다.

● 수정 구조

성교 시 여성의 질 안에 사정된 정자는 자궁경부에서 자궁으로 들어가 난관을 통해 난관팽대부로 나아간다. 사정 시 정액에는 1억~6억 개의 정자가 있으며 대개는 도중에 죽고 난관팽대부까지 도달하는 것은 수백 개뿐이다.

한편 난소에서 배란한 난자는 난관채에서 난관으로 들어간다. 난자와 만난 정자는 한꺼번에 난자를 둘러싸고 접촉을 시도한다. 그 중 한 개의 정자만 난자의 막을 녹이고 머리 부분의 핵이 난자 안으로 들어가 수정이 성공한다. 동시에 난자의 주위에는 막이 생기고 다른 정자는 들어갈 수 없다.

● 착상과 임신

수정이 되면 정자와 난자의 핵이 융합해서 수정란을 만든다. 수정란은 세포분열(난할)을 반복하면서 난관 안에서 자궁을 향해 나아가 수정 약 3일 후에는 유실배라는 세포 뭉치가 된다.

유실배는 세포의 수를 더욱 늘려서 내부에 액체가 모이는 공간을 가진 포배가 된다. 포배가 된 수정란은 수정 약 10일 후에 자궁내막에 고정되어 내벽을 파고 들어가고 이것을 착상이라고 한다.

착상한 포배의 바깥쪽에 있는 세포 일부는 자궁내막의 깊은 곳으로 들어가 태반이 된다. 태아는 태반을 매개로 영양과 산소를 받아들이고 성장한다.

자궁외임신

수정란이 자궁내막에 착상하지 않고 자궁 밖의 경관, 난관, 난소, 복강 등에 착상하는 것을 자궁외임신이라고 한다. 수정란이 난관을 이동하는 사이에 난관팽대부나 협부, 간질부 등에 착상하는 난관임신이 대부분이다. 좁은 난관 안에서는 태아가 발육할 수 없어서 임신 초기에 유산하거나 난관이 파열되기도 한다.

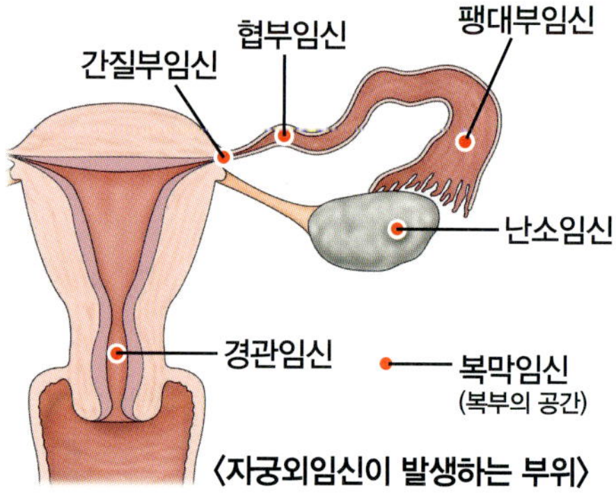

<자궁외임신이 발생하는 부위>

수정 구조

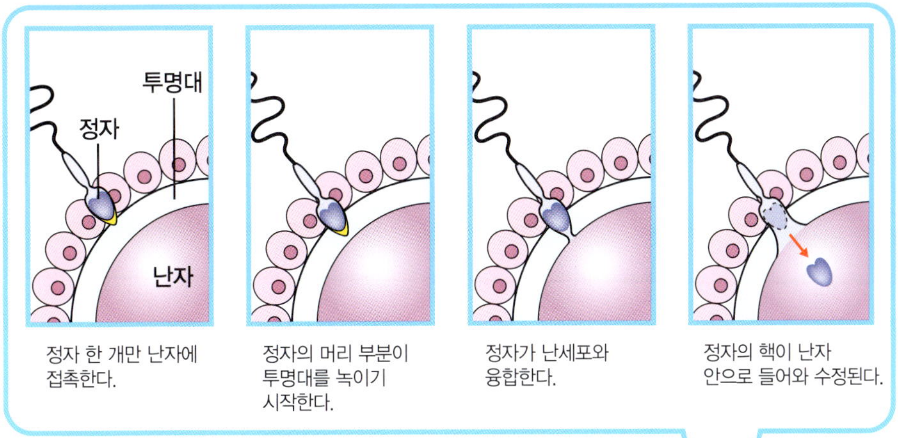

착상 구조

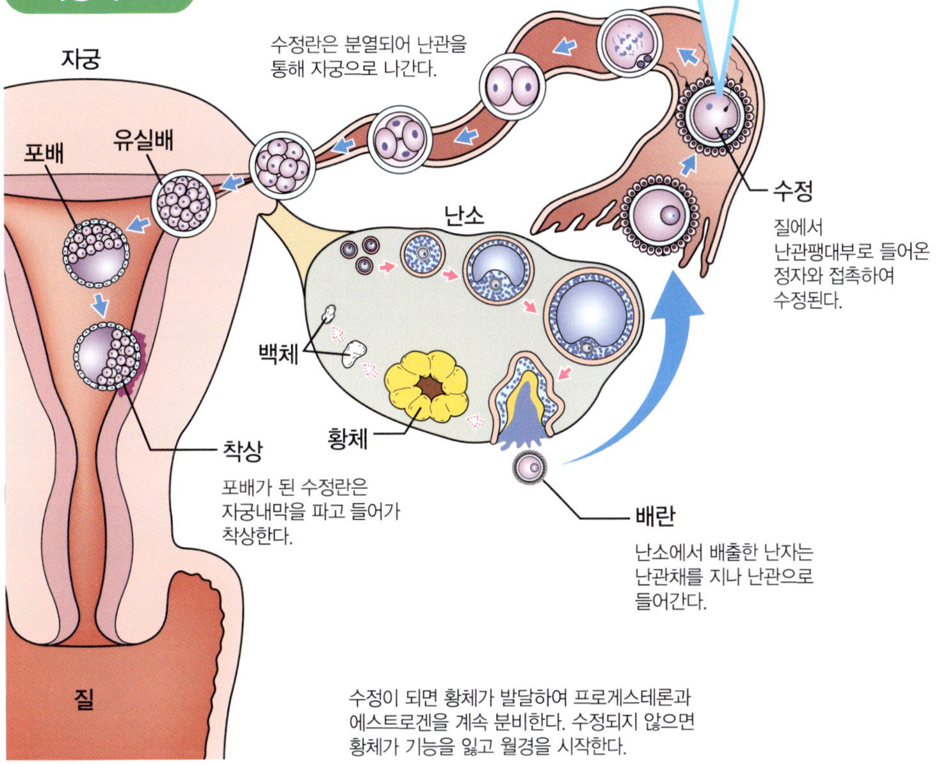

지식 여러 개의 난자가 동시에 수정하거나 하나의 수정란이 발육 중 분화하면 쌍둥이가 탄생한다. 전자는 이란성, 후자는 일란성이라고 한다.

10

태아의 성장과 출산

수정 후 약 40주 만에 출산을 맞이하는

자궁내막에 착상한 배는 태반을 매개로 모체에서 영양과 산소를 받아들이고 성장한다. 수정하고 약 40주 후에 분만한다.

● 태아의 성장

자궁내막에 착상한 배는 급속히 발달해서 8주 후에는 팔다리와 주요 관절이 완성되고 태아 상태가 된다.

태아는 자궁 안의 양수라는 투명한 액체가 차 있는 주머니 속에서 자란다. 임신 초기에는 난황낭에서 보낸 영양으로 성장하지만 태반이 형성되면 태반에서 영양을 받아 성장한다. 태반과 태아는 제대(탯줄)로 이어져 있다. 이것을 통해 모체는 영양소와 산소를 태아에 보내고 태아는 이산화탄소와 노폐물을 모체로 보낸다.

수정 12주 후에는 주요 내장이 만들어지고 손가락, 발가락, 손톱, 발톱이 생긴다. 16주에는 활발히 움직이고, 22주부터 임부가 태동을 느낄 수 있다. 37주가 지나고 출산이 가까워지면 태아는 자궁 밖에서도 살 수 있다. 이 무렵 태아의 표면은 태지라는 막으로 싸여 있다. 태지는 태아의 피부를 보호하고 출산 때 산도를 잘 지나갈 수 있도록 돕는다.

● 출산 구조

태아가 완전히 성숙하면 자궁의 근육이 주기적으로 수축을 반복하기 시작한다. 이것이 진통이다. 진통은 점차 강도와 빈도가 심해지고 결국 태아의 머리가 자궁 밖으로 나온다. 자궁수축을 하는 사이에 양수막이 터진다. 자궁구의 지름이 10cm가 되면 태아가 회선하면서 산도를 지나 나온다. 태아에 이어서 태반을 배출하면 분만이 끝난다.

임신 고혈압 증후군

이전에는 '임신중독증'이라고도 했던 병으로 고혈압 때문에 발생한다. 고혈압 외에 부종, 단백뇨 증상이 있다.

임신 후기에 잘 발생하고 고령 출산일수록 발병률이 올라간다. 발병하면 태반 기능이 떨어져 태아의 발육 장애가 있고 모체에서는 신장 기능의 저하로 요독증과 뇌출혈, 뇌경색 등이 생기는 일도 있다.

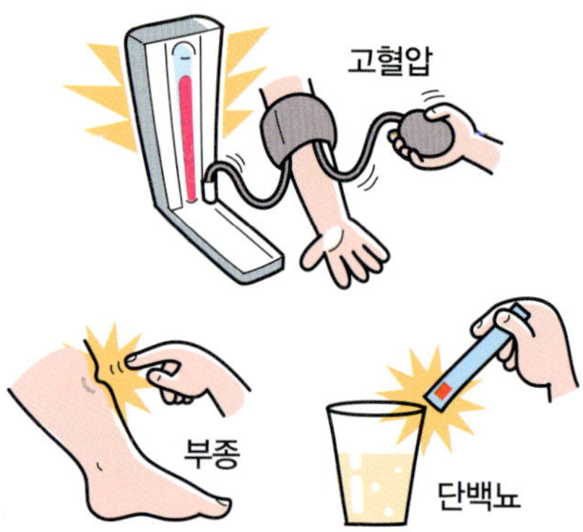

태아의 성장과 출산

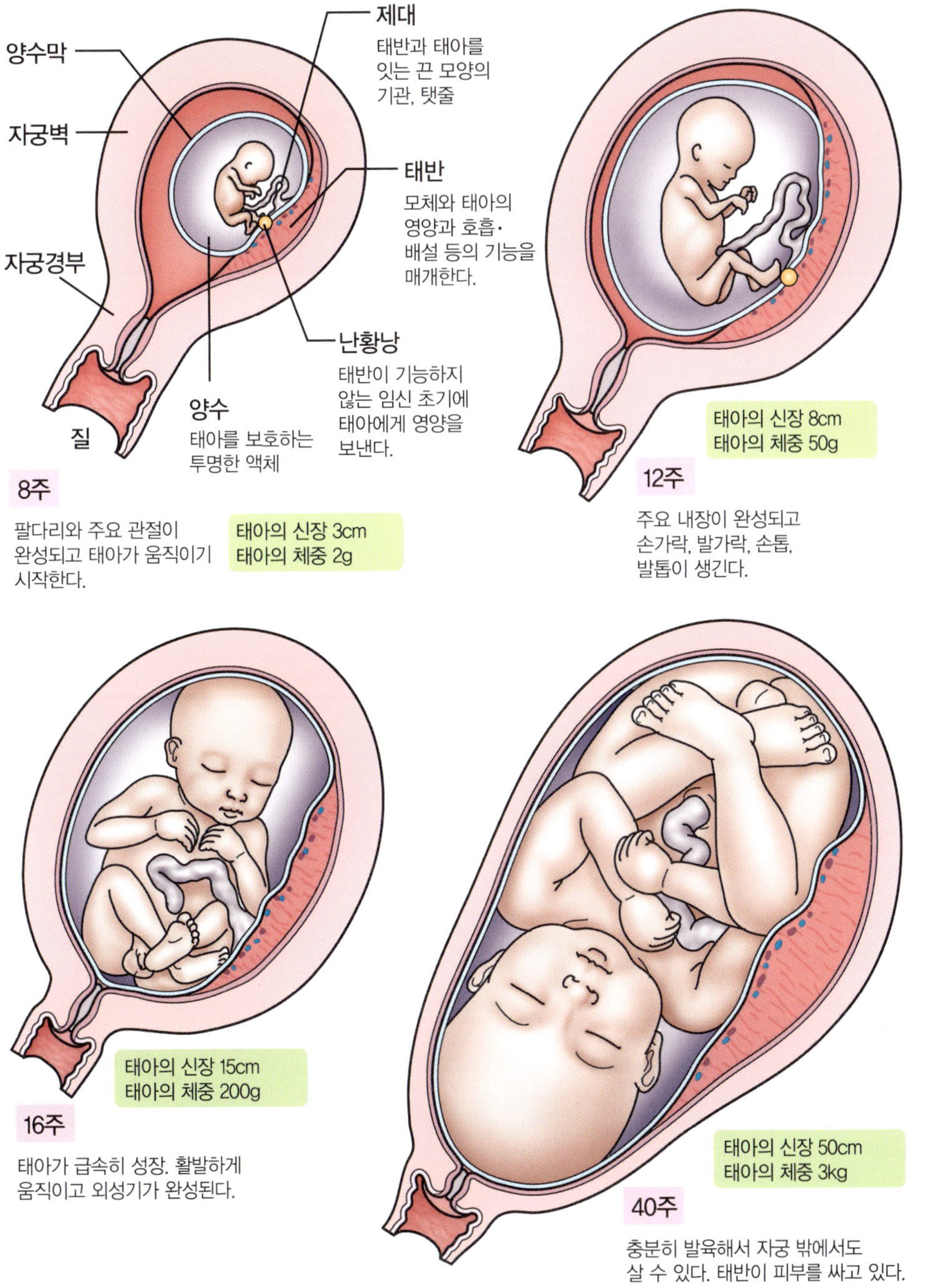

지식 마지막 월경 시작 일 부터 계산한 주수를 재태 주수라고 한다. 22주~36주 만에 출산하면 조산, 22주 미만은 유산, 42주 이후에 출산하면 과기산이라고 한다.

● 자궁근종

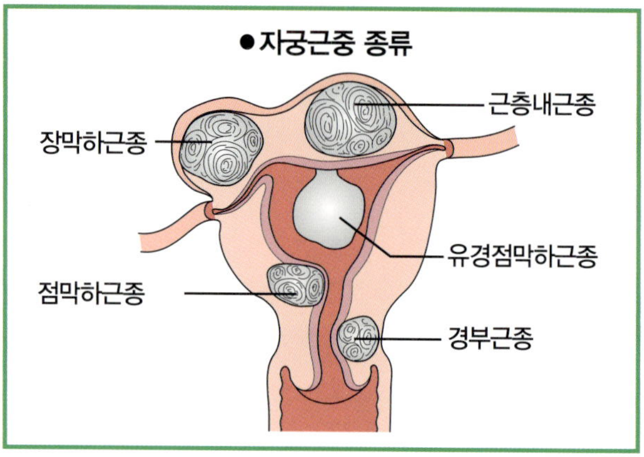

자궁의 근층에 발생하는 양성종양을 말한다. 성인 여성의 네 명 중 한 명에게서 발견되고 30~40대에 증상이 많이 나타난다. 자궁 바깥쪽을 향해서 발육하는 장막하근종, 자궁강을 향해서 발육하는 근층내근종 등이 있다. 에스트로겐의 자극으로 자궁의 근섬유가 증식해서 발병하고 임신하면 호르몬 영향으로 급격히 커진다.

▶**주요 증상:** 종양이 생기는 부위나 종양의 크기에 따라 증상이 다르지만 대개 과다월경이나 부정출혈, 월경통이 있다. 또 출혈의 증가에 따른 빈혈, 수정란의 착상과 성장 방해로 불임과 유산, 근종이 장이나 방광을 압박하여 생기는 변비와 배뇨 장애가 있을 수 있다.

● 자궁암

자궁경부에 생기는 자궁경부암과 자궁 안에 생기는 자궁체암으로 나눌 수 있다. 자궁경부암은 성교 파트너가 많은 사람이나 다산을 한 사람에게 많고, 인유두종 바이러스의 감염도 발생과 관계가 있다. 자궁체암은 오랫동안 월경불순인 사람이나 출산 경험이 없는 사람에게 많다.

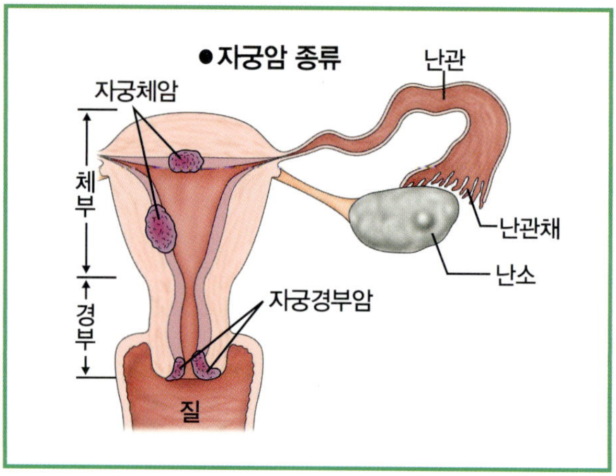

▶**주요 증상:** 자궁경부암과 자궁체암에 걸리면 부정 출혈이나 냉이 증가한다.

자궁경부암은 자궁경부 상피에 발생해서 아래의 조직에 침투하면서 동시에 병소(病巣)도 커져 질, 방광, 직장 등 근접 장기에 영향을 끼친다. 또 골반 안의 림프관이나 혈관을 매개로 먼 곳에 있는 장기에도 전이될 수 있다.

자궁체암은 자궁내막에 발생해서 점차 자궁근층 안으로 번져 나가 결국 근층을 파괴하고 복강 내로 퍼진다. 자궁경부암과 마찬가지로 온몸으로 전이될 수 있다.

● 유방암

유선에 만들어진 악성 종양으로 40대 후반 이후에 많은 병이다. 고령 출산을 한 사람이나 비만인 사람이 잘 걸린다. 발생 부위는 유방 외측 상방이 약 절반을 차지한다.

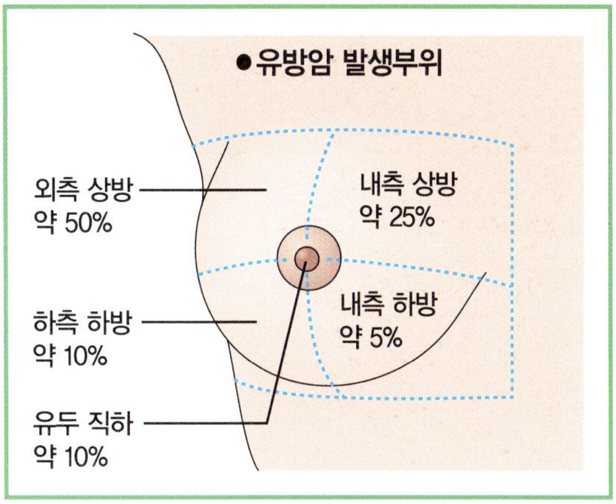

▶주요 증상: 유방에 울퉁불퉁한 응어리가 생긴다. 암이 진행되면 피부와 유두의 함몰이 보이고 피부가 빨갛게 변하고 피부 궤양이 생긴다. 진행되면 주위의 림프샘에도 전이해서 혈액을 통해 폐와 간, 뇌로 전이될 수도 있다.

● 난소낭종·난소암

난소에 생기는 종양은 종양 안이 분비액으로 차는 낭포성과 딱딱한 혹 같은 충실성으로 나뉜다. 낭포성은 난소낭종이라고 하고 대개 양성이다. 충실성은 대개 악성으로 난소암도 포함한다.

▶주요 증상: 난소낭종은 꽤 커질 때까지 증상이 나타나지 않는다. 낭종이 커지면 발육 방향에 따라 하복통이나 요통, 배뇨 장애나 변비 등이 생긴다. 낭종이 감겨서 줄기 부분이 비틀리면 출혈이 생겨 괴사가 발생하고 세균 감염이 생긴다. 난소암은 초기에

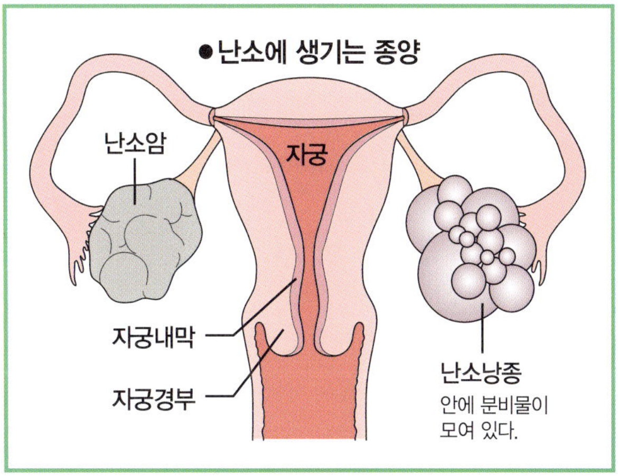

난소에 머물지만, 이윽고 자궁이나 난관 등에 영향을 미치고 더 나아가 복막이나 간, 폐로 전이한다.

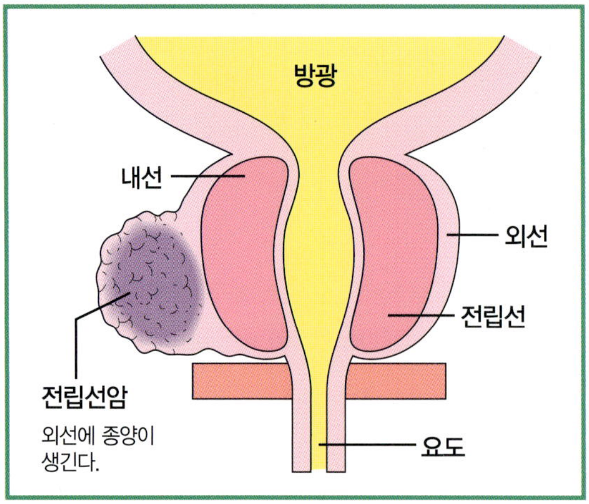

● 전립선암

전립선의 외선에 종양이 생기는 것으로 60세 이상의 고령자에게 많은 병이다. 암이 전립선 내부에만 있을 때는 전혀 증상이 없지만 진행되어 암이 커지면 빈뇨, 배뇨 장애 등 전립선 비대와 비슷한 증상이 나타난다. 또 혈뇨가 보이기도 한다. 암이 주위에 퍼지면 하복부와 외음부에 불쾌감이나 둔통 등이 있다. 폐나 간으로 전이하면 전이한 부위에 따라 요통, 좌골신경통 등 증상이 나타나고 보행이 힘들어지기도 한다.

● 포경·귀두포피염

음경의 귀두는 유아기에는 포피로 덮여 있지만, 사춘기가 되면 귀두의 발육과 함께 포피는 물러나고 귀두가 노출된다. 포피의 끝인 포피륜이 너무 좁으면 포피를 뒤집어 노출할 수 없고 이 상태를 포경이라고 한다. 전혀 노출하지 못하는 것을 진성포경, 잠깐 귀두 노출이 가능한 것을 가성포경이라고 한다. 진성포경을 무리하게 뒤집어서 포피가 원상태로 돌아가지 않는 것을 감돈포경이라고 한다.

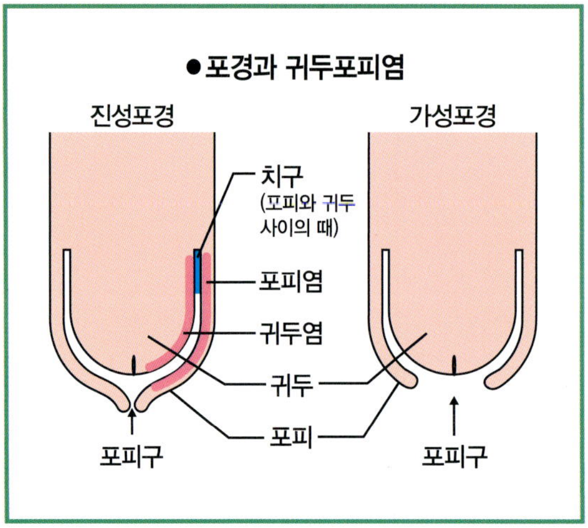

▶주요 증상: 포경은 포피와 귀두 사이에 분비물이 끼기 쉽고 이것이 딱딱해져서 귀두와 포피가 유착하는 경우가 많다. 또 여기에 세균이 감염되면 귀두염이나 포경염이 생길 수 있다.

귀두포피염에 걸리면 포피의 부종이나 작열감 등이 발생하고 소변이 새어 나와 배뇨 시 통증이 있을 수 있다. 심해지면 귀두와 포피가 물러지고 악취가 심한 농이 나온다.

9장

세포와 유전자

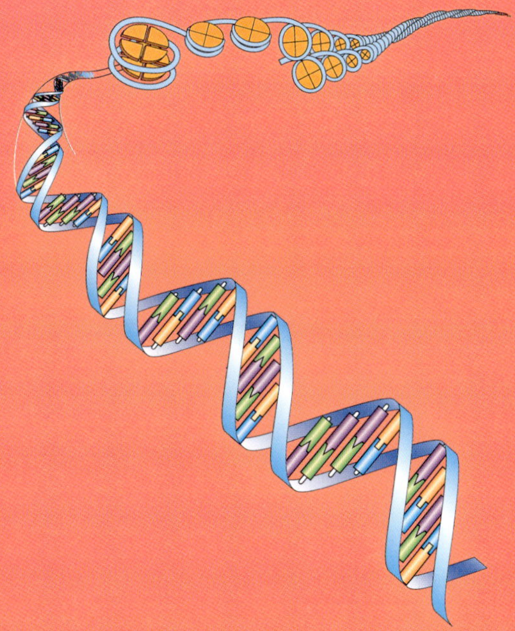

몸은 크기와 모양이 다른 약 60조 개의 세포로 구성되어 있다. 세포는 산소를 받아들여서 에너지를 만드는 내호흡과 세포분열 증식 등 다양한 활동을 한다. 같은 기능을 가진 세포가 모여서 조직을 만들고 조직은 모여서 기관을 형성한다. 세포의 핵에는 유전정보를 전하는 DNA가 들어 있다.

01

세포 구조

몸을 구성하는 최소 단위

인체는 약 60조 개의 세포로 구성되어 있다. 영양분이나 산소를 받아들여서 에너지를 생산하는 등 여러 활동을 한다.

● 세포의 종류와 표면 구조

우리의 몸은 약 60조 개의 세포로 구성되어 있다. 인간의 세포는 수백 가지가 있으며 난자, 정자, 신경세포(뉴런), 백혈구, 적혈구, 근세포 등 기능에 따라 크기나 모양이 각각 다르다. 특수한 세포를 제외하고는 기본 구조가 같아서 모든 세포가 세포막, 세포질, 핵을 갖고 있다.

세포를 싸는 세포막은 지질로 된 두 층의 얇은 막으로 이루어져 있다. 세포막은 세포 안과 밖의 물질 왕래를 조절하고 필요한 물질만 통과시키는 성질을 가지고 있으며, 이런 거래는 세포막이 있는 단백질을 통해서 이루어진다. 또 세포막의 단백질은 서로 연결되어 있어 같은 종류의 세포끼리 연결하는 기능도 갖고 있다. 같은 종류의 세포가 몇 개 모여 있는 것을 조직이라고 한다.

● 세포 내부 구조

세포막에 싸여서 세포 대부분을 차지하는 것이 세포질이다. 세포질 안에는 다양한 세포소기관(organelle)이 있다. 대부분은 막으로 싸여 있고 젤리 모양의 세포질 안에 떠 있다.

세포질에 산재하는 소포체라는 주머니 모양의 기관에는 조면소포체와 활면소포체 두 가지가 있다. 조면소포체에는 리보솜이라는 과립이 붙어 있고 단백질 합성을 한다. 활면소포체에서는 당이나 지방의 대사, 호르몬의 합성 등을 한다.

골지장치에서는 조면소포체에서 운반된 단백질의 가공이나 리소좀의 산생을 한다. 리소좀은 세포 내의 이물이나 불필요한 것을 처리하는 기관이다.

세포가 활동하거나 분열하기 위한 에너지는 ATP(아데노신 삼인산)이며 미토콘드리아가 만든다. 근육이나 눈을 구성하는 세포는 많은 에너지를 소비하기 때문에 미토콘드리아를 많이 갖고 있다. 또 원통상의 중심소체는 세포분열할 때 중요한 기능을 한다.

세포의 관제탑 역할을 하는 핵은 핵막이라는 구멍이 뚫린 두 층의 막으로 싸여 있다. 핵은 이 구멍을 통해서 세포질과의 사이에서 물질 거래를 한다. 핵 내부에는 유전물질인 DNA(디옥시리보핵산)와 단백질이 함유되어 있다. 핵 안에는 RNA(리보핵산)와 단백질로 이루어진 핵소체도 있다. 핵소체는 리보솜의 산생과 관계 있다.

세포 구성

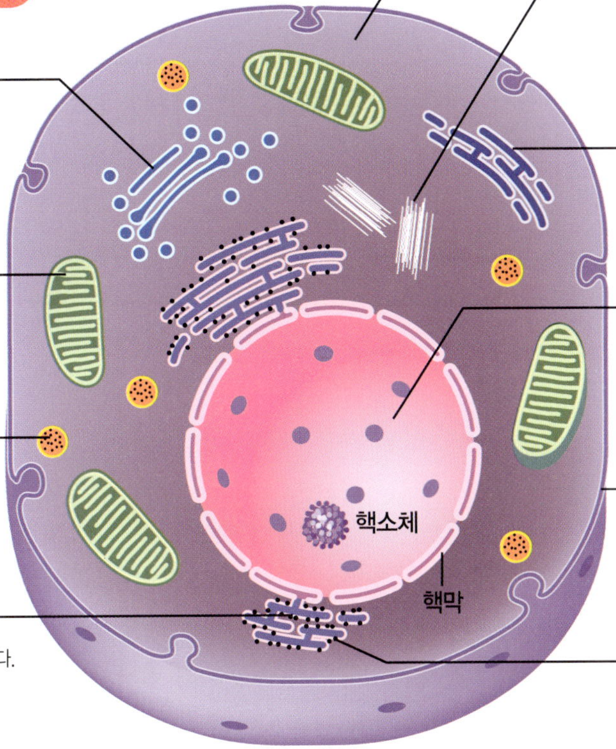

세포 종류

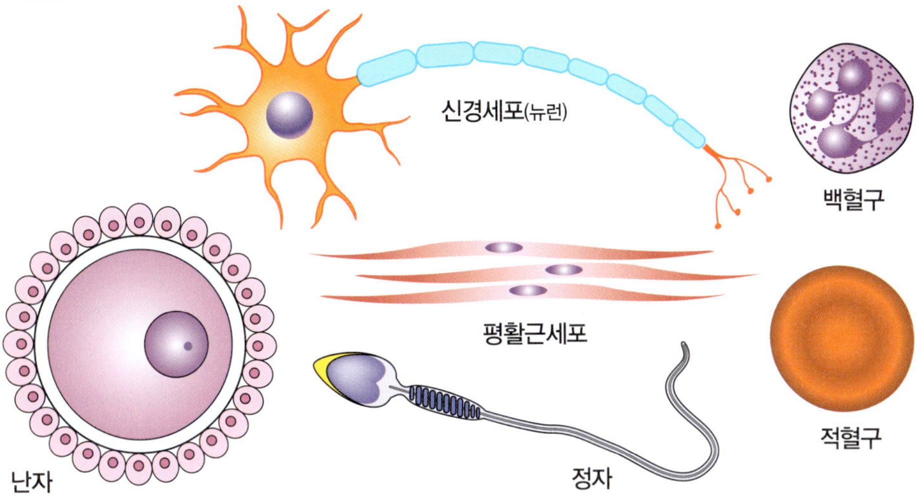

지식 같은 다세포생물이라도 식물과 동물의 세포는 구성이 다르다. 식물세포의 세포막 바깥쪽에는 세포벽이 있고 광합성을 하는 엽록체라는 세포소기관이 있다.

02

세포분열 구조

성장과 유전을 위한

세포에는 체세포와 생식세포가 있고 각각 분열 방법이 다르다. 염색체 수는 체세포분열 시에는 바뀌지 않지만, 생식세포의 감수분열 시에는 반감한다.

● 체세포분열 구조

인체를 구성하는 약 60조 개의 세포는 다음 세대를 만들기 위한 생식세포와 그 이외의 체세포로 분류한다. 이런 세포는 모두 하나의 수정란이 분열을 반복해서 이루어진 것으로 체세포와 생식세포는 분열 방법이 다르다.

체세포가 분열할 때는 먼저 유전자의 본체인 DNA(디옥시리보핵산)를 포함한 23쌍 46개의 염색체가 핵 안에서 복제되어 두 배가 된다. 그 후 염색체가 이분할되고 세포질도 두 개로 나뉘어 모세포 같은 염색체인 세포가 두 개 만들어진다. 체세포분열에서는 DNA를 복제하여 세포가 두 개로 분열되기 때문에 분열 후 세포가 갖는 염색체의 수는 분열 전과 같다.

● 감소분열 구조

한편 생식세포는 감수분열을 한다. 감수분열에서도 먼저 핵 안의 염색체를 복제한다. 그 후 복제된 염색체는 쌍이 되는 것끼리 일부를 교환한다. 이것을 교차라고 하며 이것으로 아버지와 어머니 양친의 형질을 받아 염색체가 만들어진다.

생식세포는 첫 번째 분열로 두 개로 나뉜다. 이때 염색체 수는 체세포와 같은 23쌍 46개다. 두 개의 생식세포는 염색체를 복제하지 않고 두 번째 분열을 해서 총 네 개의 세포로 나누어진다. 이 결과 23개의 염색체를 갖는 생식세포가 완성된다. 수정으로 정자와 난자가 합체해서 23쌍 46개의 염색체를 갖는 세포가 만들어진다.

●생식세포의 감수분열 구조

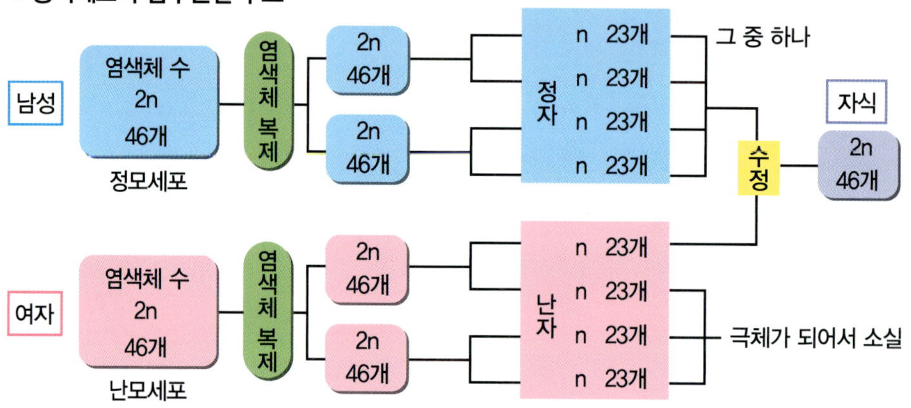

체세포분열 〈모세포와 같은 세포를 두 개 만든다〉

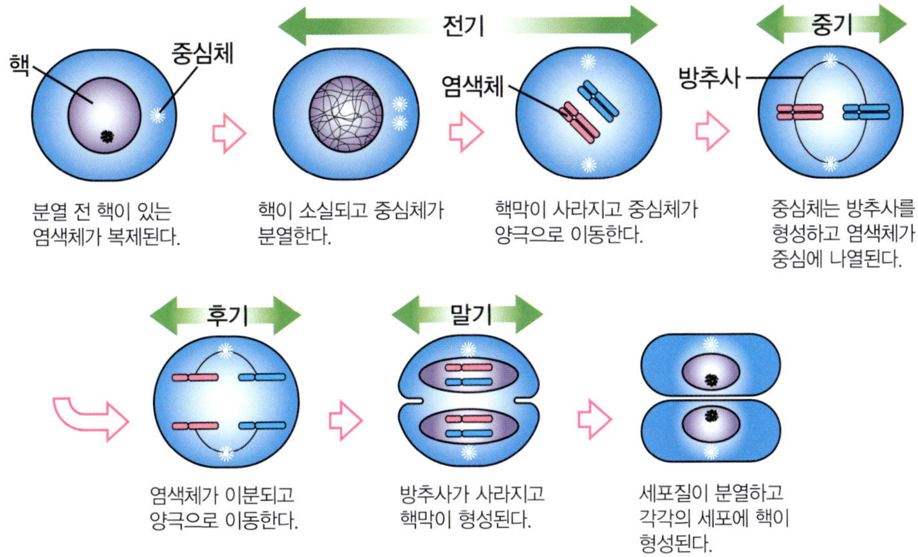

생식세포의 감수분열 〈모세포에서 세포 네 개를 만든다〉

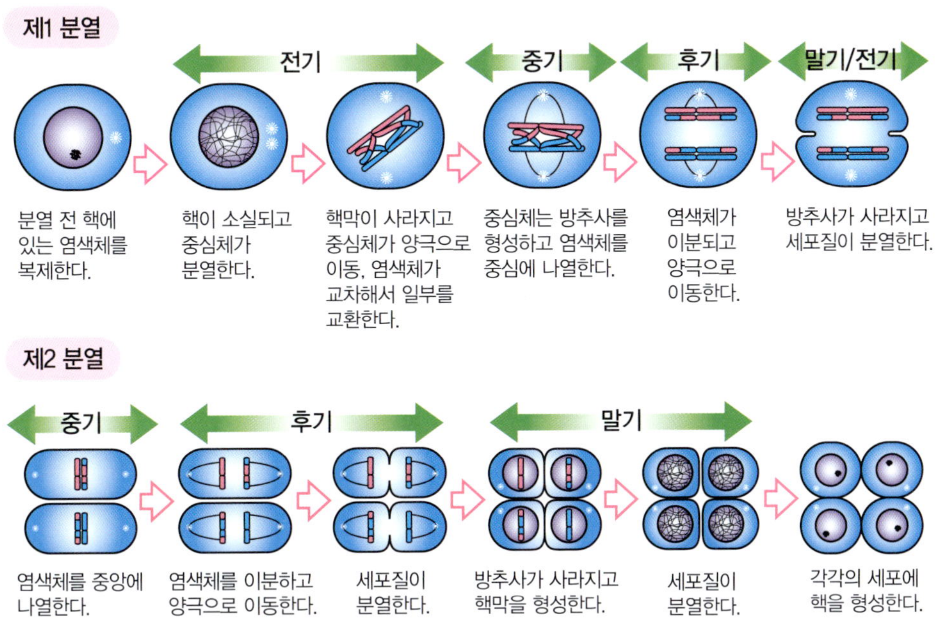

지식 탄생 직후 신생아의 세포 수는 약 3조 개지만 체세포의 분열로 세포 수가 증가해 성인이 되면 약 60조 개가 된다.

03

조직 구조

같은 기능을 가지는 세포의 모임

조직이란 같은 기능을 가지는 세포의 모임으로 상피조직, 근육조직, 결합조직 등이 있다. 조직이 모여서 기관을 구성한다.

● 피부와 근육조직

개개의 조직은 세포막의 단백질에 따라 같은 종류끼리 이어져 조직을 형성한다. 몸의 조직은 크게 네 가지다.

• **상피조직:** 피부와 혈관 등 각 기관의 표면은 편평한 것, 정육면체, 원기둥꼴의 상피세포가 빈틈없이 모여서 이루어져 있다. 이것을 상피조직이라고 한다. 상피조직이 한 층에 나열된 것을 단피상피, 두 층 이상 겹쳐진 것을 중층상피라고 한다.

상피조직은 각 기관의 내부를 보호하는 기능이 있고 소화액을 분비하거나 영양분을 흡수하는 기능이 있는 것도 있다.

• **근육조직:** 근육조직은 근세포가 굳게 접착된 조직으로 수축과 이완을 한다. 근육을 구성할 뿐 아니라 신축이 필요한 다른 부위에도 있다.

• **신경조직:** 뇌에서 보낸 신호를 몸의 각 부위에 전하거나 외부의 정보를 뇌로 전하는 신경조직이다. 접합부의 시냅스로 신경세포가 복잡하게 이어져 있다.

• **결합조직:** 섬유세포와 세포가 분비하는 세포외기질로 이루어진 조직이 결합조직이다. 탄력성이 풍부해서 조직의 틈을 메우거나 강도를 높인다. 인대와 힘줄 외에도 뼈와 연골, 적혈구와 백혈구도 결합조직에 해당한다.

단세포생물과 다세포생물

단세포생물이란 하나의 세포만으로 모든 생명 활동을 하는 생물을 말한다. 아메바와 짚신벌레 등이 있다. 증식 방법은 한 마리가 두 마리로 나눠지는 단순한 방법으로 유전자도 똑같다.

한편 다세포생물은 같은 세포가 모여서 조직을 만들고 그 조직이 각 기관을 만든다. 유전자도 개체에 따라 다르다.

〈대표적인 단세포생물〉

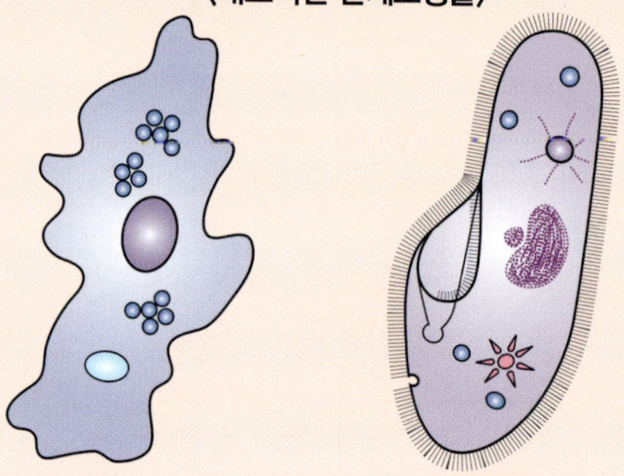

아메바　　짚신벌레

다양한 조직

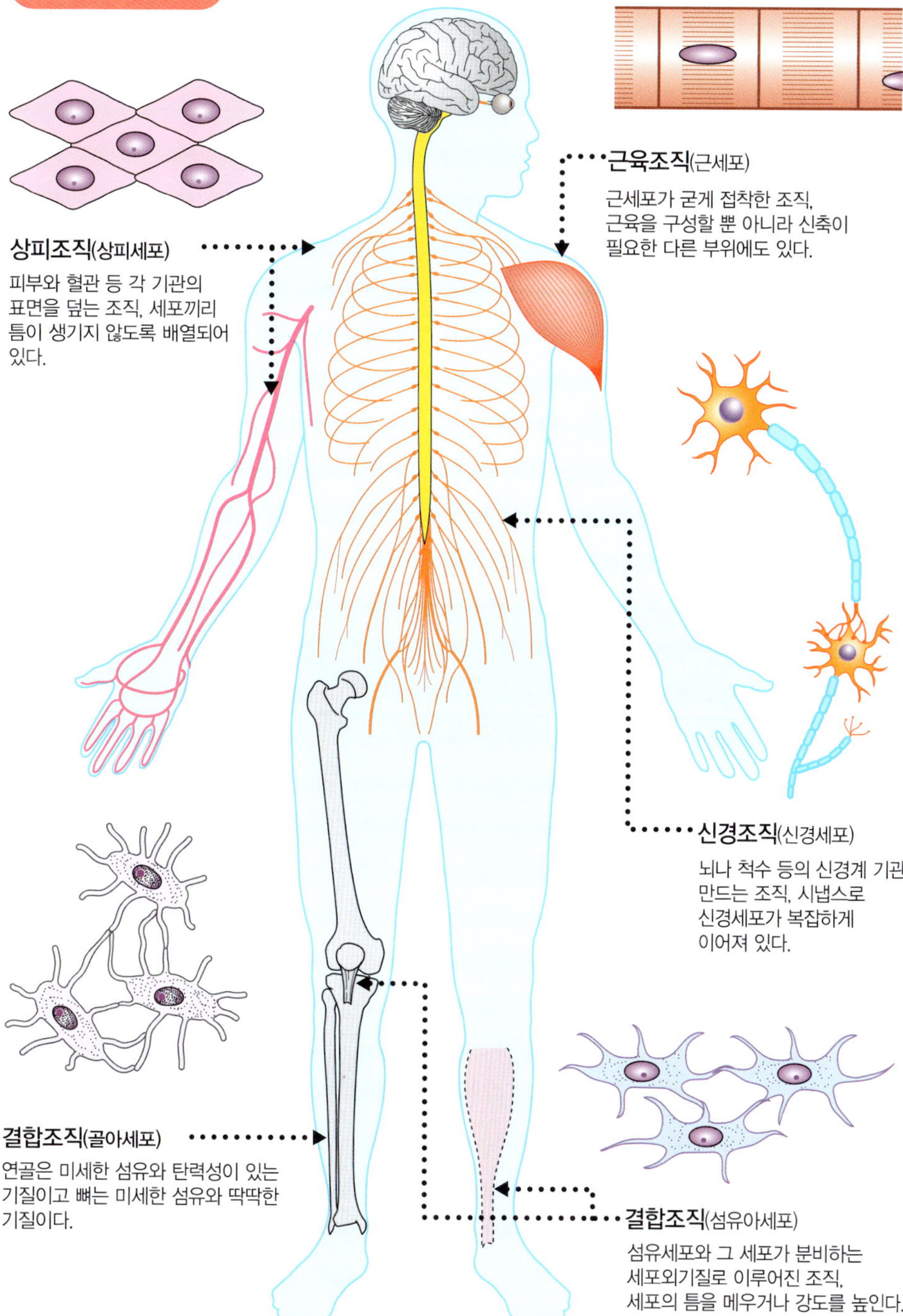

상피조직(상피세포)

피부와 혈관 등 각 기관의 표면을 덮는 조직, 세포끼리 틈이 생기지 않도록 배열되어 있다.

근육조직(근세포)

근세포가 굳게 접착한 조직, 근육을 구성할 뿐 아니라 신축이 필요한 다른 부위에도 있다.

신경조직(신경세포)

뇌나 척수 등의 신경계 기관을 만드는 조직, 시냅스로 신경세포가 복잡하게 이어져 있다.

결합조직(골아세포)

연골은 미세한 섬유와 탄력성이 있는 기질이고 뼈는 미세한 섬유와 딱딱한 기질이다.

결합조직(섬유아세포)

섬유세포와 그 세포가 분비하는 세포외기질로 이루어진 조직, 세포의 틈을 메우거나 강도를 높인다.

지식 혈액도 세포로 구성되어 있다. 액체 성분인 혈장과 세포 성분인 적혈구, 백혈구, 혈소판으로 구성되며 이런 혈액세포는 뼈 중심부인 골수로 만든다.

04

유전자 구조

생명의 정보가 가득 찬 설계도

세포핵에 함유된 염색체는 나선상의 DNA로 구성되어 있다. DNA를 구성하는 염기 배열 순서에 따라 유전정보를 전한다.

● 염색체 구조

인간의 세포핵은 얼굴이나 몸의 특징, 체질, 병에 잘 걸리는 유형 등 다양한 유전정보를 전하는 염색체를 각각 23쌍 46개 포함하고 있다.

염색체는 유전자의 본체인 DNA(디옥시리보핵산)로 이루어진 나선상의 가는 섬유와 히스톤이라는 단백질로 되어 있다. DNA는 대단히 길고 세포의 핵 안에 다 들어가지 않아서 히스톤을 감고 있다.

DNA가 감은 여덟 개의 히스톤으로 이루어진 구조를 뉴클레오솜이라고 한다. 뉴클레오솜이 코일 상태로 이어서 만드는 섬유 구조를 크로마틴이라고 한다.

● 염색체 구조

DNA는 두 개의 긴 사슬이 나선상으로 이어진 사다리 같은 구조다. 사다리의 기둥은 인산과 디옥시리보스라는 당이다. 사다리의 단에는 아데닌(A), 구아닌(G), 시토신(C), 치민(T)이라는 네 가지 염기가 두 개씩 결합해 있다.

염기 결합의 조합에는 규칙이 있다. 아데닌에는 치민, 구아닌에는 시토신이 반드시 결합한다. 이 염기의 배열순서만으로 모든 유전 정보를 전한다.

유전자란 DNA 일부를 말한다. 23쌍 46개의 염색체의 유전자 총수는 약 3만 2천 개다.

염색체 이상

사람은 22쌍 44개의 상염색체와 한 쌍으로 된 두 개의 성염색체를 가지고 있다. 성염색체의 조합은 여성이 두 개의 X염색체, 남성이 X와 Y 하나씩이다. 선천적으로 염색체에 이상이 있으면 키가 잘 자라지 않거나 발기부전 등이 있다. 태어날 때부터 상염색체의 21번째가 세 개인 경우 다운증후군의 원인이 된다.

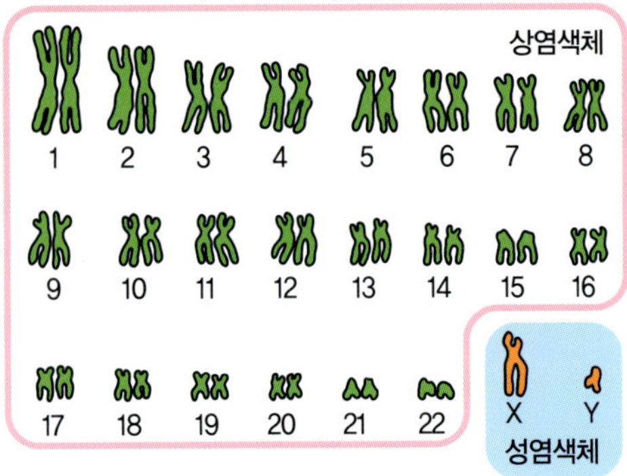

염색체와 DNA 구조

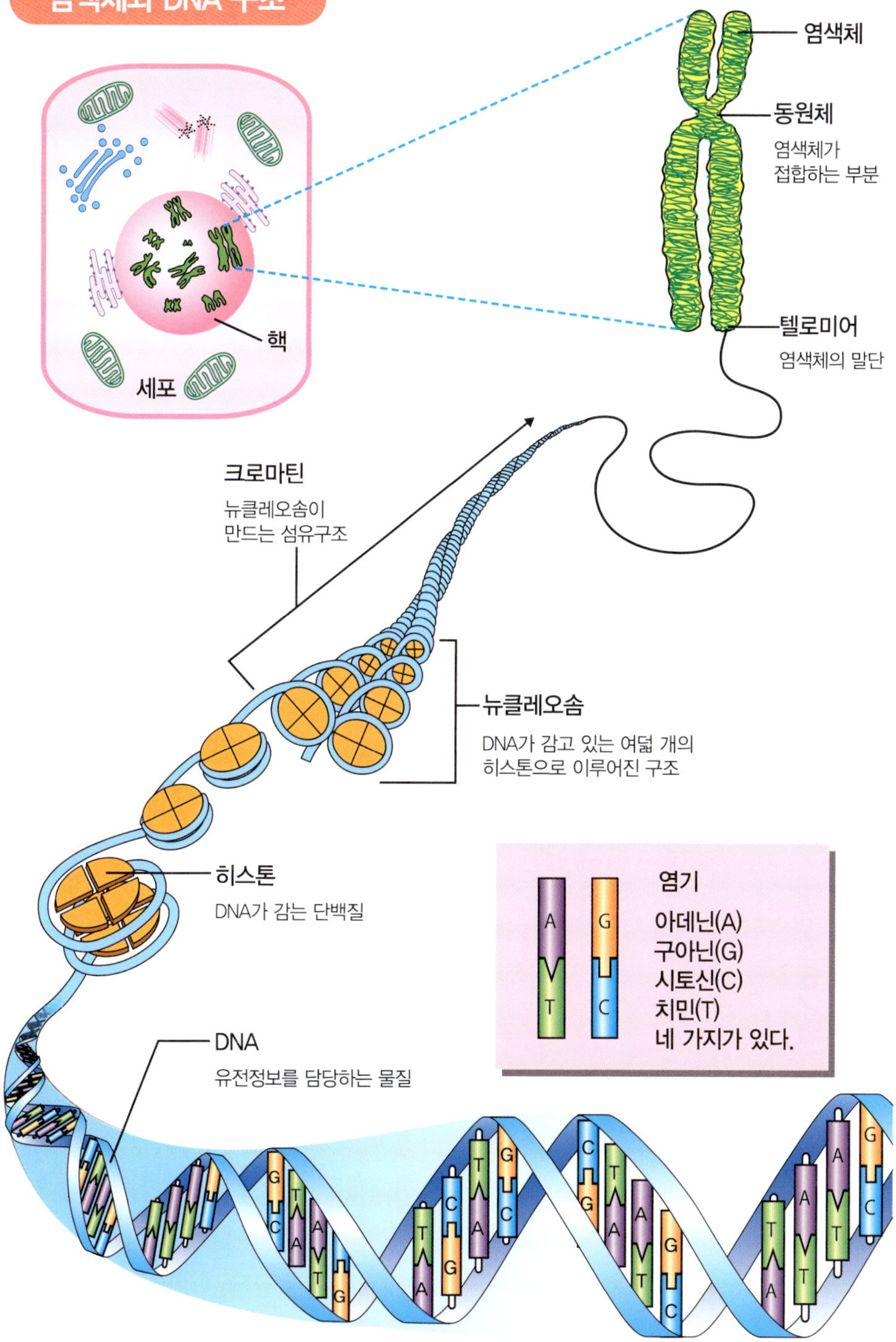

지식 DNA의 염기 배열은 개체에 따라 달라서 개인 식별에 이용할 수 있다. 혈액이나 모발 등에서 DNA를 채취해서 범죄 조사나 친자감정을 하는 방법을 DNA 감정법이라고 한다.

05

유전자 기능

DNA를 복제하고 단백질을 합성하는

유전정보의 전달은 DNA의 복제와 단백질의 합성으로 이루어진다. 단백질을 합성할 때 RNA를 만든다.

● DNA 복제

우리의 몸을 구성하는 많은 세포가 단백질이며 단백질은 몇 개의 아미노산이 이어져 있다. DNA에는 아미노산 나열 방식을 지정하여 어떤 단백질을 만들지 정하는 정보가 들어 있다. DNA에 있는 유전 정보는 DNA 복제와 단백질 합성으로 새로운 세포에 전달된다.

유전의 가장 근원적 현상이라 할 수 있는 것은 세포분열보다 먼저 이루어지는 것은 DNA 복제다. 복제할 때 먼저 DNA의 이중나선이 풀려서 각 염기의 결합이 잘린다. 그 후 단체가 된 각 염기의 배열에 대응해서 당·인산·염기의 결합물인 뉴클레오타이드가 결합한다. 이렇게 이중나선이 수복되어 같은 염기배열을 가진 DNA 두 개가 만들어진다.

● 전사 구조

DNA가 단백질을 합성할 때도 먼저 DNA의 이중나선이 풀리고 각 염기의 결합이 잘린다. 단체가 된 각 염기 배열에 대응해서 뉴클레오타이드가 결합해 RNA(리보핵산)이 만들어진다. RNA의 염기는 아데닌(A), 구아닌(G), 시토신(C), 우라실(U) 네 가지다.

만들어진 RNA는 단백질을 합성하기 위한 염기 배열의 정보가 있어 전령 RNA라고 부른다. 전령 RNA의 유전정보는 세 개의 염기 배열이 1단위가 되어 코돈이라고 부른다. 한 개의 코돈은 한 개의 아미노산과 대응한다.

DNA에서 전령 RNA를 만드는 것을 전사라고 한다. 전령 RNA에는 단백질 아미노산 배열을 지정하지 않는 부분이 있다. 이 부분을 제외하고 나머지 부분이 결합해서 완전한 전령 RNA가 된다. 이 현상을 스플리싱이라고 한다.

● 번역 구조

핵 안에서 만들어진 전령 RNA는 핵막공에서 세포질 안으로 나와 단백질을 합성하는 소기관인 리보솜으로 향한다. 리보솜 안에서는 아미노산과 결합한 운반 RNA가 전령 RNA와 결합한다. 전령 RNA의 염기 배열에 대응해서 아미노산이 차례차례 결합하고 단백질이 합성된다. 이렇게 전령 RNA의 정보에 기초해서 단백질을 합성하는 과정을 번역이라고 한다.

DNA 복제

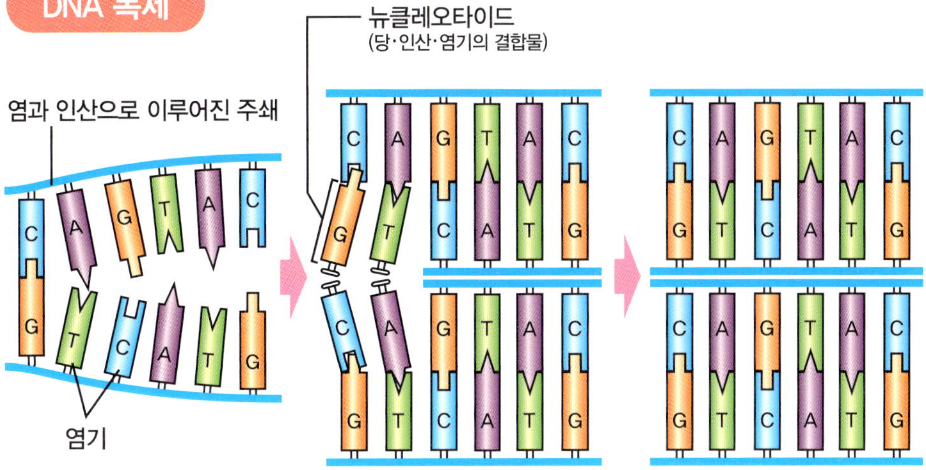

DNA의 이중나선이 풀려서 각 염기의 결합을 자른다.

각 염산에 대응하는 배열로 뉴클레오타이드가 결합한다.

같은 염기 배열을 가진 DNA를 두 개 만든다.

단백질 합성

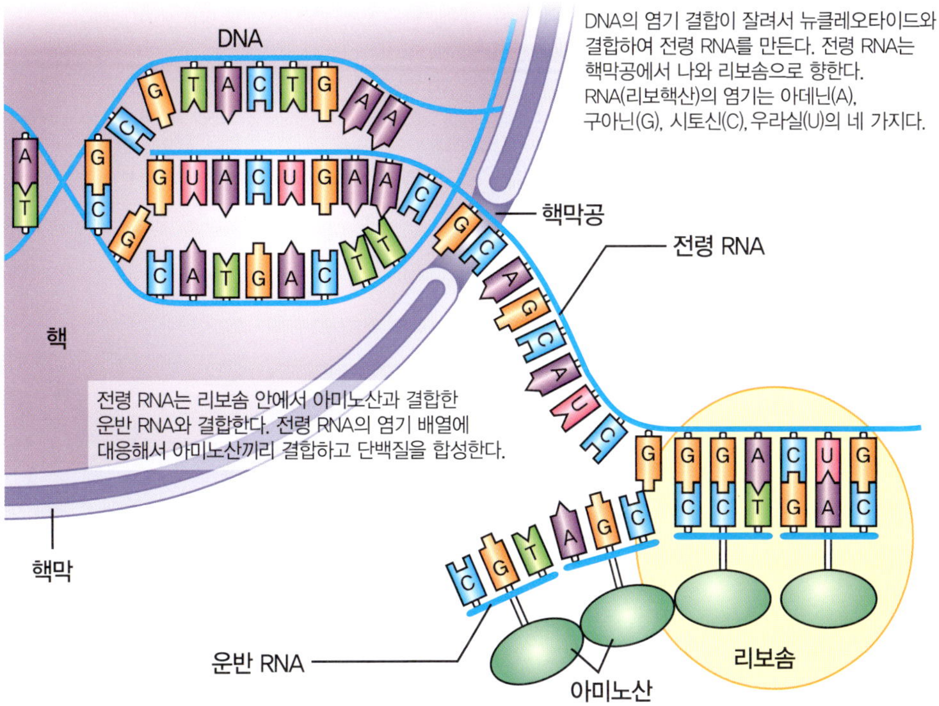

지식 유전정보는 DNA에서 RNA로 일방적으로 유전된다. 역전사효소의 발견으로 RNA에서 DNA를 합성(역전사)한다는 것이 밝혀졌다.

06

유전 구조

양친으로부터 반반씩 유전자를 받는

● 우성유전 구조

키, 눈과 코의 모양, 머리카락과 눈동자 색 등 자식에게 유전되는 특징이나 요소를 유전형질이라고 한다. 아버지와 어머니 유전자가 반반씩 자식에게 전달되지만 유전형질은 반씩 나타나지 않는다. 유전자에는 잘 전달되는 것과 그렇지 않은 것이 있어 부모 어느 한 쪽의 형질이 우위로 나타난다. 자식에게 잘 나타나는 것을 우성유전자라고 하고 잘 나타나지 않는 것을 열성유전자라고 한다.

어떤 대립하는 유전형질의 우성유전자를 A, 열성유전자를 a라고 하자. AA, aa처럼 유전자형을 가지는 순계의 부모로부터 태어나는 자식은 전원 우성유전자의 형질이 나타난다. 그러나 손자 대에서는 1/4 비율로 열성유전자 형질이 나타난다. 실제로 유전형질의 발현은 한 쌍의 대립유전자만으로 결정되는 것이 아니라 복수의 유전자가 관련되어 결정한다.

● 열성유전과 병

세포분열로 유전자를 복제할 때 유전정보에 어떤 이상이 생기는 경우가 있다. 이것을 돌연변이라고 한다. 이런 유전자 이상이 원인으로 생기는 병을 유전병이라고 한다.

예를 들면 색각 이상(색맹)이나 혈우병, 근이영양증(근육위축증) 같은 병은 성염색체(X염색체)에 있는 이상 열성유전자에 의해 유전된다. 이런 유전을 반성 열성유전이라고 한다. X의 성염색체가 두 개인 여성은 발병하지 않고 남자에게만 나타난다.

아버지와 어머니의 유전자가 반반씩 자식에게 전해진다. 부모 어느 한 쪽의 형질이 우위로 나타나고 유전자 이상으로 생기는 병도 있다.

성별 결정

남녀의 성별은 성염색체에 따라 결정된다. 남싱의 염색체는 XY, 여성은 XX이다. 남성의 정자는 X나 Y유전자를 갖고 여성의 난자는 반드시 X유전자를 가진다. 그래서 수정되어 생긴 자식의 성별은 정자가 정한다.

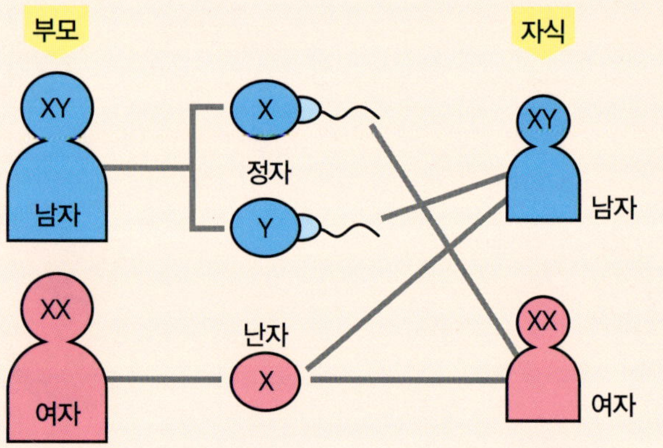

유전 구조

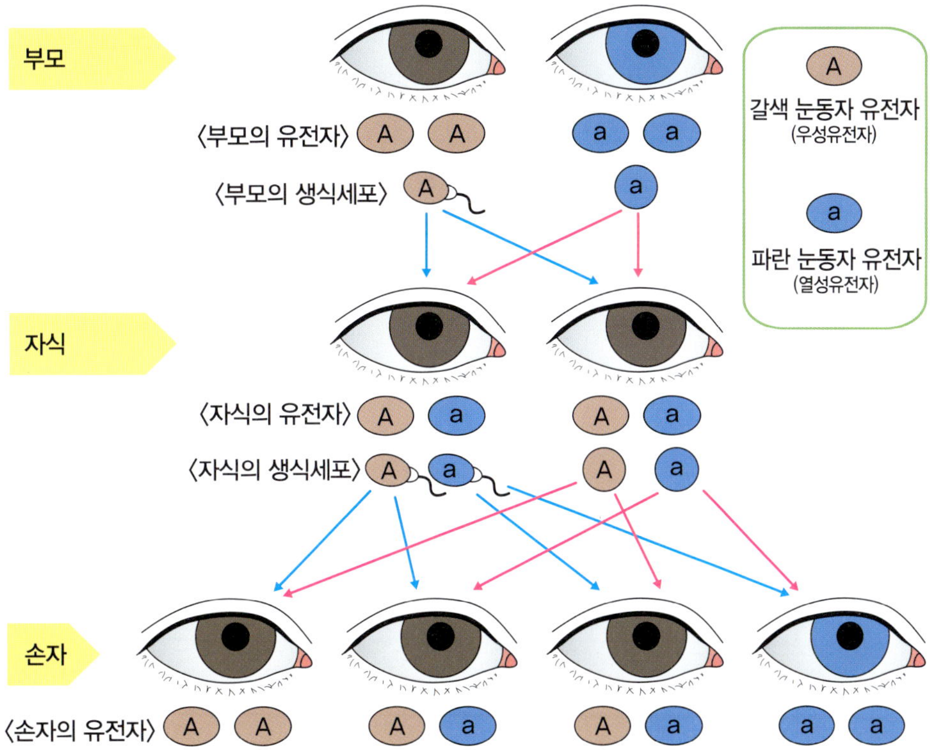

반성 열성유전

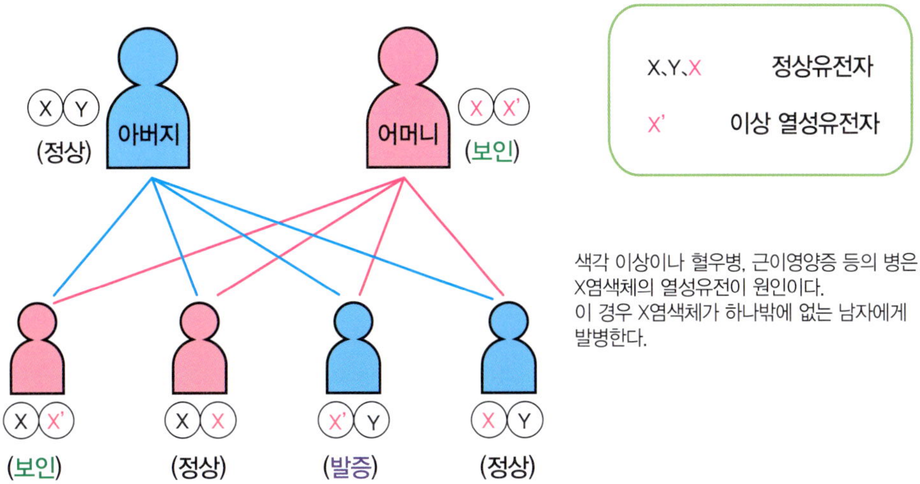

색각 이상이나 혈우병, 근이영양증 등의 병은 X염색체의 열성유전이 원인이다. 이 경우 X염색체가 하나밖에 없는 남자에게 발병한다.

지식 현재 확실하게 남녀를 구분해서 낳는 방법으로는 체외수정 시 착상 전 진단을 하는 방법밖에 없다. 흔히 많이 이야기하는 방법은 민간요법으로 과학적 근거는 없다.

07

암 발생 구조

유전자 이상으로 세포가 증식하는

암은 암종과 육종으로 나뉜다. 발암물질로 세포의 유전자가 상처를 받아 증식하여 발병한다.

● 암 종류

암이란 이상증식을 통해 주위의 조직을 파괴하거나 압박하는 세포 덩어리로 성종양이라고 한다. 내장에서 발생하는 경우가 많지만, 피부나 근육 뼈에서도 발생한다. 암은 발생한 조직에 따라 암종과 육종으로 크게 분류한다.

암종이란 상피조직에 생기는 암을 말하며 위암, 식도암, 폐암, 자궁암, 유방암, 설암 등이 이에 해당한다. 또 육종은 근육이나 뼈, 연골, 골수, 신경 등의 상피조직 이외의 조직에 생기는 암이다.

● 암 구조

발암의 구조는 완전히 해명되지 않았지만, 세포의 유전자에 일어나는 이상이 발병의 원인이라고 생각된다(아래 참조). 건강한 사람이라도 하루에 약 3천 개의 암세포가 발생하지만 대부분은 면역력에 의해 사망한다. 일부 살아남은 암세포가 세포분열을 반복해서 암이 된다.

암세포가 발생한 부위에서 떨어져 림프관에 들어가 다른 부위에 안착해서 커지는 것을 전이라고 한다. 또 암세포는 혈류를 타고 전이되기도 한다. 특히 뇌, 간, 폐, 뼈 등의 혈액 공급량이 많은 부위에서는 전이가 잘 일어난다.

암세포의 발생

세포의 분열이나 기능을 조절하는 유전자가 발암물질의 영향을 받으면 세포가 암으로 변하기 시작한다. 발암물질에는 담배 연기와 석면, 방사선 등이 있다. 유전자 이상은 거의 복제되지만, 발암 촉진 물질(프로모터) 때문에 암세포로 변이한다. 암세포는 세포분열을 반복하고 악성이 강해지면서 증식한다.

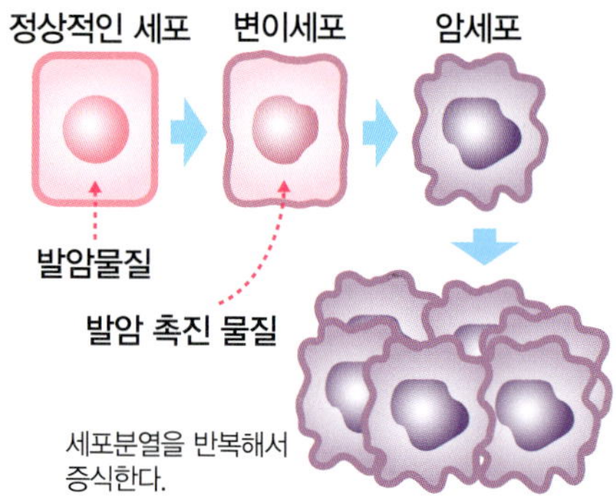

인덱스

ㄴ

ㄷ

ㄹ

ㅁ

ㅂ

ㅇ

ㅈ

ㅊ

ㅍ

중앙에듀북스 Joongang Edubooks Publishing Co.
중앙경제평론사 | 중앙생활사 Joongang Economy Publishing Co./Joongang Life Publishing Co.

중앙에듀북스는 폭넓은 지식교양을 함양하고 미래를 선도한다는 신념 아래 설립된 교육 · 학습서 전문 출판사로서 우리나라와 세계를 이끌고 갈 청소년들에게 꿈과 희망을 주는 책을 발간하고 있습니다.

인체 구조 상식사전 〈최신 개정판〉

초판 1쇄 발행 | 2013년 12월 23일
개정초판 1쇄 인쇄 | 2026년 1월 7일
개정초판 1쇄 발행 | 2026년 1월 15일

지은이 | 주부의 벗사(主婦の友社)
감 수 | 가키우치 요시유키(垣内義亨) · 박선무(SunMu Park)
옮긴이 | 고선윤(SunYun Ko)
펴낸이 | 최점옥(JeomOg Choi)
펴낸곳 | 중앙에듀북스(Joongang Edubooks Publishing Co.)

대 표 | 김용주
편 집 | 백재운
디자인 | 박근영
인터넷 | 김회승

출력 | 케이피알 종이 | 한솔PNS 인쇄 | 케이피알 제본 | 은정제책사

잘못된 책은 구입한 서점에서 교환해드립니다.
가격은 표지 뒷면에 있습니다.

ISBN 978-89-94465-51-7(03470)

원서명 | 決定版 からだのしくみカラー事典

등록 | 2008년 10월 2일 제2-4993호
주소 | ㉾ 04590 서울시 중구 다산로20길 5(신당4동 340-128) 중앙빌딩
전화 | (02)2253-4463(代) 팩스 | (02)2253-7988
홈페이지 | www.japub.co.kr 블로그 | http://blog.naver.com/japub
네이버 스마트스토어 | https://smartstore.naver.com/jaub 이메일 | japub@naver.com
♣ 중앙에듀북스는 중앙경제평론사 · 중앙생활사와 자매회사입니다.